KB105856

갑골음으로 잡는 식민사학·동북공정

갑골음으로 잡는 식민사학, 동북공정

발행일   2017년 2월 3일

지은이   최춘태
펴낸이   손형국
펴낸곳   (주)북랩

편집인   선일영   편집 이종무, 권유선, 송재병, 최예은
디자인   이현수, 이정아, 김민하, 한수희   제작 박기성, 황동현, 구성우
마케팅   김회란, 박진관
출판등록   2004. 12. 1(제2012 - 000051호)
주   소   서울시 금천구 가산디지털 1로 168, 우림라이온스밸리 B동 B113, 114호
홈페이지   www.book.co.kr
전화번호   (02)2026 - 5777   팩스   (02)2026 - 5747

ISBN   979 - 11 - 5987 - 396 - 6 03700 (종이책)   979 - 11 - 5987 - 397 - 3 05700 (전자책)

이 도서의 국립중앙도서관 출판예정도서목록(CIP)은 서지정보유통지원시스템 홈페이지(http://seoji.nl.go.kr)와
국가자료공동목록시스템(http://www.nl.go.kr/kolisnet)에서 이용하실 수 있습니다.
(CIP제어번호 : CIP2017002713)

갑골음으로 잡는

식민사학·동북공정

|최춘태 지음|

북랩 book Lab

▍머리말

1972년, 미국 명문 프린스턴 대학교에서 한자문화권 국가들의 한자음운학 1인자들을 불러 모아 2년에 걸쳐 연구 프로젝트를 운영했다. 한국에서는 유창균 박사가 초빙되었다. 프로젝트가 끝나자 프린스턴 대학교는 한국의 유창균 박사를 한자음운학 분야에서 '세계 최고 학자'로 공인했다.

한자 갑골음은 商殷(상은)의 언어로 대략 4000년 전후의 음이다. 세계 한자음운학계는 秦·漢(진·한) 시대를 전후한 상고음이 한계로 되어 있다. 그 이전의 商殷代(상은대) 갑골음은 베일에 싸여 있었다. 그러나 유창균 박사는 누구도 가보지 못한 갑골음의 경지에 들어가 탐구하였으며, 갑골음이 우리말임을 증명하고 2015년 92세로 타계하였다. 그 학문을 이은 필자를 제외하면, 현재 지구촌에는 갑골음 연구자가 확인되지 않는다.

갑골음을 지금 한자음과 비교하면 현격한 차이를 보인다. 우선, 1자 1음이 아니라 2, 3음이 보통이다. 가장 놀라운 것은 갑골음이 우리말이라는 사실이다. 지금의 風(풍)을 갑골음으로 복원하면 'ㅂ름'이다. 15세기 우리말이다. 갑골음의 주인공 商殷(상은)이 韓(한)민족의 조상이라는 것은 중국 역사학자들에게는 보편적인 상식이다. 우리만 모르고 있다. 민족이 같으면 언어가 같아야 하는 것은 불변의 진리이다.

갑골음으로 상·고대 자료를 읽으면 식민사학의 거짓과 동북공정의 거짓이 모두 탄로 난다. 그뿐 아니라 묻혀 있는 역사를 새로 밝혀낼 수 있다. 그래서 난해한 갑골음 복원법을 일반인들도 습득할 수 있도록 쉽게 풀어내어 대중화하기로 했다. 자동차의 얼개는 몰라도 운전을 하여 목적지에 도달하듯이, 음운 이론은 몰라도 갑골음 복원법을 기계적으로 실행하여 商殷代(상은대) 당시 음을 재현하도록 하였다. 또, 쉽게 이해할 수 있도록 질문답 강의식으로 서술하였다.

이 책에서 교육부 산하 <동북아역사재단>이 대동강 인근이라 비정한 '낙랑의 위치'가 '하북성 진황도시 노룡현'임을 갑골음으로 명확히 증명할 수 있었다. 더욱이 식민사학자들이 전설로 알고 있는 환인, 환웅, 단군의 실존을 갑골음으로 증명할 수 있었다. 역사학으로 밝힐 수 없는 역사와 우리 민족의 뿌리를 갑골음으로 증명할 수 있었다.

독자 여러분이 이 책을 완독, 소화했을 때 웬만한 한자의 갑골음은 복원할 수 있을 것이다. 스스로가 직접 商殷(상은) 시대 한자음을 연구할 수 있다는 것이다. 이 말은 독자 스스로가 상고사를 밝힐 수 있다는 것이다. 식민사학자들이 저지른 상고사의 오류를 일반인이 질정하고 수정할 수 있게 된 것이다.

프린스턴 대학교에서 최고라고 인정한 세계적인 한자음운학자 유창균 박사가 평생 연구로 개척한 갑골음 복원법을 습득하여 식민사학과 동북공정의 오류를 마음껏 질정하고 갑골음이 아니면 밝힐 수 없는, 묻혀 있는 역사를 발굴해 주시기 바란다.

2017. 2. 1. 가야산 소리길 연구실에서 저자 **최춘태**

▶ 갑골음의 개척자 고 유창균 박사

목천 유창균 박사 연보

- 1924.6.25.   경북 영천군 금호읍 황정리 435 번지에서 출생
  부 諱 鶴濬   字 松根
  모 김해김씨   卿 仁坤
- 1939. 3.25.   금호 동부공립심상소학교 졸업
- 1945. 3.27.   경북공립중학교 졸업
- 1945. 4. 1.   금호 공립초등학교 교사
- 1953. 3.26.   경북대학교 사범대학 졸업
- 1953. 4. 1.   경북고등학교 교사
- 1955. 4. 1.   대건고등학교 교사
- 1956. 3.27.   경북대학교 대학원 문학석사
- 1956. 4. 1.   청구대학 전임강사
- 1956.11. 1.   한국어문학회 총무간사
- 1957. 4. 1.   청구대학 조교수
- 1959. 4. 1.   청구대학 학생과장
- 1960. 4. 1.   청구대학 부교수
- 1961. 4. 1.   일본 동양문고 연구원
- 1961.11. 1.   국어학회 이사
- 1962. 4. 1.   일본동경대학 외국인 특별연구원
- 1963. 2.28.   대구대학 부교수
- 1966. 4. 1.   대구대학 동양문화연구소장
- 1966. 9. 1.   대구대학 교수 국문학과장
- 1967.12.22.   영남대학교 교수

- 1968. 2.26.   서울대학교 대학원 문학박사 학위취득
- 1970. 1. 1.   영남대학교 교무처장
- 1971. 1. 1.   미국 프린스턴 대학교 초빙교수
- 1972. 8.25.   영남대학교 중앙도서관장
- 1972. 8.26.   대구시교육회 교육연구자문위원
- 1973. 6.23.   국어국문학회 이사
- 1974. 4. 1.   한국어문교육연구회 이사
- 1974. 5. 7.   영남대학교 동양문화연구소장
- 1976. 3. 1.   한국어문학회장
- 1976. 3. 1.   계명대학교 교수 한국학연구소장
- 1977. 4. 1.   일본 동경외국어대학 아세아연구 객원연구원
- 1978. 4. 1.   아세아학술연구원 연구이사
- 1978. 6.20.   한국정신문화연구원
  수석연구원/어문학연구실장/연찬부장/대학원교
  학부장/연구부장
- 1979. 3. 1.   문교부 국어심의위원
- 1981. 3. 1.   계명대학교 문과대학장
- 1981. 5. 1.   한국민족대백과사전 편찬위원
- 1981.10.27.   대구시문화상 심사위원
- 1982. 8.18.   계명대학교 교무처장
- 1983. 2. 1.   계명대학교 사회교육연구소장
- 1983. 12.2.   대구시문화상 심사위원
- 1984. 3. 8.   계명대학교 동서문화연구소장
- 1984.10.17.   계명대학교 학술업적심의위원
- 1984.10.17.   계명대학교 학사개선연구위원

- 1985. 4.18.   경상북도 지명위원회 위원
- 1987. 9. 1.   계명대학교 일본문화연구소장
- 1989. 3.10.   대구시 동구지명위원회 위원
- 1989. 6.17.   경상북도 지명위원회 위원

▌포상

- 1958. 8.15.   경북문화상 인문과학상
- 1967. 3. 1.   3.1문화상 학술상
- 1975. 5.16.   5.16민족상 학술상
- 1983.12. 5.   민족훈장 동백장

차·례

1

갑골음 공부의 시작

오늘은 불혹을 넘긴 제자들이 갑골음을 배우기 시작하는 날이라 새벽부터 마음이 설렌다. 퇴임하여 산속에 들어온 나를 수시로 찾아주니 참 고맙다. 이들은 모두 중·고 국어 교사들이다.

"교수님, 저희들 왔습니다."

"어서들 오게. 한 주가 벌써 지났구만."

"하이구! 무신 말씀이심미꺼예. 쟈들 일주 내내 손꼽아 기다렸심데이!"

"참말인가? 접대용 말인 것 같네만."

"아닙니다. 교수님, 저희들끼리 이 일로 지난주에 세 번 만났습니다."

늦도록 막걸리를 나누면서 회 안주보다 추억의 안주가 더 맛있다. 제자들이 살아가는 삶의 얘기가 마치 각자 연출, 각자 영화 같다. 흉금을 털어 놓는 그들이 참 고맙다. 그렇게 밤이 지났다.

"교수님, 잘 주무셨습니까?"

"잘들 잤는가? 자, 오랜만에 공부 시작하세. 자네들 생각에 천 년 전 신라 말이 현재 경주 방언과 비교하면 어떻다고 보나?"

"변하긴 했어도 말은 넉넉히 알아들을 수 있을 정도는 되지 않을까요?"

"천만에! 거의 외국어 수준으로 들려야 하네. 그만큼 언어의 변천은

빠르게 진행된다네. 앞으로 300년 정도 휴전선이 이대로 있다면 우리
는 북한 주민과 언어 소통이 원만하지 못하게 돼. 마치 제주도 토박이
말을 육지 사람들이 잘 알아들을 수 없을 정도로.”

　“신라 향가 해석을 보면 대충 알아들을 정도는 되잖습니까?”

　“그게 문젤세. 현재까지 향가는 완역되지 않은 게 많다네. 학자들이
양념으로 잘 버무려 대충 알아듣게 해놓은 게 많단 말일세. 우리말뿐
아니라 한자음도 그 변천은 마찬가질세. 殷(은) 시대 갑골음을 복원하
면 그 사실 여부를 의심할 정도로 현재 음과의 차이는 상상을 초월한
다네. 桓因(환인)으로 써놓고 [gəsər gən(ᄀ슬 ᄀ)]으로 읽었다면 믿
을 수 있을 건가? 桓雄(환웅)도, 檀君(단군)도 모두 이와 같이 읽혔다면
이것은 기막힐 노릇이 아닌가?”

　“네? 그렇다면 桓因(환인)이 실존했다는 말씀 아닙니까?”

　“그렇다네. 신라를 세운 박혁거세의 閼智(알지) 居西干(거서간)이 갑
골음으로 [gəsər gən(ᄀ슬 ᄀ)]이었으니 桓因(환인)의 갑골음[gəsər
gən(ᄀ슬 ᄀ)]과 완전히 일치한다네. 어디 그뿐인가? 濊(예)의 갑골음
이 [gəsər(ᄀ슬)]이며 단군의 도읍지 阿斯達(아사달)의 갑골음이
[gəsər tər(ᄀ슬 ᄃ을)]로 읽혔고 朝鮮(조선)이 [gəsər(ᄀ슬)]로 읽혔네.
곧 증명할 것이네. 당시 한자음을 복원하면 지금까지 세상에 밝혀지지
않은 엄청난 역사, 오류된 역사를 바로잡을 수 있다네. 다시 말하지만
언어는 과학일세. 언어는 원리와 법칙에 의해서 변천한단 말일세. 시대
별로 그 변천 법칙을 구해내어 역추적하면 상고 언어를 만나보게 된다

네. 갑골음이 여기서부터 세상에 처음 그 베일을 벗었으니 상고 역사를 과학적으로 증명할 수 있게 된 것일세."

"아! 교수님, 저희들에게 갑골음을 처음 공개하시는군요."

"그렇다네. 작년에 교육부 산하 <동북아역사재단> 강연에서 선을 보였네만, 전수는 자네들이 처음이라네. 사학계를 들여다보면 식민 사학이 역사 권력을 휘두르면서 단군조선마저 부정하고 있으니 桓雄(환웅), 桓因(환인)은 오죽하겠는가. 이제 殷(은) 시대 갑골음과 그 이전의 音까지 과학적으로 사료를 해독하게 되었으니 그들의 거짓은 확연히 드러날 걸세. 나 혼자 평생 드러내봐야 빙산의 일각도 안 되네. 자네들이 갑골음을 빨리 배워서 갑골음 복원법을 널리 알리고 역사의 진실을 밝혀 주게."

"예, 교수님!"

"우리가 본격적인 갑골음 복원법을 배우기 전에 음운학의 본질을 알아야 하네. 자네들이 학부 때 음운학을 배울 때는 본질에 관심을 두기보다는 학점을 따기 위해 무작정 외우기 공부만 했지만, 음운학은 쉽게 말해서 '언어의 고고학'일세. 천 년 전의 언어가 지금 사람들이 거의 알아들을 수 없을 정도로 변해 있지만, 시기별로 이 언어의 변천 법칙을 구해내어 역추적한다면 학문의 경지에 따라 일만 년 이상의 언어까지 밝혀 해독하는 학문이 음운학이라네."

"교수님, 저희들은 지금 대단한 학문을 배우고 있는 거네요."

"받아들이기 나름이지. 특히 한자는 훈민정음 이전의 우리말을 기록했기 때문에, 기록 당시의 음을 연구하는 것은 고대, 상고 우리말을 알 수 있는 유일한 통로일 뿐 아니라 우리말과 역사를 밝힐 수 있는 과학적 도구가 된다는 것이네. 더구나 갑골문의 주인인 殷(은) 나라가 동이족이라는 사실은 중국의 학자 스스로도 인정하고 있다네. 민족이 같으면 언어가 같다는 원리에 따르면 갑골음은 우리말과 우리 고대 역사를 밝히는 중요한 기재가 되는 것일세. 다만, 너무 변천해 있기 때문에 변천 법칙을 구해내어 역추적하는 것일세. 자전에서 東(동)이 '주인'이라는 뜻이 있으니 이건 神(신)의 대리자인 東夷(동이)를 말하거나 아니면 창조 主(주)를 말할 것이네. 主(주)와 東(동)의 갑골음이 같다네. 또, 만약 東夷(동이)가 주인이면 華族(화족)을 비롯한 그 외 종족은 종이라는 말일세. 나중에 상세히 말하겠네."

"風(풍)의 갑골음은 'ㅂ름'으로 읽혔고 熊(웅)은 '곰'으로 읽혔음을 과학적으로 증명을 해주어도 '설마!', '그럴 리가!' 하는 사람들을 보면 참 가엾다는 생각이 들어. 허긴 40년 전, 미국 프린스턴 대학이 세계 최고의 한자음운학자라고 극찬한 유창균 은사께서 갑골음이 우리말임을 증명하셨을 때 당시 국어학자, 한문학자들조차 모두 비웃었다네. 그런데 지금 90세 전후의 그분들이 지금에 와서야 앞다투어 갑골문은 우리말이라고 입을 모으고 있다네. 좀 젊은 축에 속하는 80 전후의 사람들은 왕성한 활동으로 홍보까지 하고 있어. 그러나 그분들이 갑골음을 알고 하는 말이 아니라는 게 안타까워. 지금 내 처지가 되고 보니 40년 전, 은사께서 얼마나 답답하고 외로우셨는지 알 만하네. 남들이 현재까지 한 평생 중고음, 상고음[1]에 붙들려 생을 마감할 때, 은사께서는 52세의 연세로 세상 누구도 가보지 못한 갑골음의 경지에 들어가신 걸세. 음운학의 천재셨지. 은사님의 그 전설적인 강의를 나는 잊지 못하네."

"저희들은 교수님의 강의가 전설적이신데 그보다 더한 강의가 또 있습니까?"

"은사님에 비하면 나는 아무것도 아닐세. 근데 요즘 사람들은 비슷한 음만 있으면 모두 갖다 붙이고 근거나 증명도 없이 주장해 버리니 재야가 시궁창이 되어 버렸어. 언어학자가 아닌 사람이 그 흉내를 내다 보니 이런 사태가 벌어진 게야. 진정한 비교언어학자는 상대어와 우리말의 음운론적, 형태론적, 의미론적 대응을 중요시한다네. 그러나 여기저기 수많은 역사 사이트를 돌아보게. 마구잡이로 쓴 그 많은 올림글과 댓글에서 진실한 역사를 얼마나 건질 수 있을지. 진정한 역사 애호가들이 여기에 현혹되고 있다는 것이 안타깝기 그지없네. 이 틈을 타 강단 식민사학파는 거짓 주장을 굳건한 논리로 무장하면서 재야 사학자들을 모두 '카더라', '환빠' 족속으로 몰아붙이는 걸세."

"내가 자네들에게 가르치는 내용을 책으로 내야겠다는 생각을 한 것도, 이래선 안 되겠구나 싶어서였네. 강단 식민사학파는 나름의 논리로 중국과 일본의 주장을 되풀이하고 있지만, 재야 사학파는 진실한 역사

---

1) 상고음은 대략 秦漢 (진한)시대를 전후한 음이고 중고음은 隋·唐代(수당대)를 전후한 음을 말한다.

를 가지고도 환빠(환상에 빠진 자)로 취급당하고 있구나. 재야 사학이 서로 제 주장을 하며 상대를 깎아내리고 있을 동안 강단 식민사학파는 학문적 논리로 무장하여 역사 권력을 휘두르고 있구나. 관변 단체까지 이들과 함께하고 있구나. 이러다가 독도, 이어도는 물론, 우리 역사는 십수 년 내에 아예 끝장이 나겠구나. 우리는 중국과 일본의 영원한 노예가 되게 생겼구나. 무엇보다 은사님의 학문이 사라지게 생겼구나. 이래서는 안 되겠구나. 그래서 이 강의 내용을 책으로 낼까 하네. 언어과학으로 그들 식민사관의 거짓을 드러내고, 수많은 역사 애호가들이 직접 상고시대를 연구해 동북공정, 식민사관의 허울을 벗기도록 하기 위해 책으로 내려는 것일세. 그래서 우리 수업을 녹음하고 있는 게야."

"아, 교수님! 그럼 저희들, 등장인물로 나오겠네예?"

"왜, 싫은가?"

"아이구! 아임미더, 아임미더예. 이런 광영이 어딨심미꺼. 기왕이마 저를 잘 좀 묘사해 주시이소."

"자네, 학부 때 내 과목 재수강했지, 아마?"

"아이고! 교수님, 이건 편집해 주이소. 지 제자들을 바서라도…."

"하하하."

"중요한 것은, 앞으로 나올 책을 읽는 독자들이 책에서 갑골음 복원법을 배워 직접 역사를 발굴하라는 것이네. 고대사, 상고사를 밝히기 위해서 수천 명의 갑골음 연구자도 모자랄 판에 자네들과 내가 아무리 밝힌들 바닷가 모래알일세."

"중국은 옛적부터 史書(사서)를 붓질해 역사를 조작해 왔었네. 이젠 뻔뻔해져서 우리 역사를 아예 실어 나르고 있지. 일본 사학자 **오향청언**의 양심선언을 들어 보게."

"사마천의 [사기 25권]은 단군조선이 중원대륙을 지배했었다는 역사적인 사실을 거꾸로 뒤집어 가지고, 마치 중국이 단군조선을 지배한 것처럼 힘겹게 변조 작업을 해놓은 것이다."

"한나라의 漢(한)이라는 국호 자체도 옛날 삼한 조선의 韓(한)이라는 글자를 그대로 빌려간 것에 불과하다."

"그의 말이 맞는다면, 우리는 여기서 몇 가지를 추론해 낼 수 있네.

첫째, 단군조선의 역사는 엄연히 존재했다는 것.
둘째, 단군조선이 중원과 중화족을 지배했다는 것.
셋째, 漢(한)은 韓(한)의 우월함을 흠모했었다는 것.
넷째, 중국 사서의 변조는 이 밖에도 많이 있을 것.

아무리 붓질을 해도 철저히 할 수는 없었기 때문에 중국 사서에서 진실들이 돌출되어 나타난다네. 중국은 그렇다 치고, 일본은 더 간악하고 악랄한 무릴세. 우리 역사를 다 불살라 놓고 '증거가 없는 역사는 인정될 수 없다'고 한다네. 이런 유치하기 짝이 없는 어린애 장난질이 어딨는가? 이것이 이른바 '실증사학'이라는 미명 아래 대한민국 대부분의 역사 교수들에게 유전되고 있다네. 영광된 삶을 살았던 주인의 평생 기록을, 종살이했던 자신을 숨기려고 다 불살라 없애 놓고 '당신이 그렇게 살았던 증거를 대라'고 하는 걸세. 더욱 큰 문제는 이 식민 사관의 메커니즘이 대대손손 전해지도록 마술을 걸어 놓았다는 것이야. 그 마술은 조선 마지막 총독 **아베 노부유끼**의 고별사에서 드러난다네."

"우리는 패했지만 조선이 승리한 것은 아니다. 장담컨대, 조선민이 제정신을 차리고, 찬란하고 위대했던 옛 조선의 영광을 되찾으려면 100년의 세월이 더 걸릴 것이다. 우리 일본은 조선민에게 총과 대포보다 무서운 식민 교육을 심어 놓았다. 서로 이간질하며 노예적 삶을 살 것이다. 보라! 실로 조선은 위대했고 찬란했지만 현재 조선은 결국 식민 교육의 노예로 전락할 것이다. 그리고 나, 아베 노부유끼는 다시 돌아온다."

"그 철천지원수의 말이 지금 현실화되어 있네. 정계는 정계대로, 국민은 국민대로 제 이익만을 위해 서로를 처절히 물어뜯고 있는 한국의 현실이라네. 왜놈들이 자신한 마술이 뭔지 아는가?"
"저희들은 배운 바도 없고 들은 바도 없습니다."
"바로 그걸세. 아무도 가르쳐 주지 않지. 그놈들은 우리 역사를 철저히

▶ 아베 노부유키

뿌리 뽑은 후에 우리를 개, 돼지와 같은 민족이라 영혼 깊숙이 세뇌시켰다네. 그래서 광복 후 새 공화정부에서 친일한 인간들이 정·관계에 득세해도 국민은 말 한마디 못 했다네. 개, 돼지 근성을 갖도록 만들었으니까. 그렇다고 정신 나간 교육부 고위 공무원처럼 '민중은 개, 돼지'라 해서는 안 되지. 강간범에게 욕을 당한 제 누이에게 손가락질하는 것과 같지 않나? 이것이 식민 교육의 잔재라는 말일세. 무섭지 않은가? 왜놈들이 물러간 후, 친일한 인간들은 자기 조국의 역사를 자발적으로 뒤 청소까지 마무리했다네. 그들은 자신들의 영화를 위해 조선 역사의 진실은 가르쳐서도 안 되고 말해서도 안 된다네. 그들이 우리 역사의 진실을 가로막고 있다네."

"그 쥐일 넘들이 왜 그라까예?"

"생각해 보게. 현재 기득권자, 권력자들 중 상당 부분은 일제 강점기때의 친일 매국노들로부터 대물림받은 자들일세. 이들은 조선의 역사가 말살되어 있을 때 대대손손 영화를 누리게 되어 있네. 조선의 역사가 살아나면 친일한 세력들은 발본색원되면서 그들은 모두 내몰려. 그러니 그들은 조선의 역사가 살지 못하게 가로막고 있지. 이게 식민사관이야. 일제 을사오적의 후손들을 봐. 지금도 귀족이야. 대통령, 장·차관 다 해먹고. 친일한 후손들은 지금도 금수저고 독립운동을 한 후손들은 현재도 흙수절세. 이치가 빤하지 않은가. 친일한 자들은 많은 재물을 긁어모아 자기 후손들에게 재산을 물려주면서 성장 기반을 만들어 주었고, 독립 열사들은 돈을 독립자금에 다 쓸어 넣었으니 자기 자손을 돌볼 기회가 없었지."

"교수님, 우리가 옛 조선의 영화를 회복하려면 어떻게 해야겠습니까?"

"말하지 않았나! 조선의 역사가 살아나면 모두 회복돼. 식민 교육의 본질이 조선 역사 말살을 바탕으로 하고 있으니까 이 바탕만 허물면, 즉 우리 역사의 진실이 살아나면 비로소 식민 교육은 힘을 잃게 되고 민족의 혼은 다시 회복될 게야. 그때 우리는 옛 영화를 되찾을 것이네. 대한민국 대학생은 환단의 역사를 전설로 배우고 있고, 국민의 혼을 수호해 달라고 세운 <동북아역사재단>은 45억 예산을 들여 제작한 동북아역사지도에서 낙랑의 위치를 평양 대동강 부근으로 비정하면서 오히려 식민사관을 돕고 있었네."

"이 나라는 일제 매국 후손들의 천국이군요."

"그렇다네. 올바른 해석을 통해 꼼짝없는 역사적 사실을 아무리 들이대도 역사 권력을 쥔 쪽이 '아니다'라고 우기면 방법이 없지 않은가. 이것은 역사학이 해석학이란 데서 오는 한곌세. 그러나 상고, 고대사에 관한 한, 꼼짝 못 할 방법, 그게 언어과학적 방법일세. 생각해 보게. 상·

고대 당시의 사료를 당시의 발음으로 읽으면 그들의 허울이 다 벗겨지는 게야. 갑골음이 우리말이었기 때문일세. 樂(낙)의 현재 발음은 [낙]이지만 秦(진), 漢代(한대)만 하더라도 [glak(ㄱ락)]으로 읽혔네. 이것은 상고음 사전에 있는 音(음)일세. 상고음 사전은 세계 한자음운학 석학들이 언어의 법칙을 토대로, 과학적으로 밝혀 놓은 秦(진), 漢(한) 시대를 전후한 音이라네. 일반인들은 漢字(한자)가 1字(자) 1音(음)으로만 알고 있으나 古音(고음)으로 올라가면 1字(자) 2音(음)이 보통일세. 심지어 1字(자) 3音(음)도 있다네."

"현재 중국어 한자도 그렇습니다."

"이 상고음이 여태 역사를 밝히는 데 별 기여를 하지 못한 것은 상고음으로는 우리말과의 관계를 말하기 어려웠기 때문이고, 또 사료가 그 앞선 시대의 음, 즉 갑골음으로 기록된 것이 많기 때문이었네. 이것은 문자의 보수성 때문인데, 역사를 기록한 인명, 지명의 대부분 한자는 앞선 시대에 존재했던 글자를 그대로 쓰면서 음을 달리했을 뿐이고, 일부의 한자는 앞선 시대 존재했던 글자의 음이 변천한 탓에 더 이상 쓰지 못하고 그 음에 맞는 다른 한자를 가져왔던 것일세. 예컨대, 加耶(가야)는 본래 음이 [ㄱ락]였는데, 'ㄹ' 음이었던 耶가 [야]로 변하자 후대 사람들은 변한 대로 [가야]로 읽기도 했네. 그러나 당대 사람들은 본래 음인 [ㄱ락]를 고수하기 위해 변천한 耶 대신 羅(라)를 가져오기도 했다는 말일세. 이 경우, 사학자들은 이 부분을 손댈 수 없네. 또 손을 대서도 안 되네. 한자의 의미로 해석해서 될 문제가 아니기 때문이네. 전에도 말했지만 盧龍(노룡)의 고음이 [gərə(ㄱㄹ)]인데 그 본음을 나타내려고 樂浪(낙랑)을 가져와 [gərə(ㄱㄹ)]를 표기했던 것일세. 좀 있다 증명하게 될 걸세."

"갑골음이 우리말이었다면 인명, 지명에서 우리말 흔적을 찾을 수 있겠군요."

"그렇지. 한자를 갑골음으로 읽으면 묻혔던 역사, 상·고대 역사를 새로 밝힐 수 있다는 것이 가장 큰 성괄세. 우선, 45억 예산을 들이고도 낙랑의 위치를 평양 대동강 인근이라 결론 내린 <동북아역사재단>의 오류를 증명해 보세. 단 몇 페이지 서술이면 그 위치를 '확정'할 것을, 수십억을 들여 오류를 범하고 있네. 나는 갑골음으로 증명한 '낙랑의 위치'를 <동북아역사재단> 연구위원들과 내로라하는 역사학자들 앞에서 강연하였고, 그들은 언어과학의 증명 앞에 반론 한 마디 못 했다네. '낙랑의 위치'를 비롯해 우리가 앞으로 하게 될 수업의 일부는 <동북아역사재단>에 자문 원고로 제출된 것이네. 그럼 본격적으로 시작해 보세. 자네들 학부 때 배운 漢字音(한자음)을 어느 정도 알고 있나?"

"하이구! 교수님예, 20년이 다 된 일을 우째 기억합니꺼! 그 정도로 기대하지는 마시이소!"

"교수님, 완전 초짜라 생각하시고 강의해 주십시오. 전무합니다."

"흠… 우선, 발음부호와 음운현상을 알아야 하네. 이걸 한꺼번에 얘기하면 주눅이 들 수 있으니 자주 쓰이는 몇 개만 얘기하고 나머지는 나올 때마다 얘기함세. 여기를 보세."

"ə는 [어]가 아니라 [ㆍ(아래아)]에 해당되고 그 상대형은 ɯ(ㅡ)일세. e는 [에]가 아니라 [어]이고 그 상대형은 a(아)일세. 한자음운학에서 관습적으로 그렇게 쓴다네. ʔ, x, h, q는 [k]로 복원하네. 다만, h는 p에서 변천한 것도 있네. l, r은 [r]로 합류되네. ŋ는 [g] 혹은 [m]로 복원하네."

"ʔ, x가 생소합니다. 어떤 발음입니까? 또 상대형은요?"

"ʔ는 후두긴장음인데 화장실에서 힘주다 풀 때 나는 소리라네. 훈민정음에서는 [ㆆ] 음일세. x는 q의 마찰음인데, k의 마찰음인 h보다 더 목구멍 깊이에서 나는 소릴세. [가] 음은 [ka]로 소리 나네만, [구/고] 음은 [qu/qo]로 소리 난다네. q는 k보다 더 목구멍 깊은 데서 나는 'ㄱ' 소릴세. k, q는 k가 대표음이네. 지금은 말해도 잘 모를 걸세. 해나가면서 자연스럽게 터득된다네. 일단 k, q, h, x, ʔ는 k로 복원하면 되네. 그러나 k는 본래 k 음이었던 경우가 있고, k에 앞선 g가 무성음화하여 k가 된 경우가 있다네. 후자의 경우에는 g로 복원해야 하네."

"상대형은 알타이어에 공통된 특성인데, 양성모음과 음성모음의 대립일세. 무슨 말이냐 하면, 양성 'ㅏ' 대신 음성 'ㅓ'를 바꾸어 쓰도 의미 변화가 크게 없는 것을 말하네. 차차 알게 될 걸세."

"중요한 음운 규칙이 있는데, 이 l, r은 반모음 [ㅣ]로 변천한다네. 이를 'i-breaking 현상'이라 해. 반모음 발음부호는 [j]인데, 보통 알고 있는 [ㅈ] 음을 나타낸 게 아니라 언어학에서는 반모음 [ㅣ]의 음가네. 모음 [i]는 [이]로 나타내기로 함세. [ia]는 우리말로 [이아]로 표기하지만 [야]

는 어떻게 표기하겠나? 그때 이 반모음이 필요하다네. [야]는 [ja]로 표기하네. [유]는 [ju]가 되지."

"한자 갑골음은 殷(은) 시기의 갑골문 전후 음을 말하네. 그 연구 바탕은 당연히 상고음이 되는데, 상고음은 이미 세계적인 학자들이 거의 복원해 놓았네. 상고음의 시대 구분은 학자들마다 약간의 차이가 있네만, 대개 秦(진), 漢代(한대) 음을 중심으로 그 전후 음을 말하네. 갑골음은 자네들 알다시피 내 스승이신 유창균 은사님께서 개척한 분야라네. 명문 프린스턴이 세계 최고라고 인정한 분이시지. 그분은 상고음 이전의 갑골음 세계를 열어 놓고 92세로 2015년 9월 타계하셨다네. 그 학문을 이은 갑골음 연구자는 현재로선 나밖에 없지만, 만약 알려지지 않은 갑골음 연구자가 있다면 그분은 나보다 높은 경지의 분이 틀림없을 것이네. 왜냐하면, 나는 은사님께 배워서 갑골음을 연구하지만, 독력으로 갑골음 경지에 들어갔다면 엄청난 내공이 있음에 틀림없기 때문이지."

"그런데, 갑골음이 우리말이란 사실이네. 商·殷(상·은)이 東夷(동이)였기 때문일세. 오래전부터 한자는 동이족의 글이라는 것이 대두되었고 중국 학자들도 이에 동의했지만, 정작 40년 전에 殷(은)의 갑골음이 우리말이라는 것을 최초로 증명한 분은 유창균 은사시네. 그러나 중국 학자들은 벌써 오래전에 이걸 역사 기록에서 알고 있었네. 이 화면을 보게."

중국 학자 楊寬(양관) <古史辯(고사변)>

東夷與殷人同族 其神話亦同源(동이여은인동족 기신화역동원)

東夷(동이)는 殷나라 사람과 同族이며, 그 신화 역시 뿌리가 같다.

玄鳥是殷人東夷的祖先神(현조시은인 동이적조선신)

玄鳥는 殷나라 사람과 東夷(동이)의 조상신이다.

"이 말이 무슨 말이냐 하면, 종족이 같으면 반드시 언어가 같다는 결론일세. 그렇다고 그때 언어가 지금 우리가 쓰는 언어와 같거나 비슷한 것은 아닐세. 거의 외국어 수준이지."

"그렇다면 우리말이라 할 수 있습니까?"

"언어는 법칙에 따라 변천한다네. 음운학자들은 이 법칙을 구해내는 것일세. 이 법칙으로 역추적하면 갑골음과 일치하네. 다시 말해서 殷代(은대) 언어가 이 법칙대로 내려오면 현재 우리말이라는 것일세. 게다가 보수성이 강한 대개의 기초어들은 지금까지 그대로 쓰이고 있다네. 수천 년의 세월이 갑골음을 거의 외국어로 바꾸어 놓았지만 우리말의 유전자는 그대로 지니고 있을 뿐 아니라, 시대별 변천 법칙으로 역추적하면 우리말임을 확인할 수 있다는 것이네."

중국 학자 필장복, <中國人種北來說(중국인종북래설)>

東方人種之五行觀念 原係創始于東北亞洲(동방인종지오행관념 원계창시우동

북아주)

동방 인종의 오행 관념은 원래 동북아에서 창시된 것을 계승한 것이다.

中國文字之制作 必非始于中國中原 而係遠始于寒的北方(중국문자지제작 필비
시우중국중원 이계원시우한적북방)
중국 문자가 만들어진 것은 필시 중국 중원에서 시작된 것이 아니라, 그 계통은
멀리 추운 북방에서 시작된 것을 계승한 것이다.

"오행도 문자가 없이는 불가능한 일일세. 여기서 '동북아', '추운 북
방'이라 함은 동이족의 근거지를 말하는 것일세. 나중에 오행이 동이족
의 작품임을 내가 직접 보여 주겠네."

"뻔한 일을 바로 '동이'라 카마 될 거로 와 저래 빙빙 돌려갖고 '동북
아', '추운 북방'이라 캐쌀까예?"

"'동이'로 명시하기까지는 내키지 않았던 게지. '한국인의 조상'이라고
는 더욱 켕겼을 테고. 그러나 더 용기 있는 학자가 있었다네. 서량지일세."

중국학자 서량지, <중국사전사화>
중국의 책력법은 東夷(동이)에서 시작되었다. 책력을 만든 사람은 羲和子(희화
자)이다. 그의 혈통은 殷(은)나라, 商(상)나라의 동이족 조상이다. 동이가 달력
을 만든 사실은 실로 의문의 여지가 없다.

"이 사람들은 중국을 대표할 만한 학자들이라네. 그들이 학자적 양심으로 殷(은)과 우리의 관계를 솔직히 인정했다는 말일세. 재미있는 일화 하나 소개함세. 한글재단 이사장이었던 한갑수 박사가 미국 공군 참모대학에 입학했을 때, 중국의 서량지가 함께 입학했다네. 이때 서량지가 한갑수에게 찾아와 대뜸 말하기를, '귀국 韓(한)민족은 우리 중국보다 더 오래된 역사를 가진 위대한 민족인데 우리 중국인이 韓(한)민족의 역사가 기록된 포박자를 감추고 중국 역사를 조작하는 큰 잘못을 저질렀으니 제가 학자적 양심으로 중국인으로서 사죄하는 의미로 절을 하겠으니 받아 주십시오' 했다는 게야."

▶ 임어당

"또 우리나라 초대 문교부 장관 안호상 박사가 재직 시에 중국 임어당 선생이 한국을 방문하게 되었는데, 안호상 박사가 웃으며, '중국이 한자를 만들어 놓는 바람에 우리나라가 문제가 많습니다.'고 하자, '아니, 그게 무슨 소리요? 한자는 당신네 조상 동이족이 만든 것인데 그것도 모르고 있었소?'라고 받아치더라네."

"교수님, 정녕코 진정코 그기 사실입니꺼!"

"내가 자네들 데리고 거짓말하겠나? 단편적인 예를 하나 보세. 서기

121년 後漢(후한) 사람 허신은 당시 한자의 '형태'와 '음'과 '뜻'을 상세히 기록해서 <說文解字(설문해자)>라는 책을 완성했다네. 그 가치로 말할 것 같으면 전무후무한 한자 자전이지. 여기에 風(풍)과 嵐(람)은 둘 다 風聲(풍성)이라 한 거야. 둘 다 風(풍)으로 소리 났다는 것인데, 도대체 後漢(후한)

▶ 안호상 박사

당시의 風이 어떤 음이었기에 風(풍), 嵐(람)이 모두 [風]으로 읽혔다고 하느냐 말이야."

"風(풍)도 '풍람', 嵐(람)도 '풍람'이라 캐야 가능하겠네예."

"와하하하!"

"웃을 일이 아닐세. 박 군이 중요한 얘기를 했네. 박 군의 순발력은 예나 지금이나 대단하네."

"지는 거저 웃자고 캐본 긴데예."

"세계 한자음 석학들이 밝혀 놓은 風(풍)은 상고음 사전에 [piˍəm]으로 되어 있네. 우리말로 [비ᇢ]으로 나타낼 수 있지. 嵐(람)은 상고음 사전에 [liˍəm]으로 되어 있는데, [리ᇢ]으로 표기되네. 이렇게 다른 두 음이 왜 같다고 하는지 처음에 학자들은 이해할 수가 없었어."

"어두 성모부터 p, l로 다르니 그렇겠군요."

"그렇지. 근데 이 난제를 처음 해결한 사람이 있었어. 스웨덴의 세계적인 한자음운학의 석학 **칼그렌**이라네. 박 군이 두 음을 나열한 것과 유사하게도 이 두 音(음)을 겹친 [pliˌəm]이었다네. 후한 당시만 해도 風(풍), 嵐(람)은 [pliˌəm], 즉 우리말로 [ㅂ리음] 정도로 읽혔던 게야. 성모 pl이 나뉘어 하나는 [piəm]으로, 다른 하나는 [liəm]으로 분리 발달하게 된 것이었어. 언어학에서는 [p]가 우리말 [ㅂ]에 해당된다는 것, ㅍ은 따로 [pʰ]로 쓴다는 것, 이쯤은 알고들 있지? 최소한 後漢(후한) 시기만 해도 風(풍), 嵐(람)은 [pliˌəm(ㅂ리음)]으로 읽혔다는 것이네. 반오운은 [plum]으로 재구하고 있어. 한발 더 앞선 음이지."

"한 글자가 저렇게 여러 음절로 읽혔군요."

"그렇다네. 당시 음은 대개가 기본 2음절 이상이었다네. 그런데 상고음 [pliˌəm(ㅂ리음)]은 스웨덴의 한자음운학자 **칼그렌**이 밝혔지만, 그 이전의 갑골음을 보면 경악할 정도라네. 이 [pliˌəm(ㅂ리음)]보다 앞선 시기에는 개음이라 부르는 [iˌ]가 발생되기 전이니까 [pləm]이었고, 이보다 앞선 시기의 갑골음은 복성모 pl 사이에 본래 모음이 있었다네. 殷代(은대) 언어는 '자음+자음'으로 나열되는 어두 자음군이 없었던 개음절어였다는 것이 은사님의 연구로 밝혀졌네. 게다가 당시는 철저히 모음조화를 지켰다는 것도 밝히셨네. 모음조화는 알타이어의 공통적 특징일세. 갑골음은 알타이어였고 그 후신인 우리말도 더 말할 것 없어.

그래서 어두 자음 pl - 사이에 있었던 모음은 바로 연이어 나오는 모음, 여기선 아래아 [ə]일세. 그러면 [pələm]이 되는데, 우리말로 전사해 보게."

"ə는 아래아라고 하셨고 l은 r과 통용되니 중세국어 아래아 [ᄇᆞᄅᆞᆷ]이군요!"

"그렇다네. 정확히 중세국어 [ᄇᆞᄅᆞᆷ]이지. 결론적으로 殷(은) 시대 風(풍)과 嵐(람)의 발음은 다 같이 [ᄇᆞᄅᆞᆷ]이었다는 말이네.

[pələm(ᄇᆞᄅᆞᆷ)>pləm(ㅂᄅᆞᆷ)>pliəm(ㅂ리ᄋᆞᆷ)]으로 변천했네. [pliəm(ㅂ리ᄋᆞᆷ)]에서 어두 pl - 이 하나씩 나뉘어 [piəm(비ᄋᆞᆷ)/liəm(리ᄋᆞᆷ)]으로 변천한 것이었네. 이러니 내가 경악을 할 수밖에. 더 펄쩍 뛸 노릇은 갑골음으로 중국 지도를 읽으면 우리말이 지천으로 깔려 있다는 것일세."

"우리 선조의 활동 무대는 중국이었다는 말씀이네요?"

"그렇지! 이 사실을 중국도 알고 일본도 안다네. 식민사학자들만 몰라. 아니, 알아도 모른 체하고 있는지 모르겠어. 일제가 우리 역사서를 모두 말살해 버렸고 중국은 역사를 고대로부터 조작해 왔네. 식민사관과 동북공정은 과거부터 현재까지 진행형일세. 그러나 식민사관을 이어받은 수많은 역사학자들은 일제 식민사관이 뿌리 깊게 박혀 일본의 주장에 동조한다네. 작년 <동북아역사재단>이 45억 예산을 들여 만든 고지도에서 낙랑의 위치를 '대동강 평양 부근'이라 비정했네. 국회에서 당시 <동북아역사재단> 이사장을 소환해 난리가 났었지."

"진실을 그자들이 인정하지 않으면 어쩌면 될까요?"

"자네들 알다시피 언어는 해석학이 아니라 원리와 법칙에 의한 과학 아닌가. 어떤 언어도 일정한 법칙 없이 변하는 법은 없기 때문일세. 이 법칙만 구해내면 학문의 경지에 따라 1만 년 이전, 그 이상의 언어도 복원할 수 있다네. 게다가 언어는 증명이기 때문에 에누리 없어. 냉정해. 칼날 같아. 절대 오리발 내밀 수 없는 것이 언어과학의 증명이라네. 그래서 이 언어학적 방법으로 진실을 증명하려는 게야. 이 언어과학의 방법을 자네들이 배워 우리나라 역사 애호가들에게 전하게. 그러면 식민사학자들은 분명히 붕괴하네. 거짓된 역사학자로 판명나면 대학의 양심이 그들에게 교수 자리를 결코 유지시켜 주지 않을 것이네. 우선, <동북아역사재단>에서 문제가 되었던 '낙랑의 위치'부터 증명해 볼까?"

"그게 가능합니까?"

"언어과학이니까 가능하고도 남네."

2

낙
랑
의

위
치
를

확
정
하
다

"2015년 3월, <동북아역사재단>이 내놓은 '동북아 역사지도'를 저희도 봤습니다. 낙랑의 위치가 '평양 대동강 부근'이라 하더군요."

"그런 결론을 내놓은 사학 교수가 60명이었다네. 자그마치 45억을 들이부었으니 국민 혈세로 돈 잔치를 한 것이지. 나한테 4백5십만 원만 줬어도 한사군의 위치를 '비정'도 아닌 '확정'을 했을 텐데 말일세. 증거와 정답이 있는데도 그들만의 천국에는 빗장을 걸어 놓아 들어갈 수가 없다네. 결론부터 말하자면 **낙랑의 위치는 현재 하북성 진황도시 노룡현**이라네. 이를 증명해 보세."

"아! 역사적인 순간입니다. 교수님."

"그렇지. 식민사학자, 동북공정 추종자들이 꼼짝할 수 없도록 언어과학으로 증명하는 자릴세. <大明一統志(대명일통지)>는 1461년 명나라 때, 고금의 사료를 바탕으로 편찬한 지리서(地理書)라네. 이 화면을 보게."

郡名孤竹爲古名 北平爲秦名 盧龍爲魏名 北燕平州及樂浪郡 北魏改樂浪北平郡
(군명고죽위고명 북평위진명 노룡위위명 북연평주급낙랑군 북위개낙 북평군)
(郡의 이름 孤竹은 옛날 이름이며, 北平은 秦나라 때 이름이고, 盧龍은 魏나라

때 이름이다. 北燕 때에는 平州와 樂浪郡이라 했고, 北魏는 樂浪을 北平郡이라
고쳤다.)

"역사학자들이 이걸 보면 어떤 생각을 할까?"

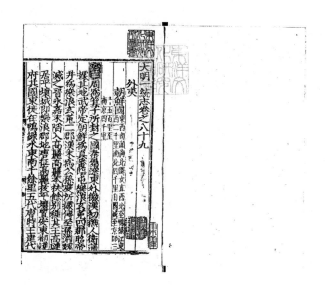

"동일한 지역이 시대에 따라 다른 이름을 갖고 있었다는 사실을 알
겠죠?"

"그렇지. 또?"

"이 자료로는 낙랑의 위치를 비정하기가 어렵다고 할 텐데요?"

"바로 그걸세. 역사학자로서는 더 이상 이 문장 하나로 풀어낼 답이
없을 것이네. 그러나 내가 볼 때는 눈이 휙 뒤집어지는 문장이거든. 시
대별로 字(자)만 바뀌었을 뿐, 변개한 지명의 글자 발음이 모두 같기
때문일세."

"음이 저렇게 다른데…. 믿기지 않는군요."

"결론부터 말하자면, 孤竹(고죽)의 孤(고)는 殷 시기 음이 [ㄱ릭]였네.[2] 그런데 孤(고)의 음이 변천하면서 도저히 [ㄱ릭]를 표기하기가 불가능했던 게지. 그러니 어쩌겠나. [ㄱ릭]를 표기하기 위해서는 [ㄱ릭]에 해당하는 다른 字(자)를 가져올 수밖에. 그게 바로 [ㄱ릭] 음을 지닌 盧龍(노룡)이고 樂浪(낙랑)이었던 것이네. 이들은 지금 우리 음으로 [노룡], [낙랑]으로 변천해 있네. 北平(북평), 平州(평주)는 [ㄱ릭]와 음은 달리했지만 같은 의미를 취했던 것이네. 증명해 보세."

"이렇게 큰 차이의 음이 옛날 [ㄱ릭] 음이었다는 게 놀랍군요."

"그럴 테지. 그러니 40년 전 학자들조차 은사님의 주장에 눈이 휘둥그레졌지. 언어는 과학이라 했으니 증명할 뿐이네. 증명을 해 주어 이해를 했음에도 고개를 저으면 학문하는 사람이라 할 수 없다네."

❖ 孤竹(고죽)의 갑골음

"세계적인 대가들이 복원해 놓은 孤의 상고음을 사전에서 보면 다음과 같네."

---

2) 언어학에서는 k/g 음의 차이는 현격하다. 한국어 토박이 화자는 이 둘을 구분 못할 뿐이다. 그러나 영어권, 중국어, 일본어에서는 현격한 차이로 인식한다. 그러나 영어권에서는 ㄱ/ㄲ/ㅋ을 구분하지 못한다.

● 孤(고)

高本汉	kwo	II/33部	李方桂	kwag	魚
王力	kua	魚	白一平	kʷa	魚部
郑张尚芳	kʷaa	魚部	潘悟云	kʷaa	魚部

"교수님, 학자마다 저렇게 재구음이 다른데 어느 것이 옳습니까. 또 어느 하나가 옳다고 해도 신빙성이 가지 않네요. 저렇게 제 각각이니까요."

"오해 말게. 모두가 옳다네."

"…?"

"상고음 시기는 학자에 따라 차이가 있네만, 周代(주대)부터 남북조까지 약 1000년 이상의 기간이네. 이 기간 동안에도 변천 과정에 있었으니 어느 시점, 어느 방언을 복원했느냐에 따라 저렇게 다르다네. 하지만 일정한 규칙과 법칙에 의해 복원한 것들이니 모두 옳은 것일세. 누구의 음을 택해서 거슬러 올라가도 만나는 끝이 같은 음이라는 것은 저들의 재구가 모두 옳다는 얘길세. 다만, 우리가 이 자료를 보는 안목이 있어야 하네. 이 안목은 같이 하다 보면 저절로 터득될 걸세."

"孤(고)가 '아래아 가라'라 하셨는데 r은 아예 보이지도 않는데요?"

"이미 많이 변천했기 때문이지. 그러니까 연구해서 밝히는 것 아닌가. 지금 <설문>의 孤(고)를 펴 보게."

"…"

"<설문>에 孤(고)는 瓜聲(과성)이라 되어 있네. 瓜(과)로 읽어 달라는 것이지. 그럼 瓜(과)의 상고음을 사전에서 찾아보게."

● 瓜(과)

高本汉	kwɔ	Ⅱ/33部	李方桂	kwrag	魚
王力	koa	魚	白一平	kʷra	魚部
郑张尚芳	kʷraa	魚部	潘悟云	kʷraa	魚部

"으악! r이 있군요!"

"그렇지. 앞서 학자들이 복원한 孤(고)의 상고음은 이미 많이 변천한 후기 상고음에 해당되는 것들일세. <설문>에서 瓜(과)는 孤(고)와 음이 같다고 했는데 r이 보이고 있잖은가. 자, 지금은 기초 단계이니 개념부터 살펴보겠네. 한자음은 **성모**와 **운모**로 구성된다네. 성모는 **첫머리 자음**을 말하고 운모는 나머지, 여기에 **뒤따르는 모음과 받침자음**이라네. 예컨대 天의 상고음 [tiən]에서 보면, 성모는 t이고 운모는 iən이네. 운모 가운데 i는 **개모** 또는 **개음**이라 하고 ə는 **핵모**라 하고 n은 **운미**라 하네. 각 명칭을 알아야 돌아가는 걸 아네. 이걸 당장 입력하게."

"그 정도는 듣는 즉시로 입력된다 아입미꺼!"

"좋네. 박 군이 보기에 瓜의 성모가 뭔가?"

"k, kr, kw, kwr입니다."

"틀리지도 않았지만 맞지도 않다네. 성모임에는 틀림없지만 이 가운데 하나를 구해내야 하네. 가장 오래된 성모를 골라야 해."

"아, 그게 안목이군요."

"그렇다네. 개모 w는 후에 발생했기 때문에 제거되네. 그러면 k와

kr만 남는데, 이때는 복성모, 즉 두 자음이 겹쳐진 음이 더 오래된 것일세. 기초가 잡히면 언젠가 설명할 기회가 있을 것이네. 성모는 kr로 귀착되네."

"여기서 핵모는 ɔ, o, a인데 핵모들 가운데 가장 오래된 것을 골라야 하네. 이렇게 여러 핵모가 나열되어 있을 때 오래된 핵모의 순서는 저 모음, 즉 입을 많이 벌린 음일수록 오래된 것이라 생각하게. 여기서는 입을 가장 많이 벌리는 음이 a인데 ɔ, o가 함께 있다는 것은 a에 앞선 핵모가 [ə(丶)]였다는 것일세. [ə(丶)]는 후에 [아/어/오/우/으/이]로 변천해 간다네. 그래서 瓜(과)의 핵모였던 [ə(丶)]가 a, ɔ, o로 변천한 것일세. 이 밖의 경우에 대해서는 해나가면서 말하겠네."

"그러면 성모 kr, 핵모 ə, w 삭제, 운미 g가 되니 [krəg(ㄱ륵)]가 되겠군요."

"아직 갑골음이 아닐세. 복성모 kr 사이에는 본래 모음이 있었으니 탈락된 모음을 복원해야 하네. 갑골음에는 어두 자음이 연이어 나오는 경우가 없었네. kr 사이에 탈락된 모음은 연이어 나오는 모음 ə일세. 당시 언어가 모음조화를 철저히 지켰기 때문이네. 그래서 [krəg(ㄱ륵)]의 이전 음은 [kərəg(ㄱ륵)]이 된다네. 이것도 끝이 아니라네. 이보다 앞선 음은 운미 g가 발생하기 전이니까 [kərə(ㄱ륵)]가 된다네. 그러나 성모 k는 g에서 무성음화했을 가능성이 있기 때문에 [gərə(ㄱ륵)]였을 경우도 열어두어야 하네."

● 狐(호)

高本汉	gʼwo	Ⅱ/33部	李方桂	gwag	魚
王力	ɣua	魚	白一平	gʷa	魚部
郑张尚芳	gʷaa	魚部	潘悟云	gʷaa	魚部

"<설문>에 狐(호)는 瓜聲(과성)이라 했기 때문에 孤(고)와 狐(호)는 음이 같아야 하네. 그런데 어두 성모가 g로 나타나고 있어. 단어 첫머리에서 유성음 g는 무성음 k로 무성음화할 수 있어도 k가 g로 유성음화할 수는 없다네. 그러니까 여기선 g가 k보다 앞선 음이 되네. 따라서 갑골음은 [kərə(ㄱ ㄹ)]가 아니라 [gərə(ㄱ ㄹ)]로 확정되네."

"g와 k가 현저히 다릅니까?"

"현재 한국어 토박이 화자는 g/k를 구분하지 못하네. 모두 'ㄱ'으로 인식하고 있지. [구국]에서 첫음절 '구'의 'ㄱ'은 음향기계로 측정하면 [k] 음인데 이것은 'ㅋ'이 아니라 어두에서 나는 'ㄱ' 소릴세. 둘째 음절 '국'의 어두 'ㄱ'은 어중 유성음 [ㅜ] 사이에서 무성음 [k]가 [g]로 유성음화하고, '국'의 어말 'ㄱ'은 음절말의 닫음소리인데 '억' 할 때 나는 받침 'ㄱ' 소릴세. 부호는 [k̚]이지. 같은 'ㄱ'이라도 나타나는 환경에 따라 미미한 차이가 있지만 우리는 모두 'ㄱ'으로 인식할 뿐이네."

"앞으로 나올 책을 보는 독자들은 소리를 듣지 못해서 안됐습니다."

"홈페이지에 동영상 강의를 올려 실 발음을 보일까 하네. 다른 질문…?"

"교수님, 갑골음 [gərə(ㄱ ㄹ)]에서 [gərəg(ㄱ ㄹ ㄱ)]으로 변천했다면

운미 g는 왜 생긴 겁니까?"

"아직 정확한 것은 밝혀지지 않았네만, 殷代(은대) 언어가 받침자음을 허용하지 못하는 개음절어였네. 지금의 일본어처럼 모음으로 끝나야 해. 그런데 殷(은)이 망하자 周(주)가 甲骨文(갑골문)과 音(음)을 가져갔는데 周(주) 왕족과 달리 周(주) 백성의 언어는 받침자를 허용하는 폐음절어였다네. 周(주)는 받침을 허용하지 못하는 개음절 甲骨文(갑골문)을 가져가 글자의 모양을 金文(금문)으로 발전시켰고 받침을 허용하는 음으로 바꾸어 나갔다네. 그렇다고 모든 음에 다 g/k가 덧난 것은 아닐세. 점진적으로 생겨나기 시작한 걸세. 이렇게 g 음운을 첨가하는 것은 남의 말을 가져가 자기말화한 것이라네. 예컨대, 일본도 과거 우리 폐음절어를 가져가 자기언어로 개음절화하였어. 우리 한자음 葛(갈)은 일본 한자음 [かつ(가쯔)]가 된다네. 일본어에 음절말 ㄹ 발음이 없기 때문에 우리 한자음 음절말 ㄹ은 일본 한자음에서 주로 ち(찌), つ (쯔)로 대응시켰다네. 그런데, 韓(한)의 일본 훈음은 [가라(から)]라네. 이건 갑골음 [ㄱㄹ]가 변천한 음일세. 일본 훈음은 갑골음을 복원하는 데 큰 역할을 해."

"복원 과정이 그렇게 복잡한 것은 아니군요."

"총괄하면 [gərə(ㄱㄹ)] > gərəg(ㄱㄹㄱ) > grəg(ㄱ륵)/gərg(ㄺ)으로 변천하였다네. [gə¹rə²g(ㄱ륵)]에서 모음 ə¹가 동음생략되면 [grəg(ㄱ륵)]이 되고, 모음 ə²가 동음생략되면 [gərg(ㄺ)]가 된다네. 이 [gərg(ㄺ)]에서 다시 운미 rg가 하나씩 나뉘어 [gər(ㄱㄹ)]와 [gəg

(ㄱ)]로 변천했어. 이들은 개음 i, w의 발생으로 더 복잡한 양상으로 변천해 간다네. 변천 과정을 열거하면 다음과 같네.”

gərə(ᄀᄅ) > gərəg(ᄀᄅᄀ) > grəg(ㄱ륵) > krəg(ㄱ륵)
> gərg(ᇌ) > kərg(ᇌ) > kəg(ᄀ)
> kər(ᄀᄅ)

> gər(ᄀᄅ)

“왜 앞부분은 성모가 g이고 뒤에는 k입니까?”

“성모 g가 무성음화하면 k가 되네. 그 시기를 맞춘 것일세. 자, 孤 (고)의 갑골음이 [gərə(ᄀᄅ)]로 복원되었으니 竹을 복원해 보세.”

● 竹(죽)

高本汉	ti̯ŏk	XXⅢ/2部	李方桂	trjəkw	幽
王力	tiuk	覺	白一平	trjuk	覺部
郑张尚芳	tug	覺1部	潘悟云	tug	覺1部

“앞에서 한 대로 해 보세. 역방향으로 가 보겠네. 복성모가 가장 앞선 음이라 했으니 성모는 tr이고 개음 i̯, j, i와 w는 갑골음 시기에 없었던 것이라 제거된다 했네. 핵모는 기저모음 [ə(ㆍ)]가 되네. 여러 모음 가운데 [ə(ㆍ)]가 있으면 이것이 기저음이 되네. 다시 말해서, [ə(ㆍ)]와 다른 모음이 함께 나타나면 [ə(ㆍ)]가 최초음이라는 것일세. 운미 역시 g, k 가운데 더 앞선 g를 택해야 하네. 조합하면 [trəg(뙥)]이

되네. 이보다 앞선 음은 복성모 사이에 있었던 음을 복원해야 하는데, 그 음은 연이어 나오는 [ə(ㆍ)]일세. 보충하면 [tərəg(ㄷ륵)]이 되네. 이보다 앞선 갑골음은 운미 g가 발생하기 전이니까 이를 제거하면 [tərə(ㄷ르)]가 되네. 이 [tərə(ㄷ르)]가 [tərəg(ㄷ륵)]으로 변천했지만, 다른 쪽으로는 [tərə(ㄷ르)]의 어말 모음 [ə(ㆍ)]가 생략되어 [tər(들)]로 변천했다네."

"순방향으로 가면, 이 갑골음 [tərə(ㄷ르)]에 어말 g가 첨가되면 [tərəg(ㄷ륵)]으로 변천하네. [tərəg(ㄷ륵)]에서 첫째 [ə(ㆍ)]가 동음생략되면 [trəg(뜍)], 둘째 [ə(ㆍ)]가 동음생략되면 [tərg(듥)]로 변천하네. [tərg(듥)]의 운미 rg는 하나씩 나뉘어 [tər(들)]과 [təg(득)]으로 분리 변천하였네. [təg(득)]은 華語(화어) 쪽으로 들어갔어. 또 다른 방향은 갑골음 [tərə(ㄷ르)]에서 어말 [ə(ㆍ)]가 탈락되어 [tər(ㄷ르)]이 되었네. [tər(ㄷ르)]의 어말 r은 i-breaking 현상으로 반모음 [j(ㅣ)]로 변천해 [təj(ㄷㅣ)]가 되었고 핵모 [ə(ㆍ)]는 후에 [a(아)]로 변천하여 [daj(다ㅣ)]가 되었어. 이것이 단모음화하여 [dæ(대)]가 되어 현재 우리말에서 쓰이고 있네. 그 과정들은 다음과 같네."

tərə(ㄷ르)　　> tə¹rə²g(ㄷ르ㄱ) >　trə²g(뜍)

　　　　　　　　　　　　tə¹rg(듥)　 >　　təg(득)

　　　　　　　　　　　　　　　　 >　　tər²(들)

　　　　　tər¹(ㄷ르) >　təj(ㄷㅣ) >　taj(다이) >　tæ(대)

"[tæ(대)]라면 우리말 '대나무'를 말씀하시는 겁니까?"

"허허! 뭘 그리 놀라나. 모두 우리말이라 했잖은가. '대(竹)'는 갑골음 tərə(ᄃᆞᆯᄋᆞ)에서 tər(ᄃᆞᆯ) > təj(ᄃᆡ) > taj(다ㅣ) > tæ(대)로 변천했어."

"그럼, 華語(화어) 쪽에 들어간 [təg(득)] 쪽은 어떻게 됩니까?"

"[tərg(ᄃᆞᆰ)]에서 나뉘어 g 운미를 가진 [təg(득)]은 핵모 [ə(ㆍ)]가 u로 변해 [tug(둑)]이 되었네. 여기에 개음 i̯가 발생하면서 [ti̯ug(듁)]이 되었다네. 이 음이 상고음일세. 이 음이 한반도로 들어와 i̯에 앞선 t(ㄷ)가 구개음화하여 ts(ㅈ)로 변천한 것이라네. 운미 g는 k로 무성음화했기 때문에 [tsi̯uk(쥭)]이 되었네. 이것이 단모음화하여 비로소 [tsuk(죽)]이 되었어. 총괄하면 孤竹(고죽)의 갑골음은 [gərə tərə(ᄀᆞᆯᄋᆞ ᄃᆞᆯᄋᆞ)]로 복원되고 후에 [tərə(ᄃᆞᆯᄋᆞ,竹)]는 어말 ə가 생략되어 [tər(ᄃᆞᆯ)]이 되었네. [ə(ㆍ)]는 [아]로 변천하고, [r(ㄹ)]는 반모음 [ㅣ(j)]로 변천하여 [taj(다ㅣ)]가 되었고, [aj(아ㅣ)]는 단모음화하여 [대(tæ‐竹)]가 되었네."

"tæ(대)의 앞선 음이 taj(다ㅣ)였다니 이상합니다."

"[ㅔ, ㅐ]는 지금 단모음이지만 17세기까지만 해도 이중모음이었다네. 박 군, '세', '네'를 자네 방언에선 어떻게 읽는가?"

"'서이', '너이' 아임미꺼."

"그 보게. '세', '네'는 [서이], [너이]처럼 이중모음으로 발음되었네. 이중모음이 방언에 남아 있는 걸세."

"교수님, [gərə tər(ᄀᆞᆯᄋᆞ ᄃᆞᆯ)]은 무슨 뜻입니까?"

"지금은 자네들이 기초 지식이 없어서 이해하기 힘들 것이네만, 우리 민족은 [gərə(ㄱㄹ)], [sərə(ㅅㄹ)]족일세. '다섯여섯'의 '섯'이 동음 생략이 되면서 '다여섯'이 되고 '여(je)'의 [j(ㅣ)]가 앞의 '다'에 역행동화가 되어 [다ㅣ>대]가 되었네. 결국 '대여섯'이 된 것이지. 이처럼 [gərə sərə(ㄱㄹㅅㄹ)]의 앞선 'ㄹ'가 동음생략이 되면서 [gəsərə(ㄱㅅㄹ)]가 된 것이네. 이것은 흉노의 姓(성) 阿史那(아사나)의 갑골음과 일치하는 음일세. 고음이 '가사나'였던 것이 어두 'ㄱ' 탈락으로 '아사나[asana]'로 읽지만, ㄱ 탈락형은 중고음, 즉 수·당대 음이란 말일세. 阿(아)는 후한 시기만 해도 可聲(가성)이라 했으니 [kar(가ㄹ)]인데 후에 운미 r이 탈락되었네. 흉노는 바로 우리 조상이었어. 씨름이나 장례 풍습도 같다네. 무엇보다 匈奴(흉노)의 갑골음이 [ㄱㄹ ㄴㄹ]일세."

"세상에! 우리말 그대로 아닙니까!"

"그렇다네. 흉노도 알타이어를 썼다네."

▶ 흉노인상이 새겨진 동제 부조(중국 산시성 커성좡(客省庄) 140호 분에서 출토)
<출처: 실크로드 사전>

▶흉노의 적석목곽분과 말 순장 장면

<출처: 실크로드 사전>

"흉노의 姓(성)이 阿史那[ᄀᄉ`ᄅ]였다는 것은 桓(환), 濊(예)의 갑골음과 같고 이것은 우리와 역사를 함께 했던 적이 있었다는 것일세. 그런데, 那(나)의 갑골음은 [rar(라ㄹ)]이었는데 후에 ra>na로 변천했어. 新羅(신라)를 徐那伐(서나벌)로 표기했네만 사실 이 那(나)는 [ra(라)]로 읽혔을 때의 표기일세. [ra(라)]였던 那가 [na(나)]로 변하면서 [라]에 해당하는 羅(라)를 대체한 것이었어."

"그럼, 徐那伐(서나벌)이 徐羅伐(서라벌)보다 앞선 표기가 되는군요."

"그렇지. 또 이 [gəsərə(ᄀᄉ`ᄅ)]의 어말 모음 'ᆞ'가 탈락되면서 [gəsər(ᄀᄉ`ᄅ)]이 되었는데, 이 [gəsər(ᄀᄉ`ᄅ)]은 桓(환), 濊(예)의 갑골음과 일치하네. 'ᄀᄅ'는 '빛나는 해(日)'를 말하고 'ᄉ`ᄅ'는 찌를 듯이 예리하고 눈부신 '빛'을 말하네. 합쳐서 '햇빛'이라네. 우리 종족은 '햇빛'족일세. 곧 상세히 얘기할 걸세."

"한자의 뜻과는 전혀 상관이 없군요."

"음을 따라 표기한 경우도 있지만 글자의 의미를 상실한 경우도 있지. 아마 당시 孤(고)는 '햇빛'의 의미와 [ㄱㄹ]의 음이 모두 있었거나, 아니면 孤(고)에 '햇빛'의 의미는 이미 소실되고 [ㄱㄹ] 음만 취했을 경우가 있네. 어쨌거나 日이 [ㄱㄹ] 음을 상실하면서 孤[ㄱㄹ]로 대치된 것이야. 이들 경우에 사학자들이 의미로 해석하면 큰 오류를 범하게 돼."

"아니, 日(일)의 갑골음이 아래아 [ㄱㄹ]였습니까?"

"이건 갑골음 이전, 구석기 시기의 음일 것이네. 나중에 증명해 주겠네."

"[孤竹(ㄱㄹ 들)]의 '들'은 [阿斯達(아사달)]의 '들'이겠군요."

"그렇다네. '들'은 '높은 곳, 땅, 영역, 읍락'이라는 뜻일세. 후에는 '둔'으로 변했네. 상고대 당시는 홍수를 피하기 위해 취락 지역이 모두 고원지대에 있었다네. 앞에서 얘기했지만, 갑골음 [tərə(ㄷㄹ)]는 한쪽으로는 g가 첨가되어 [tərəg(ㄷ륵)]으로, 다른 한쪽으로는 어말 모음이 탈락하여 [tər(들)]로 변천했어. '들'은 '달'로 변천해 지금 우리말에 '달동네'에 남아 있지. 빈민들이 사는 '높은 산등성이 동네'를 말하네. [tərəg(ㄷ륵)]은 '다락'으로 변천해 '다락방'이 남아 있네. '높은 데 있는 방'을 '다락방'이라 하잖는가. 결국 [gərə tər(ㄱㄹ 들)]은 '빛의 땅'이란 뜻일세. 여기에 대해선 朝鮮(조선)을 얘기할 때 상세히 다루겠네. 자, 보너스! 박 군을 위해 다른 예를 하나 더 보세. 鳥의 상고음은 竹과 똑같은 [ti∧ug]일세."

"그러면 이 鳥(조)[tiug]도 竹(죽)과 같은 변천을 하게 됩니까?"

"음이 같다고 해서 반드시 똑같이 변천한다고 할 수 없네. 성조에 따라, 시대적 언어 환경에 따라 다르게 변천될 수 있다네. 그러나 그렇게 될 가능성이 많아. 앞에서 [iʌu]의 최초 音(음)은 [ə(ㆍ)]라 했으니 이전 음은 [təg(득)]이었겠고, 운미 g는 r의 입성화 결과로 발생된 것이니까 g/k 앞에 r이 있었다네. 그래서 그 이전 음은 [tərg(득)]이 되지 않는가."

"어? 이건 중세국어 '닭(鷄)'과 같은데요?"

"그렇다네. 이걸 보고도 기가차지 않으면 상당히 무딘 사람이지. 우리말 '닭'은 '새'를 뜻하는 한자 鳥(조)의 고음에서 온 것이라네. 이 [tərg(득)]은 운미 -rg가 하나씩 -r, - g로 나뉘어 [tər(들)], [təg(득)]이 되었는데, [ə(ㆍ)]는 [아]로 변천하여 [달/닥]이 되어 모두 '닭'의 경상 방언으로 남아 있지. 또, [tər(들)]의 [ə(ㆍ)]는 [오]로 변천하여 [tor(돌)]이 되었고, 이것이 일본에 건너가 [도리(とり)]가 되어 鳥(조)의 일본어 訓音(훈음)이 되었다네. 일본 한자음에서 어말 g는 ㅗ/ㅜ로 변천하였기 때문에 [təg(득)]은 구개음화를 거쳐 현재 한자음 [치요우(ちょう/鳥 - (조))]가 된 것이네."

"'닭도리탕'이 바로 저거였네예."

"그렇지. 실은 '닭'과 '도리'가 중첩된 걸 모르고 하는 말이지. 중국어에서도 일본어와 같이 개음절어이기 때문에 어말 g는 ㅗ/ㅜ로 변천하고 n/d가 교체하는 현상이 있으니 [diǎo/niǎo(鳥)]로 변천했네. 받침자음을 허용하지 못하는 개음절어에서 n/d 교체는 일반적인 현상이네. 그런데 [təg(득, 鳥)]이 고대서양으로 건너가 [tʌg(덕)]으로 변천해서 영어 duck[tʌg(덕)]이 되어 '오리'를 뜻한다면 지나친 억설일까?"

"우연이라 보기가 어렵겠습니다. 그렇다면 나는 '새'는 어디서 왔을까요."

"東(동)의 고음이 [dərg(둙)]으로 鳥와 음이 같았어. 東(동)과 鳥(조)는 나중에 운미 -rg가 나뉘어 하나는 [dər(들)], 다른 하나는 [dəg]으로 분지되었어. 東(동)이 [동] 음을 가진 것은 분파된 음 [dəg]의 운미 g가 약화되면 [ŋ]이 되니까 [doŋ(동)]이 된 것이네. 그런데 東(동)과 鳥(조)의 고음인 [dərg(둙)]의 갑골음은 [dərə(ᄃ르)]였는데 周代(주대) 중엽부터 운미 g가 발생하면서 [dərəg(ᄃ륵)]이 되었고, 첫째 [ə]가 동음생략되어 [drəg(ᄃ륵)]이 되었고 둘째 [ə]가 동음생략되어 [dərg(둙)]이 되었네. 즉, [dərə(ᄃ르)] > [dərəg(ᄃ륵)] > [drəg(ᄃ륵)/dərg(둙)] > [dər(들)/dəg(득)] > [doŋ(동)]으로 변천한 게지."

"東(동)과 鳥(조)의 갑골음 [dərə(ᄃ르)]에서 운미 -g를 선택하지 않은 다른 한쪽의 변천이 있었네. [dərə(ᄃ르)]에 개음 i가 개입되면서 성모 di를 z로 변천시켰고 z는 어두에서 무성음화하여 s로 변천했네. 즉, [dərə(ᄃ르)] > [diərə(ᄃㅣㆍㄹㆍ)] > [zərə(ᅀ르)] > [sərə(ᄉ르)] > [sər(솔)] > [sar(살)] > [saj(사ㅣ)] > [sæ(새)]의 과정이네. 그래서 東의 옛 훈이 '새 東'이었고 '날이 새다'는 '새 - '의 어원이 되었지. 그런데 '새 東'과 '새 鳥'는 뜻은 서로 다르지만 훈이 같은데, 이 '새(鳥)'의 고음도 [sərə(ᄉ르)]였단 말일세. 왜 같았을까? 東夷(동이)가 鳥(조)

의 토템을 지닌 北狄(북적)에서 분파되었기 때문 아닐까?"

"교수님, 질문입니다."

"오, 홍 군 말해보게."

"북한의 최고 영웅학자로 추앙받은 류렬 교수가 자신의 기념비적인 저서 <세나라시기의 리두에 대한 연구>에서 '<삼국유사>에 나오는 孤竹國(고죽국)을 海州(해주)로 잡은 것은 잘못 잡은 것'이라고 했습니다. 대가의 말에 토를 다는 학자는 없는 것 같은데 교수님께선 어떻게 보십니까?"

▶ 류렬 교수

"학자들도 류 교수의 견해에 동의하리라 믿네. 도무지 그렇게 잡을 이유가 없으니까. 그러나 海州(해주)의 갑골음이 [gərə tər(ㄱㄹ들)]이었다네. 孤竹(고죽)의 갑골음과 모두 일치해. 북한의 최고 영웅학자 류 교수도 孤(고)의 갑골음이 [gərə(ㄱㄹ)]였음을 몰랐던 게야. 갑골음 경지에 들어가지 못했어. 현재도 학계는 [ㄱㄹ]를 海(해)의 訓(훈)으로 알고 있네. 殷(은) 시대 갑골음에서 변천했다는 것은 꿈에도 몰라. 지금도 개울을 '가라', '갈'이라 하고 그 상대형으로 '걸'이라 하네. '걸도랑', '거랑(걸+앙)'이라 하니 고유어 '갈/걸'을 모두 訓(훈)이라고 오해할밖에. 그러나 川(천), 江(강), 海(해)의 음들이 모두 'ㄱㄹ'였던 적이 있었네. 江(강)의 옛말 'ㄱ룸'도 江(강)의 갑골음 'ㄱㄹ'에 'ㅁ'이 첨가된 것일세. 또 '갯벌'이라 할 때, 관형격 'ㅅ'을 제외하면 '개'는 [ㄱㄹ]가 변천한

[가라(海)]의 어말 모음 [ㅏ]가 탈락되어 [갈]이 되었고 음절말 ㄹ은 i-breaking 현상으로 반모음 [ㅣ]가 되니까[3] [kar(갈)]이 [kaj(가ㅣ)]가 되어 [kæ(개)]로 변천한 것이네. '갯벌'은 '바다 벌판'이란 뜻일세. 海(해)의 상고음 사전을 펴 보세."

● 海(해)

高本汉	xməg	XXⅠ/20部	李方桂	hməgx	之
王力	xə	之	白一平	hnə?	之部
郑张尚芳	hmlɯɯ?	之部	潘悟云	m̥hlɯɯ?	之部

"어떤가? 복잡하지? 어떻게 읽어야 할지도 모를 걸세. 그래서 처음부터 복잡한 음을 복원하지 않겠네. 주눅이 들 수도 있어. 다만, [ㄱㄹ(海) > ㅎㄹ > 홀 > 할 > 하ㅣ > 해(海)]로[4] 변천했을 뿐이라네. 'ㄱ(k)'는 'ㅎ(h)'로 마찰음화한다네. '해(海)'가 한자음이면 그 전신인 'ㄱㄹ'도 한자음이지 않은가 말일세. 우리 자전에 유달리 ㄱ/ㅎ 교체가 많은 이유는 [k]의 마찰음화가 빈번하게 일어났다는 얘기지. 그러나 마찰음화하지 않고 [ㄱ(k)]이 유지된 쪽이 [ㄱㄹ(海) > 가라 > 갈 > 가ㅣ > 개(海)]였네. 결국, [ㄱㄹ]는 海(해)의 고음이며 우리말이었던 것이네."

"못 알아듣더라도 海(해)에서 'ㄱㄹ', '바다' 둘이 나온 연유가 너무 궁금합니다."

---

3) 언어학에서 [j]는 일반인이 아는 [ㅈ]이 아니라 거의 [ㅣ] 모음에 가깝다.
4) k는 마찰음화하여 h가 되었고, 음절말 ㄹ은 반모음 j로 변천했다. j는 일반인이 아는 'ㅈ'이 아니라 ㅣ 모음과 유사한 소리다.

"좋네. 설명할 테니 받아먹을 사람은 받아먹게. 潘의 [mhlɯɯʔ]에서 출발해 보세. 핵모가 [ɯ(ㅡ)]라는 것은 그 상대음이 [ə(ㆍ)]라는 것이네. 실제 [ə(ㆍ)]로 재구된 음이 대부분인 걸로 봐서 기저핵모는 [ə(ㆍ)]일세. 그러면 앞선 음은 최소한 [mhləəʔ]가 되네. l은 r로 대표되고 əə는 長音(장음)을 말하니 하나로 축약하면 [mhrəʔ]이 되고, ʔ는 g/k에서 변천하였으니 앞선 음은 [mhrəg]가 되네. g 앞에 생략된 r을 보충하면 앞선 음은 [mhrərg]가 되고 h는 k의 마찰음화 결과이니 그 앞선 음은 [mkrərg]가 되네. 이 [mkrərg]에 앞선 음은 g가 발생하기 전이므로 [mkrər]이 되네. 이 [mkrər]은 복성모 mk가 분리되면서 [mrər]과 [krər]이 되었네. [krər]의 앞선 음은 복성모 kr 사이에 있었던 ə를 복원하면 [kərər(ㄱㆍ를)]이 되고, 음절말 r이 동음생략되어 [ㄱㆍ를]가 된 것일세."

"결국 [ㄱㆍ를(kərə)]가 나왔네요. 그럼 [mrər]에서 '바다'가 나와야겠군요."

"그렇지. [mrər]의 앞선 음은 복성모 mr 사이에 있었던 ə를 복원하면 [mərər]이 되네."

"아! 교수님, m/b 교체 아닙니까?"

"그렇다네. 마당/바당, 마리/바리, 몽오리/봉오리, 망울/방울 같은 말들은 과거 m/b 교체의 흔적들일세. 개음절어에서 m/b 교체는 흔히 일어나는 현상일세. 개음절어인 일본어에서 일반적인 음운현상으로 다루고 있네. 당시 殷(은) 시대 언어가 개음절어였거든. 그러면 [mərər

(ᄆᄅ)]은 [bərər(ᄇᄅ)]이 되고 중세국어만 해도 [바를]로 나타나네."

• 바룰 건나고져 ᄒ야도(월인석보二十一, 176)

"우와 - [ᄆᄒᄅᄀ(mhluɯʔ)]에서 'ᄀᄅ'와 '바를'이 나오네요! 참 신기합니다."

"海(해)가 'ᄀᄅ'임을 봤으니 州(주)를 보세."

● 州(주)

高本汉	t̠i̯ʊg	XXIII/28部	李方桂	tjəgw	幽
王力	tɕiu	幽	白一平	tju	幽部
郑张尚芳	tju	幽1部	潘悟云	tju	幽1部

"州(주)와 竹(죽)의 상고음은 거의 같고 갑골음은 완전히 일치하네. 그러니까 孤竹(고죽)과 海州(해주)의 갑골음은 모두 [ᄀᄅ ᄃᄅ > ᄀᄅ 들]로 읽혔던 것이네. 그러니 류 교수 말처럼 '잘못 잡은 것'이 아니라 갑골음이 같았고 그 음이 당시에 남아 있었기 때문에 海州(해주)를 孤竹(고죽)이라 했던 것일세. 삼국시대 때는 갑골음이 보수적으로 많이 남아 있었네. 그러니 갑골음을 모르면 <삼국사기>, <삼국유사>를 완전히 해독할 수 없어. 고려인인 일연, 김부식은 이 책을 쓰면서 삼국시대 글자를 그대로 옮겨 적었었거든."

"참, 신기하고 재미있군요. 대학자들도 모르는 걸 저희들이 아니까 뿌듯합니다."

"그런가? 이 강의가 책 한 권 엮일 정도가 되면 일반인들도 이 갑골음 재구법을 알게 되어 기존의 사학자, 국어학자들이 해석하지 못했던 것을 밝힐 수 있을 것이네. 또 식민사학 교수들의 논문을 휴지 조각으로 만들 수도 있네. 이제 일반인들도 식민사학자들의 오류를 바로잡아 주는 시기가 곧 올 거란 말일세. 그때, 식민사학자들은 언어과학 앞에서 무릎을 꿇을 수밖에 없어. 언어는 해석학이 아니라 과학이기 때문에 변명의 여지가 없단 말일세. 이 시기를 앞당기려면 자네들이 갑골음 복원법을 속히 널리 전파해야 하네."

"지한테 맡겨 주시이소. 제일 먼저 민족사학자, 일반 역사 애호가들에게 전하겠습니다. 근데 교수님예, <삼국사기>, <삼국유사> 이런 자료들을 학자들이 아직꺼정 다 해독하지 모했다 말입미꺼?"

"국어학계가 고대 삼국시대 이두의 상당 부분을 아직 해독하지 못하고 있는 궁극적 이유는 한자 古音(고음)이나 그 갑골음을 모르기 때문이네. 金官(금관)에서도, 金(금)의 고음이 [ㄱㄹ]였고 官(관)의 고음도 [ㄱㄹ]였다네. 그런데 하나만으로 충분한데 왜 金官(금관)이라 하면서 [ㄱㄹㄱㄹ]로 겹쳤을까? 金海(김해)도 마찬가질세. 金(김)은 [ㄱㄹ], [ㅅㄹ] 두 음이 있는데, 海(해)의 음이 [ㄱㄹ]니까 [ㄱㄹㄱㄹ]가 겹친 것이네. 왜 그럴까? 앞선 字(자) 金(금)을 海(해)로 읽어달라고 안내하기 위해 같은 음 둘을 겹쳤다네."

"그런데 <삼국사기1>에 金山(금산)을 加利村(가리촌)이라 한 것은 金(금)이 加利(가리)로 읽혔다는 것인데, 加利(가리)가 金(금)의 훈으로만 알았지, 古音(고음)임을 몰랐던 거지. <삼국유사3>에 金橋(금교)를 松橋(송교)라 했네. 松(송)은 '솔'로 읽혔는데, 金(금)의 또 다른 古音(고음) [소르]가 [소르 > 술 > 솔]로 변천하여 이 [솔]의 음절말 ㄹ이 i-breaking 현상으로 반모음 [ㅣ(j)]가 되면서 [쇠]로 읽혔던 것이네. 우리말이라 했던 [쇠]가 사실은 한자 古音(고음)이었네. 실제 釗(쇠)는 音(음)도 [쇠]이고 訓(훈)도 '쇠'일세. 나중에 松(송), 橋(교)에 대해 복원할 기회가 있을 걸세. 처음에는 '加耶'를 써 [ㄱ르] 음을 표기했는데, [라] 음이었던 '耶'가 [야]로 변하면서 더 이상 [ㄱ르]를 표기하지 못하자, 羅(라)를 가져와 加羅(가라)로 표기했던 것이네. 즉, '加耶'는 '加羅'보다 앞선 시기의 표기라네. 이 加羅(가라)를 같은 음인 金海(김해)로 대치하였다네. 그러니 金海(김해)는 [ㄱ르]를 겹쳐 '김해'로 표기한 게지. 그러니까 지명을 2음절로 정형화하면서 金(김)의 또 다른 음인 [소르]로 읽지 말고 海[ㄱ르]로 읽어달라고 안내하는 字(자)를 첨가한 것이라네."

"'가야'라는 국호는 아예 존재하지 않았군요."

"당연하지. 후대 사람이 [라] 음이었던 '耶'를 변천한 음 [야]로 읽었을 뿐이네. '가야'란 국호는 없어. '가라'였지. 新羅(신라)도 마찬가질세. 新羅(신라)로 적어 놓고 [소르~사라]로 읽었지 [신라/실라]로 읽지 않았네. 이것도 내 논문에서 증명을 해 두었네.5)"

"교수님, 그라마 加羅(가라), 金海(김해), 둘 중 하나만 쓸 끼지 와 둘을 다 써서 헷갈리게 합미꺼?"

"그 이유가 있지. 한자음의 변천 때문일세. 국어학계는 순우리말을 한자 지명으로 몽땅 갈아치운 경덕왕을 대역죄인 취급을 하지만, 경덕왕 쪽에서 보면 억울한 일이야. 당시 갑골음, 상고음, 중고음이 섞여 하나의 한자가 둘 이상의 음을 가지고 있었으니 매우 혼란스러웠던 게지. 그래서 한자음의 정리가 필요했던 게야. 그러나 경덕왕은 세종대왕만큼 지혜롭지 못했어. 金(김), 海(해)가 당시 갑골음인 [ㄱ ㄹ]로 읽히고 있는 상황인데, [금/김(金)], [해(海)]로 읽히는 새로운 음이 생기니 난감할 수밖에 없었지. 항간에서는 이들이 모두 'ㄱ ㄹ'와 '해', '김', '금'으로 읽혔던 것이네. 그래서 어느 한쪽으로 기준음을 정할 필요가 있었던 게야. 그런데 기준음을 정하는 데 일관성이 없었어. 신구음을 구별하지 않았다네. 결국 경덕왕은 표준음을 정하는 데 실패한 것일세. 개명한 음을 지명으로 하고 기준음을 익히라는 것이었는데, 신구음을 섞어 놓았으니 실패할밖에. 당시의 '이두'는 우리말 표기와 한자음의 혼란 때문에 선택한 고육지책이었어. 경덕왕은 고을의 새 명칭을 정해 주면서 각 시대 한자음을 기준 없이 삼았지만, 세종대왕은 아예 <동국정운>을 편찬케 하여 전체적인 표준음을 정했던 것이라네. 세종대왕이 신숙주로 하여금 표준음을 정한 근본적 이유는 표준 한자음을 제정

---

5) 최춘태(2013), 국호 신라에 대한 연구. 언어과학연구 64집

하고 이걸 한글로 나타내기 위해서였지."

▶『동국정운』 전 6권

"<동국정운>에 얽힌 재미있는 일화가 있네. 현재 '간송박물관'에 있는 <동국정운>은 1940년 안동에서 발견된 1, 6권이네. 학자들은 이 두 권을 보고 2·3·4·5권을 복원하는 데 필사의 혼을 다 바쳤네. 그러나 모두 실패하고 1966년 유창균 은사님 한 분만이 복원에 성공하신 게지. 그때, 일부 학자는 박수갈채를 보냈고 일부 학자는 시기심에 그 복원을 신뢰할 수 없다고 했지. 그런데 1972년 강릉에서 여섯 권 모두가 발견되었어. 이때, 한국의 모든 학자들은 은사님의 복원본과 진본과의 일치 여부에 눈을 돌렸네. 심지어 음대, 미대 교수들까지 관심을 보여 전국적인 이슈가 되었었어. 진본과 대조한 결과, 어찌 됐겠나?"

"일치했겠군요!"

"그렇다네. 그 많은 字(자)들 가운데 178군데만 다르고 모두 일치시

켰다네. 이때, 성균관대 한 학자는 '이건 귀신
이나 할 일이다'며 찬사를 보냈고 또 동국대 한
학자는 '178군데는 유 박사가 틀린 게 아니라
원 저자인 신숙주가 실수한 것이다'고 했다네.
기가 막힐 노릇이지. 나는 이 두 분을 참으로
존경한다네. 학문의 경쟁자로서 저렇게 찬사를

▶ 유창균 박사

보내는 것은 그분들의 인격이 매우 높다는 증거지."

"교수님께서 은사님을 그토록 존경하신 이유를 알겠군요."

"孤(고)의 갑골음이 [ㄱㄹ]였음을 말하다가 이만큼 옆길로 새버렸지
만 갑골음 복원을 위해 모두 필요한 지식들이니 기억해 두게. 어쨌거
나 孤竹(고죽)의 갑골음은 [gərə dərə(ㄱㄹ ㄷㄹ)], [gərə dər(ㄱㄹ
들)]였음을 기억하고 다음으로 넘어가세."

❖ 樂浪(낙랑)의 갑골음

"樂浪(낙랑)의 갑골음은 [gərə(ㄱ릭)]였네. 孤(고)와 같다네."

"네에? '낙랑'과 '가라'는 너무 현격한 발음 차인데요? 믿기지 않는군요."

"언어과학이 거짓말하지 않네. 樂(낙)의 상고음을 사전에서 찾아보게."

● 樂(낙)

高本汉	ŋoˇk	XXIV/25部	李方桂	ŋragwh	宵
王力	ŋeôk	藥	白一平	ŋrawks	藥部
郑张尚芳	ŋraawɢs	豹1部	潘悟云	ŋgraawɢs	藥1部

"성모는 ŋ, ŋr, ŋgr일세. ŋ는 g의 약화에서 왔으니 ŋ보다 앞선 음은 g일세. 그러니 ŋgr의 ŋg는 동음중복이니 g 하나로 수렴되네. 그러면 ŋ, ŋr은 g, gr이 되는데, 복성모인 gr이 g보다 앞선 음이네. 그러면 성모는 최종 gr로 확정되네."

"아! ㄱ, ㄹ이 나오는군요."

"핵모는 a가 보이고 그 상대형 e도 있는 데다 o나 u가 있다는 것은 기저모음은 [ə(ㆍ)]였다는 얘길세. 아래아 [(ə)]와 [a(아)]는 음가가 비슷하고 [ə(ㆍ)]에서 [a(아)]로 변천하는 관곌세. 운미는 g와 s인데, s는 r과의 교체 관계로서 r이 운미에 존재했다는 걸 말해주네. 이것은 앞선 음의 운미가 rg였음을 알 수 있네."

"이것들을 조합하면, 성모는 gr, 핵모는 ə, 운미는 rg가 되어 [grərg(ㄱ륵)]이 되는데, 이보다 앞선 음은 복성모 gr 사이에 있었던 [ə(ㆍ)]를 복원하면 [gərərg(ㄱ롥)]이 되네. 이보다 앞선 음은 운미 g가 발생하기 전이니까 [gərər(ㄱ를)]이 되네. 이 [gərər(ㄱ를)]의 운미 r이 앞선 r과의 동음생략으로 [gərə(ㄱ르)]로 읽혔던 것이네. 후에 [gərərg(ㄱ롥)]의 운미 rg는 하나씩 나뉘어 [gərər(ㄱ를)]과 [gərəg(ㄱ륵)]이 되네. 駕洛國記(가락국기)의 [가락]은 [gərəg(ㄱ륵)]이 변천한 것일세."

"[락], [요], [악]으로 읽히는 樂(낙)의 갑골음이 [gərə(ㄱ르)]였다니 보고도 못 믿을 정돕니다."

"그렇겠지. 그러나 음운법칙에 의한 꼼짝없는 사실일세. 그런데 우리가 복원한 [gərərg(ㄱ롥)]에서 운미 r이 어중 r로 인해 동음생략되면 [gərəg(ㄱ륵)]이 되네. 여기에 대해 아무 느낌이 없는가?"

"…."

"樂(낙)이 '즐겁다'는 뜻이니까 즐거운 노래 **'가락'** 아이겠심미꺼?"

"잘했네, 박 군! 훌륭한 답을 했네. 우리말에 그대로 남아 있는 경우라네. 이와 관련해서 甲骨文(갑골문), 金文(금문)을 보면 재미있다네."

▶갑골문   ▶금문1   ▶금문2   ▶전문

"樂(낙)의 甲骨文(갑골문)은 나무판(木) 위에 실(絲)을 매어 둔 것이네. 이게 '가야금'인데, '가얏고'라고도 하네. '거문고'와 같은 현악기의 통칭을 '고'라고 했네. 이 '고'는 '실(絲)의 매듭'을 말하는 우리말이기 때문일세. 그런데 '伽倻琴(가야금)'의 '倻(야)'는 앞선 음이 '라'였기 때문에 '가라금'이라 해야 하고, 또 琴(금)은 후대의 것이고 본래는 '고'라 했으니 '가라고'라 해야 발명 당시의 명칭이 되는 걸세. 樂(낙)의 갑골음이 [gərə(ㄱ러)]이고 이 음이 [gərəg(ㄱ럭)]으로 변천했으니 '가라고'의 '가라'는 樂(낙)의 음과 의미였고 '고'는 악기 현을 매놓은 매듭을 말하네. 우리가 '가락금'이라 하지 않고 '가야금(<가라금)'이라고 하는 걸 보면 이 악기가 최소한 [gərə(ㄱ러)] 시기, 즉 殷代(은대) 혹은 그 이전에 만들어졌다는 것 알 수 있네. '가락'이 周代(주대) 음이니 '가락금'이라 했다면 周代(주대) 만들어졌다는 말이 되네."

"그런데 교수님, 금문 1, 2는 모습이 좀 다르군요."

"甲骨文(갑골문)에서 보면 나무판(木)에 실(絲)을 매어 놓은 것인데, 금문에서는 白(○)이 추가되어 있네. 학자들은 이 白(○)이 현 위에 엄지손가락이라 해서 악기를 연주하는 모습을 형상화했다고 하고 또 현을 조절하는 장치라고 하는데, 나는 이 두 견해에 썩 마음이 가지 않는다네. 나는 白(백)이 '비다'는 뜻이 있음에 주목하네. 초기 '가라고'는 나무판 위에 실을 매었을 뿐인데, 금문 시기부터는 나무판 밑에 구멍을 내서 소리를 울리게 한 것을 나타낸 게 아닐까 생각하네. 아래 거문고 琴(금)의 금문이 이를 뒷받침하네."

琴

▶琴의 금문   ▶琴의 전문

"금문에서 王이 둘로 나타난 것은 거문고의 현을 말하고 그 사이에 丨은 '안족'을 말하네. 그 밑에 항아리를 거꾸로 엎어놓은 듯한 모양은 나무판의 밑에 홈을 파낸 것인데 속이 비었다는 것일세. 전문에서는 白(백)과 같다네. 후에는 울림판에 울림구멍을 뚫어 점점 진화한 것이야."

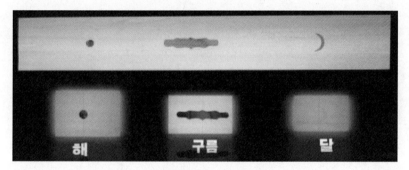

▶해, 구름, 달을 상징한 가야금 울림통에 뚫은 울림구멍

"교수님의 견해가 딱 와 닿습니다."

"음악, 음성의 가락을 이르는 律呂(율려)도 마찬가질세. 律의 상고음은 [brɨət]인데, ə의 상대형 [i̯ə]는 [ɯ(一)]에 해당되네. 즉 [brɯt]이 되네. br 사이에 있었던 ɯ를 복원하면 [bɯrɯt]이 되고, 모든 d/t의 앞선음은 r이므로 갑골음은 [bɯrɯr(브를)]이 되네."

"혹시 원순모음화해서 [burɯr(부를)]이 되는 것 아닙니까?

"왜 아니겠나. 우리말에서 ㅁ, ㅂ, ㅍ과 같은 양순음이 'ㅡ'를 만나면 'ㅜ'로 원순모음화한다네. 15세기 우리말 믈(水), 블(火), 플(草)는 모두 [물, 불, 풀]로 바뀌지."

"그럼 呂는 '가락'입니까?"

"허어! 이 사람, 상고음을 보기도 전에 古音(고음)을 복원하다니 벌써 경지에 올랐구만. 呂의 상고음은 [graʔ]일세. 성모 gr 사이에 연이어 나온 a를 복원하면 [garaʔ]이고, 운미 ʔ는 g에서 왔네. a는 ə에서 변천한 것일세. 결국, [gərəg(ᄀ륵)]이 되네. 律呂(율려)의 古音(고음)이 [bɯrɯr gərəg(브를 ᄀ륵)]이었네. 현대말로 '부르는 노래'를 말하네. [gərəg(ᄀ륵)]에 앞선 갑골음은 운미 g가 발생하기 전이니 당연히 [gərə(ᄀ륵)]일세. 적어도 律呂(율려)는 가라금이 발명된 이후 '가락' 시대에 생긴 것이라네. '육률육려'가 중국에서 왔다는 것이 정설로 되어 있지만, 사실 우리민족의 작품으로 증명된 셈이네."

"기가 막힙니다. 단어를 합친 句(구)가 일치된다는 것은 甲骨文(갑골문)과 율려의 주체가 우리 직계 조상이란 게 확연하지 않습니까?"

"이를 말인가. 浪(랑)의 상고음을 보세."

● 浪(랑)

高本汉	laŋ	XVI/16部	李方桂	laŋ	陽
王力	laŋ	陽	白一平	c‑raŋ	陽部
郑张尚芳	raaŋ	陽部	潘悟云	raaŋ	陽部

"浪(랑)의 상고음 운미 ŋ는 g가 약화된 음일세. 서로 교체 관계에 있기도 하지. '손바닥'과 '손바당', '구멍'과 '구먹', '눈덩'과 '눈덕'은 표준어와 방언 관계들이네. 이렇게 우리말에서 ㄱ, ㅇ이 교체하는 것은 고대 시기에 ŋ, g가 교체했던 흔적들일세. [ŋ]와 [g]를 발음해 보게. 입 안의 발음 위치가 같은데 발음 방법이 다를 뿐이네. g에서 ŋ으로 변천했으니 이전 시기 음은 [rag] 아닌가. 운미 g는 후에 발생한 것이니 이에 앞선 음은 [ra(라)]가 되네. 이보다 앞선 갑골음은 [rə(ᄅ)]였네."

"<삼국사기>와 <삼국유사>에 壤(양), 良(량), 羅(라), 陽(양)이 어말에 늘 나타남을 봅니다. 특별한 이유가 있습니까?"

"浪(랑)은 良(량), 羅(라), 陽(양)과 함께 '나라', '땅'의 의미를 지닌 접미어였다네. 寧(녕), 壤(양), 那(나)도 '나라', '땅', '읍락'을 뜻하는 접미어였다네. 이 寧(녕), 壤(양), 那(나)의 고음은 모두 우리말 [nərə(ᄂᄅ)]로 복원되네. 나는 이들의 준말이 [ᄅ]를 표기한 浪(랑), 良(량), 羅(ᄅ)가 아니었나 추측해 본다네. 우리말의 유전자는 한 음절 줄이는 정도는 예사였거든. 심지어 준말을 따로 가지는 언어가 바로 우리말일세. 전 삼국시대 때도 徐羅伐(서라벌)을 徐伐(서벌)로 줄였고 達句伐(달구벌)을 達伐(달벌)로 줄였다네. 말하자면 樂浪(낙랑)은 [gərə nərə(ᄀᄅ ᄂᄅ)]를 뜻하는 것일세."

"그럼, 樂(낙)은 [ᄀᄅ], 浪(랑)은 [rə] 음이었으니까 漢代(한대)에 [ᄀᄅ ᄅ]로 읽혔습니까?"

"아닐세. 우선 갑골음 樂浪(낙랑) [gərə(ᄀᄅ)]는 漢代(한대)의 音

(음) [kara]로 읽혔을 것이네. 게다가 우리글 준말 읽기 유전자로 볼 때, [kara]에 [ra]가 연이어 있으니 ra가 동음생략되어 [kara]로 읽혔을 것이네. 이런 유를 '겹쳐 적기'라 이름 지었네. 이런 표기가 앞으로 종종 나올 게야."

"濊(예)의 古音(고음)이 [ksər(ㄱㅅㄹ)]인 것은 이에 앞선 시기 갑골음인 [gəsər(ㄱ슬)]의 어두 [ə]가 동음생략되었기 때문이네. 그 앞선 음은 [gərsər(ㄱㄹㅅㄹ)]였고 축약형이 [gəsər(ㄱ슬)]였네. 시기적으로 갑골음은 어두가 g였을 것이네."

"濊(예)에서 'ㄱㄹ', 'ㅅㄹ'가 나왔네요."

"그렇다네. 濊(예)뿐 아니라 桓(환), 金(금), 靑(청)의 갑골음이 모두 이와 같은 음일세. 다음에 여기에 대해 수업할 기회가 있을 걸세."

"자, 여기까지만 보면 어떤가? 孤(고)와 樂浪(낙랑)이 갑골음 [gərə(ㄱㄹ)]와 고음 [gara~kara(가라)]로 복원되지 않았는가. 앞에서 [ㄱ 르]의 뜻을 살펴보았네만, 좀 더 구체적으로 심화해 보세."

"'햇빛' 말고 또 있습니까?"

"아, 같은 뜻인데 더 심화해 보자는 것일세. 기존의 연구와 여기저기 사이트를 방문해 보면 여러 주장들이 있네만, 근거가 부족하네. 이러니 식민사학파들이 재야 사학을 싸잡아 '환빠' 취급을 한다네. 심증은 뻔한데 물증을 제대로 대지 못해. 하지만 근거 없는 주장은 허공에 친 메아리일 뿐이지."

"저도 요즘 여기저기 서핑을 해 보는데 좀 심하더군요."

"앞에서 [ᄀᄅ] 음을 지닌 字(자)가 孤(고), 金(금), 海(해), 官(관), 樂(낙)이 있었잖은가. 이 가운데 [ᄀᄅ]의 본 의미인 '태양'을 나타내는 字(자)가 하나도 없어. 동일한 [ᄀᄅ] 발음을 이렇게 여러 字(자)로 써서 국호나 종족명을 쓴 자체가 무얼 뜻하겠나? 字(자)의 '의미'에는 관계없이 [ᄀᄅ]라는 음에 충실했다는 증거일세. 언제 내가 얘기했던가? 고음으로 올라가면 의미보다 음을 표기하기 위한 것들이 많다고. 그러나 孤(고)와 官(관)은 벼슬 이름이나 왕후, 임금의 뜻이 있어서 'ᄀᄅ/ᄀᄂ/ᄃ'과 같은 뜻이고 金(금)과 樂(낙)은 ᄀᄅ족이 발명한 쇠와 악기이기 때문에 종족의 이름을 쓴 것인지도 모르겠네. 어쩌면 이 字(자)들을 쓸 당시의 사람들은 이미 [ᄀᄅ]의 본래 뜻을 망각했을 가능성도 있어. 우리는 16세기 중종 때, 최세진의 <훈몽자회>에서 망각된 어휘를 많이 볼 수 있다네. 예컨대, '굴 呪'의 '굴' 뜻을 우리는 모르고 있다네.[6] 수 세기 전의 말도 그 본뜻이 소실되는데, 수십 세기의 시간이면 망각될 법도 하지 않은가? 심지어 최남선의 『신자전』에 나오는 한자의 訓(훈)을 국어학계가 다 알지는 못한다네. 겨우 100년 전에 발간된 자전일세. 또 우리는 '아리랑'이 무슨 뜻인지도 모르고 그냥 노래하지 않는가. 이들은 모두 桓(환), 濊(예)의 갑골음인 [gəsər(ᄀ슬)]과 직결되는데, '조선의 어원'과 '아리랑의 어원'을 강의할 때 분명한 답을 내

---

6) 필자의 저서 『국어 음운의 통시적 연구』에서 밝혀 놓았다. '굴'은 '말하다', '주문을 외다'는 뜻이다. 지금은 뜻이 변해 '행동하거나 대하다'는 뜻으로 쓰인다. ex) 버릇없이 굴다.

게 될 걸세. 그러나 여기서 [ᄀᆞᆯ]의 뜻은 '빛', '밝음', '태양', '공모양'
이라는 것일세."

"교수님, 깨달음이 왔심더."

"오, 박 군, 깨달음이 가기도 하네만."

"'가라'가 태양, 구체니까, '가라'의 어말음 'ㅏ'가 탈락하면 '갈'인데,
이 '갈'은 '눈깔'에서 눈알맹이 '구체'를 확인할 수 있습니다. 이 '갈'이
어두 ㄱ탈락으로 '알'이 되었다, 뭐 이래 생각함미더."

"정확하네. 박 군, 자넨 지금부터 언어학잘세. 자네 그 순발력은 대
단해. [ᄀᆞᆯ>가라>갈>알]로 변천했네. 우리에게 '알' 문화는 독특하
다네. 난생설화는 여기서 기인한 것으로 보이네. 호두의 우리말이 가래
(갈+애)일세. 내가 설명하려는 걸 박 군이 다 해 버렸어."

"그럼 달리 변천한 것을 볼까? '태양'이 곧 [ᄀᆞᆯ(kərə)]인데, 이것이
어두 k의 마찰음화로 [h]가 되니 [ᄒᆞᆯ(hərə)]가 되지 않나. 중세국어
의 [ᄒᆞᆯ]는 오늘날 [하루]고, 하루는 '日' 아닌가. 중세국어 [ᄒᆞᆯ]의
어말 [ㆍ]가 탈락한 [홀]도 중세국어에서 '하루'의 의미로 쓰였네. 또,
[홀]의 받침 ㄹ이 i - breaking 현상으로 반모음 [ㅣ]가 되면 [희]가 되
어 중세국어에서 '태양'으로 쓰였지. 나중에 日 음이 [ᄀᆞᆯ/ᄒᆞᆯ]였음
을 보여주겠네."

ᄒᆞᆯ 몃 里를 녀시ᄂᆞ니잇고(석보상절六, 23)
홀톤 조심 아니ᄒᆞ야(석보상절十, 26)

히 디여 가딕 그 지븐 광명이 비췰세(월인석보ㅡ, 9)

"그 후, [ə(ㆍ)]는 [a(ㅏ)]로 변천하여 [하ㅣ(haj)]가 되니까 이것이 단모음화해서 오늘날 [해(æ)]가 된 것이라네. [ᄀᆞᆯ]에서 [해]로 변천한 세월이 얼마나 되었을까? 桓(환)에서 그 뜻과 음이 시작되었으니 얼마나 걸렸을까?[7] 桓因(환인)부터이니 짐작해 보게."

"교수님, 환인, 환웅의 존재를 정말 밝히셨다는 말씀입니까?"

"앞에서도 말했지 않았는가. 강단 식민사학파들이 깜짝 놀랄 일이지. 나중에 얘기함세. 결국, 孤(고), 樂浪(낙랑)은 [ᄀᆞᆯ>가라]로 읽혔다는 것일세. 현재 글자와 음이 달라도 과거에는 같은 음이었음을 증명했네. 孤(고)의 음이 더 이상 [ᄀᆞᆯ]를 나타내지 못하자 그 음에 해당하는 다른 글자를 대치한 것일세. 그런데, 왜 北平(북평)이라고도 했을까?"

❖ 北平(북평)의 갑골음

● 北(북)

高本汉	pək	XXI/19部	李方桂	pək	之
王力	pək	職	白—平	pək	職部
郑张尚芳	pɯɯg	職部	潘悟云	pɯɯg	職部

---

7) 뒤에서 논의하겠지만, 桓(환), 濊(예)의 갑골음은 [kəsər(ᄀᆞᇓ)]로 일치한다. 여기서 생략된 r을 가지면서 [kərə(ᄀᆞᆯ)] [sərə(ᄉᆞᆯ)]로 분리 변천하게 된다.

"北의 성모는 p, 핵모는 [ə(ㆍ)]일세. 그 상대형 [ɯ(ㅡ)]가 있다는 것이 핵모 [ə(ㆍ)]의 존재를 증거하고 있네. 운미는 k보다 앞선 g일세. 조합하면 [pəg(븍)]이 되네. 이 이전 음은 g 앞에 r을 복원하여 [pərg(붉)]가 되네. 이 [pərg]의 운미 rg가 하나씩 나뉘어 [pər(블)]와 [pəg(븍)]으로 변천한 것이었네. [pər]는 제가들의 재구음에서 빠져 있지만, 존재했던 음이야."

"[pər(블)] 쪽은 받침 r이 i-breaking 현상으로 반모음 [ㅣ(j)]가 되어 [pəj(빈)]가 되고 [ə(ㆍ)]는 [아]로 변천하여 [paj(바ㅣ)]가 되었네. 이것이 단모음화하여 [pæ(배)]가 된 걸세."

"[pəg(븍)] 쪽은 핵모 [ə(ㆍ)]가 [u(우)]로 변천해 [pug(북)]이 되고 g가 무성음화해서 k로 변천하니 puk(북)이 된 것일세. 그래서 北은 [북/배] 두 음을 지니는 것일세. [pərg]에 앞선 음은 [pərəg(ㅂ륵)], 또 이에 앞선 갑골음은 운미 g가 생성되기 전이니까 [pərə(ㅂ르)]였다네. 성모 p는 b에서 무성음화했을 것이네."

"우선, 변천 과정을 먼저 보세."

bərə   >   pərəg   >   prək
             >   pərk   >   pər
                         >   pək   >   puk
             bər   >   bəj   >   paj   >   pæ

"아, 저는 복잡한데요!"

"처음이니까 그렇게 보일 뿐이야. 그러나 여러 재구음들을 볼 줄 아는 안목만 있으면 쉽게 복원할 수 있다네. 우리 강의가 끝날 무렵이면 자네들은 거의 전문가처럼 되어 있을 걸세. 또 앞으로 나오겠지만 음운 환경에 따라 특별한 경우들이 있네. 이것들은 나올 때마다 익힐 수밖에 없네."

"교수님, 좀 더 상세한 설명이 요구됩니다."

"제청이요!"

"北(북)의 상고음은 [pək(븍)]으로 되어 있네만, 이보다 앞선 시기 음(음)이 [pərk(븕)]이었고 이것은 白(백)의 古音(고음)과도 일치한다는 게 의미심장하지 않나? 北(북)이나 白(백)의 음은 '붉다'는 뜻의 우리말이라네. 白(백)이 '밝다'는 것은 다들 이해할 일인데, 왜 北(북)이 [밝다]는 의미를 가졌을까? 혹, 이것도 의미와 관계없이 음에만 충실한 것이었을까? 여기에 대해서는 나도 그럴싸한 답을 내리지 못하겠네. 어쩌면 불을 발견한 北狄(북적)에서 기원했을지 모르네. 유창균 은사께서는 北狄(북적)이 불을 처음 발견한 종족이라 하셨거든. 불을 밝힌 종족이니 '붉족'이 아닐까? 어쨌거나 [北(pərk - 븕)]의 운미 [- rk]는 -r, - k 둘로 나뉘어 [pər(블)], [pək(븍)]으로 변천했네."

"교수님 말씀처럼 北(북)의 상고음 사전에서 pər가 보이지 않는데, 사전에 없는 걸 상정해서 앞선 음 [pərk(븕)]을 복원하면 설득력이 떨어지지 않을까요?"

"자네의 솔직한 심정을 말해줘서 고맙네. 그래야 우리가 더 깊은 논의를 할 수 있는 게야. 北이 [pər(블)] 음으로 직접 쓰인 증거가 있어."

"『삼국사기 34』에 北耻長里(북치장리)를 八居里(팔거리)라 했는데, 長里(장리)는 이두에서 [거리/길이]로 읽혀 '居里(거리)'가 바로 그걸세. 耻(치)는 '부끄럽다'는 뜻인데, 부끄러우면 얼굴이 '발거리'하지 않은가. 그 八居里(팔거리)를 말하네. 당시는 ㅊ, ㅋ, ㅌ, ㅍ과 같은 거센 소리가 없었기 때문에 八은 [팔(pʰar)]이 아니라 [par(발<블)]로 읽혔다네. 즉, 北(북)이 '발(<블)'과 '북' 두 가지 음을 가지고 있으니, 耻(치)는 北을 [북]으로 읽지 말고 [발(<블)]로 읽어달라고 안내하는 字(자)일세."

"명쾌합니다."

"'붉달족'이 곧 '배달족'인데 왜 '배달'이라 하는지 이제 감이 잡힐까? 오늘 한 군이 한마디도 안 했네. 말해 보게."

"北에 '밝다'는 의미가 들어 있다면 그에 앞선 '블'에도 그 의미가 있을 것이고 이 [블]이 [배(倍)]가 됐으니 倍에도 '밝다'는 의미가 들어 있지 않겠습니까?"

"정답일세. 倍(배), 焙(배)를 보세."

● 倍(배)

高本汉	b'əg	ⅩⅩⅤ/20部	李方桂	bəgx	之
王力	bə	之	白一平	bə?	之部
郑张尚芳	buɯ?	之部	潘悟云	buɯ?	之部

● 焙(배)

高本汉	b'əg	XXl/20部	李方桂	bəgh	之
王力	bə	之	白一平	bəs	之部
郑张尚芳	bɯɯs	之部	潘悟云	bɯɯs	之部

"자, 여길 볼까? 倍(배), 焙(배)의 상고음은 [bəg(븍)]으로 대표되네. 北(북)과 같은 음이야. 상대형 [ɯ]의 존재로 보면 기저핵모가 [ə]였다는 것을 말하고 있네. 이에 앞선 音은 g/k 앞에 r을 복원하면 [bərg(붉)]이 되겠지. 焙(배) 음이 [bəs], [bɯɯs]에서 보다시피 운미 s는 곧 r을 말하는 것이네. [bərg(붉)]에서 [bər(=bəs)], [bəg]로 분리된 것이야. 이것은 白(백)의 古音(고음) [bərg]와 완전히 일치하는 음일세. 北(북)의 [pərg(붉)]도 갑골음 성모는 b였을 것이네. 지금까지는 설명의 편의상 운미 g 앞에 r을 복원했지만, 사실은 앞선 音(음) [bərg(붉)]의 이전 음은 [bə¹rə²g(ㅂ룩)]인데 둘째 ə²가 동음생략되어 [bərg(붉)]이 된 것이네. [bərəg(ㅂ룩)]에 앞선 갑골음은 [bərə]였다네. 최초 음 [bərə(ㅂ르)]의 상대형인 [bɯrɯ(브르)]는 어말 [ɯ(ㅡ)]가 탈락하는 방향, 즉 [브르>블>불(火)]로 변천하였고, [브르]가 원순모음화8)하는 쪽으로 변천하면 [브르>부루]가 되네. 夫餘(부여)의 古音(고음)이 [pərə(ㅂ르)]였으나 한쪽은 bərə > bara > para로 변천하였고 다른 한

---

8) ㅁ, ㅂ, ㅃ, ㅍ이 모음 [ㅡ]를 만나면 [ㅜ]가 되는 현상. [믈(水)/블(火)/플(草)]은 모두 [물/불/풀]이 된다.

쪽은 bərə > bɯrɯ > buru > puru로 변천하였다네. 갑골음이 [bərə(ㅂ ㄹ)]에서 [para(바라)]와 [puru(부루)]로 변천한 것일세. 夫餘(부여)는 北狄(북적)의 후예임이 틀림없고, 유창균 은사님의 지론대로 불을 발명한 족속임에 틀림없다고 보네."

▶ 불의 발명

"또, [bərg(붉)]에서 운미 rg가 나뉘어 '블/ 발族(족)'이나 '븍/박 族(족)'도 이론상으로 는 존재해야 하는데 아 마 있다면 모두 '부루' 의 일파가 틀림없을 것이네. 이처럼 [bər(블)/bəg(븍)]이었던 倍(배)가 [bæ(배)]로 음이 변천했네만 자전에 '햇무리'라는 뜻은 아직 유전되고 있어서 倍(배) 속에는 이미 '밝음', '빛'의 유전자가 그대로 내재해 있네. 倍(배)의 글자 속에는 해(日)의 요소가 전혀 없음에도 '햇무리'라는 뜻이 있다는 것은 '배달'의 '倍'가 '블(> 붉)族(족)'임을 증명하는 것일세. 倍(배)를 자전에서 보세."

● 倍(배)
1. 곱, 갑절
2. 더욱, 점점 더
3. 햇무리(해의 둘레에 둥글게 나타나는 빛깔이 있는 테두리)
4. 더하다

5. 많게 하다, 배가하다(倍加 - -)

6. 곱하다

7. 외우다, 암송하다(暗誦 - -)

8. 모시다(=배(陪)의 고자(古字))

9. 물어주다, 배상하다(賠償 - -)(=賠)

a. 등지다 (패)

b. 배반하다(背反 · 背叛 - -) (패)

c. 위배되다(違背 - -) (패)

<출처: 네이버 사전>

"'햇무리'는 수증기가 많은 공간에서 해가 찬란하게 비칠 때 둘레에 생기는 무지개 빛깔인데 그 또한 찬란하기 이를 데 없다네."

▶ 햇무리

"결국, [bərə(ᄇᆞᄅᆞ)] > [$bər^1$(ᄇᆞᆯ)] > [bərʔ(ᄇᆞᆶ)] > [bərg(ᄇᆞᆰ)] > [$bər^2$(ᄇᆞᆯ)/bəg(ᄇᆞᆨ)] > [bəŋ(ᄇᆞᆼ)]으로 변천했어."

"교수님, 그렇게 변천한 과정을 증명할 방도는 없습니까?"

"왜 없겠나. <설문>에서 倍(배)와 소리가 같다고 한 棓(배)가 있는데, 이 棓(배) 음에 [방/봉/뭉]이 있다는 것은 [bəg(ᄇᆞᆨ)]이 이전에 있었다는 얘기지. 어말 [g]가 약화되면서 [ŋ]이 되었음을 증명하는 것이네. 그렇다면 이 변천 과정이 옳다는 것이 증명되는 것일세.9) 그러니 '붉달'보다 '배달'이 시기적으로 앞선다네. 最(최) 고음 [bərə(ᄇᄅ)]에서 한쪽은 [bər(불)]로 변했고 다른 한쪽은 g가 첨가되어 [bərəg(ᄇ릭)]으로 변천했는데, [bər(불)]은 i - breaking 현상으로 [bəj(비)] > [baj(바ᅵ)] > [bæ(배)]가 되었고, 다른 한쪽 [bərəg(ᄇ릭)]은, 첫째 ə가 동음생략되면 [brəg(ᄇ릭)], 둘째 ə가 동음생략되면 [bərg(붉)]가 되네. 따라서 한쪽은 [불]에서 [비 > 바ᅵ > 배]로 변천했고 다른 한쪽은 [불]에서 [붉]으로 변천했네. '밝다'는 의미라네. 중국집 짬뽕 '배달'이 아닐세. 정리하자면, 北(북)의 갑골음은 倍와 함께 [bərə(ᄇᄅ)]였고 두 음이 모두 bər¹ > brəg/bərg > bər²/bəg로 변천했다네. 秦代(진대) 의 北은 '붉'으로 읽혔을 것이네."

"平(평)은 그 당시 어떻게 읽혔을까요?"

◉ 平(평)

高本汉	b'i‿an	Ⅳ/1部	李方桂	bjian	元
王力	bian	寒	白一平	bjen	元部
郑张尚芳	ben	元2部	潘悟云	ben	元2部

"平(평)은 상고음 사전에서 성모는 b로 대표되고 개음 i‿, j, i를 제거하면 핵모는 [a(아)]와 그 상대형 [e(어)]가 있는 것으로 보아, 기저 핵

---

9) [ㆍ]는 ㅏ/ㅓ/ㅗ/ㅜ/ㅡ 로 변천하니 [방/봉]이 되었고, [몽]은 m/b 교체로 인한 것이 다. 당시 m/b 교체는 흔히 일어나는 현상이었다. 마리/바리, 마당/바당, 망울/방울 등은 고대시기 교체되었던 것이 남아 있는 흔적이다.

모는 [a]가 되네. 운미는 n일세. 조합하면 [ban]이 되네."

"그라마 北平(북평)은 '붉반'이 댐미꺼?"

"아직 섣부른 판단이네. 같은 聲符(성부) 字(자)를 항상 확인해야 되네. 혹, 운미 n이 d나 r과 교체 관계에 있는지 점검해야 하기 때문이네. 같은 聲符(성부) 字(자)를 보세."

● 伻(평)

高本汉	p'e˘ŋ	XVIII/22部	李方桂	phriŋ	耕
王力	pheŋ	耕	白一平	phreŋ	耕部
郑张尚芳	phreeŋ	耕部	潘悟云	phreeŋ	耕部

● 評(평)

高本汉	b'i̯e˘ŋ	XVIII/22部	李方桂	bjiŋ	耕
王力	bieŋ	耕	白一平	brjeŋ	耕部
郑张尚芳	beŋ	耕部	潘悟云	beŋ	耕部

"平(평)과 같은 음이었던 伻(평), 評(평) 두 음의 성모는 p, ph, phr, b, br인데, 이 가운데 b계가 p계보다 앞선 음일세. 어두에서는 b에서 p로 무성음화는 할 수 있어도 p에서 b로 유성음화는 할 수 없다는 음운법칙이네. b계는 b, br 둘인데, 이 가운데 복성모가 더 오래된 음일세. 그래서 성모는 br로 확정되네. a, e에 i가 있다는 것은 핵모가 ə였다는 것일세."

"이들을 조합하면 [brəg(ㅂ륵)]일세. 이 [brəg]에서 위의 모든 음들이 변천한 것이네. [brəg]보다 앞선 음은 복성모 br 사이에 생략된 e를 복원하면 [bərəg(ㅂ룩)]일세. 첫째 ə가 생략되면 [brəg(ㅂ룩)], 둘째 ə가 생략되면 [bərg(붉)]으로 변천하네. [bərg(붉)]의 운미 rg가 하나씩 나뉘어 [bər(블)]와 [bəg(븍)]으로 변천하였네. [bər(블)]의 운미 r가 n으로 교체된 것과, [bəg(븍)]의 운미 g가 약화되어 ŋ로 교체된 음이 바로 위의 상고음 가운데 [bən], [bəŋ]일세. 그래서 n/r와 ŋ/g의 교체라 했던 걸세. 靑代(청대) 학자들은 이 교체를 '음양대전'이라 했다네. 靑代(청대) 학자들도 상고음에 대한 일부를 알고 있었네만, 상고음에서 平의 운미 n은 r과의 교체 관계였음을 알 수 있었을 뿐이었네. 이 [블]이 [벌]로 변천한 것일세."

"다른 증거를 대 주시이소!"

"자네가 그럴 줄 알고 미리 준비했네."

| 評 | 平 | 耕 | 平 | beŋ |
| 評 | 平 | 耕 | 病 | beŋs |

"권위 있는 데이터베이스 zdic.net의 음에 [beŋs]가 나타나는데, 앞에서 우리는 s가 곧 r이라 했잖은가. 이 운미 s가 바로 r의 교체라네. 앞으로 자주 나오겠지만 ㄹ, ㅅ 교체라네. 우리말 음운사에서 ㄹ, ㅅ 교체는 매우 중대한 문젤세. 내 논문에서 밝혀두었으니 참고들 하게.10)"

"ŋ는 g의 변천이고 g 앞에 r을 배치하므로 [beŋs]는 [berg]가 되네.

---

10) 음절말 ㄹ·ㅅ 교체와 그 단어족·어원에 대하여. 언어과학연구 제66집 (2013)

앞서 재구한 음과 일치하지. 운미 rg는 하나씩 나뉘어 하나는 [ber], 다른 하나는 beg(벽) > beŋ(병) > peŋ(병) > pʰeŋ(평) > pʰjeŋ(평)으로 변천하였네. [ber]와 [beŋ], 이 두 음을 겹쳐놓은 것이 [beŋs]라네. 결국, [ben], [ber]은 n/r이 교체되었음을 말하네. 이 교체는 동시대에 일어나기도 했지만, 대개는 r이 n보다 시기적으로 앞서는 시차적인 변천이었다네. 앞선 시기에는 [ber(e),(버러/벌)]로 읽혔어. 후한 명제(65 - 67)때 佛典(불전)의 한자 [般(pan)]을 [par]로 음역했음을 볼 수 있는데, 이는 운미 n을 r로 발음했다는 증걸세."

"상고음 사전에서 이러한 字(자)들은 간간이 나타나는데, 圻[g'jər/ŋjən], 个[kar/kan], 寅[djər/djən], 敦[twər/d'wən], 賁[pjar/b'jwən] 등과 같은 字(자)는 n/r음을 동시에 갖는다네."

"매우 직접적인 증거는 없겠심미꺼?"

"박 군이 오늘따라 깐깐하구만. 이게 마지막이네. 順天(순천)의 옛 지명 昇平(승평)이 昇伐(승벌)로 표기된 것은 平이 [ber(e),버러/벌(伐)]로 읽혔다는 것을 증명하지 않는가? 이제 됐는가?"

"확실함미데이. 근데 [버러/벌]이 머슨 뜻임미꺼?"

"平(평), 伐(벌)은 '넓은 평지'를 뜻하면서 '읍락', '도시'를 말했던 것이네. 이 平(평), 伐(벌)과 대비되는 '읍락', '도시'가 達(달)이었네. 돌(達)은 홍수 때문에 높은 고원에서 거주한 것이었고, ber(平, 伐)은 후대에 치수가 용이해지면서 낮은 평원에서 거주한 것이었다네. 이 [ber(e),버러]는 상대형은 a(아)의 [bar(a)]임은 말할 것도 없네."

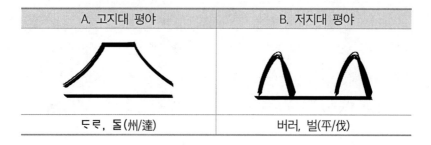

A. 고지대 평야	B. 저지대 평야
ᄃᄅ, 돌(州/達)	버러, 벌(平/伐)

"말끔합니다."

"北平(북평)의 갑골음은 [bərə bere(ᄇᄅ 버러)]인데, 秦代(진대)에는 [pərk ber(붉벌)]로 읽혀 樂浪[ᄀᄅ], 孤(竹)[ᄀᄅ(돌)]과 같은 의미를 가진 '빛의 땅'이었네."

❖ 盧龍(노룡)의 갑골음

"盧龍도 [ᄀᄅ]로 읽혔다면 역사학자들은 뭐라고 할까? 그럴 리 없다고 떼를 쓸까?"

"증명, 증거를 대야죠. 그렇지 않으면 저희들도 그럴 수밖에 없습니다. 증거를 대 주어도 그런 소리하면 학자가 아니죠."

"그렇지. 증거를 그야말로 들이대 보세. 우선, <설문>에서 盧(로)와 발음이 같았던 동일 聲符(성부) 字(자)를 보세."

● 盧(로)

高本汉	lo	Ⅱ/33部	李方桂	lag	魚
王力	la	魚	白一平	c‐ra	魚部
郑张尚芳	b·raa	魚部	潘悟云	raa	魚部

● 虍(호)

高本汉	xo	Ⅱ/33部	李方桂	hag	魚
王力	xa	魚	白一平	xa	魚部
郑张尚芳	qhaa	魚部	潘悟云	qhlaa	魚部

● 虎(호)

高本汉	xo	Ⅱ/33部	李方桂	hagx	魚
王力	xa	魚	白一平	xa?	魚部
郑张尚芳	qhlaa?	魚部	潘悟云	qhlaa?	魚部

● 慮(려)

高本汉	li̯o	Ⅱ/33部	李方桂	ljagh	魚
王力	lia	魚	白一平	c‐rjas	魚部
郑张尚芳	ras	魚部	潘悟云	ras	魚部

"이 字(자)들은 後漢(후한) 허신이 <설문>에서 같은 聲符(성부)라고 기록했던 것일세. 한때, 이들 모두 虍聲(호성)으로 음이 같았다는 것일세. 그 후, 이 字(자)들은 제각기 서로 다른 방향으로 변천하게 된 것이지. 그러나 갑골음을 아는 사람이라면 이들이 같은 음이란 걸 한 눈에 파악할 수 있네. 이들을 성모별로 분류해 보세."

- r/l계: ro ra li‿o lia rag ljagh ras
- g/k계: xo xa ha? hag hagx cra crjas qha qhra qhlaa?
- b계: br

"r계에서 ro, ra는 이전에 있었던 음운이나 음절이 탈락된 형태라 후기에 속하는 음일세. 개음 i‿, j, i를 제거하면 앞선 시기 음은 개음이 없는 [rag], [ras]일세. 이 둘은 [rasg]의 운미 sg가 분리된 것이네. 운미 s는 곧 r이라 했어. s는 r과 교체 관계였기 때문이네. 운미 s는 g/k 앞에 r의 존재를 증거하고 있네. 그래서 운미는 rg가 되네. 핵모 o가 a와 함께 보이는 것은 앞선 음이 ə였다는 것이니 이들을 조합하면 [rərg(롥)]가 되네."

"k계에서 가장 오래된 음은 [qhlaa?]인데 x, h, ?, c, qh는 k로 수렴되네. 그렇다면 [klaak]이 되고 l/r은 r로 대표되니 [kraak]이 되네. aa는 a의 장모음을 말하므로 하나로 축약하면 [krak(ㄱ락)]이 되고, 핵모는 앞선 음이 [ə(ㆍ)]라 했으니 복성모 사이에 있었던 ə를 복원하면 [kərək(ㄱ륵)]이 된다네. 여기서 운미 k보다 앞선 음은 g가 되므로 [kərəg(ㄱ륵)]이 되었네. '호랑이(虎)는 이 시기의 음에서 변천한 것일세. ə(ㆍ)는 [아, 어, 오, 우, 으, 이]로 변천하는데, 여기서는 ə(ㆍ)가 o, a로 각각 변천해 [kərəg(ㄱ륵)]은 [korag(고락)]으로 되었네. k가 어두에서 마찰음화하면 h가 되어 [horag(호락)]이 되고, 운미 g가 약화되면 ŋ으로 변천하니 이게 뭔가?"

"아! [호랑(horaŋ)]이군요."

"그렇지. 虎(호) 음은 이렇게 변해갔네. 그런데 어두 k가 유지된 [korag(고락)]은 운미 g가 약화되어 [koraŋ(고랑)]이 되고, r이 i-breaking 현상으로 반모음 [ㅣ(j)]가 되면 어떻게 되지?"

"우와, [고양(kojaŋ)]이 되네요!"

"고양이, 호랑이는 虎의 음에서 변천한 것일세."

"차암, 재미있고 놀랍습니다."

"이 虎聲(호성) 字(자)들의 [kərəg(ㄱ륵)]에 앞선 음은 [kərərg(ㄱ릵)]이 되고, 이보다 앞선 음은 g가 발생하기 전이므로 g를 삭제하면 [kərər(ㄱ를)]이 되네. 순방향으로 정리하면 kərər¹ > kərərg > kərəg/kərər² 로 변천한 걸세. [ə(ㆍ)]의 상대형은 [ɯ(으)]라 했네. 그러면 [kərərg(ㄱ릵)]는 상대형 [kɯrɯrg(그릵)]가 되니 운미 rg를 하나씩 나눠 가지면 하나는 [kɯrɯr(그를)], 다른 하나는 [kɯrɯg(그륵)]가 되네. 우리말 盧(로)의 음이 이 방향으로 변천하여 이 시기에 고정된 것이네. 盧(로)의 訓(훈)이 뭔가?"

"그릇 盧(로) 아닙니까?"

"운미 s는 r과 교체 관계라 했으니 [kɯrɯr(그를)]이 kɯrɯs(그릇)] 이군요!"

"그렇다네. 다른 하나 [kɯrɯg(그륵)]은?"

"우리 갱상도 말로 밥 '그륵' 아임미꺼!"

"맞네. '그릇'의 방언 '그륵'일세."

"[kərərg] 어두 k는 갑골음에서 g였을 것이네. 이것을 알아보려면 虍聲(호성) 字(자)의 어두가 g로 나타난 聲符(성부) 字(자)를 찾으면 되네."

"b계는 안 했심더."

"그릇 盧(로)의 b계 [bra]는 이단아처럼 나타나 있는데, 음이 다르게 쓰였던 걸세. 복성모 [bra] 사이에 있었던 a를 복원하면 [bara]가 되네. 앞서 복원한 핵모는 ə이므로 초기에는 [bərə(ᄇᆞᆯ)]였을 것이네. ə는 [아, 어, 오, 우, 으, 이]로 변천하는데, [bərə(ᄇᆞᆯ)]는 지금 승려들의 밥그릇, [baru(바루)]로 변천하였네."

"기가 막히군요. 그런데, 盧(로)의 고음이 'kərər(ᄀᆞ를)'로 발음되면 'kərə(ᄀᆞᆯ)'와 차이가 약간 나는군요."

"rər을 발음해보게. 끝에 r은 잘 발음되지 않을뿐더러 동음생략이네. 갑골음 당시 발음은 [gərə(ᄀᆞᆯ)]로 읽었을 걸세."

"虍(호)는 호랑이를 말하며 熊族(웅족)에 밀려난 虎族(호족)인 [ᄀᆞᆯ>가라]族(족)이 분명하네. 이는 西戎(서융)족인데 앞으로 많은 얘기가 나올 걸세. 北狄(북적)의 北(북)은 고음이 [붉]이었고 虎(호)족인 西戎(서융)의 西(서)는 우리말에서 [ᄀᆞᆯ]라 하네. [붉]과 [ᄀᆞᆯ]가 같은 뜻인 것은 한 족속에서 분파되었기 때문일 것이네. 우리말에 西風(서풍)을 '갈風'이라 하는 것도 [ᄀᆞᆯ>가라>갈]의 변천으로 말미암은 것이지. 다른 쪽으로 西(서)를 '하늬'라 하는데, [ᄀᆞᆯ>가라>갈>간>한>하늬(한+의)]로 발달했네. 요컨대, 盧龍(노룡)의 盧(로)는 당시 [ᄀᆞᆯ~가라]로 읽혔네. 자, 이제 龍(룡)을 재구해 보세."

● 龍(룡)

高本汉	li̯uŋ	XXV/32部	李方桂	ljuŋ	東
王力	lioŋ	東	白一平	b‑rjoŋ	東部
郑张尚芳	b·roŋ	東部	潘悟云	[g]roŋ	東部

● 龗(룡)

高本汉	b'uˇŋ	XXV/32部	李方桂	bruŋ	東
王力	beoŋ	東	白一平	broŋ	東部
郑张尚芳	brooŋ	東部	潘悟云	pgrooŋ	東部

● 寵(총)

高本汉	thi̯uŋ	XXV/32部	李方桂	hljuŋx	東
王力	thioŋ	東	白一平	hrjoŋ?	東部
郑张尚芳	rhoŋ?	東部	潘悟云	kh‑roŋ?	東部

● 駹(룡)

高本汉	tsɑŋ	XVI/16部	李方桂	tsaŋx	陽
王力	tsɑŋ	陽	白一平	tsaŋ?	陽部
郑张尚芳	ʔslaaŋ?	陽部	潘悟云	sklaaŋ?	陽部

駹　龍　陽　駔　ʔslaːŋ?
駹　龍　東　龍　roŋ

"아이고! 머시 저래 복잡합미꺼?"

"차근차근 보면 윤곽이 바로 잡힌다네. 먼저 음을 분류해 보세."

- r계: ruŋ roŋ
- b계: bruŋ broŋ boŋ pgrooŋ
- g/k계: groŋ rhoŋʔ khroŋʔ hrjoŋʔ hljuŋx
- t계: thi˰uŋ thioŋ tsɑŋ tsɑŋx tsɑŋʔ
- gsr계: ʔslaaŋʔ sklaaŋʔ

"우리는 지금까지 갑골음 또는 그 이후의 古音을 복원하면서 음의 변천 원리로 수행하였네. 그런데 조금 전에는 虍聲(호성)의 聲符(성부) 字(자)를 다루면서 여러 음을 분류하여 겹치기법을 이용했었네. 겹치 기법은 음의 변천 원리를 시스템화한 방법으로 간편하게 음을 복원하 는 방법일세. 이번에도 이 방법으로 복원할 것이니 잘 알아두게."

"복원 결과는 같습니까?"

"물론이지. 겹치기법은 음의 변천 원리를 시스템화 한 것이니 간편 하게 복원할 수 있다네."

"r계는 b, g/k계에 흡수된다네. 이해하겠는가?"

"네, r계를 b계가 다 가지고 있군요."

"그렇지. 그럼 r계는 소거되네. g계 groŋ, rhoŋʔ, khroŋʔ, hrjoŋʔ hljuŋx의 성모가 모두 gr임을 눈치챘는가? 성모 rh는 순서를 바꾸면 hr이 되고, hl도 hr에 포함되고, kh의 앞선 음은 k이므로 khr은 kr이 돼. 다시 말해서 이 성모들은 모두 kr에서 변천한 것일세. 그런데 kr은 또 gr에서 변천한 것이네. 어두에서 g는 k로 변천할 수 있지만 k가 g

로 변천할 수는 없기 때문이네. 결국, 성모는 gr로 수렴되네. 즉, 성모 gr이 현재로선 가장 오래된 음이라는 것일세."

"핵모 o/u는 서로 상대형이니 낮은 모음 o를 기준으로 하네. 운미 ŋ, ʔ, x는 모두 g에서 변천했지. g/ŋ>k>ʔ/x로 변천했어. 그러니 운미 ŋʔ, ŋx는 g가 중복되어 있는 걸세. 다시 말해서 ŋ, ʔ, x는 모두 g에서 변천한 것이기 때문에 g 하나로 수렴되어야 한다는 말일세."

"이를 조합하면 성모는 gr, 핵모는 o, 운미는 g니까 [grog]가 되네. 그런데, b계의 [pgrooŋ]의 oo는 o의 장음을 나타낼 뿐이니 하나로 축약하면 [pgroŋ]이 되는데, 운미 ŋ는 g에서 변천하였기 때문에 [pgrog]가 되네. 어두 p는 b가 무성음화한 것이니 앞선 음은 [bgrog]가 되네. [bgrog]와 앞에서 조합한 g계 grog를 겹치면 g계는 b계 [bgrog]에 흡수되네. 그러면 g계도 소거되네."

"자, 지금까지 b계인 [bgrog] 하나만 남고 r, g, b계는 모두 소거되었네. t계는 r계의 d가 무성음화하면서 나왔으니 r계와 함께 모두 소거되네. 여기서는 핵모가 a로도 나타나고 있으니 o, a를 아우르는 [ə(ㆍ)]가 기저모음이었다는 얘길세. 이 모두를 적용하면 [bgrəg]가 산출되네."

"gsr계를 보세. l/r은 r로 대표되고 ʔ는 g/k에서 변천했으므로 [ʔslaaŋʔ]의 성모 ʔsl은 gsr이 기저음이 되고, [sklaaŋʔ]의 성모 skl도 순서상 배열일 뿐, gsr이 기저음이므로 모두 gsr로 수렴되네. 핵모 aa는 a로 축약되지만 기저 핵모는 b계에서 복원된 [ə(ㆍ)]가 되네. 운미 ŋʔ는 둘 다 g 계열이니까 g 하나로 수렴된다고 했네. 이들을 조합하면

[gsrəg]가 산출되네."

"지금까지 겹치기법으로 b계 [bgrəg]와 gsr계 [gsrəg]가 최종 산출되었네. 이 둘을 겹치면 공통분모가 [grəg]이므로 최종 음은 [bsgrəg]가 되네. 그러나 성모가 bsgr처럼 어두 자음 넷이 오는 경우는 없으므로 겹치기가 불가능해. 그러면 b계 [pgrooŋ]에 앞선 음 [bgrəg]와, gsr계 [ʔslaaŋʔ], [sklaaŋʔ]에 앞선 음 [gsrəg]는 서로 양립하는 음임에 틀림없다는 것일세. 龍(룡)을 두 음으로 읽었다는 것일세. 그래서 龍(룡)의 상고음에는 b계 [broŋ]과 g계 [groŋ]이 존재하는 것이라네. 양립하는 두 최종 음 [bgrəg], [gsrəg]의 앞선 음은 운미 g가 발생하기 전이므로 [gsrə], [bgrə]가 되네."

"복성모 사이에 있었던 모음 ə를 복원하면 gsr계는 [gəsərə ᄀ스ᄅ]가 되네. 어디서 들은 듯하지 않은가?"

"아! 흉노의 姓(성) 阿史那(아사나)의 갑골음 [gəsərə(ᄀ스ᄅ)] 아입미꺼?"

"맞았네. 阿史那(아사나)의 갑골음인 [gəsərə(ᄀ스ᄅ)]일세. 순서를 바꾸기도 해서 [səgərə (스ᄀᄅ)]로 쓰기도 했네. 여기서 어말 모음 ə가 탈락하면 [gəsər(ᄀ슬)]이 되어 桓(환), 濊(예)의 갑골음과 일치하네. 龍(룡)의 갑골음이 [gəsərə(ᄀ스ᄅ)]라는 것은 곧 東夷(동이)의 동물이며 청룡일세. 용은 곧 뱀이며 뱀을 숭상한 북적에서 분파한 동이를 말하는 것이네. 지금까지 '龍(룡)'은 중국을 상징하고 '봉황(鳳凰)'은 한국을 상징한다는 말은 누군가 조작한 말임을 알 수 있네. 우리 민족 가운데 龍(룡)

을 숭상하는 부족과 새(鳥)를 숭상하는 부족의 차이일 뿐일세.”

“양립했던 나머지 [bgrəg]의 앞선 음도 운미 g가 발생하기 전이므로 [bgrə]가 되네. 복성모 사이에 있었던 모음 ə를 복원하면 [bəgərə]가 되네. 무슨 뜻이 있을 텐데 뭔 말인지 모르겠지? 그럼, [bgrə]의 성모 순서를 바꿔보게.”

“…”

“brg 순서로 [bərəgə]가 되면 어떨까요?”

“왜 그런가?”

“늘 어말 ə가 탈락하는 걸 보았습니다. 그러면 [bərəg(ㅂ 륵)]이 되는데, 이건 [bərə]에서 g가 발생한 것 같습니다?”

“허허허. 그럼 그게 맞는지 검산해 볼까?”

“검산도 가능합니까?”

“당연하지. 이게 갑골음이 맞고 ‘붉다’는 뜻이라면 ‘밝다’는 뜻 白(백)의 상고음과 일치해야 하잖는가?”

“[bərəgə(ㅂ ㄹ ㄱ)]는 [bərəg(ㅂ 륵)]의 개음절형인데 아마 이 둘이 당시 혼용되었을 것이네. 갑골음 [bərə(ㅂ ㄹ)]에서 g가 발생하면서 폐음절로 진행하여 [bərəg(ㅂ 륵)]이 되었고, 폐음절에 익숙하지 못한 시기에 일부에서는 이 [bərəg(ㅂ 륵)]을 개음절 습관대로 [ㅂ ㄹ ㄱ]로 실현했던 것일세. 개음절에서 폐음절로 가는 유일한 길은 어말 모음을 탈락시키는 방법밖에 없네. 그러니 결국은 [bərəg(ㅂ 륵)]으로 합류하게 되는데, [bərəg(ㅂ 륵)]의 첫째 ə가 동음생략되면 [brəg(ㅂ 륵)]이 되고, ə가 a로 변천하면 [brag]가 될 것이네. 그런데 운미 g가 무성음화하여 k로 변천하여 [brak]이 될 것이네. 이들 중 하나가 白(백)의 상고음으로 존재한다면 우리가 복원한 음이 옳다는 것이 증명되네. 상고음 사전을 펴 볼까?"

● 白(백)

高本汉	b'aˇk	XVII/17部	李方桂	brak	魚
王力	beak	鐸	白一平	brak	鐸部
郑张尚芳	braag	鐸部	潘悟云	braag	鐸部

"오! 둘 다 있습니다!"

"그렇구만. [braag]의 aa는 장음 표시니까 [brag]일세. 운미 g가 무성음화하면 k로 변천하니 brak가 되지."

"한 가지 검증이 더 남았네. [bərəg(ㅂ륵)]의 첫째 ə가 동음생략되어 白(백)의 상고음 brag, brak가 되었지만, [bərəgㅂ륵]의 둘째 ə가 동음생략되면 'bərg 붉'이 되니 龍(룡)은 '붉족'이 숭상하는 것임이 검증된 걸세."

"기가 막히게 맞아떨어지네요."

"龍(룡)의 음(音)이 하나는 [gəsərə(ㄱㅅ륵)] > [gəsər(ㄱ슬)로 변천하였고, 다른 하나는 [bərə(ㅂ륵)] > [bərəg(ㅂ륵) > [brəg(ㅂ륵)/bərg(붉)]으로 변천했다는 것일세. 龍(룡)의 갑골음 [bərə(ㅂ륵)]는 현재 우리말에서 구물구물 기는 [버러(지)]의 기원어가 되는데, '-지'는 '-기'가 구개음화한 것인데 명사 접미어일세. 이 '-지' 대신 명사형 [ㅁ(m)]

을 취하면 [bərəm(ㅂ럼)]이 되네. 이것이 [ㅂ람(pəram)]으로 변천하고 i - breaking 현상으로 ㄹ이 반모음 [ㅣ(j)]가 되어 'ㅂ얌(pəjam)이 된 것이네. 이 변천 과정처럼 海(해), 江(강), 川(천)의 고음도 모두 'ㄱ름'였던 적이 있었네. 아마 원시인들은 흐르는 물은 모두 [ㄱ름]로 했던 것 같네. 여기에 훗날 명사형 [ㅁ(m)]이 첨가되어 'ㄱ름'이 되었어. 후에는 江(강)에 한정되어 쓰였다네."

"<용비어천가>에 '**ㅂ야미** 가칠 므러'는 중세국어 '뱀' 아닙니까!"

"그렇다네. 'ㅂ야미'는 'ㅂ얌'에 주격 '이'가 연철된 것일세. 龍(룡)은 [bərə(ㅂ르) > bərəm(ㅂ름) > bəjəm(ㅂㅣ음) > bəjam(ㅂ얌) > bajam(바ㅣ얌)] > pæam(배암) > pæm(뱀)]으로 변천하였네."

"뱀이 여기서 나왔다니 신기하군요. 그런데 龍(룡)의 또 다른 갑골음이 [gəsərə(ㄱ스르)]면 아까 말씀하신 흉노의 姓(성) 阿史那(아사나), 桓(환), 濊(예) 의 갑골음과 같다는 것인데, 모두 한 종족이란 뜻 아닐까요?"

"그렇고말고. 오행에 대해 앞에서도 누차 말했지만 華族(화족)의 것이 아니라 우리 桓(환), 濊(예)의 창작일세. 최초로 불을 발명한 종족 北狄(북적)은 곰, 거북, 뱀, 새, 호랑이, 이 다섯을 숭배한 부족이었네. 能(능)에는 지금도 '곰'의 뜻이 있지만, 灬(火)를 붙여 熊(웅)을 종족명으로 썼다는 것은 熊族(웅족)이 불을 발명한 北狄(북적)의 일파였음을 짐작할 수 있네. 그러나 北(북)은 玄武(현무)인데 <예기>에서 '현무는 거북이다.'라 하였네. 거북과 뱀이 엉킨 현무도는 변형된 그림일세. 이것은 北狄(북적)의 여러 일파 가운데 거북과 뱀을 숭상하는 두 종족의

연합이나 대립 관계를 나타낸 것일 수도 있고, 그 밖에 무슨 다른 이유
가 있었을 것이네."

▶ 거북과 뱀이 엉킨 현무도

▶ 거북 현무도

"北(북)의 갑골음 [ㅂㄹ]가 [블 > 붉]으로 변천한 것으로 보면 北(북)
은 불(火)을 발명한 '붉족'일세. 이 '붉족'은 'ㄱㄹ족'과 'ㅅㄹ'족을 말

하는 것이네. 그래서 'ᄀᆞᆯ'. 'ᄉᆞᆯ'에는 모두 '빛', '밝-'의 의미가 들어 있는 것일세. 좌靑龍(東), 우白虎(西)란 말이 있잖은가. 그게 그저 하는 말이 아닐세. 오행에서 말하는 東夷(동이)의 색 靑(청)의 갑골음도 [gəsərə ᄀᆞᄉᆞᆯ]이며 '붉족'을 말하네."

● 靑(청)

高本汉	ts'ieŋ	XⅧ/22部	李方桂	tshiŋ	耕
王力	tshye	耕	白一平	sreŋ	耕部
郑张尚芳	shleeŋ	耕部	潘悟云	skheeŋ	耕部

"郑의 상고음은 shleeŋ인데, h는 k에서 마찰음화된 것이고 ee는 e의 장음이네. l은 r로 대표되고 ŋ는 g의 약화에서 온 것임은 두말할 것도 없네. 그러니 이전 음은 [skreg(ㅅ러ㄱ)]이 되고 이보다 앞선 음은 g가 발생하기 전 [skre(ㅅ러)]가 됨과 동시에 복성모의 성모 배열의 순서로 ksre(ㄱㅅ러)도 되네. 복성모 사이에 원래 있었던 모음 e를 복원하면 각각 sekere(서거러), kesere(거서러)가 되네. e의 상대형이 뭐라고 했는가?"

"[어/아, 오/우, 아래아/으]가 그 상대형입니다."

"그러면 [sakara(사가라)], [kasara(가사라)]가 되겠지. 여기서, a의 이전 음은 ə(ㆍ)이고 k 이전 음은 g니까 靑(청)의 갑골음은 [səgərə(ㅅᄀᆞᆯ)], [gəsərə(ᄀᆞᄉᆞᆯ)]로 읽혔다는 얘길세."

"그래서 중국지도의 靑(청)은 우리민족의 주거지가 될 가능성이 있다고 하셨군요."

"그렇지. 또 西戎(서융)의 색 白(백)의 갑골음은 'ㅂㄹ'인데 붉'으로 변천하여 北의 음과 일치한다네. 이것은 西戎(서융)의 백호가 北狄(북적)에서 분파되었음을 의미하네."

"龍(룡)의 갑골음이 [gəsərə(ㄱㅅㄹ)]와 [bərə(ㅂㄹ)], 두 음이라면 盧龍(노룡)은 어떻게 읽어야 합니까?"

"盧(로)의 갑골음은 [gərə(ㄱㄹ)]라 했네. 龍(룡)의 l/r계의 상고음이 [li̯uŋ]인데 [i̯u]의 앞선 음은 [ə(ㆍ)]일세. 성모는 l, 핵모는 ə로 재구되고 운미 ŋ는 g에서 왔으므로 [rəg(륵)]이 되는데, [rəg]의 앞선 음, 즉 운미 g가 발생하기 전인 [rə(ㄹ)]가 보수적으로 유지되고 있었던 걸세. 결국, 魏(위) 시기 盧龍(노룡)의 음은 [kərə rə]가 되는데, rə를 '겹쳐 적기' 한 것으로 [kərə(ㄱㄹ)]로 읽혔네. 이것은 樂浪(낙랑)의 음이 [gərə rə]인데 rə가 '겹쳐 적기' 한 것과 일치하네. 이것은 新羅(신라)가 [ㅅㄹㄹ]였던 것이 [ㅅㄹ]로 읽힌 것과 같아. 江陵(강릉), 鬱陵(울릉)의 江(강), 鬱(울)은 모두 [ㄱㄹ]이고 陵(릉)이 모두 [라~ㄹ]로 '겹쳐 적기' 했던 것과 모두 일치하네. 이것은 앞선 음절과 중첩된 표기일세."

"결론하면, 孤(고), 樂浪(낙랑), 盧龍(노룡)이 모두 [gərə~kərə(ㄱㄹ)]로 읽혔던 것이네. 北(平)은 [붉(버리)]로 '빛'을 뜻하는 [ㄱㄹ]와 같은 의미를 표기했을 뿐이야. 글자는 달라도 모두 '밝다'는 의미였어."

"이처럼 언어의 변천 법칙은 그 자체가 증명일세. 증거 하나를 더 보세. 당나라 때 <通典>에서 우리 주제와 관련된 참 흥미로운 내용을 볼 수 있네. 화면을 보게"

盧龍漢肥如縣 有碣石山 碣然而立在海旁 故名之

(노룡한비여현 유갈석산 갈연이입재해방 고명지)

노룡은 漢 시기 肥如縣이었는데 碣石山이 있다. 그런데 '碣'은 바닷가에 서

있어서 그렇게 이름 지었다.

"魏(위) 시기 盧龍(노룡)은 [kərə(ㄱ ㄹ)]로 읽혔다는 또 다른 증거일

세. 漢代(한대)에는 肥如(비여)라 했으니 이 두 음을 살펴보면 나올 것

이네. 肥(비)의 상고음은 사전에서 [bi̯wər]인데, 개음 i̯와 w는 앞선

시기에는 없었기 때문에 삭제하면 이보다 앞선 음은 [bər(블)]이 되네.

또 如(여)의 상고음은 [njag]로 되어 있는데 개음 [j]도 앞선 시기에는

없었기 때문에 [nag]가 되고, g/k 앞에 r을 복원하면 앞선 시기의 음

은 [narg]가 될 것이네. 우리는 앞에서 [bərə(ㅂ ㄹ)] > [bərəg(ㅂ

륵)/bər(블)] > [brəg(ㅂ륵)/bərg(붉)] > [bəg(복)] > [bəŋ(봉)]의 변천

에서 [bərə(ㅂ ㄹ)]가 최초 음이었음을 밝혔어. 이와 마찬가지로

[nərə]의 어말 [a]가 탈락되면서 [nar] > [narg]로 발달된 것이기 때문

에 [nərə(나라)] > [nərəg/nar] > [nrag/narg] > [nag]의 변천 과정이

되네. 즉, 如(여)의 최초 음은 [nərə(나라)]로 읽혔다는 말일세.[11] 그렇

다면, 肥如(비여)는 갑골음 시기를 전후해서 [ㅂ ㄹ 나라]로 읽혔고 그

후에는 [블나라/붉나라]로 읽혀 '빛의 땅', '빛의 나라'를 말하는 것이

---

11) 이러한 기초어는 매우 보수적이어서 수천 년이 지나도 음의 변천이 거의 없다.

었네. 이것은 앞서의 北(북)과 倍(배)의 변천과정인 [bər/bəg)]와 그 음이 일치한다는 데서 놀라움을 금치 못하는 것이네. '블'은 '붉'으로 변천하네. 모두 '빛의 나라'라는 뜻일세. 盧龍(노룡)의 음 'ㄱ른'와 같은 뜻이라네. 그래서 盧龍(노룡)을 肥如(비여)라 한 것일세."

"교수님, 그럼 漢代(한대)에 肥如(비여)라 했는데 그때 사람들은 당시 음으로 읽었습니까, 아니면 古音으로 읽었습니까?"

"좋은 질문일세. <통전>의 저자는 옛 기록에 있던 盧龍(노룡), 肥如(비여)를 그대로 가져와 唐音(당음)으로 읽기도 했고 본래의 국호가 보수적으로 남아 갑골음으로 읽기도 했을 것이네. 伽耶(가야)를 당대 사람은 변천한 음 '가야'와, 대치된 음 '가라(伽羅)'로 읽었다는 말일세. 이처럼 '음이 변하면 전해 내려오는 국호가 바뀌기도 하고 보수적으로 유지하는 경우도 있기 때문일세. 만약 그 명칭이 뜻을 위한 표기였다면 음이 변해도 그 뜻은 전해지지만, 음을 위한 표기였다면 그 뜻은 완전히 상실되어 버리네. 肥如(비여)는 보수적으로 음이 남아 [bərə nərə(ㅂ른 나라) ~블 나라]로 읽히기도 했고, 漢代(한대)에 이르렀을 때는 [bi̯əd njag]로도 읽혔을 것이고, 唐代(당대)에는 [biwei nziwo]로도 읽혔을 것이네. 魏(위) 시기 [kərə(ㄱ른)]로 읽혔던 盧龍(노룡)도 唐代(당대)에는 [kərə(ㄱ른)], [lo lioñ]으로 둘로 읽혔을 것이네. 唐代(당대) 이후 사람들은 肥如(비여)가 무슨 말인지 몰랐을 것이네. 'bər(ə) nərə(ㅂ른 나라) - 붉나라'는 우리말이기 때문일세. 肥(비)가 '블/붉'으로 읽혔다는 것은, 盧龍(노룡)이 '밝다'는 뜻의 [kərə]로 읽혔다는 것이 검증된다는 얘기지."

"매우 흥미로운 일이 있네. 일반적으로 <통전>에 나오는 내용을 다음과 같이 해석되고 있어."

有碣石山 碣然而立在海旁 故名之
(유갈석산 갈연이입재해방 고명지)

- 해석 1: 갈석산이 있는데, 碣은 **비석(碣)과 같은 모습**으로 바닷가에 서 있어서 그렇게 (갈석산)으로 이름 지었다.
- 해석 2: 갈석산이 있다. 그런데 碣(갈)은 바다 가까이에 서 있다. 그래서 그렇게 이름 지었다.

"역사학을 하는 사람들이라면 해석 1과 같이 해석하는 것은 당연할 걸세. 그러나 천만의 말씀이야. 이 해석은 양념으로 버무린 해석이지 원문 그대로의 해석이 아닐세. 원문은 '비석(碣)이 바닷가(海旁)에 서 있어서 그렇게 명명했다'는 것인데, 이 해석 1로는 碣(갈)과 海旁(해방) 사이의 인과관계를 전혀 발견할 수 없어. 이 문장은 역사가가 아무리 해석해도 그 근본 의미를 알 수 없는 것이라네. 갑골음을 연구한 사람이라면 눈이 번쩍 띄는 문장이지. 왜 그런지 볼까? 화면을 보게. 해석2는 원문의 직역인데…"

a. 碣(갈)은 '바다 가까이(海旁)' 있어서 명명되었다.

b. 碣(갈)은 '서(立)' 있어서 명명되었다.

"자네들은 a, b 가운데 어느 쪽일 것 같은가?"

"a는 명명된 이유가 분명히 보이지만 b는 그 이유가 분명하지 않습니다."

"그럴 수밖에. 碣(갈)은 '비석'의 뜻이니 '서' 있어서 그렇게 명명되었다고 한다면 일면 타당할 것 같지만, 단순히 '서' 있는 것은 모든 山이 다 그러하지 않을까? 정녕 그렇다 친다면 '비석처럼 서 있어서'라고 해야 해. 그래서 해석 1에는 없던 수식어를 첨가해서 말을 만들어 놓은 게야. 막연히 '서' 있어서 명명되었다면 그것으로 충분하지 왜 '바다 가까이(海旁)'를 애써 기록했겠느냐는 거지. 이런 해석이 역사가들이 즐겨하는 논쟁일세. 그러나 한자음을 보면 간단히 그 진실이 드러나네."

"<통전>의 저자는 '갈석산'이 명명된 과거시의 사연을 적어 놓았기 때문에 '故'라고 명시를 했다네. 碣(갈)이 '바다' 가까이에 있어서 그렇게 명명된 것은 틀림없으나, 海(해)와의 관계에 있어서 碣(갈)이 '의미'에 따른 碣(갈)인지, '음'에 따른 碣(갈)인지를 먼저 알아야 해."

▶노룡현 갈석산 전경

"만약, 의미에 따랐다면 음의 변천과는 무관하게 字(자)의 뜻을 보고 명명된 연유를 알 수 있네. 그게 해석 1에서 없던 말까지 갖다 붙인 억지 해석이란 말일세."

"만약, '음'에 따랐다면 최초 명명된 시기의 음에 비해 너무 변해버린 唐音(당음)으로는 그 명명된 연유를 알 수가 없었을 것이네. 그러나 碣(갈), 海(해)의 古音(고음)을 보면 그 명명된 연유가 분명해."

"<통전>은 唐代(당대)니까 중고음에 속하니 碣(갈)의 중고음은 [giat]인데, 이보다 앞선 음은 개음 i가 없었기 때문에 [gat]였고 모든 운미 t는 예외 없이 r이었기 때문에 앞선 음은 [gar]가 되네. 이보다 앞선 음은 개음절형 [gara]였다네. 한편, 海의 중고음은 [ɣai]로 되어 있는데, ɣ는 g의 마찰음화로 생겨났으니 [ɣai]에 바로 앞선 음은 [gai] 였고, 어말음 [i]는 r의 i-breaking 현상의 결과로 r이 i로 변천한 것이니 [gai]에 앞선 음은 [gar(갈)]이 된다네. 이보다 앞선 음은 물론 개음절형 [gara]였다네. 碣(갈)과 海(해)의 古音은 당시에 모두 [gara(가라)]로 읽혔다는 말일세."

"그러니까 올바른 해석은, 기록된 당시 음의 원문대로 '**[가라(碣)]는 [가라(海)]가까이에 있어서 그렇게 이름 지었다**'로 해석되어야 하네. 해안가에서 그렇게 높은 산이 희귀하니까 그런 이름을 붙였던 걸세. 그러나 唐代에는 海를 고음과 당시대 음, 둘로 읽혔을 게야."

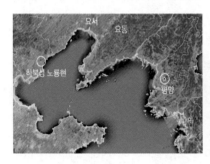

"교수님, 그래도 '의미'로 해석된 것이라 우기면 증명할 길이 없잖습니까?"

"없긴 왜 없어. '갈석산' 인근에 있었던 孤(고), 樂浪(낙랑), 盧龍(노룡)은 字(자)가 다를 뿐, 모두 [ᄀᆞᆯ~가라]로 읽혔으니 여기에 유추되어 그 영역 안에 있는 山(산)의 명칭마저도 海[ᄀᆞᆯ]를 빌미로 碣[ᄀᆞᆯ]로 썼던 것일세. 이것은, 이 지역이 대대로 字(자)의 '의미'가 아니라 [ᄀᆞᆯ] '음'으로 전해 내려왔음을 의미하는 것이라네."

"틀림없습니다, 교수님."

"그렇다면 이와 같이 음으로 읽어야 본질을 알 수 있는 사료가 많을 것 아닙니까?"

"많다마다! 최소한 국명, 지명, 인명, 종족명에 관한 한, 다 그렇다고 봐야 하네. 이런 사료는 역사가들이 손댈 수 없는 것이야. '음'에 따른 사료를 '의미'에 따라 해석해 버리면 오류가 생길 수밖에."

"그래도 역사가들은 의미에 따라 충실히 해석했으니 자기주장을 굽히지 않겠군요."

"그게 환장할 노릇이지. 역사가들이 이 갑골음을 알면 엄청난 새 역사를 밝히고 오류의 역사를 수정할 텐데, 그게 원통한 거야. 이제 자네들이 그 오류와 진실을 밝혀내고 역사가들에게 갑골음 복원법을 보급해야 하네. 이게 자네들의 사명이야."

"네, 교수님. 열심히 보급하겠습니다."

"정리하자면 秦代(진대)의 '北', 漢代(한대)의 '肥'는 [bərg(붉)]/[bər(불)]로 읽혔다는 것이네. 그렇다면 '붉'과 '가라'의 관계를 좀 더 세밀히 살펴보세. 이 [北(붉)]은 [밝다]는 의미로서 앞서 말한 樂浪[ㅁ릭]와 같은 뜻이라 했네. 그런데 일본은 韓(한)을 [간(かん)]으로 읽지만, ん[n] 받침이 허용되기 전에는 [가나(かな)]로 읽혔네. 일본어에서는 韓(한)의 訓(훈)으로 [가라(から)]로 읽는데, 이는 사실 음독 [간(かん)]의 古音(고음), 즉 [가나(かな)]에 앞선 음인 [가라(から)]일세. 이처럼 일본 훈독음은 우리 한자음보다 더 오랜 古音(고음)을 유지하고 있네. <설문>에서 韓(한)의 聲符(성부), 즉 소리부를 倝(간)이라 했는데,

[간] 이전 음은 r과의 교체로 [갈]이었고, 이보다 이전 음은 개음절 형태인 [ᄀᆞᆯ>가라]였단 말일세. 이 韓(한)의 갑골음 [ᄀᆞᆯ]는 일본에 전해져 [ᄀᆞᆯ > 가라(から)]로 남아 현재 訓音(훈음)이 되어 있네. '가라(韓)'의 의미는 그냥 빛이 아니라 '눈부시게 쏘는 빛'이라는 뜻일세. 聲符(성부)인 倝(간)은 [ᄀᆞᆯ > 가라 > 갈 > 간]으로 변천하였는데, 그 훈과 음은 '빛 쏘일 간(倝)'으로 [붉]과 같은 뜻일세. 우리 한자음 韓(한)은 [kan(간)] 시기에 한반도로 들어온 음이, k의 마찰음화로 [han]이 된 것이네. 그 변천 과정을 보면 [ᄀᆞᆯ>가라>갈>간>한]으로 변천했고, 갑골음은 'ᄀᆞᆯ'였으며 '눈부신 빛'이라는 뜻일세."

❖ 平州(평주)의 갑골음

"平(평)에 대해서 앞에서 말했네만, 같은 平(평)이지만 다르게 쓰였음을 주목해야 하네. 앞서 北平(북평)의 어말 平은 [ber(벌)]로 읽혀 '벌판', '읍락'을 말하는 접미어로 썼지만, 여기서의 平州(평주)의 어두 平은 [ber(벌)]의 상대형 [bar(발)]로 읽힌 것이네. 北(북), 倍(배), 白(백)의 변천 단계 가운데 [블] 단계가 [발]로 변천한 걸세. 같은 平이지만 상대형 ㅏ/ㅓ에 따라 어말에서는 '벌판', '읍락'의 뜻으로 읽혔고, 어두에서는 '밝다'는 의미였어. 말하자면 '버러', '벌(伐)'처럼 음과 뜻으로 읽힌 게 아니라 음으로만 읽혔다는 것이지."

"교수님, 상대형을 완전히 이해하지 못했습니다."

"상대형은 양성과 음성의 짝을 말하네. ㅏ/ㅓ, ㅗ/ㅜ, ㆍ/ㅡ 이들은 서로 교체의 짝이 되기도 한다네. 殷代(은대) 당시의 언어는 모음조화를 철저히 지켰어. 이것은 알타이어의 공통된 특성이네. 우리도 철저히 모음조화를 지켜 쓰다가 14,5세기 국어부터 모음조화에 탈격이 발생하기 시작했지."

"박 군, 州(주)의 상고음은 [tiᴧug]이네. 이리 나와서 갑골음을 재구해 보게."

"장학금 1회 수령자 박빙국, 시작하겠습니다. … 아! 제군들, [iᴧu]의 앞선 음이 뭐였나? … 어허! 아무도 몰라? 여태 뭘 했나, 이 사람들아! 아래아[ㆍ] 아닌가, 아래아! 그러면 [təg(득)]이 되고, g/k 앞 r 복원, 앞선 音(음)은 [tərg(딁)]가 되네. 이 앞에 음은 [tərə > tər > tərg]으로 변천했네. 운미 -rg는 어떻게 되겠나? 하나씩 갈라져 붙어 [tər(들)]과 [təg(득)]으로 변천했잖은가? … 여기까짐미더, 교수님."

"잘했네. 제대로 알아듣고 있었구만. 자, 보세."

"州(주)의 상고음은 [tiᴧug]으로 되어 있는데, 竹(죽)의 상고음 [tiᴧug]와 일치하네. 갑골음은 g/k 앞 r을 복원해서 [tərg]가 되었지. 州 [tərg(딁)]의 운미 [-rg]는 나뉘어 하나는 [tər(들)], 다른 하나는 [təg(득)]으로 변천했어. [tər(들)]의 [ㆍ]는 ㅏ/ㅓ/ㅗ/ㅜ/ㅡ 로 변천하므로, ㅏ로 변하면 우리말 '높다'는 뜻의 '달'이 되네. 州가 [들~달]로 읽히다가 후에 음이 변하면서 達(달)로 대치되었는데, 阿斯達(아사달)의 '達'도 여기에 해당되네. '달동네', '다락방'도 같은 의미라 했네. '들'의

[ㆍ]가 ㅜ로 변천하면 [tur(둘)]이 되는데 경남 합천 방언에 '높은 제 방'의 뜻으로 남아 있어. 심지어 [təg(득)]계의 [ㆍ]가 ㅜ로 변천하면 [둑]인데 이 [둘]과 같은 뜻 아닌가. [ㆍ]가 [ㅓ]로 변천하면 [덜]이 되 는데 이 역시 경남 합천 방언에서 '덜둑'이라 해서 '제방'의 뜻이라네. 중첩된 것이지. 또, ㅡ로 변천하면서 [tɯr(들 - 野)]이 되는데, 당시의 '들'은 고지대 평원이었음을 짐작할 수 있네. 州(주)는 '높은 고지대 평 원'이었던 게야. 州(주) 시대는 치수가 어려워 홍수를 피하기 위해 모 두 고지대 평원에서 읍락이 형성되었다고 봐야 하네. [təg(득)] 계열도 마찬가질세. [təg(득)]의 [ㆍ]가 [ㅓ]로 변하면 [deg(덕)]이 되어 역시 '높다'는 우리말이 되네. 乙支文德(을지문덕) 장군의 文德(문덕)도 'ᄀ ᄅ덕'으로 읽혀 '학문이 높다'는 뜻이라네. '언덕'도 마찬가지야. '언'은 높은 벼랑을 말하고 '덕'은 '높은 평원'이 되지. '얹다'는 '언'에서 ㅈ이 후에 첨가된 것이네."

"아, '언덕'이 단일어가 아니라 복합어였네요."

"그렇지. '지붕'도 지금은 단일어지만 중세국어만 해도 [집+웅(上)] 이었네. '언덕 엄(厂)' 字(자)가 바로 그것인데, 세로삐침은 '언'이며 가 로평탄은 '덕'이었네. 한자는 우리 선조의 작품임을 단적으로 말해주는 글자지. [təg(득)]계의 [ㆍ]가 ㅜ로 변하면 [tug(둑)]으로 변천해 현재 표준어 '높은 제방' 아닌가. 모두 우리말이야. 또 한쪽은 ti∧ug > tjuʷ > tɕiu > tsu(주)로 변천하여 오늘날 우리 한자음이 되었네. 이건 갑 골음이 華語(화어)를 거쳐 다시 한반도에 들어오면서 형성된 음이라네.

결국, 平州는 [볼]로, 후에 [붉돌]이 되어 '빛의 땅'이란 뜻일세."

"앞의 <大明一統志(대명일통지)>를 다시 보세."

郡名**孤**竹爲古名 **北平**爲秦名 **盧龍**爲魏名 北燕**平州**及**樂浪**郡 北魏改**樂浪北平**郡

(군명고죽위고명 북평위진명 노룡위위명 북연평주급낙랑군 북위개낙랑북평군)

"결국 孤(고), 樂浪(낙랑), 盧龍(노룡)은 모두 [ᄀᆞᆯ]로 읽었던 것이며 동일한 지역을 시대별로 字(자)를 바꾸어 표기했던 것이네. 이렇게 다른 字(자)를 바꾸어 표기를 할 수밖에 없었던 것은, 이전 시기에 표기했던 한자음이 변천함에 따라 본래의 명칭인 [ᄀᆞᆯ] 음을 더 이상 나타낼 수 없게 되자, [ᄀᆞᆯ~가라]음을 지닌 다른 字(자)를 가져와야만 했기 때문이네. 그러나 표기 字(자)가 보수적으로 남아 [ᄀᆞᆯ~가라]로 읽히기도 했을 것이네. 또 '볼', '붉'을 쓴 것은 'ᄀᆞᆯ'와 뜻이 같기 때문일세."

"[gərə(ᄀᆞᆯ)]로 읽혔던 孤(호)는 <설문해자> 시기인 후한 때, 이미 [kʷra] 내지 [kwɔ]로 변천한 탓에 [gərə] 음을 가진 다른 글자를 가져올 수밖에 없었던 걸세. 盧龍(노룡), 樂浪(낙랑) 또한 방언 차이와 시간 차이에 의한 변천 때문에 대치된 字(자)들일 뿐, 모두 [ᄀᆞᆯ~가라]음이 었네. 秦(진)의 北平(북평)은 [붉벌]로 읽혀 [ᄀᆞᆯ]와 [붉]의 동일 의미를 취했고, 北燕(북연)은 지역을 平州(평주)와 樂浪(낙랑)으로 분할하면서 음은 다르되 같은 의미의 말로 명명했던 것이네. 北魏(북위)는 樂

浪[ㄱㄹ]와 같은 뜻이면서 음이 다른 北平[붉벌]로 고친 것이야. 따라서 樂浪郡(낙랑군)의 위치는 **현재 하북성 진황도시 노룡현**으로 확정된다는 말일세. 언어의 증명은 반론의 여지가 없어."

"이 지도를 보게. 宋代(송대)에 제작된 중국 最古(최고) 지도 <우적도>라네. 가운데 상단 네모에 盧龍(노룡)과 碣石山(갈석산)이 보이지 않는가."

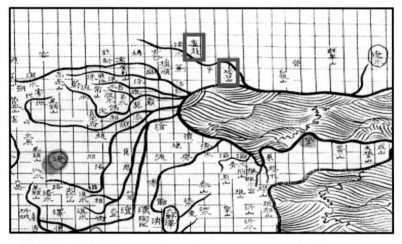

▶ 禹迹圖(우적도)

"그러면 2015년 3월 <동북아역사재단>이 비정한 낙랑의 위치를 보세."

"왼쪽은 중국의 <동북공정>이 주장하는 지도이고 오른쪽은 <동북아역사재단>이 비정한 지돌세. <동북공정>을 그대로 베낀 듯한 모습 아닌가?"

▶ 동북공정 지도

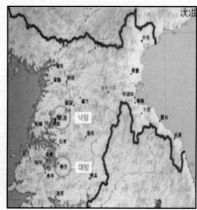

▶ 동북아역사재단 지도

"기가 차고 억장이 무너질 노릇입니다. 식민사학파가 <동북아역사
재단>까지 다 접수한 것 아닙니까?"

"나도 그게 매우 궁금하다네. 자, 뒷이야기는 아침 먹으면서 얘기하세."

3

갑골음은 민족의 뿌리를 알고 있다

"**자,** 갑골음이 우리말이라는 사실을 앞에서 보았네. 이제는 여기에 집중하면서 민족의 뿌리를 밝혀보세. 이 실제를 밝히는 데는 기초어가 가장 적합해. 왜냐하면 기초어는 발생적인 면에서 가장 시기적으로 앞설 뿐 아니라, 수천 년의 시간이 흘러도 그 형태가 크게 변하지 않기 때문일세. 또 다소 변천된 어형들은 그 기저 의미와 파생 의미를 통해 우리말에서 바로 검증되네. 당시의 의미와 음이 현재 우리말에 융해되어 있기 때문이야. 殷代(은대)의 말이 우리말의 전신이라면 당연히 그 음을 갑골문 위에 올려놓았을 것 아니겠는가. 우리는 지금 그 음을 복원해서 묻혀 있는 역사를 새로 밝히고, 기존의 거짓 역사를 증명하려 하는 것일세."

"殷(은) 시기 갑골문의 갑골음이 우리말임은 중국 학자들도 동의하고 있네. 민족이 같으면 언어가 같다는 등식은 만고의 불변 아닌가. 앞에서 말한 중국 학자들의 주장을 다시 정리해 보세."

양관 <고사변(古史辯)>

東夷(동이)는 殷(은)나라 사람과 同族(동족)이며, 그 신화 역시 뿌리가 같다.(東夷與殷人同族 其神話亦同源 - 동이여은인동족 기신화역동원)

玄鳥(현조)는 殷(은)나라 사람과 東夷(동이)의 조상신이다.(玄鳥是殷人東夷的祖先神 - 현조시은인동이적조선신)

"玄鳥(현조)는 北狄(북적)을 말하는데, 殷(은)은 西戎(서융), 犬戎(견융)이네만 뿌리가 北狄(북적)이라는 걸세."

필장복 <중국인종북래설(中國人種北來說)>

동방 인종의 오행 관념은 원래 동북아에서 창시된 것을 계승한 것이다.(東方人種之五行觀念 原係創始于東北亞洲 - 동방인종지오행관념 원계창시우동북아주)

"중국문자가 만들어진 것은 필시 중국 중원에서 시작된 것이 아니라, 그 계통은 멀리 추운 북방에서 시작된 것을 계승한 것이다.(中國文字之制作 必非始于中國中原 而係遠始于寒的北方 - 중국문잦체작 필비시우중국중원 이계원시우한적북방)

"오행은 木(목), 火(화), 土(토), 金(금), 水(수)인데, 여기에 따르는 오색이 靑(청), 赤(적), 黃(황), 白(백), 黑(흑)일세. 이 오색은 우리 아이들의 색동저고리 색이며, 배 깃발이며 무당이 운용하는 우리 민족의 색일세. 또, 문자도 그 기원은 北狄(북적)이었음을 짐작할 수 있다네."

서량지 <중국사전사화(中國史前史話)>
중국의 책력법은 동이(東夷)에서 시작되었다. 책력을 만든 사람은 희화자(羲和
子)이다. 그의 혈통은 은(殷)나라, 상(商)나라의 동이족 조상이다. 동이가 달력
을 만든 사실은 실로 의문의 여지가 없다.

"책력은 문자가 없이는 불가능하네. 이뿐 아니라 **유프라테스** 강과
티그리스 강 사이에 **카르대안**이 살았다네. 이들은 별을 관측하는 데
천부적인 능력을 갖고 있었다고 하네. 그래서 이 민족은 점성술사였고
달력을 만들었다고 하네. 이것이 캘린더의 어원이 되었다네. 우리 민족
이 달력을 만들었다면 '**카르대안**'이 우리 민족이었을 가능성이 있네.
카르대안의 '안'은 접미어일세. 아시안, 아메리칸이라 하는 것은 어근
에 '안'을 붙여 '사람'을 뜻했다네. 그러면 '**카르대**'는 '가라달'이 변천
한 음이 아닐까 하네. '대'의 어말 'ㅣ'는 r의 변천이기 때문일세. 연구
과제네."

"나의 고향이 옛날 백제(요서지방: 대륙 백제) 땅이었소 당신들의 선조는 대륙의
주인이었는데 당신은 그것도 모르고 있었소? 그러니 나라를 빼앗겼지 않소."

"중국 총통 장개석(1887~1995)이 이시형 상해 임시정부 부통령을 만
난 자리에서 한 말이네. 이시형의 마음은 어떠했겠나?"

대만의 문자학자 이경재(李敬齋)
"동이족의 대표적인 인물은 순과 설(契)을 들 수 있으며, 한자를 처음 만들었다고 하는 '창힐'은 '契'과 동일인물이며, 중국 문자는 동이인(東夷人)이 창조하였으며, 공자도 동이족인 은나라 사람의 후예이며, 공자의 고향인 곡부는 곧 소호의 옛 도시로서 동이문화의 발원지이다."

▶ 장개석(蔣介石) 총통

중국 창힐 문화연구회 쑨펑(孫鵬) 회장
"(한자를 처음 만든)창힐은 동이족에 속하는 사람이다. 이는 한서 예기 오제편에도 논증이 있다. 동이가 문자를 창조했다는 것은 의심의 여지가 없다."

<산해경>
"삼황오제 8대 임금은 숙신에서 나왔다."

"肅愼(숙신)의 갑골음은 [sərə dər(스ᄅ 들)]인데 [gəsər dər(ᄀ스 들)]에서 분파된 것이네."

상해출판사 <중국역대제왕록>
"태호 복희의 성은 風이며 고대 동이족이다."

"風(풍)은 'ᄇᆞᄅᆞᆷ'이고 虫도 'ᄇᆞ름'일세. 뱀이란 얘길세. 최초의 姓(성)을 가진 복희씨는 그래서 뱀의 몸을 하고 있는 것일세. [ᄇᆞᄅᆞ>ᄇᆞ름>ᄇᆞ람>ᄇᆞ얌 / 비암>뱀]으로 변천한 것일세. 'ᄇᆞᄅᆞ'에서 '바라>버러'가 되어 명사형 접미어 '-기'와 결합하여 버러기>버러지'가 되었네. 다른 한쪽은 'ᄇᆞᄅᆞ'에 명사형 ㅁ(m)이 결합해 'ᄇᆞ름'으로 변천한 것일세. i-breaking 현상으로 ㄹ이 반모음 [ㅣ]로 변하여 'ᄇᆞ얌'으로 나타난 시기는 세종 시기 <용비어천가>에서 볼 수 있네."

ᄇᆞ야미 가칠 므러(용7)

"항간에 복희씨의 여동생이자 아내인 女媧(여와)를 발음상의 유사로 인해 '여호아' 하나님이라 하는데 한자음을 연구한 학자라면 실소를 금치 못할 일이네. 인류 초창기의 이름이 구전되어 문자로 정착했다면 그 당시의 음으로 읽어야 하는 것은 당연한 일 아닌가. 최소한 갑골음으로 읽어야 한다는 것이지. 女媧(여와)의 갑골음은 [nərə kərər]이네. 후에 [女(nərə)]는 상고음 [女(nag)]으로 변천하는데, '아낙'의 '낙'이 여자를 말하는 것일세. '아'는 접두어였을 것이네."

사마천 <사기>
"殷(은)나라는 夷(이)의 나라이고 周(주)나라는 華(화)의 나라이다."

북경대 고고학과 엄문영 교수
"중국 고대사는 동이족의 역사다."

"이 사람들은 중국의 양심적인 학자들이 쓴 기록들일세. 중국 학자 스스로가 인정하는 것을 많은 한국 역사 교수들은 스스로 이를 부정한다네."

"그들은 허상을 잡고 한평생 거짓말을 했으니 인생이 허무할 겁니다."

"그러니 자네들이 빨리 그들의 거짓을 밝혀 그 사람들을 참회, 전향시켜야 하네. 그들의 논문들이 거짓으로 탄로 나면 대학에 눌러 앉지 못한다네. 거짓말쟁이를 대학의 양심이 놔둘 리가 있는가. 우리 아이들이 진실한 역사를 배우게 해야 해. 지금부터는 한자가 우리말이란 사실을 직접 확인하면서 민족의 뿌리를 증명해 보세. 화면을 보게"

	표제어	고음, 갑골음	상고음	발음
ㄱ	漁	gəg	ŋiag	ᄀᆞ그>고기
ㄴ	墨	kmək	muk/mek	ᄆᆞᆨ/감/검/거먹/묵/먹
ㄷ	熊	gom	gium	곰
ㄹ	白	bərk	brak	붉
ㅁ	豚	dor	dod(t)	돝
ㅂ	他	tar	thar	다ᄅᆞ -
ㅅ	鬲	kɯrɯk/kɯrɯr	kɯrɯrk	그륵/그릇/그를
ㅇ	矢	sər	siər	살(<ᄉᆞᆯ)
ㅈ	風	pələm	pliəm	ᄇᆞᄅᆞᆷ
ㅊ	割	kar	kat	가르/갈
ㅋ	律呂	bɯrɯl galag	briwət gliag	브를 가락
ㅌ	樂	galag	glag	가락
ㅍ	歲	sər/sar	ser/siwäd	ᄉᆞᆯ>살, 설
ㅎ	戈	kar	kwar	갈(刀)
가	文	mɯn	mjən	ᄆᆞᆫ/믄/므늬>무늬
나	王	gan	giwaŋ	간(干)/한(翰)

"이건 유창균 은사께서 기초어 126개와 문법소 6개를 재구하셨는데 당연히 우리말이라네. 기초어와 문법소의 일치는 일반어의 일치와는 격이 다른 것이네. 126개의 기초어가 일치된다는 것은, 상고 이전의 매우 한정된 어휘 수를 감안하면 동일 언어가 아니고서는 설명할 도리가 없다네. 게다가 문법소의 일치는 기초어와 또 격이 다른 것일세. 문법소 하나가 기초어 100개 이상과 맞먹네. 무엇보다 갑골음으로 올라가면 바로 우리말임을 확인할 수 있어. 그렇다면, 민족의 기원을 갑골음으로 증명해 보세."

❖ 濊(예)의 갑골음

"자, 지금부터 본격적인 갑골음 공부로 들어가세. 자네들 수준이 다행하게도 바닥이니만큼, 일반 대중이 이해할 만큼 쉽게 하겠네. 그리 알게"

"저희들이 원하는 게 그겁니다. 최하로 깔아 주십시오."

"우리가 濊貊(예맥)족이라는 말에는 모두 동의하고 있네만, 그 근원은 무엇인지, 그 의미는 무엇인지, 근거 없는 주장 말고는 아직 이렇다 할 견해가 없는 것 같네. 濊貊(예맥)의 갑골음을 구하면 민족의 기원, 그 의미를 알 수 있네. 화면을 보게."

● 濊(예)

高本汉	xwɑd	V/3部	李方桂	hwadh	祭
王力	xuat	月	白一平	hwats	月部
郑张尚芳	qhʷaads	祭1部	潘悟云	qhʷaads	月1部

"이것은 세계적인 학자들이 복원한 상고음들일세. 상고음 기간이 秦 (진), 漢代(한대)를 전후한 음을 시작으로 앞으로는 周代(주대), 혹은 춘추전국시대까지 거슬러 올라가고 뒤로는 위진 남북조까지 내려가네. 앞서 말했지만 약 1000년이 넘는 시기의 음이니 학자들이 어느 시기, 어느 방언을 재구했느냐에 따라 다를 수밖에 없네. 그러나 제각기 원리와 법칙에 의해 재구한 것이기 때문에 다 옳을 수밖에. 이 음들을 종합분석하면 제가들의 재구음 시기 순서를 알 수 있다네."

"郑과 潘은 재구음이 일치하네. 아마, 동시대, 동일 지역의 음을 재구한 모양일세. q가 마찰음화하면 x로 변천하니 q가 x보다 먼저고, k가 마찰음화하면 h로 변천하니 k가 h보다 먼절세. 또, q와 k는 음이 유사해[12] 수의적 교체 관계에 있으니 시기가 같다고 볼 수 있네. 또, 유성음 d가 무성음화하면 무성음 t로 변천하네."

"자, 시기별 순서를 제가들의 어두 음절로 나열해 보게."

"(郑=潘) - 高 - 李 - 王 - 白입니다."

"맞네. 高와 李, 王과 白을 두고 망설였을 것이네. 일단 高, 李의 d가

---

12) q(h)는 깊은 소리의 k인데, [구], [고]와 같이 k가 o/u와 결합하면 k는 q(h) 소리로 변동한다.

무성음화하여 t가 되었으니 王, 白의 t보다 앞서네. 高, 李 가운데서는 h가 첨가되지 않은 高가 앞서네. 王, 白도 s가 첨가되지 않은 王이 앞서네. 王의 u는 w와 같다고 보면 되네."

"어두 자음 성모 x, qh, h가 모두 k에서 변천하였음을 알겠는가?"

"네!"

"그럼, 여태 한 얘기들을 다시 점검하면서 확실히 짚고 나가겠네. 마지막 기회니 개념을 잘 정리하게. 위에서 w, u를 '개음'이라 하고 a를 '핵모'라고 하네. 개음 w는 갑골음 시기에는 없었던 것으로 되어 있네. 그래서 이를 삭제하면 앞선 시기 음이 되지. 성모가 k라 했고 핵모가 a로 되었으니 '성모+핵모'는 ka가 되었네. 끝으로 운미는 ts<t<ds <dh<d 순서로 d가 가장 오랜 것이므로 [kad]가 되었네. 여기서 중요한 것. 모든 d/t는 그 앞선 음이 r일세. 그러면 최종적으로 [kar]가 되지 않는가? 그러나 문제는 여기서 끝나는 게 아닐세. <說文>에 濊 (예)는 歲聲(세성)이라 했으니 歲(세) 음으로 읽혔다는 말일세. 지금은 [예], [세], [활]로 음이 다르지만 後漢代(후한대)는 歲聲(세성)으로 음이 같았다는 얘길세. 그러면 그 음, 즉 歲 음을 복원해야 하네."

● 歲(세)

高本汉	si‿waˇd	V/3部	李方桂	skwjadh	祭
王力	siuat	月	白一平	swjats	月部
郑张尚芳	sqhʷads	祭1部	潘悟云	sqhʷads	月1部

"성모가 s, sk, sqh인데, 성모 s보다 복성모 sk, sqh가 더 앞선 음이고, qh는 k에 합류되니 성모는 sk가 되네. 후기에 발생한 개음 i̯와 w를 제거하면 핵모는 a가 되고, 후에 첨가된 운미 h를 제거하고, 또 d/t와 교체 관계인 s는 중첩된 것이므로 이를 제거하면 운미는 d만 남게 되는데, 이를 종합하면 [skad]가 되네. d의 앞선 음은 예외 없이 r라 했으니 앞선 음은 [skar(ㅅ ㅏ ㄹ)]이 되겠지? 조금 전에 濊(예)는 [kar]라 했는데, 歲(세)는 [skar]로 濊(예) 음 [kar]를 포함하지 않는가? 게다가 濊(예)와 歲(세)는 <설문>에서 음이 같다고 하지 않았는가? 다시 말하자면, 濊(예)는 음이 [kar]로 변천했을 뿐, 後漢(후한) 이전만 해도 歲(세)와 함께 [skar]로 읽혔다는 얘기네. 그렇다면 이게 옳은지 검증을 해 보세."

● 劌(귀/궤)

高本汉	ki̯wad	V/3部	李方桂	kwjiadh	祭
王力	kiuat	月	白一平	kʷrjats	月部
郑张尚芳	kʷrads	祭1部	潘悟云	kʷrads	月1部

"앞서 高가 재구한 음을 보면, 歲 음은 [si̯wad]였고 聲符(성부)가 같은 劌(귀)는 [ki̯wad]로 되어 있네. 이 두 음을 겹치면 [ski̯wad]가 되고 후에 발생한 i̯w를 제거하면 [skad]가 되네. d의 앞선 음은 예외 없이 r이므로 [skar]가 되네. 조금 전에 재구한 [skar]와 일치하지 않는가? 검증 끝."

"근데 교수님예, i̯, w 야들은 와 생긴 김미꺼?"

"이 i̯, w 음은 華族(화족)이 殷(은)의 언어를 수용하면서 발생된 음들일세. 개음, [i̯], [w]가 언어 전반에 발생했다는 것은, 華語(화어)가 殷語(은어)를 수용하는 과정에서 거부작용이 일어났기 때문이네. 중국어는 현재까지도 i̯ 구개화가 진행되고 있어. 이것은 중국어가 殷語(은어)를 수용하면서부터 지금까지도 거부반응을 일으키고 있다는 증거인 셈이지. 殷語(은어)의 음운체계를 華語(화족)에 맞추어 가는 데 이토록 장구한 세월이 걸려도 어려운 것이라네."

"두 복원이 일치한 것은 어쨌거나 복원을 제대로 했다는 얘길세. 여기서 古音(고음)은 복성모 sk 사이에 존재했던 모음을 복원시켜 주면 되네. 그게 바로 연이어 나오는 a일세. 따라서 古音(고음)은 [sakar]가 되네. 그런데, [si̯wad], [ki̯wad]를 순서를 바꿔 겹치면 [ksi̯wad]가 되고 [ksar], [kasar]로 되기도 했네. 실제 이 둘은 다 쓰였네."

"앞에서도 이러한 걸 보았네. 古音(고음) 당시 [kasar], [sakar] 둘 다 쓴 용례가 실제로 있어. 그 증거는 앞으로 종종 나올 것이네. 이 [kasar]는 [karsar]의 동음 r의 축약일세. 우리는 전에 '다섯여섯 > 다여섯 > 대여섯'을 예들며 동음생략을 얘기했었네. 이 [karsar]가 분리되어 '가라[kar(a)]', '사라[sar(a)]'가 된 것일세. 古音(고음)이 아니면 [ᄀᆞ릭], [사라]의 근원이 濊(예)였음을 어떻게 증명하겠나? 또 수천 년 전의 음이 원리에 의해 복원되니 정확할밖에. 그러나 이게 모두가 아닐세. k는 g에서 무성음화되었을 가능성, [a]는 [ᆞ]에서 변천했을 가능성을 배제할 수 없네. 일단은 이쯤 해두세. 초반부터 너무 깊이 들어가면 흥미를 잃을 수도 있네. 그러나 몇 회 강의를 듣고 기본기가 갖추어지면 깊이 들어갈수록 희열이 생긴다네."

"교수님, 궁금해 죽겠습니다. 濊(예)만은 깊이 뚫어 끝을 봤으면 좋겠습니다."

"오, 그래? 다들 동의하나?"

"동의함미더."

"좋네, 건너뛰려 했더니 계속 가세. 여기 歲聲(세성)을 지닌 모든 字(자)를 보세."

劇	상처 입힐 귀/궤	濊	종족 이름 예, 그물 던지는 소리 활
獩	민족 이름 예	噦	천천히 가는 모양 홰, 새소리 얼
歲	흰할 활	薉	거칠 예
槥	작은 관 세	穢	더러울 예
翽	날개 치는 소리 홰	蹶	지칠 궤
饖	쉴 예	鐬	방울 소리 회
顪	턱수염 훼	鱥	쏘가리 궤
歲	해 세		

"이제 겹치기법으로 濊(예)의 갑골음을 복원해 보세."

● 劌(귀)

高本汉	ki‿wad	V/3部	李方桂	kwjiadh	祭
王力	kiuat	月	白一平	kʷrjats	月部
郑张尚芳	kʷrads	祭1部	潘悟云	kʷrads	月1部

● 濊(예)

高本汉	xwɑd	V/3部	李方桂	hwadh	祭
王力	xuat	月	白一平	hwats	月部
郑张尚芳	qhʷaads	祭1部	潘悟云	qhʷaads	月1部

● 歲(세)

高本汉	si‿waˇd	V/3部	李方桂	skwjadh	祭
王力	siuat	月	白一平	swjats	月部
郑张尚芳	sqhʷads	祭1部	潘悟云	sqhʷads	月1部

● 饖(예)

高本汉	ʔi‿waˇd	V/3部	李方桂	ʔwjadh	祭
王力	iuat	月	白一平	ʔʷjats	月部
郑张尚芳	qʷads	祭1部	潘悟云	qʷads	月1部

- k계: ki‿wad kwjiadh kʷrjats hwadh qhʷaads ʔi‿waˇd ʔʷjats
- s계: si‿waˇd swjats siuat
- sk계: skwjadh sqhʷads

"k계 성모는 k, kʷ, h, qhʷ, ʔ, ʔʷ로 나타나는데 모두 k가 변천한 것일세. 개모를 모두 제거하면 핵모는 a에 귀착되네. 복운미 dh는 그 앞선 음이 rg라네. d는 r에서, h는 g/k에서 왔기 때문이네. d/t, r/s는 교체 관계이기 때문에 운미 s는 r이고 운미 d/t의 앞선 음은 예외 없이 r이네. 결국 ts, ds는 r가 중첩된 것이니 하나의 r로 수렴되네. 이를 조합하면 [kar]가 재구되네. 제가들이 운미 d에 s를 재구한 것은 운미에서 r, s 두음을 보았기 때문인데, 이 둘이 '상보적 교체' 관계임을 몰랐기 때문에 둘을 다 기술하고 있는 것이야. 이 두 음의 교체는 최근에 와서야 밝혀졌다네.13)"

"s계의 성모는 s이고 개음을 제거하면 핵모는 a가 되네. 운미는 k계와 같이 r로 수렴되네. 이들을 조합하면 [sar]가 되네."

"sk계의 성모는 sk이고 개음을 제거하면 핵모는 a일세. 운미는 s계와 같이 r로 수렴되네. 이들을 조합하면 [skar]이 되네."

"k계 [kar]와 s계 [sar]를 겹치면 [skar]가 되는데, 이것은 sk계의 [skar]와 같다네. 그렇다면 가장 앞선 음은 [skar]로 수렴되네. sk 복성모 사이에 본래 있었던 모음을 복원하면 [sakar]가 되고 이것은 순서를 바꾸기도 하므로 [kasar]가 되기도 하네. 성모 k는 g일 가능성, 핵모 a는 초창기에는 [ㆍ]였을 가능성은 열어둠세. 이는 관련 字(자)들에서 [gəsər]로 재구되는 음이 있기 때문일세."

---

13) 필자의 논문 '음절말 ㄹ·ㅅ 교체와 그 단어족·어원에 대하여(2013)'에서 밝히고 있다.

"여기서 관련 字(자)라면 어떤 字(자)를 말씀하십니까?"

"韓(한)과 같은 字(자)일세. 지난 주 韓(한)의 갑골음이 [ㄱㄹ]였음을 기억하는가? 韓(한)의 상고음이 [gan]일세. 여기에 앞선 음의 운미가 r였고 그 음이 [gar]였다는 것은 日本 한자음 韓(한)의 훈음 から(가라)가 이를 증명하네. 韓[ㄱㄹ]의 어두가 지금은 k지만 당시는 g였고 n은 r이었단 말일세. 그렇다면 濊(예)의 古音(고음)은 k를 g로 소급해 현재까지는 [gasar]가 되네."

"또, 관련 어휘 居西干(거서간)의 居(거)의 상고음은 [kjə], [kɯ]라네. 상대형 ɯ(一)가 있는 것으로 보아 핵모는 ə(丶)였음을 알 수 있네. 결국, 성모 [g]와 핵모 [丶]를 복원하면 濊(예)의 갑골음은 [gəsər(ㄱㅅㄹ)]로 최종 낙찰되네."

"왜 관련 字(자)로 韓(한)과 居(거)를 택했습니까?"

"韓(한)의 뜻과 음이 濊(세)와 같은 부분이 있기 때문일세. 둘 다 '가라' 음이고 '빛'의 의미를 가졌네. 무엇보다 우리 민족을 말하는 韓(한)이며 濊(예)이기 때문이네. 居西(거서)도 桓(환), 濊(예)의 갑골음과 의미가 같기 때문일세. 이와 같은 의미와 음은 하나에서 출발했기 때문일세."

"濊[예]로 읽고 있는 것이 [gəsər(ㄱㅅㄹ)]였다니 참 믿기 어려운 사실입니다."

"그러나 이 갑골음 이전의 음은 [gərsərə > gəsərə]였네. 이것이 둘로 나뉘어 한쪽은 [gər], 다른 한쪽은 [sər]로 변천한 것이라네. 당시의 개음절어를 감안하면 본래 있었던 어말 모음을 붙여 [gərə(ᄀᄅ)] [sərə(ᄉᄅ)]가 되는 걸세. 결론적으로 濊(예)의 갑골음은 [gəsər(ᄀᄉ ᄅ)]였고 [ᄀᄅ]族과 [ᄉᄅ]族의 뿌리였으며, 新羅(신라)를 건국한 朴 赫居世(박혁거세)의 칭호인 居西(干)[gəsər(ᄀᄉᄅ) gən(ᄀ)]과 완전 히 일치한다네. 居西干(거서간)의 갑골음이 [gəsər(ᄀᄉᄅ) gən(ᄀ)] 일세. 新羅는 당시 [sara(사라)]로 읽혀 [ᆞ]가 [a]로 변천했음을 알 수 있네. <증보문헌비고 16>에 沙村(사촌)이 新村(신촌)으로 되어 있고, <삼국사기 36>에 沙平(사평)은 新平(신평)으로 되어 있네. 新(신)은 [sa(사)]로 읽혔네. 新羅(신라)와 관련된 東(京), 金(星), 鷄(林)은 모두 [사라(벌)]로 읽혔다네.14) 물론, 그 이전 음은 모두 [ᄉᄅ]였네."

"濊(예)의 갑골음 [gəsər(ᄀᄉ)]은 음이 변하면서 많은 字(자)로 교체되어 있다네. 눈이 뒤집힐 일은, 현재 중국 지도에 이 字(자)들이 지천으로 깔려 있다는 것일세. 그중 몇 字(자)를 보면 澮(회), 淮(회), 倭 (왜), 澳(환), 和(화), 蝸(와)가 있는데, 이들은 모두 濊(예)의 갑골음 [gəsər]이 시기별로 변천한 음들을 표기한 字(자)들이네. 이 字(자)들의 音을 시기적으로 추적하면 우리 민족의 시기별 근거지와 이동 상황, 분포 등을 밝힐 수 있을 것이네. 역사학으로는 엄두조차 내지 못하는 대단한 작업이지."

"그 엄청난 연구를 하시면 동북공정을 단번에 궤멸시킬 수 있지 않

---

14) 필자의 논문 '국호 신라에 대한 연구' 언어과학연구 제64집 (2013년 3월) p.337~358 KCI 등재

겠습니까?"

"<동북아역사재단>에 그 뜻일 전달했었네. 그러나 그들은 묵묵부답이었네."

"가슴을 칠 일이군요, 교수님."

"濊(예)는 중국 운서와 사서, 우리 사서에서 종종 등장하고 있네. 화면을 보게."

ㄱ. <廣韻>에, 濊(예)는 扶餘(부여)라는 나라 이름. 濊貊(예맥)로도 쓴다.

ㄴ. <集韻>에, 汪濊(왕예), 깊고 넓다는 뜻으로 澮(회)로도 쓴다. 獩(예)는 濊(예), 穢(예), 薉(예)로도 쓴다. 濊(예)는 呼外反(호외반)으로 涣(환)으로도 쓴다. 濊水(예수), 澮水(회수), 涣水(환수)는 동일하다.

ㄷ. <逸周書>에, 穢(예)는 韓濊(한예)로 東夷(동이)의 별종이다.

ㄹ. <晋書>에, 國中에 옛 濊城이 있는데 본래 濊貊(예맥)의 城이었다.

ㅁ. <삼국사기35>에, 溟洲는 무릇 濊(예)의 옛 나라였다. 본래 濊貊(예맥)의 땅. 고려 성종 14년 和州, 溟洲, 東州道라 하고 원종4년에 東州道, 交州道라 하고 충숙왕 원년에 淮陽이라 했다.

ㅂ. <승람44>에, 강릉대도호부는 본래는 濊國으로 달리 鐵國, 蘂國이라고도 한다. 한무제 원봉 2년 장수를 파견하여 우거를 치고 4군을 정할 때, 臨屯이라 했는데 고구려에 들어와 河西良, 何瑟羅州라 했다. 고려 태조19년에 東原京이라 했다.

"자, ㄱ~ㅂ을 하나씩 검증해 보세."

"(ㄱ)을 통해 濊貊(예맥)은 扶餘(부여)족임을 알 수 있고 갑골음은 [ㅂㄹ]였네. (ㄴ)의 獩, 濊(예), 薉, 穢는 시기별로 변천한 字(자)일세. 獩는 犭으로 보아 수렵 단계였고, 濊(예)는 氵로 보아 어로 단계였고, 薉는 ++로 보아 경작이나 유목 단계였고, 穢는 禾로 보아 벼농사를 짓기 시작한 단계였음을 의미하는 것일세. 그런데 濊水, 澮水, 渙水가 동일하다고 했으니 古音(고음)을 보세."

● 濊(예)

高本汉	xwad	V/3部	李方桂	hwadh	祭
王力	xuat	月	白一平	hwats	月部
郑张尚芳	qhʷaads	祭1部	潘悟云	qhʷaads	月1部

● 澮(회)

高本汉	kwad	V/3部	李方桂	kwadh	祭
王力	kəd	缉	白一平	kʷats	盍部
郑张尚芳	koods	蓋3部	潘悟云	koods	蓋3部

● 渙(환)

高本汉	xwɑd	V/3部	李方桂	huadh	祭
王力	xuat	月	白一平	hwats	月部
郑张尚芳	qhʷaads	祭3部	潘悟云	qhoods	月3部

"濊(예)의 어두 x, h, qh는 k에서 변천한 것들이니 성모는 k로 귀착되네. 개음을 제거하면 핵모는 a이고, 운미 d/dh/t의 앞선 음은 예외

없이 r일세. r의 존재를 말해주는 s가 이를 증거하네. 이를 조합하면 [kar(갈)]이 되네. 이보다 앞선 음은 개음절어를 감안하면 [kara(가라)]가 되네. a의 이전 음은 [ə(丶)]였을 게야."

"澮(회)의 성모는 k로 일치하고 개음을 제거하면 핵모는 ə, a, o로 나타나는데, 이를 모두 아우르는 [ə(丶)]가 앞선 음이 되네. 운미는 두 가지로 나타나는데 우선 d, dh는 앞선 음이 r이고 ts는 r의 중첩이니 r 하나로 수렴되네. 이를 조합하면 [kər(귈)]이 되네. 이전 형태는 개음절형 [ㄱᄅ]일세."

"澴(환)의 성모는 濊(예)의 경우와 동등하니 k가 되네. 핵모는 a, o를 아우르는 [ə(丶)]로 귀착되고, 운미는 濊(예)의 경우와 같으니 r일세. 조합하면 [kər(귈)]가 되네. 이전 형태는 개음절형 [ㄱᄅ]였네."

"총괄하면, 濊(예)는 [kar(갈)], 澮는 [kər(귈)], 澴은 [kər(귈)]가 되네. 관련 字(자)를 감안하면 [gər]로 소급할 것이네. 어쨌거나 濊(예), 澮, 澴의 음상이 기록한 대로 같음을 보았네."

"濊(예)의 갑골음이 [gəsər]이었는데 여기서는 차이가 있군요."

"그렇다네. 濊(예)의 갑골음 [gəsər]이 [gər], [sər]로 분리된 음 중 하나로 나타난 걸세. 그러나 歲聲으로 더 앞선 시기로 올라가면 [gəsər]이 될 수밖에 없네. 후대에 와서는 [gəsər]이 모두 분리되어 변천했기 때문에 더 많은 字(자)들이 濊(예)를 나타낸다네. 東州道라 함도 東의 음이 [스ᄅ]였던 적이 있어서 濊(예)의 후예임을 나타내는 것이고, 交州道의 交는 상고음이 [kragw]이고 갑골음은 [ㄱᄅ]로 복원되네. '구락(>가라) > 굴(>갈)'로 변천한 것이네. 交는 '교체하다', '갈다'는 뜻으로 중세국어 '구락 > 굴 > 갈'과 어원이 동일하다네. 交 역시 濊(예)의 후예인 가라族을 음사했던 字(자)일세. 蛙도 [kar]로 재구되어 濊(예)를 나타내었고 金蛙(금와)도 [sagar(사가르)]로 재구되어 濊(예)를 뜻하는 이름이라네. 淮陽은 淮의 갑골음이 [gər(글)]이고 陽은 '나라'를 뜻하는 접미어였네. 和의 갑골음도 [gər(글)]인데 濊(예)의 일파로 나타나네. 倭도 [kər(클)]로 재구되는데, 濊(예)의 후예임을 나타낸다네. 특히 和, 倭는 일본을 지칭하는 경우가 있는데 본래는 濊(예)의 일파인 우리 민족을 일컫던 字(자)일세."

"중국 지도를 피 놓고 그 字(자)들을 추적하마 우리 민족 분포나 이동 경로를 추적할 수 있겠네예?"

"그렇다고 하지 않았나. 중국 사료의 조각을 모아서는 가능한 일이 아닐세. 이것은 엄청난 작업이 될 걸세. <동북아역사재단>은 고작 고지도 작성을 하는 데 60억 예산을 책정하여 교수 60인이 45억을 탕진하면서도 '낙랑의 위치'를 엉터리로 비정했네. 그들이 그런 오류를 범한 결정적 이유는 두 가지로 수렴되네. 하나는 그들의 사관이고 다른 하나는 중국의 조작된 사료의 조각들을 붙여 모았기 때문일세."

"중국 사료가 조작되었군요."

"그렇다네. 앞에서 일본 사학자 오향청언(吾鄕淸彦)의 주장이 그렇듯이 중국 사료를 맹신하면 저런 오류가 나온다네. 그러나 언어음은 조작할 수가 없으니 갑골음 때문에 이 거짓이 다 들통 나는 거지."

"(ㅂ)에서 濊國을 鐵國이라 한 것은 濊(예)와 鐵이 [스릭]로 읽혔던 적이 있기 때문일세. [스릭]에서 어말 모음이 탈락하여 [슬]이 되고 [ㆍ]는 [ㅗ]로 변천해 [솔, sor]이 되었다네. 『삼국유사3』에 金橋를 松橋라 한 것도 金의 訓이 [스릭>솔>쇠]로 알았고, 松의 訓이 [솔]로 변천한 것으로 알아 왔지만, 사실은 金, 松의 古音(고음)이 [솔]이었다네. 모두 우리말이었던 거지. 음절말 [r]는 i - breaking 현상으로 반모음 [ㅣ(j)]가 된다고 하지 않았나? 그래서 [sor(솔)]은 [쇠, soj>sø]로 변천했다네. 東州를 鐵原이라 한 것도 東과 鐵의 古音(고음)이 [스릭]였기 때문이네. 鐵이 [스릭>슬>솔>소ㅣ>쇠]로 변천했고, 東은 [스릭>슬>살>사ㅣ>새]로 변천했다네. 지금까지 이 [새]가 '날이 새다', '새롭다'는 뜻으로 東의 옛 훈으로 알아왔지만 사실은 東의 古音(고음)이었다네."

"쇠 金, 솔 松으로 읽던 '쇠', '솔'이 우리말 訓이라는 것은 당연한 일인데 이게 한자 古音(고음)이었다 하시니 믿기지 않는 사실이군요."

"그렇다네. 한자 고음이 곧 우리말이니까 그럴 수밖에. 그런데 金의 앞선 음인 갑골음이 [gəsər]로 濊(예)의 갑골음 [gəsər]과 완전히 일치한다네. 金[gəsər]이 [gərə(ㄱ릭)], [sərə(스릭)]로 분리된 것도 같다네. 왜 金이 濊(예)의 갑골음과 같았겠나?"

"…혹시, 濊(예)가 쇠를 발명했습니까?"

"바로 그걸세. 궁금하지만 오늘은 참게. 그 경위를 다음에 증명할 것이네. (ㅂ)에서 臨屯은 한사군 당시 '바람 땅'으로 읽혔네."

"네에? 세상에 이럴 수가…. 완전히 우리말 아닙니까?"

"허허 참, 지금까지 완전히 우리말이 아닌 게 있었나? 못 믿는 눈치니 왜 그런지 증명해 보세. 臨은 현재 [림]으로 읽히지만 <설문>에 보면 品聲이라 되어 있네. 品으로 읽혔다는 것이지. 누가 한 번 해 보게."

● 臨(임)

高本汉	li̯əm	XIV/14部	李方桂	ljəm	侵
王力	liəm	侵	白一平	b‐rjum	侵部
郑张尚芳	b·rum	侵1部	潘悟云	[b]rum	侵1部

● 品(품)

高本汉	p'i̯əm	XIV/14部	李方桂	phjiəmx	侵
王力	phiəm	侵	白一平	phrjum?	侵部
郑张尚芳	phrum?	侵1部	潘悟云	phrum?	侵1部

"品은 高本汉의 상고음에 [piəm]이고 臨은 상고음에 [liəm]으로 되어 있습니다. 이 둘을 합치면 [pliəm]이 되고, 갑골음 시기에 없었던 개음 [i]를 삭제하면 [pləm]이 되고, l/r은 수의적 교체 관계니까 [prəm]이 됩니다. 복성모 pr 사이에 있었던 [ə]를 복원하면 [pərəm(ᄇ름)]이 됩니다. 중세국어 'ᄇ름'입니다."

"배 군, 그동안 말이 없더니 이해하고 있었구만. 앞서 재구했던 風, 嵐과 같은 발음이네."

"화! 제 스스로가 대견스럽습니다."

"그런데 교수님, 高本汉의 복원음만으로 나온 결과가 다른 학자들의 복원음으로 한 결과와 같습니까?"

"당연하지! 학자들의 복원음들은 시기적, 방언적 문제로 달라져 있을 뿐, 모두 갑골음에서 출발한 걸세. 학자들의 어떤 음으로 복원을 시작하든 모두 하나의 갑골음에 수렴되게 있네. 시험 삼아 복잡한 李方桂 음으로 해 볼까? 홍 군이 해 보게."

"네, ljəm은 같고 phjiəmx을 보면, 성모 ph는 p에서 변천한 것이고 개음을 제거하면 핵모는 ə입니다. 운미는 mx, 조합하면 pəmx가 됩니다. 여기서 pəm과 pəx가 분리됩니다."

"잘했네만 정답이 아닐세. 李方桂는 高本汉처럼 두 음을 따로 복원한 것이 아니라 이 둘을 합친 음으로 복원한 것일세. phj의 j는 개음이 아니라 복성모라네. 여기서 개음은 i일세. j는 r이 i-breaking 현상으로 반모음 [ㅣ(j)]가 된 것이라네. 또 갑골음 당시는 [ph(ㅍ)]와 같은 유기음이 없었으니 [p(ㅂ)]로 복원되네. 따라서 성모는 pr이 되네. 핵모는 그대로 ə이고, 운미 mx의 앞선 음은 mg로 소급되는데, g는 후대에 발생한 것일세. 조합하면 [prəm(ㅂ름)]이 되네. 복성모 사이에 본래 있었던 모음 ə를 복원하면 [pərəm(ㅂ름)]이 되니까 高本汉의 복원음에서 출발한 것과 같은 결과를 가져오는 것일세."

● 屯(둔)

高本汉	d'wən	IX/4部	李方桂	dən	文
王力	duən	文	白一平	dun	文部
郑张尚芳	duun	文2部	潘悟云	duun	文2部

"屯은 상고음에 [dən]으로 되어 있네만 운미 n은 l/r과 수의적으로 교체된다네. 이를 靑代 학자들은 '음양대전'이라 했네. 그래서 [r]로 교체된 경우, '높다'는 뜻의 [dər(들)]이 되어 '땅', '지방', '읍락'이란 뜻으로 현재 우리말 [음달양달]에 남아 있다네. 阿斯達의 '達(달)'도 바로 이거라네. 고대 시기는 거주지가 높은 지대의 땅이었기 때문에 '높다'는 뜻이 '땅', '읍락', '나라'의 뜻으로 파생된 것일세."

"교수님, 합용병서로 '꽁 > 쌍' 아닙니까?"

"그렇다네. 본래는 [dərə(ᄃ ㄹ)] > [dərəg(ᄃ 륵)] > [drəg(ᄠᆨ)]/[dərg(ᄃᆰ)]]로 변천하였네. [dərg(ᄃᆰ)]의 운미 rg는 하나씩 나뉘어 [dər(들)]와 [dəg(득)]이 되었어. [dər(들)]은 앞에서 말한 대로 음절말 r이 n과 수의적으로 교체되어 [dən(든)]이 되면서 '땅', '읍락'이란 뜻으로 쓰였네. [dəg(득)]은 두 방향으로 변천하였는데, 한쪽 방향은 운미 g가 약화되면서 ŋ으로 변천하여 [dəŋ(등) > stəŋ(쯩) > t'aŋ(땅)]으로 변천했고, 다른 쪽 방향은 운미 g가 무성음화하여 k로 변천하고, k가 마찰음화하여 h가 되었네. [dəg(득) > tək(득) > stəh(ᄯᇂ) > stah(쌓)]로 변천한 것이라네. '쌍'은 오늘날 우리가 쓰는 '땅'이 되었고 '쌓'는 중세국어에서 보이네."

하늘 ᄯ히 ᄀ장 震動ᄒ니(월인천강지곡 21)

"어두 d가 왜 갑자기 st로 변천한 건지 궁금합니다."

"고대 우리말 갑골음에 유성파열음 b, d, g가 있었는데, 이것이 계속 이어오다가 갑자기 사라진 시기가 있었다네. 지금 우리말에도 그런 음소가 없어. 지금 [ㅂ/ㄷ/ㄱ]는 사람들이 [b/d/g]로 인식하지만 음향기기로 측정하면 사실은 [p/t/k] 음일세. 사람들이 [p/t/k]를 ㅍ, ㅌ, ㅋ으로 인식하는 바람에 편의상 [b/d/g]를 쓸 뿐이네."

"유성파열음 b, d, g가 사라진 이유는 '자음+모음' 구조의 개음절이 '자음+모음+자음' 구조의 폐음절로 변천하면서 유성파열음 b, d, g가 무성파열음 p, t, k로 변천했기 때문이네. 고대 시기에 어두 [b/d/g]를 무성음화하기 위해 [s]를 가져와 ㅄ(sp), ㅼ(st), ㅺ(sk)를 쓰게 된 것일세. 예컨대, [dəŋ(ᄃᆞᆼ)], [dək(ᄃᆞᆨ)>[dəh(ᄃᆞㅎ)]의 어두 d를 무성음화하기 위해 [ᄯᆞᆼ(stəŋ)], [ᄯᆞㅎ(stəh)]가 된 것일세. 핵모 ə는 [a]로 변천해 [ᄯᅡᆼ>땅]이 되었고, [ᄯᅡㅎ]는 중세국어에 남아 있네. 이러한 변천은 우리뿐 아니라 중앙아시아 여러 나라에서도 전파되었던 것 같네. 카자흐**스탄**, 아프가니**스탄**, 파키**스탄**, 키르기스**스탄** 처럼 '스탄'은 우리말 'ᄯᅡᆼ'일세. 알타이어에서 흔히 일어나는 어말 n과 ŋ의 교체일 뿐일세. 모두 '땅', '지방', '나라'와 동일한 뜻이라네."

"**스탄**이 그런 뜻이었네요!"

"그래서 臨屯의 갑골음은 [ᄇᆞᄅᆞᆷᄃᆞᆼ(ᄃᆞᆯ)]이라네. 夫餘의 상고음은 [para]로 되어 있네만, 갑골음은 [ᄇᆞᄅᆞ]일세. [ㆍ]의 상대형은 [ㅡ]이니 [브르]로도 썼을 것이네. ㅁ, ㅂ, ㅍ, ㅃ가 [ㅡ]를 만나면 [ㅜ]로 원순모음화하니까 후에는 [부루]로 변천했네. [ㅂ른]에 명사형 ㅁ이 붙어 [ㅂ름(風)]이 되었고 [ᄀᄅ(海, 江, 川)]에 명사형 ㅁ이 붙어 [ᄀ름(江)]이 되었다네. 夫餘를 '바람의 나라'라고 일컫는 데는 그만한 연유가 있었던 걸세."

"風의 갑골음 [ㅂ른]의 상대형 [브르]가 어말 모음을 탈락하면 타오르는 [블] > [불(火)]로 변천 가능하지 않겠습니까?"

"배 군, 자넨 언어학에 소질이 있네. [ㅂ른/브르]는 風이지만 火를 처음 발견했을 때는 불을 살리기 위해 입으로 바람을 불어야 할 게 아닌가. 바람으로 '불'어 '불(火)'이 일어나고 '밝'다는 것이네. 나도 風, 火의 어원이 같다고 보네. 또 火의 색은 赤색이니 '벍엏다', '붉다'의 어간도 같은 어원이라네. 赤상추를 '부루'라고 하네."

"그런데 臨屯을 고구려 때 河西良, 何瑟羅州라 한 데서 중대한 단서를 포착할 수 있네. 지난주 樂浪의 浪이 [른]로 읽힌 것처럼 같은 聲符(성부)인 良 또한 [른]로 읽혔고 羅와 같이 '나라', '땅'을 말했던 걸세. <설문>에 河, 何는 可聲으로 되어 있는데, '可'로 읽어 달라는 말이지. 그런데 河와 何는 상고음에서 모두 [gar]로 읽혔고 갑골음은 [gərə(ᄀᄅ)]일세. 西[siər], 瑟[si̱‿e˜t]의 갑골음은 각각 [sər(ə)]와 [sar(a)]가 되네. 결국 河西, 何瑟은 濊(예)의 갑골음 [gəsər(ᄀ슬)]을 말하는 것이었네. 다시 말해서 河西良, 何瑟羅州는 濊地, 濊國을 말했던 것이네. 居西干도 干은 왕을 뜻하는 의미이고 居西의 당시 음은 [gəsər(ᄀ슬)]로 濊(예)를 나타내었던 것이니 결국 居西干은 濊王을 의미하는 것이었네.

臨屯을 河西良, 何瑟羅州라 한 것은 결국 '[ㅂ롬등(둘)]'이며 '濊땅/濊나라'를 말하는 것이었네."

"모두 濊(예)의 갑골음과 연결되는군요."

"그렇다네. 30년 전, 은사님께서 내게 말씀해 주신 한마디가 지금까지 수십에 달하는 논문을 휴지 조각으로 만든 게 있네. 보세."

"檀君王儉이 도읍을 정한 阿斯達에 대한 諸家들의 說들은 阿가 당시 음으로 [gə(ㄱ)]였다는 사실을 몰랐던 것이네. <설문>에 阿는 可聲이라 했어. [ka(가)]로 읽어 달라는 것이지. 그런데 <설문>은 AD.121년에 완성되었다네. 그렇다면 단군왕검의 도읍은 <설문>보다 훨씬 앞선 시기이므로 [ka] 음으로 읽혔던 것일세. 後漢代만 하더라도 [가]로 읽었던 것이네. [아]는 중고음이니 수당 시대의 음인 게야. 阿斯의 음은 [kasar]인데, 갑골음 어두 g가 k로 변천하고 ə가 a로 변천한 것을 제외하면 濊(예)의 갑골음[gəsər]과 완전히 일치하는 것일세. 濊(예)의 생성 시기보다 단군 시기의 阿斯는 훨씬 후대이기 때문에 유성 [g]는 무성 [k]로, [ə(ㆍ)]는 [a(ㅏ)]로 변천했기 때문에 阿斯[kasar]이 된 것이네. 阿斯達[kasar tar]은 t 앞에 r이 생략되어 [kasa tar]로 읽혔을 것이네. 지금 우리말에서도 t 앞의 l/r은 생략되네. '不斷(불단)'을 '부단'으로 읽어야 하지 않는가. 阿斯達의 뜻은, 阿斯[kasar]이 濊(예)를 말하고, 達은 山, 나라, 高를 뜻하는 말이니까 濊山, 혹은 濊地, 濊國을 말하는 것이었네. 이로써, 阿를 [아(a)]로 읽은 기존의 모든 說들은 오류로 판정되는 것이라네."

"어이가 없습니다. 그 많은 '아사달'에 대한 대가들의 說들이 한 번에 혹 가는군요."

"참, 어처구니없지. 그 기라성 같은 학자들이 阿가 [가]에서 [아]로 변천했다는 것을 꿈에도 몰랐던 거지."

❖ 貉(맥), 貊(맥)의 갑골음

"<설문>에서 貉(맥)은 북방의 맥족으로 豸와 各의 합성이라 했고 各이 聲符(성부)라 했네. 各이 聲符(성부)인 閣, 恪은 현재 음이 [kak]으로 어두가 [k]인데 洛, 絡은 같은 各聲이면서 [lak]으로 읽어 어두가 [l]일세. 이처럼 두 가지 음을 가졌다는 것은 어두가 복성모 kl - 을 가졌다는 것이네."

● 各(각)

高本汉	kɑk	XVI/17部	李方桂	kak	魚
王力	kak	鐸	白一平	kak	鐸部
郑张尚芳	klaag	鐸部	潘悟云	klaag	鐸部

● 洛(락)

高本汉	lɑk	XVI/17部	李方桂	lak	魚
王力	lak	鐸	白一平	g - rak	鐸部
郑张尚芳	g·raag	鐸部	潘悟云	[g]raag	鐸部

"같은 聲符(성부) 字(자)인 各, 洛의 성모는 k, l, kl, gr인데 성모 k, l보다 복성모 kl이 더 앞선 음이고 이보다 더 앞선 음은 gl/gr일세. 어두에서 g가 k로 변천할 수 있지만 k에서 g로 변천할 수 없기 때문이네. 핵모는 a, 운미는 g일세. 이들을 조합하면 [grag]이 되네. gr 사이에 있었던 모음을 복원하면 앞선 음은 [garag(가락)]이 되고 운미 g는 후에 발생된 것이므로 더 앞선 음은 [gara(가라)]가 되네. 관련 字(자)들에서 핵모는 [ə(ㆍ)]였기 때문에 이보다 더 앞선 갑골음은 [gərə(ㄱㄹ)]일세. 즉 후한 시기만 해도 各, 洛은 [grak(ㄱ락)]으로 읽혔지만 이에 앞선 殷 시기 때는 [gərə(ㄱㄹ)]로 읽혔던 걸세. 다음과 같이 변천했네."

gərə   >   gərəg   >   grəg

                   >   gərg   >   gər²

                                      >   gəg

           >   gər¹

"자, 화면을 보게. 貉(맥)의 상고음을 보고 시간 순으로 누가 나열해 보겠나?"

● 貉(맥)

高本汉	gʼɑk	XVII/17部	李方桂	gak	魚
王力	ɣak	鐸	白一平	gak	鐸部
郑张尚芳	glaag	鐸部	潘悟云	glaag	鐸部

"[ɣ]를 모르겠심미더."

"[ɣ]는 [g]가 마찰음화된 것이네. [g]는 목청을 떨면서 뒤 혀가 연구개에 붙었다 떨어지는 소리지만, [ɣ]는 붙지 않고 떨어져서 마찰되는 음이네. '마가(막아)', 머거(먹어)' 할 때 [가/거] 소리라네. 단음절 [가/거]와는 다르네. 이제 해 보게."

"아! 일단, 성모가 [g l], 운미가 [g]임을 보아 郑, 潘이 먼저고 그다음이 高, 李, 白, 마지막이 王입니더."

"앞에서 우리는 같은 성부 字(자)인 閣, 恪의 갑골음을 [gərə(ㄱㄹ)]로 복원했잖은가. 그런데, 학자들의 상고음 복원음은 성모가 g이고 핵모가 a일세. 관련 字(자)를 감안하면 貉(맥)의 핵모 역시 [ə(ㆍ)] 음이었을 것이네. 갑골음은 [gərə(ㄱㄹ)]로 낙찰되네."

"濊(예)의 갑골음이 [gəsər(ㄱ슬)]이라 했는데, 貉(맥)의 갑골음은 [gərə(ㄱㄹ)]라 한다면, 濊(예)보다 貉(맥)이 한참 후기에 성립되었음을 알 수 있네. 적어도 [gəsər]이 [gər], [sər]로 분파될 시간이 있어야 하기 때문일세."

● 貊(맥)

高本汉	maˇk	XVII/17部	李方桂	mrak	魚
王力	meak	鐸	白一平	mrak	鐸部
郑张尚芳	mbraag	鐸部	潘悟云	mbraag	鐸部

● 白(백)

高本汉	b'aˇk	XVII/17部	李方桂	brak	魚
王力	beak	鐸	白一平	brak	鐸部
郑张尚芳	braag	鐸部	潘悟云	braag	鐸部

"貊(맥)과 貉(맥)은 同字일세. 본래의 맥족은 貉(맥)이 아니라 貊(맥)
이었는데, 이 둘의 음이 같았기 때문에 혼용하였다네. 貊(맥)의 聲符(성
부)는 白인데 상고음은 [brag]으로 확인되지만 그 짝은 [bərg(붉)]일세.
'ㅂㄹ(bərə) > ㅂ륵(bərəg)'의 변천에서 'ㅂ륵(bərəg)'의 첫째 ə가 동음
생략되면 [brəg(ㅂ륵)]이 되고, 둘째 ə가 동음생략되면 [bərg(붉)]이 되
기 때문이네. ə가 a로 변천하니까 상고음은 [brag(ㅂ락)]이 된 것이네.
m/b 교체 현상으로 [mrag(ㅁ락)]이 되기도 했다네. 郑의 [mbraag],
潘의 [mbraag]에서 재구한 성모 mb는 실상 '상보적 분포'로 m 혹은
b, 둘 중 하나의 음으로 나타나야 하네. 이건 복성모가 아닐세. 郑, 潘이
성모를 mb로 재구한 것은 m/b의 '상보적 분포' 관계를 몰랐기 때문이
네. 또 운미 g가 k로 무성음화하니까 [brak], [mrak]가 된 것이라네.
그러나 그 짝이 되는 쪽은 [bərg>pərk(붉)]으로 변천해 오늘날 '밝다'
가 되었고, [mərg>mərk(뭙)]는 오늘날 '맑다'가 된 것이네."

"아! '밝다/맑다'가 동원어였군요."

"그렇다네. m/b, n/d, ŋ/g의 교체는 개음절어에서 일반적 현상일
세. '낡다/닳다'도 동원어라네. 어두 ㄴ, ㄷ은 고대시기에 교체되었던
것이고, '닳'의 받침 'ㅎ(h)'은 본래 'ㄱ(k)'이 마찰음화를 겪은 것이라

네. 경상 방언에서는 '닭다'일세. '바닥/바당/마당'은 모두 동원어일세. [mərk(뭙)]과 [bərg(붉)]은 교체되면서 의미가 파생된 것이네."

"[白/百(붉)]은 'ㄹ'이 i - breaking 현상으로 반모음 [ㅣ(j)]가 되니 [ㅂㅣㄱ(pəjk)]이 되고 [ㆍ]가 [ㅏ]로 변천하니 [바ㅣㄱ(pajk)]이 되고 이것이 [백(pæk]으로 단모음화한 것이네. '倍達(배달)'의 倍(pæ)라는 것도 bərg[붉]의 앞선 음인 bər가 bar > baj > bæ > pæ로 변천했기 때문이네."

"여기에는 중요한 정보가 들어 있다네. 白으로 쓰인 貊(맥)은 倍達(배달)과 비슷한 시기이고, 百으로 쓰인 貊(맥)은 貊(맥), 倍達(배달)보다 한참 후기에 성립되었음이 틀림없다네. 貊(맥), 倍의 古音(고음) [brəg]에서 百의 古音(고음) [prək]으로 변천하였기 때문이네. 古音(고음) [brəg]에 앞선 품은 [bərəg(ㅂ룩)]이었고 이보다 앞선 갑골음은 [bərə(ㅂ르)]였다네. 어말 ə가 생략된 [bər(블)]은 음절말 [ㄹ]이 반모음 [ㅣ(j)]로 변하여 [ㅂㅣ(bəj)] > [바ㅣ(baj)] > [배(bæ)]로 귀착한 것일세.15) 결국 '배달'과 '붉달'은 동일한 음 [ㅂ르]에서 다른 길로 변천했던 것이네. 그 과정은 아래와 같네."

bərə(ㅂ르) > bərəg(ㅂ룩) > brəg(ㅂ륵) / bərg(붉)

> bər(블) > bəj(ㅂㅣ) > baj(바ㅣ) > bæ(배) > pæ(배)

---

15) ㄹ이 반모음 j로 변천하는 것을 I - breaking 현상이라고 한다. 모로 > 몰 > 모ㅣ > 뫼 (山) / 나리 > 날 > 나ㅣ > 내(川)의 변천과 같다.

"貉(맥)은 [gərə(ㄱㄹ)] 음인데 어째서 '맥'으로 읽고 있습니까?"

"貉(맥)[gərə]는 狛(맥)[bərg], 百[pərk]과 동일한 종족이었기 때문에 狛(맥), 貊(맥)에 유추되어 전주 字(자)로 쓰게 된 것일세. 또, 狛(맥), 貊(맥)의 어두가 [b]임에도 [백]으로 읽지 않고 [맥]으로 읽었던 것은 개음절 언어에서 흔히 일어나는 b/m 교체에 의한 것이었네."16)

❖ 濊(예)의 의미

"학계에서 '예맥'이라고만 했지 아직까지 濊貊(예맥)에 대한 의미가 밝혀지지 않았다네. 여기서는 諸說(제설)들을 생략하고 濊貊(예맥)의 본질을 밝히기로 함세."

"화면을 보게. 濊(예)의 자전적 의미는 아래와 같네."

ㄱ. 종족(種族) 이름

ㄴ. 물이 깊고 넓은 모양

ㄷ. 깊다

ㄹ. 더럽다

ㅁ. 흐리다

ㅂ. 그물을 던지는 소리(활)

---

16) 개음절 언어에서 b/m, d/n 교체는 일반적인 현상이다. [방울/망울], [봉오리/몽오리], [바리/마리], [바당/마당], [군데/군네], [덩굴/넝쿨] 등은 우리말이 개음절어였던 시기에 교체되었던 흔적이 남아 있는 것이다.

"일반적으로 자기 종족의 긍지를 내세우는 것과는 달리 字典(자전)에서 설명한 濊(예)는 종족의 이름으로서 그 의미가 그리 달갑지 않네. 이것은 濊貊(예맥) 스스로가 그렇게 불렀을 리 만무한 것 아닌가. 어디까지나 濊族(예족)의 그늘에 있었던 華族이 중원의 주도권을 잡고 난 후로부터 자기 종족을 내세우고 濊(예)를 깎아내린 것이라 보는 것일세."

　"역사 조작뿐 아니라 의미 조작도 했군요."

　"그렇지. 중국인들은 자기 종족의 우위를 점한 우리 민족을 지속적으로 폄하해 왔네. 따라서 그들이 현재 폄하해 놓은 자전적 의미로 濊(예)의 의미를 추적한다는 것은 별 의미가 없는 일 아니겠는가? 우리는 다른 방향에서 그 의미를 추적해 보아야겠네."

　"문자는 '형태'와 '소리'와 '의미', 3요소를 지니고 있네. 다행하게도 뜻글자는 소리를 몰라도 字形에서 의미를 추적할 수 있네. 그런데 濊(예)는 여느 字(자)보다 특이한 점이 있어. 하나의 종족이 하나의 字(자)를 가짐이 보통이나 濊(예)는 穢(예), 薉(예), 獩(예) 등과 같이 여러 字(자)를 택하고 있기 때문일세. 그러나 이 犭, 氵, ++, 禾는 생활양식의 차이를 나타낼 뿐, 더 이상 종족의 의미에는 관여하지 않은 것 같네. 유창균 은사님께서는 犭는 수렵 단계를, 氵는 어로 단계를, ++는 유목이나 경작 단계를, 禾는 벼농사 단계를 말한다고 하셨네. 그렇다면 歲(세)에서 그 의미를 천착함이 옳을 것이네. 歲(세)의 의미를 화면으로 보세."

ㄱ. 해　　　　　ㄴ. 나이　　　　　ㄷ. 세월(歲月)

ㄹ. 새해　　　　ㅁ. 일생(一生)　　　ㅂ. 한평생(- 平生)

ㅅ. 결실(結實)　ㅇ. 수확(收穫)　　　ㅈ. 목성(木星)

ㅊ. 제사(祭祀) 이름

"歲(세)의 의미들은 대개 시간의 의미가 기저에 깔려 있음을 볼 수 있네. 또 字形(자형)도 止, 戌, 月이 합성되어 있는데, 갑골문은 도끼 모양을 하고 있어 戌과도 일치하지만, 한자의 제자 원리는 字(자)를 구성하는 각 요소들의 총합으로 그 의미를 나타냄이 일반이네. 歲(세) 는, **세월(月 - ㄷ)이 흘러 결실(ㅅ)을 도끼(戌)로 수확(ㅇ)하면 한 해(ㄱ)는 다 가는(止)** 것이라는 해석이 가능하네. 당시의 사람들은 한 번 수확하는 것이 한 해(年)의 개념이었을 것이네. <설문>에 '歲(세)는 木星(목성)이다. 28수 별자리를 지나며 공전하는데 12월에 한 번 돈다'고 함으로써 한 해(歲)의 의미를 확인할 수 있네."

"形(형)과 義(의)가 그렇다면 音은 이들과의 관계 속에서 생각할 수 있네. 이것이 漢字(한자)를 만드는 원리이기 때문일세. 濊(예)의 [gəsər(ᄀᄉᆞᆯ)]에서 분파된 소리는 앞에서 복원했다시피 [gərə(ᄀᄅᆞ)], [sərə(ᄉᄅᆞ)]일세. 이 두 어휘는 하나의 어원인 濊(예)의 갑골음 [gəsər(ᄀᄉᆞᆯ)]에서 분리되었기 때문에 [ᄀᄅᆞ]와 [ᄉᄅᆞ] 또한 의미가 같아야 하네. 또, 殷語(은어)가 우리말의 전신이라면 언어의 속성상 반드시 古今(고금)의 우리말에 [ᄀᄅᆞ], [ᄉᄅᆞ]의 흔적이 남아 있어야만 하네. 다시 말해서 이미 死語(사어)가 된 것은 방법이 없지만, 그래도 우리말 내에서 그 변천인 [ᄀᆞᆯ>ᄀᆞᆯ>갈/걸/골/굴/글/길>개/갓]와 [ᄉᆞᆯ>슬>살/설/솔/술/슬/실>새/샛]에서 [ᄀᆞᆯ], [ᄉᆞᆯ]의 의미가 남아 있어야 지금까지의 논의가 그 타당성을 인정받을 수 있다는 것일세."

"그렇다면 [ᄀᆞᆯ], [ᄉᆞᆯ]의 의미를 먼저 구해야 할 것이네. [ᄉᆞᆯ]부터 보세. 뒤에서 말하겠지만 [ᄀᆞᆯ]와 [ᄉᆞᆯ]는 공 모양의 구체, 즉 '빛나는 구체'를 말했네. 그게 日月이었네. 여기서 파생된 의미는 구체에서 나오는 눈을 찌르는 햇살의 '길고 예리함'일세."

"그게 우리말에 남아 있기만 하다면 더 이상 군소리가 필요 없겠습니다."

"[ᄀᆞᆯ] 계통에서 우리 민족을 말하는 韓(한)은 倝(간)과 韋(위)의 합성인데, 倝(간)은 '눈부시게 빛을 쏘다'는 뜻일세. 눈을 찌를 만큼 예리한 햇살을 말하지. 갑골음 역시 gərə(ᄀᆞᆯ)일세. 濊(예)에서 분파된 [ᄀᆞᆯ]와 [ᄉᆞᆯ]가 '눈을 찌를 만큼 눈부시고 예리한 햇살'이라면 분파되기 전의 濊(예) [gəsər(가슬)]에도 이러한 의미가 있어야 하지 않을까? <禮記>에 '동방의 夷(이)를 棘(극)'이라 한다'고 했네. 여기서 우리는 중대한 의미를 발견할 수 있네."

"棘(극)의 의미는 예리한 '가시'이고 상고음은 [kiək]이며 그 이전 古音(고음)은 [kərk(긁)]로 복원되네. 이보다 앞선 음은 [kərək(ᄀᆞ록)]일세. 이보다 앞선 음은 g/k가 발생하기 전이니 갑골음 [kərə(ᄀᆞᆯ)]가 되는 것일세. 夷(이)와 濊(예)는 동일 종족이네. 棘(극)은 '가시'를 의미하는 것으로 중세국어에도 [가시(kasəj)]로 나타나는데 어말 [j]의 앞선 음은 r이었네. [ㄱ술]의 어말 ㄹ이 i-breaking 현상으로 반모음 [(j)]가 된 것이네. 이는 桓(환), 濊(예)의 갑골음과 일치하네. 동원어인 'ㄱ스라기{가술+아기}'가 보이는 것으로 보아도 古형태는 [gəsər(ㄱ술)]임을 보여주고 있네. 棘(극)의 갑골음 [kərə(ㄱ륵)]는 桓(환), 濊(예)의 gəsər(ㄱ술)에서 분파된 것으로서 [ㄱ술 > ㄱ시 > 가싀 > 가시]로 변천한 것일세."

"<水經>에 '棘水(극수)가 있는데, 新野(신야)의 동남으로부터 淯水(육수)로 흘러가는 것을 力口(역구)라 하는데 棘과 力은 소리가 가깝기 때문에 마땅히 棘口(극구)가 되어야 한다.'고 했네. 力의 갑골음은 [ㄱ륵]일세. 이 棘口(극구)와, <淮南子>에서 말하는 棘林(극림)은 濊族(예족)의 근거지로 단정할 수 있다네. <管子>에 '黑齒(흑치)는 荊夷(형이)의 나라'라 했고 <篡詁>에 '荊夷는 荊州(형주)에 있는 夷(이)'라 했네. 荊(형) 또한 '가시'를 의미하며 棘(극)의 古音(고음) [kərk] < [kərək(ㄱ륵)] < [kərə(ㄱ륵)]와 일치한다네. 지금은 荊棘(형극)으로 중첩하여 쓰고 있지. 결론적으로 濊(예)의 의미는 '밝음'이며 '예리한 햇살'이었네. 놀라운 것은 荊(형)과 棘(극)은 古音(고음), 갑골음이 일치하며 [ㄱ륵]족을 말했던 것이라네."

"이 찌르는 가시처럼 '예리하고 긴 햇살'이 바로 歲(세)에 담긴 뜻이며 우리말에 고스란히 보존되어 있다네. 그런데 이 햇살은 태양에서 나온 것 아니겠나? 그렇다면 [ㄱ륵]의 'ㄱ[k]'이 마찰음화하면서 'ㅎ[h]'로 변천한 ㅎ륵 > 홀 > ㅎ ㅣ > 하ㅣ > 해(日)가 또 태양일세. [ㄱ륵], [ㄱ륵]

의 준말 [갈, 걸, 골, 굴, 글] 가운데 어느 하나 어휘라도 태양이나 달처럼 '구체', '둥긂'이나 가시처럼 '예리함'과 관련된 말이 나타난다면 우리가 논의한 모든 것은 진실임이 분명하네. 또, [ㅅᆞᆯ]에서 변천한 [살, 설, 솔, 술, 슬] 가운데 어느 하나라도 태양과 관련된 '구체', '둥긂', '예리함' 이 나타난다면 우리가 논의한 모든 것이 더더욱 진실일 것이네."

"박 군이 말했듯이 '갈'은 '눈깔'에서 구체가 확인되네. '눈갈'의 'ㄱ' 이 탈락되어 '눈알'이 된 것일세. '땡깔'은 까만 구슬 같은 열매인데, 나도 어릴 적에 많이 따먹었다네. 호두는 우리말로 가래(<갈+애)라 하네. '갈'의 ㄹ, ㅅ 교체형[17]인 '갓'에서 '가시'가 되었으니 예리함도 지니고 있네. '걸'은 '걸고리', '걸쇠' 등에서 '걸'의 예리함이 보이고, '등걸'은 '줄기를 잘라 낸 나무의 둥근 밑동'이니 '둥긂'도 보이네. '골판지'는 줄이 나 있는 상자 종이에서 확인되네. '골뱅이'는 소라의 나선, 둥긂의 뜻이 내포되어 있네. '굴'은 '굴렁쇠', '구르다'에서 '둥긂'이 확인되며, '굴리다'의 어간 '굴-'의 ㄹ, ㅅ교체인 '굿'에 명사형 '을'이 붙으면 '굿을>구슬(玉)'이 되네. 또 '송곳'의 옛말은 '솟긋'이네. '긋'은 '굴'의 ㄹ, ㅅ 교체로서 예리함도 지니고 있다네. '글'은 '글썽글썽'에서 눈알에 눈물이 고여 있는 모습에서 둥근 눈을 볼 수 있고, '둥글'의 '둥' 과 '글'에서도 공 모양이 중첩되어 있음을 볼 수 있네. '그리다', '글', '긋다'에서 가늘고 예리한 선을 볼 수 있네. 옛날 갑골字(자)는 소의 견

---

17) 필자의 논문 '음절말 ㄹ·ㅅ 교체와 그 단어족·어원에 대하여' 언어과학연구 66집 (2013) 참조.

갑골에 불에 달군 쇠꼬챙이로 '긋'는 것이 '글'이 된 것이네. '글'의 개
음절형은 '그리'일세."

"결국 갈/갓, 걸/것, 골/곳, 굴/굿, 글/굿 등에서 '둥긂'과 '길고 예
리함'이 동시에 확인된다는 것은 [ㄱᆯ]의 둥긂, 길고 예리함이 우리말
에 그대로 녹아 있다는 것을 확인하는 것일세. 왜 [ㄱᆯ]가 둥글고 예
리한 뜻을 지니느냐 하면 태양, 달이기 때문일세. 그러니까 '빛'의 뜻이
동시에 있는 것일세."

"그렇다면, [ㅅᆯ]에서도 [ㄱᆯ]와 같은 현상이 있어야만 하지 않겠
나? 일본어에서 '사라'는 둥근 접시를 말하는데, 우리말이 건너간 것이
라네. 어말 모음이 탈락한 '살'은 화살, 문살, 부챗살 등에서 '길고 예리
함'을 볼 수 있네. ㄹ, ㅅ 교체형인 '살갈'의 변천 '삿갓', '삿을>사슬'
에서 '길고 예리함'을 볼 수 있네."

"'설'의 개음절형 '서리'는 '사리'의 상대형으로 '라면사리'는 국수
같은 긴 것을 말하네. 또, 긴 '서까래'를 말하기도 하지. 둥근 쪽의 '서
리'는 팽이의 평안, 황해 방언에서 나타나네. 또, '서리서리'는 뱀이 똬
리들 둥글게 튼 모습을 말하네. [설]은 바로 우리가 한 해(年)를 보내고
새해를 맞는 [설]일세. 달도 없는 그믐밤이 지난 새벽에 찬란한 첫 태
양의 '예리한 햇살'이 길게 비치는 것이 [설]의 어원일세. [설]의 음절
말 [ㄹ]이 i - breaking 현상으로 반모음 [ㅣ(j)]가 되어 [서ㅣ(sej)]가
되었고 이것이 단모음화된 것이 바로 歲(세)일세. 歲(세)의 앞선 음은
[설]이었다네. '한 살, 두 살 먹었다'는 말이 '한 설, 두 설 먹었다'는

것이고 '일 세, 이 세 되었다'는 말이 같은 말이라는 것은 '살'과 '설'이 동원어를 갖기 때문일세."

"'솔'은 솔나무에서 뾰족한 잎을 말하고 솔개, 소리개는 하늘을 둥글게 빙빙 도는 데서 그 이름이 붙여진 걸세. '소라'도 둥글다는 '솔'이 어원일세. '술'은 '수술', '암술'처럼 길고 예리함이 있고 둥근 쪽으로는 수레바퀴의 옛말이 '술'이네. '술+의(명사형)'가 '수릐 > 수레'로 변천했네. 수리과 맹금류도 마찬가질세. 이들은 하늘을 둥글게 빙빙 돌며 먹이를 찾는 데서 붙여진 이름이네."

"'슬'은 창(槍)의 옛 훈이라네. 예리함이 나타나 있네. '서슬이 퍼렇다'는 말도 예리한 날(刃)을 뜻하는 말일세. 동시에, '슬'은 알(卵)의 古語(고어)라네. 동사로 쓰면 '알을 슬다' 아닌가. 이처럼 명사와 동사로 쓰는 단어는 신 - 신다, 품 - 품다, 슬 - 슬다 등이 여기에 속하네."

▶ 해(ᄀᄅ)와 빛(ᄉᄅ)

"확실하군요."

"이처럼 [ᄀᄅ/ᄉᄅ]에는 찬란한 '빛의 길고 예리함, 구체, 해(年)'가 내포되어 있네."

❖ 貉(맥), 貊(맥), 貃(맥)의 의미

"貉(맥)은 갑골음이 [gərə(ᄀᄅ)]였고 貊(맥)의 갑골음 [bərg(ᄇᆰ)]에 유추되어 가차 字(자)로 쓰게 된 것이네. 그런데 貊(맥), 貃(맥)의 聲符(성부)는 白이고 어두가 [b]임에도 어째서 [맥]이 되어 어두가 [m]이 되었을까?

"m/b 교체 아이겠심미꺼."

"그렇다네. [ᆞ]가 [ᅡ]로 변천하면 [bərg(ᄇᆰ)]은 [barg(밝)]이 되고, 어말 받침 [ㄹ]이 i - breaking 현상으로 반모음 [ㅣ(j)]가 되면 [bajg(바ㅣㄱ)]이 되고, g가 k로 무성음화하면서 [바ㅣㄱ(bajk) > 백(bæk)]으로 변천하였네. 이 [백(bæk),白]의 어두 ㅂ이 당시대에 ㅁ과 교체해 [맥]으로 읽게 되었다네. 개음절 언어에서 m/b의 교체는 일반적으로 일어나는 현상일세. 현재 우리말에서도 흔히 볼 수 있는 '방울/망울', '바리/마리', '봉오리/몽오리', '바당/마당' 등도 과거 우리말이 개음절 시기에 교체되었던 것들의 흔적일세.[18] 결론적으로 貉(맥), 貊(맥)의

---

18) 필자의 논문 </p/, /m/ 교체의 허실과 향가 執音乎에 대하여 >에서 상세히 다루고 있다. 우리말연구 제52집 (2011년 8월) pp.83 - 103

의미는 '붉음'의 뜻이 고대어 [ᄇ᷇ᄅ/브르/부루(火)]에서 시작하여 [ᄇ록 > 붉(붉) > 밝(밝) > 백(맥)]으로 변천하였다네. 내 은사께서는 北狄(북적)이 불을 발견한 종족이라 했네. 夫餘(부여)의 갑골음이 [pərə(ᄇ᷇ᄅ)/pɯrɯ(브르)]임을 볼 때, 夫餘(부여)는 北狄(북적)의 후예임이 틀림없네. 이는 濊(예)의 '눈부신 빛, 밝음'과 같은 뜻일세."

4

夷(이)는 심판자였다

"**濊**(예)는 '더럽다'고 했고 夷(이), 狄(적), 戎(융), 蠻(만)를 모두 '오랑캐'라 했네. 夷(이)의 본질인 尸(시)는 '사람이 앉은 모습'임에도 '주검, 시체'를 뜻하는 字(자)로까지 가차되었다네. 그러나 중국의 史書(사서)에서 夷(이)를 극찬하는 내용은 이와 사뭇 다르다네. <後漢書>에서 다음과 같이 말했네."

"夷(이)는 뿌리라 했고 말은 어질고 고우며 만물의 生함이 모두 땅에 뿌리를 내리고 나타나기 때문에 천성이 유순하여 역이 도로써 다스림에 이르러 군자 불사의 나라가 되었다. 공자가 夷族이 사는 곳에 살기를 바랐다. 의관을 갖추고 칼을 차고 다니며 서로 양보하며 다투지 아니하는 어진 종족이다."

"<陳書>에서는 '夷夏(이하)'라고 기록하여 夷(이)를 夏(하)에 앞세웠고 <설문>에서는 尸(夷)는 걸터앉아 '蹲踞(준거)하는 者'라 하여 華族(화족)의 꿇어 않는 跪座(궤좌)와 차별하고 있네. 의자에 걸터앉은 夷族(이족) 앞에 꿇어앉은 華族(화족)을 말하는 것일세. 즉, 걸터앉은 주인 앞에 꿇어앉은 종을 말하는 게 아니겠나? 자전에 東의 뜻으로 '주인'이 있다는 것은 의미심장한 일일세. 나중에 말하겠지만 東은 '빛'이자 神인 창조주를 말하거나, 혹은 神의 대리자인 東夷(동이)를 말하는 것이었네."

"또 <설문>에서 人(인), 大(대), 仁(인), 夷(이)를 동일한 개념으로 보고 있네. 仁의 본자는 尸 와 二 의 합성으로 오상에 속하는데, 오행은 木(목)이며 오방은 東(동)일세. 여기서 人은 尸라고 했고 尸는 夷(이)라고 했네. <설문통훈정성>에서 夷(이)와 仁을 같이 보고 있는 것도 이들의 의미와 음에 있다 할 것이네. 夷(이)는 'ᄇᆞᆯ > 볼 > 붉(족)'이며 仁은 '밝다'는 뜻이 있다네. <삼국사기34>에서 漆谷의 옛 지명을 北耻長理(북치장리)라 했는데, 八居里(팔거리)를 仁里(인리)라 한 것도 바로 이 때문일세. 八居(팔거)와 仁(인)이 같다는 것인데, 당시 ㅊ, ㅋ, ㅌ, ㅍ와 같은 유기음이 없었기 때문에 八居(팔거)는 당시 [발거]로 읽혔다네. '밝다'는 뜻이지."

"음도 같았습니까?"

"그렇다네. 곧 증명하게 될 걸세. 또, 大(대)와 夷(이)를 같이 보는 이유는 이들의 音에 근거한 것일세. 夷(이)의 상고음은 [diₗær]이고 갑골음은 [dər]이라네. 大(대)의 상고음은 [dɑd]인데 모든 운미 d/t의 앞선음은 r이니 갑골음은 [dər]가 되고 夷(이)의 音(음)과 일치하네. 夷(이)가 大(대)와 弓의 합성이고 <설문>에서 이 둘을 합쳐 의미부라 하지만, 합성자 중에 大(대)가 聲符(성부)가 되는 것이네. 사실 夷(이)는 華

族(화족)의 부러움의 대상이었어."

"문자의 관점에서 보면, 인류 문명의 초창기에 있었던 종족들은 자기 종족을 기호로 기록할 때, 반드시 그들만의 특성을 나타내게 되어 있네. 이 기호나 그림이 후에 문자로 정착되는 것일세. 夷(이)가 문명의 초창기로 볼 수 있는 堯(요) 시기에 처음 나타난 것을 보면 고등한 문자가 없었던 堯 시기 이전부터 夷(이)가 존재했다는 것일세. 그 후에 夷족은 자기들의 특성을 口傳(구전)과 그림을 통해 전해 오다가 문자가 제 모습을 갖추면서 자기 종족의 특성이 기록되는 것일세. 그런데 夷(이)는 大(대)와 弓의 합성자로 '큰 활을 제작하고 사용하는 종족'이라는 데 적지 않은 의심이 간다네. 그 字形(자형)이 시대별로 다르기 때문일세. 화면을 보게."

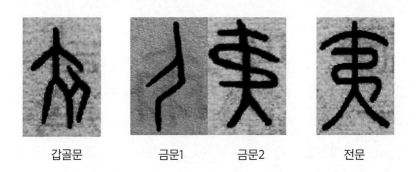

| 갑골문 | 금문1 | 금문2 | 전문 |

"夷(이)의 갑골문은 商(상), 殷代(은대) 서체로 큰 사람(大)이 작은 사람(人)의 머리에 손을 얹고 있는 형상이고, 금문은 周代(주대) 서체

로 하나는 사람이 앉은 모습이고 다른 하나는 화살을 묶어 놓은 모습이라고 전문가들이 말하네. 전문은 秦代(진대) 서체로 비로소 大(대)와 弓의 합성처럼 보이고 있네. 금문과 전문이 '활과 화살'을 나타냈다 할지라도 갑골문과 금문1의 모습과는 전혀 다른 모습 아닌가?"

"夷(이)의 의미에 그럴 만한 사유가 있을 거 아임미꺼?"

"바로 그걸세. <설문>에서 夷(이)는 '平也. 从大从弓. 東方之人也.'라 되어 있네. 夷(이)를 平(평)이라 했으니 平의 의미를 알아야 夷(이)를 알게 아닌가? <설문>에 平을 찾아보면 '語平舒也(어평서야)'로 되어 있어. **'말이 평탄하게 잘 나오다'**는 얘길세. 이때만 해도 平은 물질이 평평한 뜻이 아닐세. 감이 오질 않는가? 그러면 정보 하나를 더 보세. <통전>에서는 '夷者蹲也(이자준야) , 言無禮儀(언무예의)'라 했네. **'夷(이)는 걸터앉는 자이며, 예의가 없음을 말한다.'**는 뜻이네. 그러나 <후한서>에서 '夷(이)는 뿌리라 했고 말은 어질고 고우며 천성이 유순하고 서로 양보하며 다투지 아니하는 어진 종족이다.' 한 것과는 전혀 다른 얘기 아닌가? '예의가 없다'는 말은 다른 뜻이 내재해 있다는 것일세. 여기서 蹲(준)은 앉은 자세를 말하는데 더 상세하게는 蹲踞(준거)라 하네. 蹲은 '웅크려 앉다, 걸터앉다'는 뜻이며 踞(거)는 '걸터앉다, 기대다, 거만하다'는 뜻이네. 跠(이)는 蹲(준)과 같이 '웅크리다'는 뜻인데, 이는 곧 夷(이)가 걸터앉는 것을 말하네. 앉는 방식을 나타내는 字(자)에 夷(이)가 있다는 것은 매우 깊은 뜻이 내재되어 있다는 것일세. <段注>에서는 제공하는 정보를 보면 더욱 그 이유가 분명하네. 화면을 보게."

"무릇 지금 사람들의 蹲踞(준거)는 옛날에는 편안하게 앉는 것을 뜻했다. …
발바닥을 땅에 닿이고 볼기를 아래로 내리고 무릎을 위로 치켜드는 것을 蹲
(준)이라 한다. … 夷人은 흔히 걸터앉는 것으로 중국 사람이 꿇어앉는 跪坐(궤
좌)와 앉는 방법이 다르므로 尸는 사람을 뜻하게 되었고, 尸는 다시 가차에
의해 夷(이)가 되었다. 그래서 蹲踞(준거)하는 夷(이)는 跠(이)로도 쓴다."

걸터앉은 상

웅크려 걸터앉음

중국인의 꿇어앉은 상

"위 그림의 앉은 모습에서 주인과 종의 관계를 확연히 볼 수 있네.
夷(이)와 尸(시)가 같다고 말한 것은 蹲踞(준거)하는 데 있다는 것뿐이
아닐세. 夷(이)와 尸의 갑골문도 동일하네. 금문 <柳鼎>에서는 '尸를
夷(이)로 썼다'고 되어 있네. 갑골문의 권위자 이효정 선생은 <갑골문

자집석>에서 '尸(시)는 東夷(동이)족들의 앉는 방식을 그린 것'이라
하였고, 서중서는 '尸(시)는 夷(이)의 古字'라 하면서 '갑골문에서 尸方
(시방)은 곧 夷方(이방)을 뜻한다'고 하였네."

夷의 금문   尸의 금문

"금문에서 夷(이)와 尸가 같다고 한 것은 중대한 의미를 지닌다네.
<설문>에서 尸는 '사람이 누워 있는 형상을 상형한 것'이라 했고 <說文
通訓定聲>에서는 '尸는 神像(신상)이고, 누워 있는 형상을 상형한 것'이
라 했고 <설문해자주>에서는 '제사의 尸(시)로 본래 神(신)을 상형한
것으로 이를 베풀어 제사를 지낸다'고 했네. 이게 무슨 소리냐 하면 제사
를 지낼 때 조상신을 대신해 신위 자리에 앉은 사람을 말하는 것이네.
이것은 곧 '神을 대신한 것'이란 말일세. 다음 중요한 정보를 보게."

"<儀禮>(特性饋食禮記注)에서 '尸俎(시조)는 神俎(신조)'라 했고, <公羊傳>
(宣王, 八·繹者何·注)에서 '제사를 지낼 때 필히 尸者(시자)가 있는 법인데 節神
(절신)이라 한다. 禮(예)에 천자는 卿(경)으로 尸(시)를 삼고 제후는 大夫(대부)
로 尸(시)를 삼고 경과 대부 이하는 손자로 尸(시)를 삼는다. 夏(하)나라는
尸를 서게 했고 殷(은)나라는 尸(시)를 앉게 했다."

"尸俎(시조)가 神俎(신조)라는 것은 尸(시)는 곧 神(신)이라는 뜻일세. 또 제사 지낼 때 神(신)의 자리에 대신 사람을 세운 것이라네. 이때 夏(하)나라는 神(신)의 대리자를 서게 하였고 殷(은)나라는 앉게 하였다는 것일세. 이처럼 서게 한 모습을 상형한 것이 大(대)이고 걸터앉은 모습을 상형한 것이 尸인 것이네. 이 尸와 夷(이)의 금문1은 글자가 같고 의미도 같이 썼다네. 蹲踞(준거)는 걸터앉은 모습을 상형한 것이라네. 다시 말해서 夷(이)는 神(신)의 대리자로서 제사장 족속이었다는 말일세. 당시의 신권 국가에서 제사장은 왕의 권한을 겸한, 막강한 권력을 행사하였다네. 자, 지금까지의 夷(이)에 대한 정보를 총정리해 보세."

    a. 무릎을 치켜들어 기대어 걸터앉은 사람
    b. 상대에게 예의를 차릴 필요가 없는 사람
    c. 말이 평탄하게 잘 나오는 사람
    d. 神(신)의 대리자

"이 정도면 夷(이)가 무엇 같은가?"
"심판자 같습니다."
"그렇다네. 심판하는 제사장이라네. 하늘의 뜻을 전달하는 높은 족속이라는 말일세. 夷(이)는 平이라 했으니 여기에 해당하는 平의 의미는 화면의 볼드체가 될 것이네. 나머지 의미는 물론 파생된 것이네."

● 平의 의미

1. 평평하다(平平 - -), (바닥이 고르고)판판하다

2. 고르다, 고르게 하다

3. 정리되다(整理 - -), 가지런하게 되다

4. 편안하다(便安 - -), 무사하다(無事 - -)

5. **평정하다(平定 - -)**

6. **정하다(定 - -), 제정하다(制定 - -)**

7. 이루어지다

8. **바르다**

9. 갖추어지다

10. **사사로움이 없다**

11. 화목하다(和睦 - -), 화친하다(和親 - -)

12. 쉽다, 손쉽다

13. 표준(標準)

14. 들판, 평원(平原)

15. **산제(山祭: 산에 지내는 제사)**

16. 보통(普通) 때, 평상시(平常時)

17. 보통(普通), 보통(普通)의 수준(水準)

18. 평성(平聲), 사성(四聲)의 하나

19. **다스리다, 관리하다(管理 - -) (편)**

20. 나누다, 골고루 다스려지다 (편)

"그렇다면 平의 의미와 관련하여 夷(이)에서 도무지 이해가 안 되었던 의미가 해결되지 않겠나? 다음 화면의 볼드체가 될 걸세. 또 하나

재미있는 사실은 平(평)과 夷(이)의 나머지 의미들이 거의 비슷하다는 점일세. 夷(이)와 平이 같다고 했으니 말일세."

● 夷(이)의 의미

1. 오랑캐

2. 동방(東方) 종족(種族)

3. **잘못**

4. **상하다(傷 - -)**

5. **죽이다**

6. **멸하다(滅 - -)**

7. 평평하다(平平 - -)

8. 평탄하다(平坦 - -)

9. 깎다

10. 온화하다(溫和 - -)

11. 안온하다(安穩 - -)

12. 기뻐하다

13. 크다

"[3. 잘못]을 하면 '걸터앉아서', 상대에게 '예의를 차릴 필요 없이', '심판의 말이 평탄하게 나오면서', 신의 대리자로서 [4. 상하게 하고], [5. 죽이고], [6. 멸하는] 심판자라는 말일세. 그런데, 우리가 궁금했던 것은 갑골문에서 큰 사람이 작은 사람의 머리에 손을 얹는 행위였다네.

왜 그랬을까? 이 그림과 '죽이고 멸하다'는 뜻은 무슨 관계가 있을까? 백방으로 자료를 찾아도 답을 구하지 못하다가 뜻밖에도 교회 목사님 한 분에게서 가슴이 철렁 내려앉는 답을 구하게 되었다네."

"제 가슴이 철렁 내려앉습니다. 갑골문과 무슨 관계입니까?"

"히브리 족속이 **상대의 머리에 손을 얹는 행위**(lay a hand on him)는 '죽인다'는 뜻으로 夷(이)의 의미와 같다네. 성경 창세기와 레 위기에서 확인할 수 있었네. 다음을 보세"

"르우벤이 또 그들에게 이르되 피를 흘리지 말라 그를 광야 그 구덩이에 던지 고 **손을 그에게 대지 말라** 하니 이는 그가 요셉을 그들의 손에서 구출하여 그의 아버지에게로 돌려보내려 함이었더라."(창세기37:22)
"Don't shed any blood. Throw him into this cistern here in the desert, but **don't lay a hand on him.**" Reuben said this to rescue him from them and take him back to his father."

"그 저주한 사람을 진영 밖으로 끌어내어 그것을 들은 모든 사람이 **그들의 손을 그의 머리에 얹게** 하고 온 회중이 돌로 그를 칠지니라."(레위기24:14)
"Take the blasphemer outside the camp. All those who heard him are to **lay their hands on his head**, and the entire assembly is to stone him."

"히브리 족속이 왜 갑골문에 관련이 있습니까?"

"이 목사님은 갑골문을 연구한 특이한 분인데, 문자학자들이 풀지 못한 갑골자를 해결한 분이라네. 이 목사님의 주장은 갑골문은 구약성경의 내용으로 해독이 가능하다는 것일세. 이를 테면 이런 거라네. 화면을 보게."

• 船=舟+八+口 노아의 방주(舟)에 탄 여덟(八) 식구(口)

船의 금문   船의 전자

"船(선)은 갑골문에는 보이지 않는데, 기막힌 해석이야. 금문과 소전에서 舟와 合의 합성이면 갑골문도 마찬가지였을 것이네. 지금까지 학자들이 그럴싸한 해설을 하지 못했던 것이네. 이 외에도 1,000여 字(자)를 이렇게 풀었다고 한다면 한자는 구약의 하나님과 깊은 관계가 있는 듯하네. <설문>에 '船(선)은 배(舟)이다. 舟(주)는 의미부이고 鉛(연)의 생략은 소리부이다.'라고 했네. 鉛(연)의 생략이 合(연, 공)인데 뜻이 '숲속의 늪'이란 데 의문이 생기는 걸세. '舟'가 작은 배인 반면,

'船'은 큰 배를 말하기 때문일세. 실제 '노아의 배'는 크다는 것이 <아라랏산>에서 증명이 되었다고 하네."

▶ 2010년 4월 아라랏산 노아의 방주 발견   ▶ 아라랏산

"노아가 큰 배를 만들었다면 그 이전에는 작은 배들이 있었다는 얘기세. 그런데 배 이름, 작은 배의 이름이 무엇인지 알겠나? 성부가 같은 船(선), 鉛(연)의 갑골음을 재구할 필요가 있네."

● 船(선)

高本汉	dʱiॢwan	Ⅳ/1部	李方桂	djuan	元
王力	dziua	寒	白一平	Ljon	元部
郑张尚芳	ɦljon	元3部	潘悟云	ɢljon	元3部

● 鉛(연)

高本汉	tॢiॢuŋ	XXV/32部	李方桂	tjuŋ	東
王力	tɕioŋ	東	白一平	kjoŋ	東部
郑张尚芳	kljoŋ	東部	潘悟云	kljoŋ	東部

● 沿(연)

高本汉	diˍwan	Ⅳ/1部	李方桂	ruan	元
王力	ʎiuan	寒	白一平	ljon	元部
郑张尚芳	lon	元3部	潘悟云	lon	元3部

船	沿	元	船	ɦljon
沿	沿	元	沿	lon
鉛	沿	元	沿	lon

"船(선)을 먼저 보세. 高, 李의 어두 성모는 [d]로 귀착되고, 王의 어두 성모는 [d]가 구개음화한 것이고 高, 李, 王의 이전 음은 [djwan]이네. 어두 [ɦ]는 [g]의 약화이고, [ɢ]는 [g]가 기준음일세. 말하자면 어두 [ɦ], [ɢ]는 [g]에서 변천한 것을 말하네. 白의 복원음 성모 [L]은 郑, 潘의 어두 [g]가 탈락된 것이네. 그러니 白, 郑, 潘의 이전 음은 [gljon]일세."

"교수님, 이건 아예 음이 다르군요. 게다가 [船선(sen)]과는 차이가 큽니다."

"그렇다네. 복성모라네. [船]은 王力이 재구한 [dziua(n)]이 [ziuan] > [siuan]으로 변천한 결과라네. [d]가 i나 j 앞에서 dz가 되고 dz는 [z]와 수의적 교체 관곌세. 이 z가 무성음화하면서 어두 [s]가 되었다네. di > dz > z > s의 과정일세."

"우선 갑골음을 복원해 보세. [djwan]의 [jw]는 갑골음 시기에는 없었던 개음이므로 성모는 d가 되고, 핵모는 a, o, u로 나타난 것으로 보아 기저음은 [ə(ㆍ)]였네. 운미는 n과 ŋ인데, 당시에 이 둘은 서로 다른 계열로서 교체 관계가 아닐세. n은 d/r과 교체하는 관계이지만 ŋ는 g의 약화에서 온 것일세."

"그래서 鉛(연)의 운미 [ŋ]는 [g]가 변천한 것이고, [dən]의 운미 [n]의 앞선 음은 [r]이었다는 것일세. 그래서 鉛(연)의 古音(고음)은 [dər]였는데 이보다 앞선 음은 갑골음 [dərə(ᄃᄅ)]일세. 이 갑골음 [dərə(ᄃᄅ)]에서 [dər] > [dən]으로 변천했다는 말이지. 그런데 다른 한쪽으로는 갑골음 [dərə(ᄃᄅ)]의 입성화로 인해 [g]가 발생하여 [dərəg(ᄃᄅᄀ)]으로 변천했네. 이 [dərəg(ᄃᄅᄀ)]의 첫째 ə가 동음생략되면 [drəg(ᄯᆨ)]가, 둘째 ə가 생략되면 [dərg(ᄃᆰ)]가 되네. 이 [dərg(ᄃᆰ)]의 운미 rg가 하나씩 나뉘면서 [dər(ᄃᆯ)]와 [dəg(ᄃᆨ)]으로 분리 변천하였네. [dər(ᄃᆯ)]의 운미 r은 n과 교체하고 [dəg(ᄃᆨ)]의 운미 g는 약화되면 ŋ이니 [dəŋ(ᄃᆼ)]이 되었네. 그 변천 과정은 다음과 같네."

dərə > dərəg >   drəg
                > [dərg(ᄃᆰ)] > dər > dan > djan > djwan
                                > dəg > dəŋ > djuŋ > tjuŋ
        > dər >   dən

"그럼 [gljon]은 갑골음 시기에 [j]가 없었으니 앞선 음은 [glon]이 됩니까?"

"아닐세. 개음을 무조건 없애는 게 아닐세. 성모와 핵모에 이 개음이 어떤 영향을 끼쳤을 수 있기 때문일세. 聲符(성부)인 公은 현재 우리 한자음이 [연/공]이고 이것을 포함한 모양 字(자)의 음이 [연(jen)]이 라는 것은 핵모가 최소한 [e(어)]였다는 것일세. [glen(ㄱ런)]이 되어야 하지만, [e(어)]의 상대형이 [a(아)]인데 o, u가 있었다는 것은 앞선 핵 모는 [ə(ㆍ)]였으니 [glən(ㄱ른)]이었네."

"그런데, 이 [glən(ㄱ른)]의 운미 n은 r에서 교체되었기 때문에 앞선 음은 [glər(ㄱ를)]이었고, 여기서 복성모 [gl -] 사이에 탈락된 모음 [ə] 가 복원되고, l은 r로 대표되므로 앞선 갑골음은 [gərər(ㄱ를)]이 되네. 이 음이 周代(주대)에서 운미 g가 발생하여 [gərərg(ㄱ릃)]이 되었는 데, 여기에는 이미 d계의 [dərg(딁)]를 포함하고 있는 것일세. d는 r로 교체되어 [dərg(딁)]는 [rərg(릃)]가 되었기 때문이네. 위에서 학자들 이 성모 l/r로 복원한 것은 성모 d가 변천한 것들일세. 이 [gərərg(ㄱ릃)]에서 첫째 ə가 동음생략되면서 [grərg(ㄱ릃)]로 변천하였고, 둘째 ə가 동음생략되면서 r까지 동음생략되어 [gərg(긁)]로 변천하였네. 보 다 앞선 갑골음은 운미 g가 발생하기 전이므로 [gərər(ㄱ를)]이 되네. 변천 과정을 보이면 아래와 같네."

gərər	>	gərərg	>	grərg	>	kərg	hərg
			>	gər(r)g	>	gərg	
	>	grər	>	gror	>	glon	> gljon

"결국, 船(선)의 갑골음 [gərər(ᄀ룰)]에서 [gərərg], [dərg(ᄃ룹)] 두 음으로 변천했으니 우리말과의 관계를 보세."

"[dərg(ᄃ룹)]의 운미 [‑rg]는 ‑r, ‑g로 나뉘어 [dər], [dəg]로 변천 하였고 이 [dər(ᄃ룰)>dar(달)]은 '달>다리'로 변천했는데 이것은 물을 건너는 [다리]를 말하네. 이 음은 한때 舟(주), 船(선)의 音이었네. 이 [다리]를 현대식 교량으로 생각하면 안 되네. '징검다리'는 '돌은 놓아 물을 건너는 것'인데, 舟, 船은 본질적 개념은 '물을 건너는 도구'로서 의 [다리]를 말하는 것이었네. [dəg(ᄃ득)]은 [닥]으로 발전했는데, [닥] 은 배를 정박하는 '닻'의 우리 옛말일세. [득>닥>다기>다히>다 시>닷>닺>닻]의 변천일세. 하나의 글자에서 분지된 船의 음 [닥]을 가져와 배(舟)에서 파생된 '닻'의 의미를 담당했던 것일세. 이 변천을 증명하는 것이 舟의 갑골음이라네. 화면을 보게."

● 舟(주)

高本汉	ṭi̯ŏg	XXⅢ/28部	李方桂	tjəgw	幽
王力	tɕiu	幽	白一平	tjiw	幽部
郑张尚芳	tjɯw	幽2部	潘悟云	tjɯw	幽2部

"어말 g가 w로 변천하는데, gw는 w가 되기 직전의 단계라네. u는 w가 완전한 모음으로 변천했기 때문이네. 여기서는 李의 tjəgw가 가장 앞선 음일세. [ɯ(ㅡ)]는 그 상대형 [ə(ㆍ)]와 같으므로 g앞에 [r]을 복원하면 갑골음은 [tərg(돍)]이 되네. 운미 rg가 나뉘면 tər(들)와 təg(득)이 되어 어두 d/t만 다를 뿐 船과 음이 같지 않은가. 이는 d가 t로 무성음화한 것이네."

"역시 우리말이군요."

"그렇다네. 船의 古音(고음) [gərərg(ㄱ롥)]도 마찬가질세. 운미 -rg는 -r, -g로 나뉘어 [gərər(ㄱ를)]과 [gərəg(ㄱ륵)]로 변천했네. [gərər(ㄱ를)]의 어말 [ə]가 생략되면서 [gərr(글ㄹ)>gerr(걸ㄹ)]이 되면서 명사형 [i(이)]와 결합하니 [걸리(gerri)]가 되었네. 제주 방언에 [걸리]는 '거루'를 뜻하는 말로 그대로 보존되어 있네."

"세상에! '거룻배' '거루'를 말합니까?"

"그렇다네. '거룻'의 ㅅ은 '사이ㅅ'이라네. 본디는 '거루'라네. 우리의 복원음이 정확하다는 증걸세."

"그 복잡한 과정이 긴가민가했는데 정확했네요."

"[gərəg(ㄱ륵)]에서 변천한 상대형 [gereg(거럭)]은 뭐겠나?"

"경상 방언에 '거럭'은 '밥거럭', '밥그륵' 아입니꺼?"

"그렇고말고! 움푹 파인 것을 말하네. '밥그릇 盧'의 갑골음도 기준음 [kərərk]에서 변천한 [kɯrɯrk]일세. 운미 -rk가 나뉘어 하나는 [kɯrɯr(그를)]로 변천하여 음절말 ㄹ, ㅅ 교체로 [그릇]이 되었고,

[kɯrɯk(그륵)]은 현재 경상 방언 [그륵]으로 고스란히 남아 있네. 어말 g는 무성음화하면 [k]로 변하고 이것이 무성마찰음화하면 [h]로 변한다네. 또, 어말 [g]가 약화되면 [ŋ], [w]로 변천하는데 그러면 [gereg(거럭)]은 어떻게 변천하겠나?"

"[gereŋ(거렁)], [gerew(거러우)], [gereh(거러ㅎ)]가 되겠습니다. 아! [gerew(거러우)] 이게 '거루'가 된 거네요?"

▶ 거룻배

"그렇지! '돛이 없는 작은 배'를 말하지. 그런데 조금 전에 [다리]는 '물을 건너게 하는 도구'라 했잖은가? '다리 橋'의 상고음을 각자 사전에서 찾아보게."

● 橋(교)

高本汉	g'i̯og	XXIV/26部	李方桂	gjagw	宵
王力	giô	宵	白一平	grjaw	宵部
郑张尚芳	grew	宵2部	潘悟云	grew	宵2部

"우앗! 郑张尚芳, 潘悟云 모두 [grew(ㄱ러우)]로 재구하고 있습니다!"

"복성모 gr 사이에 탈락된 [e]를 복원하면 [gerew(거러우)], 완전히 일치합니다."

"정말 재미있습니다. 교수님, 재구음이 참으로 정확합니다."

"그렇다네. 이 맛에 이 학문을 한다네. 여기서 중요한 것 하나, 노아의 船은 큰 배였지만 당시는 앞에서 말한 '그릇(bowl)'의 의미였을 것이네. 최초의 배는 통나무를 밥그릇 모양으로 움푹 팠을 테니 말일세. 그게 소나 말의 밥그릇 '구유'일세. '구유'는 당연히 '그릇(bowl)'의 의미인 '구루'에서 온 말이네. '거루'의 변이 형태라네."

"예예! ㄹ의 반모음 j화, i-breaking 현상이니 '구유'가 맞는군요."

"그렇다네. [r]는 i-breaking 현상으로 반모음 j화하지만, 다른 방향으로는 [z(ㅿ)]를 거쳐 [s]로 변천하기도 한다네. 그래서 '구루'는 [구수＞구수＞구시]가 되네. '구유'는 경상 방언에서 '구시'라네. 경상도 방언에서는 ㅿ(z)가 무성음화하였기 때문이네."

▶ 구유

▶ 통나무배 1

"그렇다면, 초창기의 배(舟)는 통나무를 길게 파낸 구유 통이니 '그릇'의 개념이 맞는군요."

"그렇지, 게다가 노아가 큰 배를 만들었다 해서 예로부터 죽 불러왔던 배의 이름이 갑자기 바뀐 게 아니라 이전에 통나무를 길게 파낸 '그릇' 이름 그대로였을 테니 말일세. 즉 '그릇(bowl)'의

▶ 통나무배 2

파생 의미가 舟였을 거란 말일세."

"교수님, 그렇다면 히브리어 '그릇(bowl)'이 무엇인지 참 궁금합니다."

"나도 궁금해서 히브리어 사전에서 bowl을 찾아보았다네. 놀랍게도 발음은 [gullah(גֻּלָּה)]일세."

"네에? 어말에서 무성마찰화한 h가 g/k에서 왔으니 이것까지 같군요. 방언 '그륵'이군요. 이러면 모든 게 증명이 다 되잖습니까."

"그렇다네. 船이란 글자를 만든 배경, 상고음, 갑골음, 우리말과의 관계, 그 변천 과정 모두가 증명된 셈이네. 무엇보다도 갑골문이 구약성경에 기초했다는 사실일세. 항간의 일반 비전문가들은 '글자 하나를 가지고 그게 증명이 되느냐'고 반문하겠지만, 우리 같은 전문가들은 아무리 많은 근거가 있어도 아닌 것은 아님을 알고 단 하나의 근거를 보아

도 인 것은 인 줄 안다네. 이렇게 모든 게 일치한다는 것은 갑골문이 성경에 기초했음을 말하는 것이라네. 다른 해석들을 보게나."

- 禁(금할 금)   林 + 示   하나님(示)이 선악과나무(林)를 금하였다.
- 婪(탐할 람)   林 + 女   여자(女)가 선악과나무(林)를 탐하였다.
- 裸(벗을 라)   衣 + 果   선악과(果) 먹고 옷(衣) 벗었던 것을 알게 되었다.

"이 字(자)들은 성경적으로 해석하지 않으면 도무지 알 수가 없는 것들일세. 示는 神을 뜻하니 禁(금)의 뜻이 분명히 나타나네. 이 밖에도 1,000여 字(자)를 풀이한 것이 저와 같다면 갑골문이 성경에 근거한 것은 분명하네. 한참 뒤인 後漢(후한) 때 <설문>의 글자는 1만 자를 넘지 않는데, 은대 이전에 1천 자가 그렇다면 그 주장이 사실이라 보아야 하네. 심지어 항간에서는 이스라엘 12지파 가운데 사라진 **단** 지파가 동쪽으로 들어갔는데 이들이 단군조선을 세웠다는 주장, 殷(은) 나라를 세웠다는 주장들이 많다네. 이러한 주장들은 夷族(이족)이 '**걸터앉아 기대어 예의를 차릴 필요 없이 평탄하게 말을 잘하는 神의 대리자로서 심판자**'인 제사장과 일맥상통한다고 볼 수 있네. 그러나 속단은 금물일세."

16. 단은 이스라엘의 한 지파같이 그의 백성을 심판하리로다.

17. 단은 길섶의 뱀이요 샛길의 독사로다. 말굽을 물어서 그 탄 자를 뒤로 떨어지게 하리로다.

18. 여호와여 나는 주의 구원을 기다리나이다.

(창세기 49:16~18)

"창세기 49장 16, 17, 18절은 아버지 야곱이 아들 **단**에게 축복하는 장면일세. 여기서 의미심장한 것은 **단**이 '심판자'가 될 것이라는 예언이고, 단군이 '뱀'을 토템으로 한 종족임과 야곱의 예언에서 **단**을 '뱀'이라 한 것이 일치하네. 그런데 뜬금없이 왜 18절을 말했을까 하는 걸세."

"유다 지파에서 예수님께서 나오신 것처럼, 항간의 주장대로 단 지파에서 구세주가 미래에 나온다면 18절은 이해가 됩니다."

"그래? 계속하게, 홍 군."

"야곱은 미래의 구세주에게 구원을 받는 게 아니라 여호아의 구원을 바라기 때문이 아닐까요?"

"고맙네. 텍스트의 여백이 매우 궁금했는데 그럴 가능성이 있겠구만. 그런데 뱀이 나타난다는 말일세. 또 단군이 속한 부루족은 뱀을 숭상한 종족이기도 하네. 자네들이 연구해보게. 섣불리 가설조차 세울 일이 아닐세. 놀라운 것은 이와 관련하여 단군조선 유물로 발견된 와당에 히브리어가 찍혀 있다는 것은 예삿일이 아니란 걸세. 여기에 대해선 나중에 언급할 기회가 있을 걸세."

"그럼 완전히 증명되는 거 아닙니까?"

"심증은 가지만, 여기에 대해선 나도 모르겠네. 다만, 갑골문의 창조가 성경과 관련되어 있다는 사실만은 부정할 수가 없을 것 같네. 아래 그림을 보게. 夷(이)의 갑골문에서 큰 사람이 작은 사람 머리에 손을 얹는 행위는 상대를 '심판하여 죽이는 행위'라는 것을 히브리인들의 관습으로도 보았네. 夷(이)는 尸(시)와 같다고 했으니 尸(시)에 주검(죽음)의 뜻이 있는 걸세. 또한, 夷(이)가 神의 대리자라는 점을 기록에서 확인했고 갑골문, 금문 1에서도 확인했네. 학자들은 금문 2가 화살을 묶은 것이라 하고 전문이 大(대)와 弓의 합성이라 하나, 이것은 夷족의 특산물인 貊弓(맥궁), 檀弓(단궁)에 이끌린 주장이라 생각하네. 게다가 고주몽을 '善射(선사)'라 하여 '(활을) 잘 쏜다'는 의미도 이 주장들에 한 몫 했지만, 善射의 갑골음은 [달가라]로 읽는다네. '우두머리 가라', '가라의 왕'이라는 뜻일세. 금문2는 '활을 묶은 것', 또는 '大弓의 합성'이 아니라, 내가 볼 때는 갑골문의 大(대)와 人을 합쳐 놓은 변형이라 생각하네."

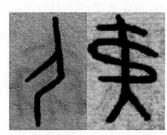

갑골문	금문1	금문2	전문
商, 殷	周		秦

❖ 夷(이), 大(대), 東(동), 主(주), 示(시), 尸(시)의 갑골음

夷의 갑골문	大의 갑골문	尸의 金文	人의 갑골문
夷의 金文		夷의 篆文	仁의 篆文

　"앞에서 우리는 人, 夷, 尸, 大, 仁이 같다고 했음을 보았네. 왜 그럴까? 우선, 금문 字形이 夷(이)와 尸(시)는 같음을 보았네. 걸터앉은 蹲踞(준거)의 모습이었네. 그것이 夷(이)의 전문이고 仁의 전문일세. <후한서>에 夷(이)를 '어질다'고 한 것은 이 때문이라 보네. <설문통훈정성>에 人은 大(대)와 같다고 했는데 人은 사람의 옆모습을 상형했고 大(대)는 사람의 정면을 상형했다는 점에서 같다고 하는 것일세. 놀라운 것은 이 둘의 갑골음이 같다네. 夷(이)를 仁이라 한 것은 오방에 東, 오상으로 仁이 모두 夷(이)에 해당되기 때문이네. 夷(이)의 篆文(전문)과 仁의 篆文(전문)을 보게. 그 모양이 거의 같지 않은가? 大(대)가 夷(이)와 같다는 것은 夷(이)가 大(대)한 사람이라 한 것 뿐 아니라, 의미에서도 大(대)의 뜻이 '높고 존귀하다'는 데서 夷(이)와 같기 때문일세. 게다가 음이 같다는 데 있네. 결국, 人, 夷, 大, 仁은 갑골음이 같았던 것일세. 아래를 보세."

● 大(대)

高本汉	d'ɑd	V/3部	李方桂	dadh	祭
王力	dat	月	白一平	lats	月部
郑张尚芳	daads	祭1部	潘悟云	daads	月1部

"홍 군이 재구해 보겠나?"

"네, 일단 성모는 d로 봐야겠구요. 핵모는 a입니다. 운미는 r임은 틀림없는 것 같은데 나머지는 잘 모르겠습니다."

"잘했네. 어두 [l]은 [d]에서 변천한 것이 맞네. 운미 h는 k의 마찰음활세. 운미 [s]는 r이 있다는 것을 나타내 주고 있는 것일세. r, s 교체를 말하네."

"그러면 古音(고음)은 [dark]가 됩니까?"

"현재로선 그렇다네. 운미가 g인지 k인지는 이 자료로서는 알 수가 없으니까. 만약, 大(대)를 聲符(성부)로 하는 字(자)의 운미가 [g] 혹은 그 마찰음인 [ɣ]가 있다면 운미는 g가 될 수밖에 없네. [dark]가 하나는 [dar], 다른 하나는 [dak]로 나뉜 것일세. 최초 음은 현재로선 [dara]가 되네."

"우리말에 [dar], [dak]이 있습니까?"

"大邱(대구)의 옛 지명은 達句伐(달구벌)일세. 大邱와 達句가 대응되네. 大(대)는 [dar]로 읽혔는데 i - breaking 현상으로 ㄹ이 반모음 [ㅣ(j)]가 되어 [다ㅣ>대]가 된 것이네. [dak]은 전라도 방언에 '닥상이다'는 말이 있네. '최상이다', '딱 들어맞다'는 뜻일세. 이 '닥'은 大(대)을 의미하네. 古音(고음)이 [dərg(듥)]가 된다면 ə가 a로 변천한 것이 되네. [dərg(듥)]일 가능성은 아직 열려 있네."

"그런 증거는 찾을 수 없습니까?"

"한 군은 예나 지금이나 확실한 걸 좋아하는구만. 그게 학문하는 태도지. 왜 없겠나. 大(대)를 聲符(성부)로 하는 字(자)들 가운데 [ə] 음이 있다면 증거가 되는 것일세."

● 舟(도)

高本汉	t'ŏg	XXIII/28部	李方桂	thəgw	幽
王力	thu	幽	白一平	thu	幽部
郑张尚芳	thuu	幽1部	潘悟云	thuu	幽1部

"李의 핵모 재구음은 ə일세. 게다가 운미 g가 보이는 것은 조금 전에 大(대)의 古音(고음)이 [dark]가 아니라 [dərg(듥)]임을 최종 결론할 수 있네. [dərg(듥)]의 운미 -rg가 나뉘어 [dər], [dəg]로 발전했네."

● 夷(이)

高本汉	di̯ær	XI/7部	李方桂	rid	脂
王力	ʎiei	脂	白一平	lji	脂部
郑张尚芳	lil	脂1部	潘悟云	[b]li	脂1部

"이번엔 박 군이 갑골음을 재구해 보게."

"여기서 지일 앞선 음은 高의 [di̯ær]가 되고예. [i̯æ]는 이전 음이 [a]니까 갑골음은 [dar]이 되겠심더. 간단명료한 답 아임미꺼?"

"아직 갑골음은 아닐세. 그런데 자네 [i̯æ]의 이전 음이 [a]란 걸 어떻게 알았나?"

"아이구! 교수님도…. 大(대)와 夷(이)가 음이 같을 게 뻔한 거 아입니꺼?"

"예나 지금이나 자네는 참 잘도 찍네. æ는 개모 i̯에 의해 a가 고모음화한 것일세. 그러나 다른 재구음의 핵모에 [i]가 함께 있다는 것은 그 앞선 음이 [ㆍ]였음을 말하네. 따라서 夷(이)의 갑골음은 현재로선 [dər(들)]가 되네. 최초 음은 당연히 [dərə(두ㄹ)]가 되네."

"교수님, 夷(이)와 大(대)가 음이 같다면 夷(이)도 [dərg(둙)]가 되어야 하지 않습니까? 그 증거를 같은 성부에서 찾으면 되겠군요."

"그렇다마다. 같은 성부 字(자)에서 운미에 g, ɣ, ŋ, k, h, q, x, ʔ가 있으면 g 혹은 k가 운미였다는 것을 말한다네. 각자 사전을 찾아보게."

"…."

"억! 교수님! 羠가 있습니다."

"그렇구만. 화면에 올려 보세."

● 羠(이)

高本汉	dzi̯ær	XI/7部	李方桂	rjid	脂
王力	ziei	脂	白一平	zljiʔ	脂部
郑张尚芳	ljilʔ	脂1部	潘悟云	lji	脂1部

"高의 복원음 성모 dz는 d가 개모 [i̯]에 의해 구개화된 것이네. 그런데 白과 郑의 운미에 ʔ가 있다는 것은 k 혹은 g가 있었다는 얘길세. 大(대)와 같다고 했으니 [dərg(둙)]였을 것이네. 아무리 대학자라도 이

걸 못 찾으면 오류를 범하네. 원리만 안다면 찾는 거야 자네들이 더 잘하지 않는가.”

“결국, 大(대)와 夷(이)는 [dərg(돍)]로 음이 같았군요.”

“음뿐이 아니지. 夷(이)에도 ‘크다’는 의미가 있으니 뜻도 같다네. 또, 둘 다 ‘높은 존재’를 뜻하기도 하네. 이보다 앞선 음은 [dərəg(드륵)] 이고 이보다 앞선 갑골음은 [dərə(드르)]일세. 그런데 놀라운 일은 東 은 자전에서 ‘주인’이라는 뜻이 있는데, 東의 古音(고음)이 大(대), 夷 (이)와 마찬가지로 [dərg(돍)]라는 점이네. 다음을 보세.”

● 東(동)

高本汉	tuŋ	XXV/32部	李方桂	tuŋ	東
王力	toŋ	toŋ	白一平	toŋ	東部
郑张尚芳	tooŋ	東部	潘悟云	tooŋ	

“東의 상고음에서는 古音(고음)이 [dərg(돍)]라는 단서를 찾기 어렵네.”

“운미 ŋ가 있으니 g 정도는 상정할 수 있지 않습니까?”

“그것도 반은 맞네. 이 [ŋ]이 g에서도 오지만 핵모가 o/u일 경우에 는 m에서도 온다네. 熊(웅)이 바로 그것이네. 熊의 상고음은 [gi̯um] 일세. 갑골음 시기에는 개음 [i̯]가 없었으니 [gum]이 되는데, [u]의 상대형 [o]로도 읽어 [gom/gum]이었다네.”

“바로 우리말 ‘곰’이군요.”

“그렇다네. 결국, 성모 g에 후기의 개음이 발생해 [gi̯um]이 되면서 어두 g는 개음 [i̯]에 의해 탈락되었고, 운미 m은 o/u 뒤에서 [ŋ]으로 변천해 '융>웅'이 된 것일세."

"그러면 東이 [dərg(돍)]라는 단서를 東에서 못 찾으니 같은 聲符字(자)에서 찾아야 합니까?"

"그렇고말고! 일단 <설문>을 먼저 보고 단서를 찾아야 하네. <설문>에 東은 '動也'로 되어 있네. 음이 動(동)과 같고 의미는 '움직이다'는 뜻이네. 대개의 경우는 표제어의 의미만 풀어 '~也'라 설명하는데, 東-動也처럼 가끔 음과 의미를 동시에 설명하는 경우가 있다네. 東의 음은 動과 같고 의미도 動과 같다는 것일세. 그럼, 動에서 단서를 찾아볼까? 화면을 보세."

● 動(동)

高本汉	d'uŋ	XXV/32部	李方桂	duŋx	東
王力	doŋ	東	白一平	doŋʔ	東部
郑张尚芳	dooŋʔ	東部	潘悟云	dooŋʔ	東部

"교수님, 운미 x와 ʔ가 있으니 [ŋ]는 [m]에서 온 게 아니라 [k]에서 왔겠습니다."

"오! 이제 좀 볼 줄 아는구만. 운미는 [k]가 맞을 듯하네만 반은 틀렸네. [g]에서 온 것일세."

"왜 그렇습니까?"

"x, ʔ, q, h는 k계의 변이음이고 ɣ, ŋ는 g계의 변이음일세. 어말에서 g는 k계로 변할 수 있지만, k계가 g계로 변할 수는 없네. ɣ, ŋ는 g의 식구들일세. 다음을 보세."

● 董(동)

高本汉	tuŋ	XXV/32部	李方桂	tuŋx	東
王力	toŋ	東	白一平	toŋʔ	東部
郑张尚芳	tooŋʔ	東部	潘悟云	tooŋʔ	東部

"董의 현재음이 [동]뿐 아니라 [독]으로 읽히고 있다는 것은 최소한 [dog]가 있었다는 것이네. 운미가 g>ŋ>ʔ로 변천했어. 운미 ŋʔ는 같은 계열이 중첩되어 나타난 것일세. x는 g>q>x의 과정으로 변천했네."

"운미가 g라면 그 앞에 r을 복원해 rg가 도출됩니다만 여전히 핵모가 ə라는 단서는 없습니다."

"그렇지. 動의 성부는 重(중)이니 重을 상고음 사전과 <설문>에서 찾아보게."

"… 아! 바로 이거군요. 東은 動聲, 動은 重聲, 重은 東聲, 결국 이들이 다 같은 음이었네요."

"바로 그걸세! 꼬리에 꼬리를 물고 돌아왔지. 화면을 보세."

● 重(東聲)

高本汉	dʼi̯uŋ	XXV/32部	李方桂	drjuŋ	東
王力	dioŋ	東	白一平	drjoŋ	東部
郑张尚芳	doŋ	東部	潘悟云	doŋ	東部

"오, r이 보입니다."

"그렇다네. 高의 [i̯u]에 앞선 음은 [ə]이니 이는 [ɯ(ㅡ)]와 상대형일세. 게다가 李, 白에서 [r]이 나타났다는 것은 운미에 r이 있었음을 확인하는 것이라네. 다음을 보세."

● 種(중)

高本汉	d'i̯un	XXV/32部	李方桂	drjun	東
王力	dion	東	白一平	drjon	東部
郑张尚芳	don	東部	潘悟云	don	東部

"여기서도 高의 [i̯u]의 앞선 음은 [ə]일세. 게다가 [o]가 있다는 것은 그 기저음이 [ə]였음을 말하네. 결론적으로 말해서 東의 古音(고음)은 [dərg(둙)]였다네."

"그렇다면 大(대), 夷(이)의 古音(고음)이 모두 [dərg(둙)]이고 '크다', '높다'는 뜻인데, 東은 같은 음인 [dərg(둙)]이면서 '주인'이라는 뜻이 있다는 게 의미심장하지 않나?"

"뭔가 관련이 있을 듯합니다."

"자, 여기서 어떻게 할 건가? 이 관계를 연구하려면."

"주인이라 했으니 主를 후벼 파면 뭔가 나오지 않겠십니꺼?"

"그렇다네. 어디 보세."

● 主(주)

高本汉	t̯i̯u	Ⅲ/34部	李方桂	tjugx	侯
王力	tɕio	侯	白一平	tjoʔ	侯部
郑张尚芳	tjoʔ	侯部	潘悟云	tjoʔ	

"딱 보니 東과 음이 같심더. [dərg(둙)] 맞심더."

"그렇다네. 같은 성부 字(자)를 확인해 보세."

● 柱(주)

高本汉	ti̯u	Ⅲ/34部	李方桂	trjugx	侯
王力	tio	侯	白一平	trjoʔ	侯部
郑张尚芳	toʔ	侯部	潘悟云	toʔ	侯部

"李의 성모 [r]은 운미에 r이 있음을 말하고 있고, ʔ는 g/k 계열의 운미가 있음을 말하네. 운미 r의 존재를 더 견고히 하는 것은 다음 같은 聲符(성부) 字(자)의 운미 [s]를 보면 알 수 있네. r, s 교체를 말하는 것이라네."

● 住(주)

高本汉	ti̯u	Ⅲ/34部	李方桂	trjugh	侯
王力	tio	侯	白一平	trjos	侯部
郑张尚芳	tos	侯部	潘悟云	tos	侯部

"총괄하면, 大(대)와 夷(이)가 '크다', '높다'는 뜻이고 東이 '主人'이라 했으니 모두 '높은 존재'를 말하고 있네. 그런데 大(대), 夷(이), 東, 主가 모두 같은 음 [dərg(돍)]였네. 이것이 [dər(들)], [dəg(득)]으로 분리된 것이라네. 그런데 主의 갑골문과 전문을 보면 또 한 번 놀라게 된다네."

主의 갑골문   主의 전문   示의 갑골문

"主의 갑골문은 神에게 제사를 올리기 위해 제단 위에 제물을 올려 놓은 형상을 말한다고 하네. 主가 곧 神이라는 얘길세. 神을 뜻하는 示 와도 같다네. 그런데 전문은 좀 다르지 않은가? <설문>에 '**主는 촛대 위의 불꽃을 뜻한다. 상형이다. 보(촛대)는 의미부이고 ▮(불꽃) 역시 의미부인데, 성부이기도 하다.**'고 했네. 불꽃을 나타내는 丶 字 (자)도 古音(고음)이 [dərg(듥)]일세."

● 丶(주)

高本汉	ti‿u	III/34部	李方桂	trjugx	侯
王力	tio	侯	白一平	trjo?	侯部
郑张尚芳	to?	侯部	潘悟云	to?	

"<강희자전>에서는 '古文主字。鐙中火丶也。象形。借爲主宰字'라 했네. 丶는 고문 主라 했으니 主는 곧 빛이라 했고 등잔 가운데 '불빛'이 丶라 했고 상형이라 했네. 그런데 놀라운 것은 다음 문구 '借爲主宰字'일 세. 主를 宰로 빌려 쓴다고 했네. 宰는 관직의 재상을 말하나 이는 후에 생긴 뜻이니 만물의 主와 다르네. 宰의 초창기 기본 뜻을 봐야 하네. 宰의 기본 뜻은 '희생물을 도축하다', '다스리다, 지배하다'는 뜻이라네."

"主는 '다스리는 존재'이며 '희생양의 제사를 받는 존재'군요"

"그렇지!"

"교수님! 丶는 고문 主라 했으니 主가 곧 '빛'이라는 것이고, '빛'은 東이니까 東에 主의 뜻이 있었던 것 아니겠습니까?"

"정확한 얘길세. 홍 군, 역시 삼대 집안일세. 그럼 자네 여기서의 主

가 하나님이란 걸 알고 있겠구만."

"네."

"교회 안 나가는 지도 그거는 알겠심더."

"좋네. 그럼 東이 主와 같다고 했고 둘 다 '빛'이니 성경 속에 東을 살펴보겠네."

1. 그(여호아)가 나를 데리고 성소의 <u>동쪽</u>을 향한 바깥 문에 돌아오시니 그 문이 닫혔더라.

2. 여호와께서 내게 이르시되 이 문은 닫고 다시 열지 못할지니 아무도 그리(東)로 들어오지 못할 것은 이스라엘 하나님 나 여호와가 그리(東)로 들어왔음이라 그러므로 닫아 둘지니라.

   (1. Then the man brought me back to the outer gate of the sanctuary, the one facing east, and it was shut.

   2. The LORD said to me, 'This gate is to remain shut. It must not be opened; no one may enter through it. It is to remain shut because the LORD, the God of Israel, has entered through it.(에스겔44:1,2))

15. 그가 비록 형제 중에서 결실하나 <u>동풍</u>이 오리니 곧 광야에서 일어나는 <u>여호와의 바람</u>이라 그의 근원이 마르며 그의 샘이 마르고 그 쌓아 둔 바 모든 보배의 그릇이 약탈되리로다.

    (15. even though he thrives among his brothers. An east wind from the LORD will come, blowing in from the desert; his spring will fail and his well dry up. His storehouse will be plundered of all its treasures.(호세아13:15))

"이처럼 성경에 따르면 東은 빛이요 곧 여호와 하나님일세. 그래서 字典(자전)에서는 東을 主라고 한 것이 아닐까 하네. 그게 아니라면 심판자이며 제사장인 東夷(동이)를 말할 것이네. 이러니 한자는 성경과 관계있는 게 분명한 거지."

"우와! 이거 지금 보통 문제가 아닙니다. 저는 그저 그럴 수 있겠거니 했는데 관계들이 확실해집니다."

"主의 전문을 보게. 등잔의 모양이 예사롭지 않네. <설문해자주>에 이 등잔은 膏鐙(고등)이라 했고 등잔의 모습을 상형했다고 했네. 膏 (고)는 기름을 말하며 성경에서는 감람유를 쓴다고 했네. <설문>에서는 象鐙形(상등형)이라 했는데, 鐙(등)은 금속(金)으로 만든 등을 말하네. 일반의 燈(등)과 다르다는 말일세. 主의 전문을 보면 이 등잔은 교회에서 쓰는 금속 등잔과 일치하네. 화면을 보게."

▶일곱 금 촛대

▶主의 전문

"主의 전문은 등잔 가지(三)와 등잔 줄기(丨)를 간략화한 것이네. 성경에서 말하는 등잔은 바로 일곱 금 촛대, 이것이네. 화면을 보세."

31. 너는 순금으로 등잔대를 쳐 만들되 그 밑판과 줄기와 잔과 꽃받침과 꽃을 한 덩이로 연결하고

32. 가지 여섯을 등잔대 곁에서 나오게 하되 다른 세 가지는 이쪽으로 나오고 다른 세 가지는 저쪽으로 나오게 하며

33. 이쪽 가지에 살구꽃 형상의 잔 셋과 꽃받침과 꽃이 있게 하고 저쪽 가지에도 살구꽃 형상의 잔 셋과 꽃받침과 꽃이 있게 하여 등잔대에서 나온 가지 여섯을 같게 할지며

34. 등잔대 줄기에는 살구꽃 형상의 잔 넷과 꽃받침과 꽃이 있게 하고

35. 등잔대에서 나온 가지 여섯을 위하여 꽃받침이 있게 하되 두 가지 아래에 한 꽃받침이 있어 줄기와 연결하며 또 두 가지 아래에 한 꽃받침이 있어 줄기와 연결하며 또 두 가지 아래에 한 꽃받침이 있어 줄기와 연결하게 하고

36. 그 꽃받침과 가지를 줄기와 연결하여 전부를 순금으로 쳐 만들고

37. 등잔 일곱을 만들어 그 위에 두어 앞을 비추게 하며

38. 그 불 집게와 불 똥 그릇도 순금으로 만들지니

39. 등잔대와 이 모든 기구를 순금 한 달란트로 만들되

40. 너는 삼가 이 산에서 네게 보인 양식대로 할지니라.

(출애굽기 25:31~40)

"그런데 이 등잔은 단순한 불을 밝히기 위한 등잔이 아닐세. 앞에서 보아왔지만 '세상의 빛'이며 '主'의 상징이 된 것일세. 이 말이 성경에 그대로 있다는 게 놀라운 일일세."

1. 에베소 교회의 사자에게 편지하라 오른손에 있는 일곱 별을 붙잡고 <u>일곱 금 촛대</u> 사이를 거니시는 이가 이르시되

2. 내가 네 행위와 수고와 네 인내를 알고 또 악한 자들을 용납하지 아니한 것과 자칭 사도라 하되 아닌 자들을 시험하여 그의 거짓된 것을 네가 드러낸 것과

3. 또 네가 참고 내 이름을 위하여 견디고 게으르지 아니한 것을 아노라.

4. 그러나 너를 책망할 것이 있나니 너의 처음 사랑을 버렸느니라.

5. 그러므로 어디서 떨어졌는지를 생각하고 회개하여 처음 행위를 가지라. 만일 그리하지 아니하고 회개하지 아니하면 내가 네게 가서 <u>네 촛대를 그 자리에서 옮기리라.</u>

(요한계시록 2:1~5)

"여기서 '촛대를 옮긴다'는 것은 '네 교회에 내(主)가 거(居)하지 않겠다'는 뜻이 된다는 걸세. 촛대의 상형이 主였으니 촛대는 主를 상징한다네. '빛'이시라네. 主가 '제단'이고 '촛대'라면 이 主는 무엇에 대한 主이겠는가?"

"主가 神을 말하고 있고 '빛'이라 했으니 만물에 대한 主, 곧 '창조주'가 아닐까요?"

"나도 그렇게 생각하네. 그것밖에 더 있겠나? 신약에서 일곱 가지 금 촛대는 '완전한 빛'과 '예수그리스도'를 상징한다고 하네. 그런데 말일세. 主가 '빛'이요 '神'이라 했을진대, 神을 의미하는 示의 갑골문이 主의 갑골문과 같다는 것은 그냥 넘길 일은 아닐 것 같네. <설문>에

'示神事也'로 되어 있네. **'神의 일을 보여준다'**는 것이네. 示의 갑골문
과 主의 갑골문이 동일하다는 것은 둘 다 神을 위한 제단을 상형하기
때문이네. 丅는 제단이고 一는 제물일세. 이 둘은 동일 개념을 字形으
로 나타낸 것이네."

● 示(시)

高本汉	g'i̯e̯g	XIX/24部	李方桂	gjig	佳
王力	gie	支	白一平	gje	支部
郑张尚芳	gle	支部	潘悟云	gle	佳部

"누가 재구해 보겠나? 배 군 어떤가?"

"네, 교수님. 우선 성모는 g가 되겠고 운미는 -rg입니다. 핵모는 잘
모르겠습니다."

"알았네. 같은 聲符(성부) 字(자)들을 봄세."

● 祁(기)

高本汉	g'i̯ær	XI/7部	李方桂	gjid	脂
王力	giei	脂	白一平	grjij	脂部
郑张尚芳	gril	脂1部	潘悟云	gril	

"개모+핵모가 [i̯æ]면 그 이전은 [a]였다는 얘길세. 여기다 [i]가 있
다는 것은 이 [a]이전에 [ㆍ]였음을 말하네. 다음 보세."

● 視(시)

高本汉	d̪i̯ær	XI/7部	李方桂	grjidx	脂
王力	ziei	脂	白一平	djij?	脂部
郑张尚芳	gljil?	脂1部	潘悟云	gljil?	

"여기서도 핵모는 마찬가질세. 그런데 성모가 d, g로 재구되고 있네. 복성몰세. z는 d가 i, j 앞에서 구개음화한 것이네. 그런데 운미에 ?가 있다는 건 [k]가 있었음을 말하는데, g/k 앞에 r이 潘, 郑의 [l]로 나타났네. 李의 운미 dx는 rk의 변형일세. d/r이 교체하고 x는 k 계열인 q의 마찰음이기 때문이네. 이미 示의 운미에서 보았듯이 g가 k보다 앞선 음이네."

"총괄하면, 성모는 gd-, 혹은 순서를 바꾼 dg-이고, 핵모는 [ə(丶)], 운미는 -rg일세. 결국, 示의 고음은 [gdərg(둙)]가 되고 성모 gd-가 나뉘어 [gərg(긁)], [dərg(둙)]로 발달하네. 또 운미 -rg가 나뉘어 각각 [gər/gəg]와 [dər/dəg]로 나뉘어 발달하게 되었네. 결론적으로 示는 夷, 大, 東, 主와 더불어 모두 [dərg(둙)]임을 확인했네. 夷(이), 大(대)의 고음 [dərg(둙)]는 '크고 높다'는 뜻이고 운미 rg는 분리되어 [dər], [dəg]으로 변천하네. 東은 '빛', 主는 '창조주'의 뜻이었지. 그렇다면 示는 무슨 뜻일까?"

"저 [gər/gəg]와 [dər/dəg]에 현재 우리말에 남아 있는 게 있을까요?"

"그렇지! 그게 남아 있다면 그 뜻을 알 수 있겠지. 示의 [dərg(둙)] 계를 먼저 보세. [dərg(둙)]는 [dər], [dəg]로 나뉘었는데, g는 약화되면 [ŋ]이 되네. 그러면 [dəg(득)]은 [dəŋ(등)]이 되겠지. 이것이 [dər]와 합성되면서 [dəŋ dər(등 들)>당달]로 변천했네. 이것이 '보일 示'의 뜻이라네. 示의 본래 뜻은 '신에게 제사를 올려 길흉을 본다'는 것인데, 이때 신이 보여주는 징조를 알아채지 못하면 '보고도 못 보는 것'이 되잖는가? '보고도 못 보는 것', 우리말 '당달'이 바로 이 뜻일세. '눈은 뜨고도 못 보는 사람'을 '당달봉사'라 한다네."

"이 같은 구조의 다른 예를 보세. 冶(야)는 쇠를 달굴 때 쓰는 '풀무'인데 그 古音(고음)이 [darg]일세. 운미 -rg가 나뉘면 각각 [dar], [dag]이 되네. '달'은 쇠를 '달구다', 한약을 '달이다'처럼 어간 {달 - }에 접사{ - 구 - / - 이 - }가 붙은 것인데, '팬이 달았다', '단내가 난다'고 하지. '달다'가 기본형일세. [dar(달)]이 바로 이것일세. 그냥 볶지 않고 어떻게 볶는다고 하는가?"

"아! **달달** 볶는다'는 말이 그거네요!"

"그런데 [dag]은 [dar]과 함께 '닦달한다'는 말로 발달했네. 이 말 들어봤는가?"

"아이구! 교수님, 저희들 중·고등학교 국어 교삽니다."

"허허, 미안하네. 서울 사람들이 사전을 만들면서 '윽박질러 혼내다'는 뜻이라 하는데 그게 본뜻이 아닐세. 경상도 방언을 그들이 잘 모르고 서술하니 이런 사태가 벌어지는 게야. 상대가 '안 하고는 못 베길 정도로 성가시게 볶아대는 것'을 '닦달한다'고 하네. 冶의 古音(고음)일세."

"示의 [gərg]로 남아 있는 우리말은 없습니까?"

"있네. 박 군이 전에 말했지 아마. [gər(글)], [gəg(극)]으로 나뉘면 '보이다'는 뜻으로 우리말 '눈깔'이 있네. 이 '깔<갈[gar]'은 둥근 구체를 뜻하는데 우리말 '눈알'을 말하네. 여태 'ᄀᆞᆯ>가라>갈'을 얘기하며 '둥근 구체', '태양'이라 했잖은가. 또, '높다'는 뜻, '山'의 뜻으로 쓴다고 했지. '눈깔'의 '깔'은 당연히 '갈'의 경음활세. 앞선 음 'ᄀᆞᆯ'는 신, 태양, 구체, 왕 등의 뜻이 있다네. 어두 ㄱ이 탈락하면 둥근 '알'일세. 난생설화는 여기서 기인한다고 했네."

"우리말에서 '각'은 찾아보기 어려운 것 같습니다."

"그럴 수밖에 없지. 운미 -rg 가운데 우리말의 전신은 r계통이고, 운미 g계통은 華語(화어)로 들어갔기 때문일세. [gəg(극)] 계통은 '눈을 뜨다'는 晅(곡), '눈 크다'는 晐(해)는 [gəʔ]인데, [gəg(극)]에서 변천한 것이네. 이 밖에도 눈과 관련된 한자 상고음은 많다네. 覺(각)도 [gəg(극)]에서 파생한 것으로 보이네. '마음으로 보는 것'은 覺[gəg(극)] 계통일세."

"大(대), 夷(이), 東, 主, 示는 모두 [dərg(듥)]였네. 이보다 앞선 음은 [dər(들)], [dər(들)]보다 앞선 음은 [dərə(ᄃᆞᄅᆞ)]네. 그 변천 과정을 보면 [dərə(ᄃᆞᄅᆞ)]>[dər(ᄃᆞᄅ)]>[dərg(듥)]>[dər(들)/dəg(득)]가 되네. [dər]가 둘인데, 소리가 다르네. 앞선 [dər]는 r이 개방음일세. 거의 [다리]로 들린다네. 뒤의 [dər]의 r은 폐쇄음이네. [들]로 읽히네."

"음은 모두 같지만 그 의미는 차이가 있다고 보네. 東, 主는 '빛'으로서 기독교에서 말하는 주 하나님을 뜻하는 것이라 추측되네. 한자 창

제가 성경과 관련이 있고 東과 하나님의 관계 때문일세. 夷(이)는 神을 대신한 제사장 족속이었으리라 생각되네. 그런데 示는 [dərg(둙)] 외에 [gərg]가 있어서 이 두 음이 [gər/gəg]와 [dər/dəg] 넷으로 분화된 데다 '보는 주체'가 누구냐에 따라 달라지니까 뭐라 말하기 어렵네. 징조를 보이는 쪽은 '神'이 되고, 징조를 보는 쪽은 '제사장'이 될 걸세. 그래서 示에는 두 음이 공존하지 않았나 생각되네. [dər]는 東, 主와 함께 神을 뜻하고 [gər]는 제사장을 말하지 않았나 생각되네. 게다가 [gər]의 앞선 음은 [gərə(ᄀ ᄅ)]이고 가라族이 곧 夷족이니 모두 제사장 종족이라 볼 수 있지 않을까 추측되네. 夷(이)는 [dər]이지만 '하나님의 대리자'로서 東夷(동이)라 했던 것 같네. 東夷(동이)는 華族(화족)이 지어준 이름이 아닐세. 華族은 夷(이)를 오랑캐라 의미를 왜곡했을 뿐이네."

"마지막 남은 尸(시)를 보세. <설문>에 尸(시)는 '늘어놓는다' '사람이 누워 있는 모습'이라 했네. 尸(시)의 갑골문과 금문을 보면 '걸터앉은' 모습일세. 앞에서 말했던 蹲踞(준거)를 말하고 있네. 그것은 곧 夷族(이족)이 앉는 방식이라 했으니 <柳鼎>에서는 '尸(시)는 夷(이)로 썼다'고 되어 있고, 이효정 선생은 尸(시)는 '동이족이 앉는 방식을 그린 것'이라 했네. <갑골문자집석>에서는 '尸(시)는 夷(이)의 古字'라 했고 중국 [역사언어연구소]의 <집간> 3本 2分에서는 '尸方(시방)은 곧 夷方(이방)'이라 했네."

"尸(시)와 夷(이)가 같다는 말이군요."

"그렇다네. 의미뿐 아니라 발음도 같다는 것일세. 본 자와 성부 字(자)를 화면에서 보세."

● 尸(시)

高本汉	ɕi̯ər	XI/7部	李方桂	hrjid	脂
王力	ɕiei	脂	白一平	hljij	脂部
郑张尚芳	hli	脂2部	潘悟云	ph‑lji	脂2部

"성모가 벌써 셋이니 복잡하겠군요."

"꼬리가 말린 c는 어떤 음입니까?"

"[씨] 정도로 읽게."

"아, 그럼 성모가 s, h, ph가 됩니까?"

"그렇다네. 이들이 어디로부터 변천했는지 그걸 밝혀야 진짜 성모가 되네."

"ph는 p에서 왔을 끼고 h는 k에서 왔고 꼬랑댕이 말린 c는 어데서 왔는지 잘 모르겠심더."

"박 군 말대롤세. 다만, p는 b에서, k는 g에서 무성음화될 수도 있는 개연성은 열어두어야 하네. c의 근원은 둘이 있네. 하나는 k가 마찰음화되면 h가 되고 h가 i, j 앞에서 c로 변동된다네. 다른 하나는 d가 i, j 앞에서 구개화되면 dz가 되고 이것이 z로 변천하네. z가 i, j 앞에서 무성음화하면 c가 되네. c는 s의 변이음이니 s로 대체하면 된다네. [씨]와 [스]의 차이쯤으로 알아두게."

"우리말에서 h가 s로 변하는 예가 없을까요?"

"있지. 박 군, 자네는 '형님'을 자네 방언으로 뭐라고 하나?"

"경상도 방언에서는 '성님'임니더. '형[hjʌŋ]이 구개음화되어 셩[sjʌŋ], 셩이 단모음화되어 > 성[sʌŋ]'이 된 김미더. 서울내기 쟈들은 이걸 알 수가 없지예. 어험!"

"정확히 잘해 주었네. '소주'도 본디는 '효주'였네. 이것이 '효주 > 쇼주 > 소주'로 변천했다네."

● 屎(시)

高本汉	ɕi̯ær	XI/7部	李方桂	hrjidx	脂
王力	ɕiei	脂	白一平	hljijʔ	脂部
郑张尚芳	hliʔ	脂2部	潘悟云	qhliʔ	

"尸(시)와 聲符(성부)가 같은 屎(시)를 보세. qh는 k의 변이음이고 h는 k의 마찰음활세. 王의 운미 i는 r이 변천한 것이네. 李, 白, 郑, 潘의 운미를 보면 모두 k 계열 x, ʔ 아닌가? 모두 k로 수렴되네. g/k 앞에 r인데, d는 r과 교체 관계이고 i, j는 r이 변천한 것일세. 그러니 결국 k 앞에 r이 있었던 거지. 운미 ‑dx, ‑jʔ, ‑iʔ는 결국 운미 ‑rg였네. 어쩌다보니 성모보다 운미가 먼저 나왔구만."

"교수님, 尸(시)와 屎(시)의 상고음으로 보면 ɕ는 h에서 왔다고 볼 수 있겠군요."

"현재로선 그럴 수밖에 없네. 그러나 dz에서 온 z가 무성구개음화했을 가능성을 두고 계련해 봐야 정확한 결론에 도달하네. 尸(시)와 夷(이)가 같다고 했으니 계련해 봐야지."

● 夷(이)

高本汉	di̯ær	XI/7部	李方桂	rid	脂
王力	ʎiei	脂	白一平	lji	脂部
郑张尚芳	lil	脂1部	潘悟云	[b]li	

"아, 高의 성모가 d니까 屍(시)의 성모 ɕ는 z의 무성구개음화군요."

"그렇다네. d는 i 앞에서 구개화되어 dzi가 되고, dz는 z의 변이음이니 zi가 되네. 어두 z는 무성음화되면서 i로 인해 구개음화된 것이라네. si는 ɕ와 비슷하다고 생각하게."

"그렇다면 교수님, 어째서 屍(시)는 구개화하는데 夷(이)는 성모 d가 r화 되었습니까?"

"허허, 이제는 그게 보이는가 보구만. 음운 변천은 한 방향으로만 변해가기도 하지만 대개는 여러 방향으로 분화되어 변천해 간다네. 그래서 여러 방언이 생기고 역추적하는 데 어려움이 많다네. 아래를 보게 夷(이)와 동일한 聲符(성부) 字(자) 羠(이)는 屍(시)와 같이 구개음화의 길을 걷고 있다네."

● 羠(이)

高本汉	dzi̯ær	XI/7部	李方桂	rjid	脂
王力	ziei	脂	白一平	zlji?	脂部
郑张尚芳	ljil?	脂1部	潘悟云	lji	

"高에서는 夷(이)의 성모가 d였네만 羠의 성모는 dz네. 성모 r도 함께 보이는 것으로 보아 羠의 성모 d는 dz>z 방향과 r 방향, 두 쪽으로

변천했음을 보여주고 있네."

"그런데 교수님, 潘悟云의 재구음 尸(시), 夷(이)에서 성모가 ph, b가 보이는데 복성모로 보아야 합니까?"

"그렇다네. 복성모가 맞네. 이것을 보더라도 尸(시)와 夷(이)는 같은 음이었음을 알 수가 있네. b가 ph보다 앞서네. 결국 성모는 k, d만이 아니라 b도 있다는 말일세. 이럴 경우 성모의 순서가 매우 곤혹스럽다네. 그나마 갑골문이 우리말의 전신이기 때문에 우리말에 적용하면 그 순서가 잡히는 경우가 대부분이네만 중국에서는 도저히 이 문제를 해결할 길이 없다네. 단편적인 이것 하나만으로도 중국은 갑골음의 경지로 들어갈 수 없다네. 殷代(은대)부터 그 이전은 우리말이기 때문일세. 그래서 중국조차 갑골음 연구자가 없다네. 일단, 성모는 kdb -, 운미는 rg가 되네."

"尸(시), 夷(이)의 가장 앞선 음은 高의 재구음인데, 운모가 모두 i ‿ær로 되어 있네. 개모 i‿가 발생하기 전에는 a였던 것이 고모음화되면서 æ로 변천한 것이네. 그런데 핵모가 a인 음을 다른 학자들은 i로 재구했네. 이것은 핵모가 a의 앞선 형인 [ə(丶)]였음을 의미하네. 따라서 운모는 [ə(丶)]로 재구된다네."

"모두 조합하면 [kdbərg]가 됩니까?"

"그렇다네. 복성모 사이에 본래 있었던 모음을 복원하면 [kədəbərg]이 되네. 모음 사이의 d는 r로 교체되니까 [kərəbərg(ᄀᆞᄅ붉)]이 되네. [kdbərg]은 후에 [kərg/[dərg(ᄃᆞᆰ)]/bərg]로 분화하였네. 그래서 尸

(시), 夷(이)가 [ㄱㄹ/ㄷㄹ/ㅂㄹ]로 모두 쓰인 것일세. [dərg(둙)],
bərg(붉)의 근원이 尸(시), 夷(이)의 음이었던 것朝의 갑골음과 같네.
이것은 ㄱㄹ, ㅅㄹ, ㅂㄹ족을 의미하는 것이 아닌가 생각되네. ㄷㄹ에
서 ㅅㄹ로 변천하기 때문일세. [gərg(곩)], [dərg(둙)], bərg(붉)의 근
원이 尸(시), 夷(이)의 음이었던 것일세."

"고구려의 王姓(왕성)이 高(고), 解氏(해씨)인데 왜 姓(성)이 다르냐
고 사학과 동료가 물어왔네. 高와 解의 갑골음은 모두 [가라(<ㄱㄹ)]라
고 했더니 이 친구가 탄복을 하는 걸세. 자기 묵은 문제가 많이 풀렸다
고. 바닷가 모래알 하나 정도에 그렇게 감격을 하니 직접 이걸 배워
밝히면 아예 음운학자로 전향할 것 같았다네. 高朱蒙(고주몽)의 갑골
음은 [가라달마리]인데 [가라달]만 해도 '가라의 머리'가 되는데 이 시
기에 '달(<들)'이 '우두머리'라는 뜻을 잃고 아예 관직명으로 굳어진
것 같네. 그래서 주몽으로 읽을 때는 高(고)를 합쳐 '고주몽'이라 해야
온전한 뜻이 되네."

"고주몽의 다른 이름으로 鄒牟(추무), 衆解(중해), 善射(선사)도 관련
있습니까?"

"그렇다마다. 앞에서 잠시 언급했네만, 鄒牟(추무)의 갑골음은 [가사
마리]로 '濊(예)의 우두머리'라는 뜻이라네. 전번에 濊(예)의 갑골음을
공부하지 않았던가? '가사'와 그 상대형 '거서'는 濊(예)의 갑골음이라
네. '居西干'도 '예왕'을 말하는 것일세. 衆解(중해)의 갑골음은 [달가
라]로 '머리 가라'의 뜻이네. 善射(선사)의 갑골음도 [달가라]로 衆解

(중해)와 같은데 의미로 해석해서 '활을 잘 쏘는 자'라 하지만 이름의 본래 목적은 아닐 것이네. 당시는 왕족의 이름으로 별명을 붙인 예가 거의 없다네. 金蛙王(금와왕)도 '금개구리' 전설로 붙은 별명이 아니라네. 金蛙王의 갑골음이 [sərkər(ə) kən]이니 濊王(예왕)을 의미했다네. [skər(ə)], [ksər(ə)]는 성모의 순서상의 문제로 둘 다 濊(예)의 갑골음으로 쓰였다네."

"교수님, 그 외는 이름이 없습니까?"

"많다마다! 나 혼자 다 해 버리면 다음 사람들이 재미없을 것 같아 많이 남겨 두었네. 우리 민족으로 알려진 蚩尤(치우) 있잖은가. 이 갑골음도 [돌ㄱ를]일세. '가라족의 우두머리'라는 뜻이지. 解慕漱(해모수)의 갑골음은 [가라마리솔]인데, '솔'은 짐작컨대 관직의 호칭이 아닐까 생각하네. '가라 우두머리 솔'이지."

"[ㅂ를]는 어떻게 됩니까?"

"[ㆍ(ə)]의 상대형은 [ㅡ(ɯ)] 아닌가. 그래서 [ㅂ를]는 [브르]가 된다네. ㅁ, ㅂ, ㅍ, ㅃ이 [ㅡ]를 만나면 [ㅜ]로 변천한다는 것. 원순모음화 잘 알잖는가. 앞선 [브]가 [부]로 변하면서 [르]까지 유추되어 [루]로 변해 [부루]가 된다네."

"아, 교수님! 쪼끔 전에 解가 [ㄱ를]라 안 캤심미꺼. 그라마 解夫婁(해부루)는 [가라부루]겠네예?"

"그렇다마다. 보세."

● 挹(읍)

高本汉	ʔi̯əp	XV/15部	李方桂	ʔjəp	缉
王力	iəp	缉	白一平	ʔjəp	缉部
郑张尚芳	qwb	缉1部	潘悟云	qlɯ	

● 婁(루)

高本汉	lu	Ⅲ/34部	李方桂	lug	侯
王力	lo	侯	白一平	c‐ro	侯部
郑张尚芳	g·roo	侯部	潘悟云	[g]roo	侯部

"挹(읍)의 古音(고음)은 [kərəb]이고 婁(루)의 음은 [lu]일세. 이 둘을 연결하여 발음하면 [kərəblu]가 되고 어말 u에 유추되어 [kərəbulu(ㄱ ㄹ부루)]로 읽혔던 것이네. 옛 국호는 바로 부족명일세. 아마도 읍루는 가라족과 부루족의 연합체인 것으로 보이는데, 解夫婁(해부루)와 挹婁(읍루)는 [kərəbulu]로 음이 같다네. 필시 이 둘과의 역사적 인연이 있었을 걸세."

"결국, 夷(이)와 尸(시)의 갑골음이 [kdbərg]가 되고 sər까지 감안하면 夷(이), 尸(시)에서 분화된 [ㄱㄹ], [ㅅㄹ], [ㄷㄹ], [ㅂㄹ]가운데 [ㄷ ㄹ]는 '높다'는 뜻으로 쓰이고 나머지는 모두 가라족, 사라족, 부루족의 모체가 된 것일세."

"국어학계에서는 '사람'의 어원이 동사 어간 '살(生)+음'에서 나왔다고 하네만, 이는 그릇된 것일세. 우리말이 받침 발음을 허용하지 않았던 개음절어 시기는 '스ㄹ'였고 훗날 여기에 명사형 ㅁ이 결합된 것이라네. 海, 江, 川의 古音(고음)이 모두 [ᄀᄅ]였고 후에 명사형 ㅁ이 결합되면서 'ᄀ름'이 되어 江에 국한해서 쓰게 된 것과 같아. [ᄉᄅ]도 후에 명사형 ㅁ이 결합되면서 [ᄉᄅ+ㅁ >ᄉ름 >사름 >사람]으로 변천한 것이네. 尸(시)는 夷(이)의 古字로 음과 의미가 동일하다네. 그 음은 ᄃᄅ >ᄃᄅ >ᄃᆰ >ᄃᆯ >디로 변천했는데, 다른 방향으로 변천한 쪽은 [ᄉᄅ], [ᄀᄅ]로도 읽힌 적이 있음을 보았네. 우리 삼국시대에 尸(시)는 향찰에서 [사/시], [라/리]로 썼었지. 화면을 보게."

1. <삼국사기 34> 阿尸兮, 安賢
2. <동국여지승람 33> 富尸伊, 富利
3. <제왕운기 하> 尸羅 // <삼국사기 34> 斯羅
4. <삼국사기 36> 古尸伊, 岬

"[라]로 읽힌 예를 보면, 阿尸와 安이 대응되고 있네. 安의 갑골음은 [ᄀᄅ]일세. 阿는 상고음만 해도 [ka]일세."

"[리]로 읽힌 예를 보세. <동국여지승람 33>에 '富尸伊'를 '富利'라 했네. 尸伊와 利가 대응되네. 利[리]에 따라 伊는 尸를 [리]로 읽어달라고 안내하는 字(자)일세."

"[사]로 읽힌 예로 <제왕운기 하> 尸羅와 보통의 斯羅를 비교하면 尸가 斯[사]로 읽혔음을 알 수 있다네."

"[시]로 읽힌 예로 <삼국사기 36>에 古尸伊를 岬과 대응시켜 놓은 것을 볼 수 있네. 岬은 해안의 뾰족 튀어나온 '곶'의 옛말 '곳'이라네. '송곳'도 여기서 나온 말이네. 개음절에서는 ㅅ의 음가를 주어야 하니 '고시(古尸伊)로 읽네."

"자, 내가 왜 尸가 [사/라/시/리]로 읽혔음을 보였냐 하면 尸는 東과 더불어 [ᄉᆞᆯ]로 읽혔던 적이 있었음을 말하기 위함이었네. [ᄉᆞᆯ]에 훗날 명사형 ㅁ이 결합되어 [ᄉᆞᆯ+ㅁ >ᄉᆞᄅᆞᆷ >사ᄅᆞᆷ >사람]으로 변천했다는 말일세."

"이럴 수가…. 증거 없이는 믿을 수가 없습니다!"

"그 증거를 보이겠네. 殷代(은대) 말기에 人方(인방)을 尸方(시방), 夷方(이방)이라 했는데 여기서 우리가 주목할 것은 당시는 人(인), 尸(시), 夷(이)를 동일 개념으로 보았다는 것이고, 方이란 '주거 지역'을 말하는 것이었네. 다시 말하면 '夷(이), 尸(시), 人(인)이 사는 곳'이란 뜻일세."

"人은 어디에나 살지 않습니까?"

"그게 초점일세. 夷(이)와 尸(시)가 사는 곳이 바로 人, 즉 '사람'이 사는 곳이라는 말일세. 이걸 우리가 그 본질을 해석하면 무엇이 되겠는가? 생각해 보게."

"尸(시), 夷(이), 人(인)이 전부 같은 개념이니까 이 셋이 사람 취급을 받은 거 아이겠심니꺼? 나머지 종족은 사람도 아이다, 마 그렇게 생각합니다."

"바로 그걸세. <후한서>의 기록을 다시 보세."

"夷(이)는 뿌리라 했고 말은 어질고 고우며 만물의 生함이 모두 땅에 뿌리를 내리고 나타나기 때문에 천성이 유순하여 역이 도로써 다스림에 이르러 군자 불사의 나라가 되었다. 공자가 夷族이 사는 곳에 살기를 바랐다. 의관을 갖추고 칼을 차고 다니며 서로 양보하며 다투지 아니하는 어진 종족이다."

"華族(화족)이 고대로부터 우리의 역사를 끊임없이 없애고 왜곡시켰지만, 없애지 못한 이 짧은 몇 구절이 夷(이), 尸(시)의 특성을 잘 나타내 주고 있네. 夷(이), 尸(시)가 바로 人이란 걸세. 人은 사람의 옆모습을 상형했고, 大(대)는 사람이 정면으로 서 있는 모습을 상형했고, 尸(시)는 사람이 걸터앉은 모습을 상형했고, 걸터앉는(蹲踞) 사람이 夷(이)라고 했네. 그래서 夷(이), 尸(시), 大(대)는 모두 [dərg(돍)]였고 그 앞선 음도 [dərə/dər]로 같았다네. 그렇다면 人도 '사람'이란 점에서 그 음이 夷(이), 大(대), 尸(시)와 같아야 하네."

"人이 [dərə/dər]이라면 그렇게 되겠지요. 아니, 교수님. 人을 설마 [dərə/dər]이라 하시려는 겁니까?"

"이 사람아, 아직도 개념을 잡지 못하나? 갑골음은 너무 변했기 때문에 지금 음과 비교조차 할 수 없네. 갑골음을 복원해 보세."

● 人(인)

高本汉	n̠i̯e̯n	Ⅶ/9部	李方桂	njin	真
王力	n̠ien	真	白一平	njin	真部
郑张尚芳	njin	真1部	潘悟云	njiŋ	

● 朲(인)

高本汉	n̠i̯e̯n	Ⅶ/9部	李方桂	njin	真
王力	n̠ien	真	白一平	njin	真部
郑张尚芳	njin	真1部	潘悟云	njiŋ	

"人聲 字(자)에 대한 제가들의 재구는 각각이 동일하네. 그런데 우리는 潘의 재구음에서 운미 ŋ을 발견할 수 있네. 운미 g가 있었다는 말일세. 仁도 人聲이니 앞의 재구음과 다를 바 없네. 더구나 <설문통훈정성>에서는 夷(이)는 仁으로도 쓴다고 했으니 이 둘은 음과 의미가 같다는 것일세. 그러나 우리가 원하는 것은 확실한 증걸세. 그걸 보여야하네. 또 仁은 人聲이니 이 둘은 음이 같지 않은가?"

● 仁(인)

高本汉	n̠i̯e̯n	Ⅶ/9部	李方桂	njin	真
王力	n̠ien	真	白一平	njin	真部
郑张尚芳	njin	真1部	潘悟云	njiŋ	

"<설문>에 仁의 聲符(성부)는 人일세. 성부 字(자)들 간에 다른 점을 발견할 수 없다면 더 이상 추적하지 못하고 추측밖에 할 수 없네만, 귀하고 귀한 仁聲 字(자)를 발견했다네. 仁은 人聲이니 仁聲도 음이 같

다는 말일세."

● 㑌(녕)

高本汉	nieŋ	XVⅧ/22部	李方桂	niŋh	耕
王力	nyeŋ	耕	白一平	neŋs	耕部
郑张尚芳	neeŋs	耕部	潘悟云	neeŋs	

"㑌(녕)은 仁聲이고 仁은 人聲이니 㑌(녕)은 人聲이라는 얘길세. 여기서 李의 운미를 보게. ŋh가 있다는 것은 앞선 음이 g였다는 말일세. 게다가 운미 s는 r이 있었음을 말하는 것이네. r/s 교체를 말하는 것이네. 결국, 운미는 -rg로 확정되네. 핵모는 앞선 형이 白에서 보이는데, [e(ㅓ)]일세. 그 상대형은 [a]였잖은가? 기저음 a에다가 李의 핵모가 [i]로 되어 있다는 것은 앞선 음이 [ㆍ]였음을 말하는 것일세. 핵모는 [ㆍ]로 확정되네. 여기서 성모 n은 앞선 음이 d였고 n과 교체되었던 것이네. 개음절어에서 n/d 교체는 일반적인 현상이네. '넝쿨/덩굴' 같은 교체는 우리말이 개음절어 시기에 교체되었던 흔적이네. 우리 삼국시대 '內都 - 監(내도 - 감)'을 '大道 - 署(대도 - 서)'라 한 것도 n/d의 교체를 말하는 것일세. [nərg(넑)]와 [dərg(덹)]는 어두 n/d 교체를 말하네. 내 학위 논문에서도 여기에 대해 충분히 논의하고 있다네."

"결론적으로 人은 [dərg(덹)]였군요."

"그렇다네. 이보다 앞선 음은 [dərə/dər]로 人(인), 大(대), 尸(시), 夷(이)가 모두 같은 음이었고 같은 의미였다는 것을 알 수 있었네. 그러니 자전에서는 이들 모두를 같다고 하였다네. 지금까지 이들이 같다는 것을 이해하지 못했지. 음이 같았다는 것은 꿈에도 몰랐던 게야."

"근데 여태 大(대), 尸(시), 夷(이)는 '높다'는 의미가 있었습니다. 人에는 그게 없잖습니까?"

"<설문>에 人은 天地之性最貴者也라 해서 '세상 생물 가운데 가장 귀한 것'이라 했네. 이보다 더 높은 게 어디 있는가? <설문통훈정성>에서는 '大(대)는 人이다. 夷(이)는 세속에 仁하다고 한다. … 天은 大(대)하고 地도 大(대)하고 人 또한 大(대)하다'고 했네."

"교수님, 정말 대단하십니다. 모든 증거가 이처럼 정확하니까 신기하기 짝이 없습니다. 교수님께서 초야에 묻혀 계신다는 게 국가적으로 큰 손실입니다."

"위로해 주니 고맙네. 이 세상은 거짓이 판을 치는 학문의 깡패 세상일세. 거짓학자들이 기득권을 가지고 있는데 진실을 안들 나 한 사람에 대해 그들이 인정하고 기득권을 내려놓겠는가? 훗날 자네들이 이걸 배워 저변 확대가 되면 그들은 꼼짝할 수가 없다네. 지금 나 한 사람으로는 움쩍도 하지 않을 것이네. 자네들이 힘써 주게."

5

우리 땅 독도를 증명하다

"鬱

鬱 陵島(울릉도), 于山國(우산국)의 갑골음, 고음을 복원하면
독도가 우리 땅임이 증명되네. 해 보세."

● 鬱(울)

高本汉	ʔi̯_uk	ⅩⅩⅠ/19部	李方桂	ʔwjǝk	職
王力	iuǝk	職	白一平	ʔʷjǝk	職部
郑张尚芳	qʷɯg	之部	潘悟云	qʷɯg	職部

鬱   鬱   物   鬱   qud

"鬱(울)의 성모 ʔ, qʷ는 대표음 k로 귀착되고, 핵모는 개음을 제거하
면 기저음 [ǝ(丶)]가 되네. 그 상대형 [ɯ(一)]가 이를 증명하고 있네.
운미는 g 앞 r을 복원해 rg가 되네. 운미 d가 r의 존재를 말해주고 있
네. 이들을 조합하면 [kǝrg(굵)]가 되고, 이보다 앞선 음은 [kǝrǝg(ㄱ
륵)]일세. 이 [kǝrǝg]의 첫째 ǝ가 동음생략되어 [krǝg(ㄱ륵)], 둘째 ǝ
가 동음생략되어 [kǝrg(굵)]로 변천한 것이네. [kǝrǝg(ㄱ륵)]보다 앞선
갑골음은 운미 g가 발생하기 전이므로 [kǝrǝ(ㄱ르)]로 재구되네. 그런
데, 성모가 탈락된 걸로 보아 어두는 k가 아니라 g였음을 알 수 있네.

결국 鬱의 갑골음은 [gərə(ㄱ ㄹ)]라는 결론일세. 陵(릉)과 그 聲符(성부) 字(자)를 보세."

● 陵(릉)

高本汉	li‿əŋ	XX/21部	李方桂	ljəŋ	蒸
王力	liəŋ	蒸	白一平	crjəŋ	蒸部
郑张尚芳	rɯŋ	蒸部	潘悟云	brɯŋ	蒸部

● 稜(릉)

高本汉	ləŋ	XX/21部	李方桂	ləŋ	蒸
王力	ləŋ	蒸	白一平	crəŋ	蒸部
郑张尚芳	rɯɯŋ	蒸部	潘悟云	brɯɯŋ	蒸部

● 睖(릉)

高本汉	thi‿əŋ	XX/21部	李方桂	thrjəŋ	蒸
王力	thiəŋ	蒸	白一平	thrjəŋ	蒸部
郑张尚芳	rhɯŋ	蒸部	潘悟云	ph‐rɯŋ	蒸部

"陵(릉)의 성모는 l, r, kr(cr/rh), br, th로 나타나는데, 현재로선 어느 음으로 귀착될지 판단하기 어렵네. 그러나 분명한 것은 핵모는 ə이고 운미는 ŋ의 앞선 음 g라는 것일세. 이 ‐əg의 앞선 음들은 각각의 성모와 결합하면 rəg, krəg, brəg, trəg인데, 韓音이 상고음과 동일한 [rɯŋ(릉)]임을 볼 때, 이 시기에 rɯŋ의 상대형 [rəŋ(릉)]이 더 앞선 음이었네. [rəŋ(릉)]보다 더 앞선 음이 [rəg(륵)]임은 더 말할 것도 없네. 이보다 앞선 음은 어말 g가 생성되기 전이라 [rə(ㄹ)]였다네. 각 성모

계열 또한 grə, brə, drə였음은 당연하네. 이 rə는 훗날 어두성모 g, b, d, 가운데 하나가 탈락되면서 성립된 것일세. 그러나 k, t는 어두에서 탈락될 수 없기 때문에 어두 성모는 탈락이 가능한 g, d였음을 알 수 있네. 어두에서 g, d, b는 탈락될 수 있어도 k, t, p는 탈락될 수 없기 때문일세. 결론적으로 어두가 탈락된 음 陵(rə)가 鬱[kərə]과 결합하면서 [kərə rə]가 되었고 rə는 동음생략되어 [kərə]로 읽혔던 것이네. 이러한 사정은 樂浪의 浪 이나 盧龍의 龍, 江陵의 陵이 모두 [라~ㄹ}로 '겹쳐 적기' 했던 것과 일치하네. 이것은 앞선 음절과 중첩된 표기일세. 鬱陵의 옛 지명 于山의 갑골음은 [ㄱㄹ ㄷㄹ]일세."

● 于(우)

高本汉	gi‿wo	Ⅱ/33部	李方桂	gwjag	魚
王力	ɣiua	魚	白一平	wja	魚部
郑张尚芳	ɢʷa	魚部	潘悟云	ɢʷa	魚部

"于(우)의 성모는 g로 대표되고 개음을 제거하면 핵모는 a, o인데, 이로 보아 기저는 ə가 되고 운미는 g일세. 이를 조합하면 앞선 음은 [gəg(극)]이 산출되네. 이보다 앞선 음은 r을 복원한 [gərg(긁)]과 [grəg(ㄱ륵)]일세. 이 둘은 [gərəg(ㄱ륵)]에서 변천한 것들이고 이보다 앞선 갑골음은 [gərə(ㄱㄹ)]일세."

"<설문>에 于(우)를 설명하기를 於也, 古文烏也라 했네. '于는 於인데 古文의 烏와 같다'는 것이네. 於(어)와 烏(오)도 [于(gərə)]와 같다는 것일세. 실제 이들의 갑골음을 재구하면 [gərə(ㄱㄹ)]일세."

"烏를 'ㄱ른'로 읽은 증거를 하나 보세. <삼국유사 3>에 大烏羅尼 野를 天磨之野라 했는데 大/天, 烏羅/磨, 尼野/之野가 대응되어 있네. 烏에 羅를 받쳐 적은 것은 烏를 [오]로 읽지 말고 [ㄱ른]로 읽어달라는 요청으로 '받쳐 적기' 한 것이네. 樂浪, 盧龍, 鬱陵, 江陵의 浪, 龍, 陵을 '받쳐 적기' 한 표기법과 동일하네. 그래서 烏羅를 磨와 대응시키고 있 는데, 磨는'연마하다', **'갈다'**라는 뜻으로 우리말 [ㄱ른(>글>갈)]로 변천해온 것일세. 于를 古文에서 烏라 했고 烏를 [ㄱ른]라 했으니 于는 [ㄱ른]로 음독되었음을 말하네. 또, 山은 '돌'로 읽혔던 적이 있었네. 결국, 于山은 [ㄱ른돌]로 읽혔던 게야. 于의 음이 변하여 더 이상 [ㄱ 른]로 읽지 못하게 되자 鬱陵[ㄱ른]로 한자를 바꾸게 된 것이지. <설 문>이 AD.121년에 완성되었고 鬱陵과 于는 [ㄱ른]로 읽혔으므로 이 두 지명은 최소한 <설문> 시기에 존재했다는 것이 되네. 이로써 보면 지증왕 때 이사부가 울릉을 접수하기 훨씬 전인 後漢 이전에 于山은 이미 [ㄱ른] 땅이며 우리 땅이었던 게야. [ㄱ른] 땅은 우리 땅임이 틀 림없는 것으로, 이것은 이미 알려진 사실이네."

"獨島(독도)의 獨은 '외로운 섬'을 나타내려 한 것이 아니라 돌(石) 의 전라, 경상 방언 [독], 즉 '돌섬'을 나타내는 것으로, 이것은 이미 알 려진 사실이네. 어째서 石이 [돌], [독] 두 음으로 읽혔을까? 石의 古音 (고음)을 복원하면 그 이유를 알 수 있네."

▶ 울릉도

▶ 독도

● 石(석)

高本汉	d̪i̯ag	XVII/17部	李方桂	djiak	魚
王力	ʐyak	鐸	白一平	djʌk	鐸部
郑张尚芳	djag	鐸部	潘悟云	gljag	鐸部

　"상고음은 [di̯ag], 古音(고음)은 [dərg(ᄃᆞᆰ)]로 재구되네. 이것은 복운미 [rg]를 갖는데, 이 둘이 나뉘어 하나는 [ᄃᆞᆯ(dər)], 다른 하나는 [ᄃᆞᆨ(dəg)]이 되었어. [ᄃᆞᆯ(dər)]은 후에 우리말 [돌(tol<dol<dor)]로 변천했고, [ᄃᆞᆨ(dəg)] 또한 우리말 [독(tok<dog)]으로 변천하여 [돌(石)]의 경상, 전라, 충청 방언으로 남아 있네."

　"石의 상고음 [di̯ag]이 우리말이라는 증거를 하나 더 보세. 상고음 [di̯ag]이 구개음화 쪽으로 가게 되면 [dzi̯ag(쟉)]이 되고 이것이 王이 재구한 음일세. [dz]는 [z]의 변이음일세. 성모 [dz]가 무성음화되면 [tsi̯ak(쟉)]이 되네. 여기에 '알(卵)'이 결합하여 [쟉＋알(卵)＞쟈갈＞자갈]의 과정을 겪게 되네. 즉, [자갈]은 '돌 알맹이'라는 뜻으로 우리말인 것일세."

"그런데 일본은 이 독도를 竹島(죽도)라 하여 '다케시마'라 하는데, 독도의 생태로는 결코 대나무(竹) 한 포기가 살 수 없는 돌섬, 즉 독도(石島)란 말일세. 그럼에도 불구하고 일본이 竹島라 한 데는 그만한 연유가 있다네."

"竹의 상고음은 [ti̯uk(듀)]이고 古音(고음)은 石의 고음과 같은 [tərg(돍)]이네. 이 [tərg]의 복운미 rg가 둘로 나뉘므로 한쪽으로는 [tər(돌)]이 되어 음절말 ㄹ이 반모음 [ㅣ(j)]로 변천하여 [təj(더ㅣ)＞[taj(다ㅣ)]＞[tæ(대)]로 변천하여 우리말에 남아 있고, 다른 한쪽으로는 [təg(득)]이 되어 [둑(tug)＞듀(ti̯uk)＞쥭(tsjuk)＞쥭(tsuk)]으로 변천해 한국 한자음이 되었네. 일본이 竹島를 [다케시마]라 한 것은 우리말 古音(고음) [tərg] 바로 직후에 분지된 [təg(득)] 음을 일본어식으로 발음했던 것일세. 우리말 [독섬(石島)]의 그들 식 발음이 [다케(竹)]였던 것이네. 자네들도 알다시피 일본어와 같은 개음절어는 받침 발음을 허용하지 못하네. 폐음절어인 한국어 [득(石)]을 그들은 [다케]로 읽었던 것일세."

"일본 한자음에서 石은 しゃく(샤쿠)·せき(세키)이며, 그들의 고유어로는 いし(이시)일세. 만약 그들이 石島의 일본어 표기로 いししま(이시시마)라고 기록하고 있다면 자기네 땅이라고 주장할 근거는 충분히 있네."

"그러나 우리말 石의 고음 [təg(득)＞tag(닥)]을 자기네 식으로 발음한 것이 [たけ(다케)]였고, 독도와 아무 관련 없는 竹의 일본 한자음을 가져와 우리말 [득(石)]을 표기한 것이 [다케]였던 것이네. 말하자면 우리말 고유 지명 石의 발음을 일본은 자기네 한자음 竹에서 찾은 것이

었네. 세상에 자기 나라 지명을 남의 나라 말로 짓는 법도 있다던가? 지도는 그림이라 우길 수도 있지만, 언어는 우길 수가 없는 것일세."

"꼼짝없군요."

6

단
군
조
선
이
증
명
되
다

"**자,** 오늘은 강단 식민사학파들이 부정하고 있는 단군조선의 실체를 증명해 보세. 언어의 과학성 앞에서 그들은 입을 다물어야 할 것이네. 그들이 단군조선을 부정하고 있는 가장 큰 이유 중 하나가 일제가 말살한 단군조선 관련 사료를 신화로 받아들이기 때문일세. 여기서는 앞서 논의한 민족의 기원에 연결해서 단군조선의 실체를 밝혀 보세. 단군조선의 실체는 곧 고조선의 실체네."

❖ 北狄(북적)에 속한 종족

"北狄(북적)은 처음에는 北翟(북적)으로 적었네. 翟에서 깃털(羽)과 새(隹)가 있는 것으로 보아 종족의 특성은 새와 관련된 종족임이 틀림없을 걸세. 종족의 이름으로 쓰인 字(자)는 반드시 그 종족의 특징을 문자에서 표하게 되어 있네. 다만, 당시에 쓰이던 '의미'가 지금은 전해지지 않는 경우에는 그 파생 의미로 유추밖에 할 수 없어서 어려움이 따르네."

● 翟(적)

高本汉	d'aˇk	XVII/17部	李方桂	drak	魚
王力	deak	鐸	白一平	lrak	鐸部
郑张尚芳	r'aag	鐸部	潘悟云	rlaag	

"성모는 d, d', dr, lr, rl, r'로 다양하게 나타나네만 모두 하나로 귀착되네. 배 군이 말해 보게."

"네, l, r, d'는 d의 변형이니 d가 대표음이고 lr, rl의 어두는 d의 변형이라 dl, dr이 됩니다. 이때 l, r은 운미 g/k 앞에 배치된다고 하셨습니다."

"일단 성모는 d가 되고 운미는 rg가 되네. g가 무성음화된 형태가 k니까 g가 더 고음이네. 李의 [drak]의 상대형은 [dark]일세. 이 둘이 현재로선 가장 앞선 음일세. 같은 聲符(성부) 字(자)를 보세."

● 濯(탁)

高本汉	d'oˇk	XXIV/25部	李方桂	dragwh	宵
王力	deôk	藥	白一平	lrewks	藥部
郑张尚芳	r'eewGS	豹2部	潘悟云	rleewgs	

● 糴(적)

高本汉	d'iok	XXIV/25部	李方桂	diakw	藥
王力	dyôk	藥	白一平	lewk	藥部
郑张尚芳	l'eewG	藥2部	潘悟云	leewg	

"같은 聲符(성부) 字(자)에서 핵모 [oˇ], [io], [yô]가 보인다는 것은

핵모 [a]가 단순히 상대형 [e]와의 대립이 아니라 [a] 이전의 [ㆍ]였음을 말하네. 결론적으로 翟의 古音(고음)은 일단 [dərg(듥)]로 귀착되네. 이와 짝이 되는 음은 [drəg(뜍)]인데, 앞에서도 말했지만 이 둘은 [də¹rə²g]에서 변천한 것들이네. ə¹이 동음생략되면 [drəg(뜍)]이 되고 ə²가 생략되면 [dərg(듥)]이 되네. 갑골음 dərə(ᄃ ᄅ)에서 출발하여 dərəg>[dərg(듥)]/drəg>dər/dəg로 변천했네. 이게 무슨 뜻이겠는가?"

"꿩(翟)이니까 새(鳥)가 아닐까요?"

"바로 맞췄네. 중세국어에서는 '[dərg(듥)>tərg(듥)]'였고, 지금 우리말에서는 '닭'으로 쓰이네만, 당시는 '새'의 총칭이었네. 우리 古語가 일본에 아직 유지되고 있으니, 우리말 [dər]가 건너가 [dori(とり)]로 변천하여 [鳥]로 쓰이고 있네. 대개의 일본 훈독음은 상고대 우리 한자음을 말하고 있네. 우리는 중원을 잃어버리고 한반도로 밀려나면서 중국의 한자음을 수입했고 그 음을 우리의 자모 체계에 따른 발음으로 변개하여 오늘에 이르렀지만, 일본 음은 훨씬 이전에 우리 상고대 음을 가져가 지금은 한자의 훈독음으로 남아 있네."

"北狄(북적)은 왜 새(鳥)를 종족의 특징으로 했을까요?"

"이 종족은 태양을 숭배하면서 그 속에 산다는 삼족오로부터 불(火)을 받았다는 것인데, 그래서 이 종족에는 태양의 밝음(火), 불의 전달자인 새(鳥), 방위신의 명령을 받은 風神(풍신)과 뱀(虫)이 늘 따라붙었고, 바람(風)은 이 새의 이동을 돕는 風神이었던 것이네. 고구려, 백제, 신라의 모자는 모두 조익형(鳥翼形)이며 조장(鳥葬) 유물은 일반적인 현상이네. 망자의 상여에 다는 새 장식이라든가 솟대에 달린 새는 神鳥(신조)로서 하늘의 뜻을 땅에 전하는 전령사로 이해했던 것이네. 다음 화면을 보면 이해가 갈 걸세."

▶갑골문   ▶금문   ▶전서   ▶측천문

"갑골문 속의 一과 금문 속의 점은 태양 속의 흑점이라 하기도 하고 새(鳥)라고도 한다네. <說文解字注>에서 一는 '이지러지지 않음을 상형했다'고 했네. 그런데 전서에서는 새 乙 字(자)를 넣었고, 측천문에서는 아예 새(乙) 그림을 넣었네. 이쯤 되면 테두리 내의 것은 새(乙)라고 해도 될 성싶네."

"그런데 왜 翟을 狄으로 바꾸었을까요?"

"<설문>에서는 翟을 狄人(적인) 字(자)라 했고 <강희자전>에서는 翟을 狄이라 했고 戎狄(융적)이라 했네. 狄에서 불(火)의 '밝음'을 나타내게 되었던 것일세. 내 은사이신 유창균 박사께서는 狄이 불을 발명한 주체라 하셨네. 불(火)은 '브르>부루>불'로 변천했고 여기서 부루(부여)族이 나왔고, '브르'의 상대형인 'ㅂ<ㄹ'는 [ㅂ<ㄹ]>[ㅂ<ㄹ]>[붉]으로 변천하면서 붉族, 貊族이 명명되었던 것이네. 이것은 앞서 논의한 濊(예)의 '밝음'과 일치하고 있네."

"狄은 犭과 火의 합성으로, 두 의미를 갖고 있는 회의잘세. 北狄(북적)에서 濊족이 나왔기 때문에 濊(예)는 狄의 밝음(火)을 그대로 지니고 있는 것일세. 제자 원리로 볼 때, 狄의 犭이 犬임을 보면, 犬戎은 이와 관련 있다고 해야 할 걸세. 火는 그들의 특성임에 분명하네. 인류 문명의 초창기에 종족을 명명하는 字(자)는 반드시 종족의 특성을 담게 돼 있고, 그 특성에 맞게 글자가 만들어지기 때문에 기존의 字(자)를 가져다 쓰는 것이 아닐세. 불(火)을 처음 발명한 종족은 자신들의 긍지를 대대로 유전했을 것이고 이것을 나타낸 기호가 문자로 정착되지 않았나 싶네. 각 字(자)의 갑골음을 재구해 보세."

"우리는 앞에서 翟의 古音(고음)이 [dərg(듥)]였음을 보았고 그 이전 갑골음은 [dərə(드러) > (dər)]라 했네. 앞에서 夷(이), 尸(시), 大(대), 人(인), 東(동), 主(주), 翟(적)의 古音(고음)이 모두 [dərg(듥)]였고 변천과정이 모두 [dərə(드러] > [dərəg(드륵)] > [dərg(듥)]/[drəg(뚁)] > [dər(들)]/[dəg(득)]과 같았다는 것을 상기해 보게. 모두 우리 민족과 관련된 字(자)들이기 때문에 이걸 우연이라 보기 어렵네."

● 狄(적)

高本汉	d'iek	XIX/23部	李方桂	dik	佳
王力	dyek	錫	白一平	lek	錫部
郑张尚芳	deeg	錫部	潘悟云	deeg	

● 棫(적)

高本汉	d'iek	XIX/23部	李方桂	dik	佳
王力	dyek	錫	白一平	lek	錫部
郑张尚芳	deeg	錫部	潘悟云	deeg	

"狄, 棫은 제가들의 각 字(자)에 대한 재구에 차이가 없지? 성모가 d, 핵모는 e인데 그 상대형 a를 상정하면 운모는 a가 되네만 a, i가 함께 있다는 것은 기저가 [ə(丶)]였다는 것이지. 운미는 g/k 앞의 r을 상정하면 -rg가 되네. 따라서 일단은 [dərg(둙)]가 되네."

"앞선 翟과 차이가 없군요."

"그렇다네. 다음 화면을 보게."

● 逖(적)

高本汉	t'iek	XIX/23部	李方桂	thik	佳
王力	thyek	錫	白一平	hlek	錫部
郑张尚芳	theeg	錫部	潘悟云	theeg	

● 惄(척)

高本汉	t'iek	XIX/23部	李方桂	thik	佳
王力	thyek	錫	白一平	hlek	錫部
郑张尚芳	theeg	錫部	潘悟云	theeg	

"어, 白의 성모가 h면 k계통인데요? 복성몹니까?"

"이게 복성모가 되려면 翟의 聲符(성부) 字(자)에 k계통의 성모가 있어야만 하는데 찾을 수 없었네. 이건 복성모로 보기보다는 후에 가차

字(자)로 썼던 것으로 추정되네. 그렇다면 이게 왜 가차 字(자)로 썼을까 하는 문제가 남아 있네. 누가 狄의 갑골음을 재구해 보게."

"어두 t', th는 t로 귀착되고 개모 i, y는 갑골음 시기에 없었고 핵모는 e로 그 상대형 a를 상정할 수 있습니다. 게다가 핵모 i가 보이니 기저 운모는 [ə(ㆍ)]입니다. 운미는 g/k 앞에 r를 복원해서, 합하면 [tərg]가 됩니다. 이에 앞선 갑골음은 [tərə]가 됩니다."

"잘했네만 성모는 d>t/th로 변천했으니 복원해 주어야 하네. 결국, 狄聲 字(자)들의 古音(고음)은 [dərg(닭)]가 되네. 이 음을 기준으로 해서 白의 [hlek]을 누가 재구해 보게."

"h는 k의 마찰음화니까 [k]가 됩니다. [l]은 g/k 앞에 r로 배치되어야 하고 나머지는 앞과 같으니 [kərg]가 됩니다."

"잘했네. 왜 翟을 두고서 狄을 가차 字(자)로 따로 썼을까?"

"종족의 특성에 따른 字(자)의 음을 그대로 두고 다른 字(자)로 바꾼 걸 보면 종족의 다른 면을 나타내고 싶었던 건 아닐까요? 앞에서 교수님의 은사께서 狄은 불을 최초로 발명한 종족이라 하셨으니까요."

"바로 맞혔네. 대개의 경우 字(자)가 바뀔 경우는 음의 변천 때문이라네. 이를테면 伽耶는 본래 '가라'였는데 耶의 음이 '야'로 변천했기 때문에 '라' 음에 해당되는 다른 字(자) '羅'를 가져와야 했기 때문일세. 그런데 여기서는 종족명, 즉 음이 같음에도 불구하고 字(자)를 바꾸었네. 무슨 이유에서든 간에 그 특성을 드러내기 위한 것만은 틀림이 없네. 앞에서 尸(시), 夷(이)의 음이 [kərə],[kərg]/ [dərə],[dərg(닭)]/ [bərə],[bərg]

였음을 보았네. 夷(이)의 특성이 추가된 것이라 볼 수 있네.”

“앞에서 北을 [bərə(ㅂㄹ)]>[bər(ㅂㄹ)]/[bərəg(ㅂ룩)]>[bərg(붉)]
/[brəg(ㅂ룩)]>[bər(블)/bəg(복)]>[bəŋ(븡)]의 변천으로 밝힌 바 있
네. 따라서 北狄(북적)은 시기에 따라 [ㅂㄹㄷㄹ], [부루들], [붉둙~박
달]로 읽혀야 하네. 우리 귀에 익숙한 음은 [박달]이지만, 殷代가 개음
절어 시기였음을 감안하면 이보다 앞선 당시는 [ㅂㄹㄷㄹ]가 당시 현
실음이었을 것이네.”

“이제 北翟, 北狄(북적)의 의미를 생각해 볼 수 있겠군요.”

“그렇지, 그걸 위해 지금껏 달려왔으니. 北狄(북적)이 무슨 뜻이겠
나? 이 분야는 아무래도 박 군이 최고 아닌가?”

“마, 제 생각에는 北은 전번에 [붉다]는 뜻이라 하셨고 갑골음이 [ㅂ
ㄹ]니까 그 상대형 [브르]가 원순모음화로 [부루]가 되고 어말 자음이
허용되면 [부루들]이 됩니다. [부루]는 [불(火)]이고, 翟(적), 狄(적)은
아까 교수님께서 [둙], 새(乙)라 하셨으니 [불둙], 즉 [불새] 아이겠심
미꺼?”

“대단한 추리력이네. 화조(火鳥), 즉 삼족오가 바로 그것일세. 鳥夷
(조이)가 夷(이) 가운데 가장 먼저 나타나는 것은 이와 관련 있을 것이
네. 이것이 나중에 '붉둙>박달'로 변천하여 白山의 古音(고음)로 전이
된 것 같네. 처음에는 北狄(북적)의 갑골음 [ㅂㄹㄷㄹ], [부루들]로 민
족의 정체성을 나타낸 삼족오였던 것이, 나중에는 음이 같으나 의미가
다른 '붉달 白山', 즉 北狄(북적)이 일어난 곳으로 전이된 것이라 생각

되네. 이 '붉달 백산'이 'ᄀᆞᄅᆞ들 白山', 'ᄆᆞᄉᆞ들 濊山'과 함께 쓰였던 것일세."

"'붉들'은 'ᄆᆞᄉᆞ들(阿斯達)'과 같은 뜻이라네. '붉/ᄆᆞᄉᆞ'는 '빛'의 뜻이 되고 '들'은 높은 지대의 '나라', '읍락'의 뜻으로 쓰였네. '붉달' 이전의 '볼들'이 '배달'이 된 것도 이와 같은 것이라 보이네. '빛의 땅'이란 뜻이지."

"초창기에는 翟이 '새'라는 점에 무게를 둔 것일세. 北狄(북적)은 鳥夷라 하네. 여기서 鳥는 보통의 새가 아니라 神鳥를 말하는 것일세. 우리 민족 전반에 이 神鳥 사상은 깊숙이 박혀 있다네. 알다시피 삼한에서는 소도에서 매년 하늘에 국가적인 제사를 지내는데, 이 소도는 신성한 곳이라 범죄자가 들어가도 잡아내지 못하는 곳이네. 이곳에는 솟대를 세운다네. 솟대 꼭대기에는 새(乙)를 올려놓았네. 이 새는 하늘의 뜻을 땅에 전해 주는 神鳥라는 것일세. 앞에서 말했지만 망자의 상여 위에 새 장식을 하는 이유도 망자의 영혼을 하늘의 神에게 전달하는 뜻이 있고 무덤에 넣는 부장품은 새 장식 일변도라 해도 과언이 아니네."

▶ 솟대

"그러한 새에 대한 관념이 언제부터라고 보십니까?"

"그건 나도 잘 모르겠네. 그러나 최소한 환웅 때까지는 올라간다고 보네. 雄(웅)은 厷(굉)과 隹(추)의 합성이네. 厷은 활을 말하고 隹는 새를 말하네. 東夷(동이)의 요소인 '활(厷)'과 北翟의 요소인 '새(隹)'를 말하고 있네. 이렇게 이름에서 두 종족에 걸쳐 있다는 것은 北翟에서 분파되어 나왔거나 北翟과 혼인 관계를 맺고 있는 것으로 해석될 수 있네. 당시의 이름은 본인의 특징을 글자에 담았기 때문이네. 인디언들도 그랬잖은가. 자네들 영화 '늑대와 춤을' 본 적 있는가?"

"그 명화를 안 보면 안 되죠."

"거기에 '발로 차는 새'는 전사들의 대장 같았고, '열 마리 곰'은 족장으로 기억나네. 주연 케빈 코스트너의 이름이 '늑대와 춤을' 아닌가."

"여기도 새와 곰이 나오는군요."

"인디언도 본시는 夷族이라는 일설이 있는데, 베링 해협을 건너 아메리카 대륙으로 건너갔다고 하는 말을 들었네만 내 분야 밖일세."

"翟은 날개 깃 羽(우)와 새 隹(추)의 합성 아닌가. 神鳥가 風神의 도움으로 태양에서 불을 가져왔으니 北翟은 '새의 나라', '바람의 나라'라 할 만하지. 지금 東西南北은 방향으로만 쓰고 있지만 당시는 표의와 함께 표음이 결부되어 있었던 것 같네. 北은 방향이기도 하지만 [부루]라는 음과 '밝음'을 동시에 나타내었던 것일세. 이러한 방식의 표기가 東에서는 방향을 나타냄과 동시에 '빛'의 뜻인 [ㅅㄹ] 음을 동시에 나타냈고, 西는 방향을 나타냄과 동시에 '쇠(金)'를 나타내는 [ㄱㄹ] 음을 나타냈고, 南은 방향은 물론, '맑->막-'이라는 뜻의 [마그>마ㅎ] 음을 동시에 나타냈기 때문이네."

""잘 이해가 되지 않습니다, 교수님."

"우리는 지금 東西南北의 훈이 死語(사어)가 되어 '동녘 동', '서녘 서'라 하지 않는가. 우리 고유어가 요즘 거의 쓰이지 않아. 새東, 하늬 西, 마ᄒ南, 높北이라 쓰지 않고 있잖은가. 東이 [ᄉᆞᆯ]로 읽혔을 때부터는 [ᄉᆞᆯ > 슬 > 싀 > 사ㅣ > 새]로 변천했다네. 그래서 東을 '날이 새다'는 뜻의 [새 東]이라 하지만, 실제로 [새]는 東의 古音(고음) [ᄉᆞᆯ]가 변천한 것이라네. 오늘날 '날이 새다'라는 말의 어원일세. 사실 어원은 [ᄉᆞᆯ]라 해야지. 西, 南, 北에 대해서는 곧 애기하겠네."

"北翟은 鳥夷의 원류가 되네. 학계에서는 鳥夷를 東夷(동이)로 분류하고 있네만 이것은 東夷(동이)가 北翟에서 갈라져 나왔기 때문일세. 원류는 北翟일세. 오행에서 北을 1수로 했다는 것도 가장 강력한 첫 세력이었기 때문이네. 北翟이 강력해진 결정적 이유는 神鳥가 태양에서 불을 가져왔다는 것일세. 더욱 강력해지게 된 계기는 불(火)로 쇠를 녹여 청동기를 만들었기 때문이 아닌가 싶네. 이때부터 鳥를 종족의 특성으로 한 翟 대신에, 불을 발견한 종족으로서의 특성을 내세우면서 翟과 발음이 같은 狄으로 대치했던 것이 아닐까 하네. 다시 말해서 翟의 시기에 불은 발명했지만, 狄의 시기에는 칼이나 생활 도구를 제작해 세력이 더욱 강해지면서 北狄(북적)으로 字(자)를 변경했으리라 생각되네. 동시에 翟의 음이 변했을 가능성이 있네. 이미 翟의 음이 변했기 때문에 r 계통의 [dərə(ᄃᆞᆯ)] ~ [dər(ᄃᆞᆯ)]음에 해당되는 다른 음이 필요했을 것이네. 그 음이 狄이었을 것이네."

"교수님, 한자음이 변하면 변한 대로 그 음이 유전되면 안 됩니까?"

"허허! 이 사람, 자네 이름 '경수'의 한자음이 '갱주'로 변했다고 그렇게 불러도 좋겠는가?"

"아, 그런 문제였군요!"

"고유명사는 대대로 본래 음이 유전되어야 하는 것이라네. 그게 바로 종족명, 국명, 인명, 지명, 관직명일세. 그래서 후대 사람은 그 음의 표기를 위해 시기에 따라 다른 글자를 대치하게 된다네. 孤(竹), 樂浪, 盧龍처럼 말일세. 이들은 시기가 다를 뿐, 모두 'ㄱㄹ'로 읽혔던 것들일세. 그런데 후대 사람들은 이 음을 모르기 때문에 변천한 음, 예컨대 [고죽], [노룡], [낙랑]으로 읽어 다른 이름, 다른 지역으로 오해하고 있는 것일세."

"우리 '가라'는 '가야'로 잘못 유전되고 있군요."

"어디 그뿐인가? 당시 국명, 인명이 다 그러하네. 갑골음으로 재구를 해야 당시 발음을 복원할 수 있다네. 이를테면 新羅는 [ㅅㄹ]로 읽어야 하는데 [신라]로 읽고 있어. [신라]라는 국호는 우리 역사에 없어."

"옛 이름을 잃은 것이 참 아쉽습니다. 왜 이렇게 된 겁니까?"

"옛 이름이 후대 사람들에게 유전되지 못한 것이지. 세대를 누적하면서 변천한 한자음대로 읽는 사람들이 본래 이름을 고수하는 사람들보다 더 많았기 때문이네. 일종의 언어적 승패에 갈린 탓이라네. 그러나 경주 지방 사람들은 '서라벌'이라 하고 대구 지방 사람들은 '달구벌'이라 하며 자기 고장 옛 이름을 그대로 유전하고 있네. 그러나 이를 유전받지 못한 타 지역 사람들은 경주, 대구라 할밖에."

"신라의 경우는 경덕왕이 언어정책에서 실패했기 때문에 옛 이름을 잃었네. 당시 사회에서 통용되는 한자음, 즉 고음과 신음이 공존하고 있는 상황에서 일방적으로 신음, 고음을 섞어 여기에 따르도록 만든 것이라네. 경덕왕이 어느 날 갑자기 경수 자네를 갱주로 불러야 한다고 공포를 해버린 셈이지. 참 어리석은 짓을 했지. 고유명사 海王이 있다고 가정하세. 당시 海의 고음은 [가라간]이고 신음은 [해왕]인데 이 두 음 중에 해왕으로 읽으라 했다가 다른 곳에서는 [ㄱㄹ]로 읽으라 했던 것이네"

"그렇다고 고음, 신음을 다 읽을 수는 없잖습니까?"

"고음을 훈음으로 빼돌리는 지혜가 없었던 게지. 일본처럼 말일세. 가라 金, 사라 東처럼 말일세."

"자, 이쯤이면 能(능)에 대해 얘기해도 되겠지."

"能의 뜻은 '능하다', '재능이 있다'는 뜻이지만 후대에 생겨난 뜻이고, 이 글자가 처음 생길 때는 '곰'을 뜻했네. 지금도 字典에서 能에 '곰'의 뜻이 있는 것은 이 때문이네. '곰이 재주가 있다'는 말도 여기서 생긴 듯하네. 그래서 能에는 '재능' 쪽으로 많은 의미들이 내포되어 있네. 실제로 能과 熊은 뜻이 같았기 때문에 혼용해서 쓰기도 했다네. <述異記>에서 '黃能(황능)은 黃熊(황웅)을 말한다'고 했네. 가장 정평 있는 <설문>에서도 '能은 熊에 속한다'고 했네."

"아! 교수님예, 狄 字(자)의 불(火)을 와 말씀하셨는지 알겠심더."

"뭔가? 힌트만 주게."

"熊 字의 점 네 개!"

"맞았네. 能만으로도 충분히 '곰'인데 熊을 따로 만들면서 灬(火)을 넣었던 것은 필시 연유가 있었을 것이네. 이것은 곰족(能)의 특징, 즉 불(灬)과의 관계를 나타내는 것이라네. 당시엔 일반 명사로서의 곰은 能으로 썼지만 종족명으로서의 특징을 담은 곰은 熊을 썼다는 말이네. <설문>에서는 熊은 鑇으로 쓰고 있네. 자기 종족의 특징은 火라는 것이지. 다시 말해 불(灬)을 특징으로 하는 종족은 熊족과 北狄(북적)밖에 찾을 수 없네. 熊족은 北狄(북적)의 후예라는 말일세."

"그 증거가 확실한 게 없겠습니까?"

"왜 없어. <설문>에 能은 㠯聲(이성)으로 되어 있네. 㠯(이)로 읽어 달라는 것일세. 㠯의 갑골음을 재구해 보세."

● 㠯(=以 - 이)

高本汉	di̯əg	XXⅤ/20部	李方桂	rəgx	之
王力	ɕiʸ	之	白一平	ljə?	之部
郑张尚芳	lɯ?	之部	潘悟云	lɯ?	之部

"성모는 d, r, ʎ, l인데 모두 d에서 변천한 것들이라네. d가 기저음이 되네."

"ʎ는 처음 봅니다."

"구개화된 ㄹ일세. '달력'할 때, '달'의 ㄹ과 '력'의 ㄹ은 엄밀히 다른 발음이네. '력'의 ㄹ은 입이 찢어진 상태의 ㄹ을 말하는 것이지. r의 변이음이니 r을 기준음으로 하면 되네."

"핵모는 개음을 제거하면 ə(丶)가 되네. 그 상대형 ɯ(—)의 존재가 이를 말해 주네. 운미는 ʔ, g, gx로 나타나는데. ʔ, x는 g/k계통이니까 gx는 중첩되어 있네. g 하나로 인정되네. ʔ보다 g가 앞선 음이니 운미는 g로 대표되네. 그러면 [dəg]가 되는데, g 앞에 r을 복원하면 앞선 음은 [dərg(돍)]가 되네. [dərg(돍)]의 운미 - rg가 하나씩 나뉘어 dər/dəg로 변천한 것일세."

"어디서 많이 듣던 소리 같지 않나?"

"… [dərg(돍)], 돍? 새? 北翟의 翟 아닙니까!"

"맞았네. 돍([dərg(돍)])일세. 鳥를 말하는 것이네. '곰'을 말하는 能의 음이 돍([dərg(돍)])이라는 것은, 곰족은 鳥夷, 즉 北狄(북적)의 일파라는 것일세. 불(灬)을 가진 곰(能)이 熊이라는 걸세. 그렇다면 能은 㠯聲이라 했기 때문에 能의 古音(고음)도 '돍([dərg(돍)])'이 아니겠나?"

● 能(능)

高本汉	nəg	XXI/20部	李方桂	nəg	之
王力	nə	之	白一平	nə	之部
郑张尚芳	nɯɯ	之部	潘悟云	nɯɯ	之部

a. 能　能　之　能　nɯ:
b. 能　能　之　耐　nɯ: s
c. 能　能　蒸　能　nɯ: ŋ
d. 能　能　蒸　能　nɯ: ŋʔ

"能의 성모는 n이 되고 핵모는 기저음 ə가 되는데, 그 상대형 ɯ가 이를 말해주네. 운미는 g인데, g 앞에 r을 복원하면 최종적으로 rg일세. 조합하면 [nərg]가 되네. 이것이 [nər/nəg]로 변천한 것이네. nər의 증거가 b의 nuɯs일세. s는 r임을 말하니 nuɯr이네. 그 상대형이 nər 아닌가."

"n/d 교체군요."

"그렇다네. n/d 교체는 개음절어에서 보편적으로 일어나는 현상이야. [nərg]의 n/d 교체로 '덝([dərg(덝)])'이 되었네."

"화! 이렇게 정밀하군요. 그런데 熊(웅)은 能(능)과 같은 음이라면 더욱 좋겠는데 완전히 다르지 않습니까?"

"의미에 동일성을 두고 음은 다를 수 있네. 그런데 음까지 같았다는 증거를 발견할 수 있다네. 다시 熊의 古音(고음)을 보세."

● 熊(웅)

高本汉	gi_uˇm	XIV/14部	李方桂	gwjəm	侵
王力	ɣiuəm	侵	白一平	wjum	侵部
郑张尚芳	Gʷlum	侵1部	潘悟云	ɢlum	

"郑과 潘의 음을 보게. 복성모 [ɢl]이 있지 않은가. 이는 r과 교체했으니 Gʷrum/ɢrum으로 읽혔네. ɯ(一)의 상대형은 ə[丶]였다는 것을 李와 王에서 보여주고 있네. 앞선 音의 핵모는 ə[丶]였다는 것일세. Gʷ, ɢ는 g의 변형이라서 모두 g로 귀착되니 성모는 g가 되네. 이걸 모두 나열하면 gərəm(ᄀ름) 아닌가. m은 명사형이 첨가된 것이라네. 이 흔적이 우리말 명사형 어미 m에 그대로 남아 있네. 海, 河, 江, 川의 古音

(고음)이 모두 동일하게 [ᄀᆞᆯ]였다네. 여기에 명사형 m이 첨가되어 [ᄀᆞᄅᆷ(江)]이 된 것이라네. '뱀(蛇)'은 'ᄇᆞᆯ'였지만 후에 m이 첨가 되어 'ᄇᆞᄅᆷ'이 되었네. '바람(風)'도 시초에는 'ᄇᆞᆯ'였는데 m이 첨가되어 'ᄇᆞᄅᆷ'이 된 것일세. '바람'과 '뱀'이 항상 北狄(북적)에 따라다니는 것은 이 둘의 음과 깊은 관계가 있을 것으로 생각된다네."

"熊의 [gərəm(ᄀᆞᄅᆷ)]도 m이 첨가되기 전에는 아래아 [gərə(ᄀᆞᄅᆞ)]였다는 말씀이시군요."

"허허, 척척 알아주니 이제 내가 편하게 되었어. 결국, 能, 熊이 한때는 모두 [ᄀᆞᆯ]로 읽혔던 적이 있었다는 말일세. 能은 咠聲이라 했는데 동일 聲符(성부) 字(자)인 '台'의 古音(고음)은 놀랍게도 [ᄀᆞᆯ]와 [ᄃᆞᆰ]이 모두 나타난다네. 能, 熊도 그렇게 읽었다는 얘길세."

● 台(태/이)

高本汉	t'əg	XXI/20部	李方桂	thəg	之
王力	thə	之	白一平	hlə	之部
郑张尚芳	lhɯɯ	之部	潘悟云	l̥ɯ	之部

"t계는 d>t>th의 변천이니 기저음은 d가 되고, 핵모는 ə, 운미는 g일세. g 앞에 r을 복원하면 [dərg(ᄃᆞᆰ)]이 되네. g/k계는 白의 [hlə], 郑의 [lhɯɯ(=hlɯ)]인데, h는 g/k 계열일세. 핵모는 ə의 상대형 ɯ가 있음을 보아, 기저형은 ə가 되고 klə의 복성모 kl 사이에 ə를 복원하여 l을 r로 대표하면 [kərə(ᄀᆞᄅᆞ)]가 되네. 어두 k는 g가 될 가능성을 열어두세."

"能과 熊의 음이 같았던 시기를 밝히면 北狄(북적)의 시기를 짐작할 수 있겠네예?"

"박 군, 자넨 이제 혼자 연구해도 되겠구만. 北翟의 翟은 羽(우)와 隹(추)의 합성일세. <설문>에서 이 둘은 모두 의미부라 했네. 다시 말해서 '날개깃'과 '새'가 합쳐 의미를 만든다는 것이네. 앞서 말한 대로 翟은 태양에서 불씨를 가져온 神鳥(신조)를 말하는 [dərg(돍)]이었네. 北翟일 때 이미 불을 사용했을 것이네. 그런데 北狄(북적)으로 바꾼 것은 종족의 특성인 불(火)을 획기적으로 사용한 때부터가 아닐까 추측되네. 아마도 종족명으로 能을 쓸 때 北翟을 쓰다가 熊이 되면서 北狄(북적)으로 바꾼 것이라 생각되네. 北狄(북적)을 戎狄(융적)이라고도 한 것이 그 실마리가 될 것 같네. 또 犬戎라 한 것은 西戎(서융)을 말하네만 狄의 犭(犬)을 가져온 것이네. 이것은 西戎(서융)과의 경계가 초창기에는 없었다는 말이네. 이 말은 곧 北狄(북적) 내에 熊, 戎이 공존하다가 熊족에 밀려 나와 西戎(서융)을 형성했던 것으로 보이네. 이 戎족이 바로 사라진 虎족이었네. 좀 있다 西戎(서융) 편에서 그 증거를 말해 주겠네."

"그게 증거가 있심미꺼?"

"그렇다네. 문제는 불을 획기적으로 이용한 곳이 어딜까 하는 것일세."

"불로 무슨 도구를 만든 것을 아닐까요? 청동기시대가 시작할 시기라면 광석을 녹여 가능하지 않겠습니까?"

"당연하지. 처음에 '구리'를 만들었던 것 같네. 金의 갑골음이 이를 말해주고 있네. 金의 갑골음이 [gəsər(ㄱ슬)]이었다는 것은 놀랄 만하지 않은가? 이것은 [ㄱ릭], [ㅅ릭]를 합친 음이라네. 濊(예)의 갑골음이 [kəsər(ㄱ슬)]이었음을 기억하는가? 다시 말해서 'ㄱ릭', 'ㅅ릭' 족이 濊(예)이고 이들이 金을 만들었다는 것일세. 세상에 없는 초유의 발명품을 자기 종족 이름으로 지었던 것일세. 다시 말해서 gərsər>kəsər>ksər로 변천했다네. 앞에서 기억나네만 '다섯여섯' 하지 않고 '다여섯>대여섯'이라 한다고 하지 않았는가. '구리'는 金의 古音(고음) 'ㄱ릭'에서 변천한 음일세. <삼국사기 1>에도 金山(금산)을 加利村(가리촌)이라 했네. 金이 加利(가리)로 읽혔다는 것일세. 이밖에도 많은 예가 있다네."

"'사라'의 예도 있습니까?"

"있고말고. <삼국유사 3>에 金橋(금교)를 松橋(송교)라 했네. 학자들은 松의 훈을 '솔'이라 했지만 사실은 松의 古音(고음)일세. 松의 古音(고음) [sərg]가 하나는 [sər], 다른 하나는 [səg]가 되었네. [səg]는 g가 ŋ로 변천했으니 [səg(ㅅㄱ)>səŋ(ㅅㆁ)>soŋ(송)]으로 변천했고, [sər]는 핵모 ə(ㆍ)가 [o]로 변천해 [sor(솔)]이 되었네. 즉 松은 [송/솔]이 고음이었다는 말일세. <삼국사기 37>에는 休壤(휴양)을 金壤(금양)이라 했네. 休와 金이 같다는 것인데, '쉬다'는 뜻의 休(휴)는 이두에서 '쉬'로 읽네만, 이 '쉬'는 休(휴)의 상고음 [hjəgw]의 변천이라네. '쉬'는 '쇠'의 상대형일세. 이 '쇠/쉬'는 이에 앞선 '솔/술'의 음절말 ㄹ이 i-breaking 현상으로 반모음 [ㅣ(j)]가 되면서 [soj/suj]가 된 것일세. <삼국사기 34>에 省良(생량)을 金良(금량)이라 읽었네. 省의 고음은 [ㅅ릭]로 金의 古音(고음) [ㅅ릭]와 일치하네. 良은 [릭]로 읽혀

중첩된 음, 즉 '겹쳐 적기'를 한 것이라네."

"햐! 교수님예, 우째 그 많은 것을 모두 외우고 계십니꺼?"

"허허! 자네도 훈민정음 예의를 정확히 쓰더구만. 하다 보면 자연 그렇게 되네. 자네들도 그렇게 될 걸세."

"熊 음의 변천 과정이 궁금합니다."

"지금은 熊을 '웅[uŋ]'으로 읽지만 단군조선 시기인 殷나라 갑골문 시기의 음은 [곰(gom)]이었고 그 이전 시대 音은 [굠(gəm)]이었네. 이보다 이전 음은 [grəm(ㄱ름)]이었고 이보다 이전 음은 [gərəm(ㄱ름)]이었고 이보다 이전 음은 [gərə(ㄱ르)]였네. 후에 ə는 [아, 어, 오, 우, 으, 이]로 변천했고, 周代 初에 [gum]이었다가 상고음은 [gi̯u̯m]이 되었고, 그 후에는 성모 g가 개모 [i̯]에 의해 탈락하였고, 운미 m은 앞선 핵모 [u̯] 때문에 [ŋ]으로 변천해 [융>웅]이 된 것이라네. 다시 말해서 u뒤의 m이 ŋ으로 변하면서 지금의 웅[uŋ]이 된 것이네. 그러나 [굠]은 '곰'의 의미로 쓰이다가 神의 의미로 바뀌면서 [감/검]으로 파생되었네. [굠(gəm)]은 [감(gam)/검(gem)]으로도 변천하고 그 상대형은 [검(gem)]이었네.[19] 현재 읽고 있는 檀君王儉(단군왕검)의 儉(검)은 지금 [검]으로 읽히지만 당시는 [굠(gəm)]이었네. 문자로 본다

---

19) ㅏ/ㅓ, ㅗ/ㅜ, ·/ㅡ 등은 상대형으로서 서로 바꾸어 쓰는 경우에도 의미 변화에 별 영향을 끼치지 않았다. 한자음에서 이 상대형은 1등, 3등의 운을 형성하며, 상고음 재구에서 이 둘이 동시에 나타나는 경우가 많다. 이것은 두 음으로 읽기도 했거나 시차적으로 1등에서 3등으로 변천한 것일 수 있었음을 의미한다. 이 상대형의 호용은 알타이어의 특성이기도 하다.

면 燧人氏(수인씨), 炎帝(염제)는 熊族임에 틀림없을 걸세. 불을 머금고 있는 상고대 인명은 北狄(북적)의 熊族이라는 것일세."

"현재 우리말에서 [곰/검/감]은 熊(곰)의 뜻을 상실하고 神을 뜻한다고 했네. 이런 뜻을 가지게 된 것은 곰(熊) 토템을 가진 종족에게는 곰이 神이었기 때문일세. 그래서 '왕검'의 본래 의미는 '왕곰'이었네. '곰(熊)족 가운데 王'이었다는 것이네. 지금도 굿집에서는 [대감]이라 하는데, [王]은 [大]와 대응되고 '곰'에 해당되는 [검]은 [감]과 대응되기 때문이네. 현재 神의 일본 訓音은 かみ[kami]일세. かみ[kami]는 [kam]의 일본어식 표길세. 단군조선의 도읍지인 神市(신시)를 今彌達(금미달)이라 하는 것도 神은 かみ[kami]인데 今彌(ㄱ미)의 음과 대응하고 市의 갑골음은 [tərə>tər]인데 '達'과 대응하기 때문이네. 이 음들은 고대 어느 시기 우리 음이 전해진 것은 말할 것도 없네. 결론적으로, 北翟(북적)이 불을 발명한 수준을 넘어 불을 획기적으로 이용하면서 北狄(북적)이 된 것으로 생각되네. 불을 가진 곰(能)이 北翟이라면, 불을 획기적으로 이용한 곰(熊)은 北狄(북적)이 된 것과 같은 것일세. 이와 같이 우리는 北狄(북적)에서 熊족을 찾을 수 있고 桓雄(환웅)이 결혼한 여인은 熊族의 여인임에 틀림없다는 것이네. 여기서 잠시 <단군신화>를 보세."

하나님은, 한 묶음의 쑥과, 마늘 20쪽을 보내며 이르시기를, 너희가 이것을 먹은 다음, 100날 동안 햇빛을 보지 않으면, 사람의 모습이 될 것이라고 하셨다. 곰과 호랑이는 그것을 받아먹었다. 곰은 삼칠일(三七日)이 지나는 동안 부정(不淨)을 피하여, 여자의 모습으로 변했는데, 호랑이는 기일(忌日)을 지키지 못했으므로, 사람의 모습이 되지 못했다.

"신화에 쑥(莪)과 마늘(蒜)이 나타나는 것이, 공교롭게도 莪(아)의 갑골음은 [gar]이고 蒜(산)의 갑골음은 [sar]일세. [가라/사라]의 축약형일세. 우연의 일친지는 모르지만 여기서 [ㄱㄹ]와 [사라]가 나타나는 것은 의미심장한 일일세. 桓雄의 雄도 예사롭지 않네. 雄은 활 玄(굉)과 새 隹(추)의 합성이네. 문자로 본다면 雄의 玄은 東夷(동이)族의 상징이고, 새(隹)를 숭상하는 北翟의 熊族과 관련 있네. 그렇다면 熊의 음이 [gom]이었듯이 雄의 음도 [gom/gum]일 가능성이 있네. <설문해자주>에서는 옛날 弓의 가차로 玄(굉)을 썼다고 했고 弓, 玄 둘은 옛 음이 같다고 했네. 雄의 성부가 玄이니 弓과 雄은 동음 字(자)가 되어야 하네. 弓의 상고음이 [kjuŋ]인데, 앞선 음은 [k]가 무성음화하기 전인 [gjuŋ]이었네. 이 어말음 [ŋ]이 앞선 음 [u]뒤에 온 [m]이 변천한 것인지 살펴보면, 雄의 어말음 ŋ이 m에서 변천한 것인지 아닌지 알 것 아닌가?"

"교수님, 雄에서 어말음 m의 흔적을 찾지 못했습니다."

"상고 한자음만 보면 찾기 어렵네. 그럴 땐 일본음을 보게나. 일본 한자음도 우리 한자음보다 더 고형태를 유지하고 있지만, 일본 고유어는 우리 음이 상고 시기에 전해진 심원한 한자음이 대부분일세. 弓(궁)

의 일본 고유어는 [jumi](ゆみ)인데, [gium]의 어두 g가 탈락한 형태에서 어말음 [m]이 나타나고 있네. 이 弓은 gom/gum＞gium＞giuŋ＞kuŋ으로 변천한 것이네. gium 단계에서 어두 g가 탈락하여 [jumi](ゆみ)가 된 것일세. 후에 [u]에 연쇄된 [m]이 [ŋ]로 변천한 것이라네."

"弓의 갑골음이 [gom/gum]이었다는 것은, 弓은 北狄(북적)의 작품이지, 東夷(동이)의 작품은 아닐 수도 있다는 건가요?"

"바로 지적했네. 앞에서 보았듯이 夷(이)의 갑골자에서는 大(대)와 人의 합성이었고, 활(弖, 弓)이란 것은 찾아볼 수 없었네. ＜釋名＞에서 '熊의 음은 雄'이라 했네. 弓과 雄이 같고 雄과 熊이 같은 음이니 이 세 음은 모두 갑골음이 [gom]이었던 것이네. 그 앞선 음은 [곰(gəm)]이었네. 결국, 北狄(북적)에 熊족, 戎족이 섞여 살았고 桓雄도 熊족과 관련 있었음을 알 수 있네."

❖ 웅족(熊族)의 출현

"신화의 성격은 사실을 바탕으로 부풀린 경우와 근거 없이 지어낸 경우로 볼 수 있네. 중국과 일본이 우리의 단군신화에 대해 주장하는 쪽은 후잘세. 그러나 어떤 신화이든 반드시 그 저변의 근거는 있기 마련이네."

"중국은 자기를 중심에 두고 사방이 오랑캐라고 했으나 사실은 中華

(중화)가 중심이 아니라 黃夷(황이)가 중심이었다네. 사방 四夷(사이)와 중앙의 黃夷를 합친 오방 구도는 오수, 오상, 오색, 오행과 일치하기 때문이라네. 다음 화면을 보게."

오행	木	火	土	金	水
방위	東	南	中	西	北
오색	靑	赤	黃	白	黑(玄)
오시	春	夏	土用	秋	冬
오수	三	四	五	二	一
오음	角	徵	宮	商	羽

"방위로 中이라 한 것을 華族(화족)이 자기 것으로 만들어 버린 것이네. 중원의 세력을 잡으면서 華族이 스스로 中華라 했지만 이건 방향을 말한 게 아니라 세력 권역을 말한 것일세. 오행의 中은 이와 관련 없는 방위로서의 중앙을 말한 것이었네. 앞에서 말한 바 있네만, 중국 학자 필장복은 <中國人種北來說>에서 '동방 인종의 오행 관념은 원래 동북아에서 창시된 것을 계승한 것이다(東方人種之五行觀念 原係創始 于東北亞洲)'고 했네. 우리 민족이 창시했다는 것일세. 오행의 木은 방위로는 東이고 색으로는 靑일세. 東(京)은 斯羅(伐)[사라(벌)]로도 읽혔던 적이 있었고 靑의 갑골음이 [gəsər]로 濊(예)와 일치한다는 것은 의미심장한 일일세. 오색 가운데 靑의 음 [gəsər]도 濊(예)와 마찬가지로 [gər(ㄱ 른)], [sər(ㅅ 른)]로 문헌에 나타난다는 것은 오행의 원작자가 우리 민족임을 의미하는 것이라네. <사기 36>에 古良夫里(고량부리)

를 靑正(청정), 靑陽(청양)이라 했는데, 古良은 [ㄱ랑]로 읽혔고 夫里(=火), 正, 陽은 지역, 마을을 뜻하네. <직관 하>에서는 音理火을 靑里라 했는데, 音理火는 [소리불]로 읽혀 [ᄉ랑벌]의 변천일세. <승람 49>에서 率己山(솔이산)을 淸道(청도)라 한 것은 靑이 [소리<ᄉ랑]였다는 것이고, 加支達(가리달)을 文山(문산), 菁山(청산)이라 한 것은 文의 훈음이 [ᄀᆯ/갈/글]이고 菁이 [ㄱ랑]로 읽혔다는 것일세. 靑이 [ㄱ랑], [사라] 두 음을 지녔다는 것은 갑골음이 [gəsər]였다는 것이네."

"그들 말로 사방 오랑캐라 했으니까 한자음에서 이를 부정할 근거가 있겠습니까?"

"금세 학자다운 발상을 하는구만. 그게 첫걸음이 될 걸세. 다음을 보세."

北狄(북적)

西戎(서융)　　　　　黃夷(황이)　　　　　東夷(동이)

南蠻(남만)

"오행의 金도 갑골음은 [gəsər]이며 濊(예)의 갑골음 [gəsər]이 나뉘어 [gər(ㄱ랑)], [sər(ᄉ랑)]로 문헌에 나타나네.[20] 따라서 음양오행은

20) 5단원에서 논의되고 있다.

우리 민족이 스스로 만든 것이지 中華가 만든 것이 아님이 분명하네. 다만 중화가 중원을 차지한 후, 문화적으로 자신들의 우위를 점한 우리 민족을 비하하여 狄(적), 戎(융), 夷(이), 蠻(만)의 본래의 뜻을 왜곡했을 뿐이네. 생각해 보게. 사방의 狄, 戎, 夷, 蠻이 작위적이지 않고서야 어떻게 일괄적으로 오랑캐를 본래의 뜻으로 일치했겠는가? 게다가 우리는 여태 夷(이)가 '걸터앉은 자, 심판자, 신의 대리자'임을 보아 왔지 않은가. 이 字(자)들은 본래 뜻이 아니라네. 中華가 세력을 잡으면서 자기보다 문화적, 지위적으로 월등히 앞선 夷(이)족을 폄하하기 위해 그렇게 바꾼 것일세."

"그라마 본래 뜻을 복원할 수는 없는 깁니꺼?"

"우리가 한번 복원해 볼까?"

"아! 교수님, 자전에서 사라진 본래 뜻을 복원할 수 있다구요?"

"벌써 잊었는가? 전번에 中華가 '더럽다'고 한 濊(예)가 '눈부신 빛', '밝음'으로 복원하지 않았던가. 貊(맥), 貃(맥)과 함께."

"아! 그렇습니다. 이번에도 무척 기대가 됩니다."

❖ 호족(虎族)의 출현

"우리는 앞에서 北狄(북적)의 딴 이름 戎狄(융적), 犬戎(견융)을 보았네. 게다가 北戎(북융)이라고도 한 것은 戎의 근거지가 처음에는 北狄(북적)의 일원이었음을 알 수 있네. 戎狄(융적)에 대립된 翟狄(적적)이 있다는 것은 戎과 翟이 모두 狄에 속해 있다는 것을 보여주는 것일세."

"北狄(북적)에서 西戎(서융)이 갈라져 나왔다고 보는 것이 타당하겠군요."

"기록에 나타난 종족명으로 본다면 그럴 수밖에 없어."

"이걸 증명하자면 熊족에 대한 虎족을 증명하면 된다 아입니꺼?"

"그렇지! 동시에 단군조선을 증명하게 되는 것이네. 단군신화 내용 이후로 虎족에 대한 기록은 일체 없으니 참으로 궁금하지 않은가? 역사는 강자의 것이 아니겠나."

"아마도 굴에서 견디지 못한 虎족은 熊족에게 밀려났을 가능성도 보아야겠군요."

"나도 그렇게 생각하네. 그것을 증명하려고 연구를 했다네."

"아, 교수님! 답을 찾았습니까?"

"찾았으니까 내가 말을 하는 것 아니겠나."

"와아! 단군신화가 아니라 단군조선이 실재했음을 증명하게 되는군요."

"호들갑 떨지 말게. 이 정도는 자네들도 조금만 더 수업받으면 다 할 수 있는 것일세. 역사학자나 역사를 공부하는 사람들은 반드시 이 殷시대를 전후한 갑골음을 공부해야만 하네. 아마 자네들한테 강의하는 내용만으로 연구하는 데 별문제 없을 걸세. 심화하려면 나랑 공부를 더 해야겠지만."

"北狄(북적) 이전에 北翟을 썼듯이 西戎(서융) 이전에는 西融(서융)을 썼던 것 같네. 황제의 손자 顓頊(전욱), 顓頊의 아들 祝融(축융)은

火神으로 일컫는데 帝嚳(제곡) 아래서 火正(화정), 즉 불을 관리하는 직책이었네. 여기서 祝融과 불(火)의 관계를 볼 수 있네. 또, 황제의 고손자가 融을 쓰는 것은 종족과 관련된 게 틀림없네."

"당시에 불을 관리했다는 건 불이 귀했다는 말 아니겠습니까?"

"그렇다네. 祝融의 아우 吳回(오회)도 火正을 맡아 보았는데 吳回의 손자 鬻熊(죽웅)은 자손을 熊麗(웅려), 熊狂(웅광), 熊黠(웅점), 熊勝(웅승)처럼 熊을 氏로 하였다네. 이것은 融이 北狄(북적)의 熊族에서 분파되었음을 입증하는 것일세. <설문>에서 東北風(동북풍)을 融風(융풍)이라 한 것도 融의 본산은 北翟이었음을 말하는 것일세. 우리는 이 融에 대해 좀 더 상세히 검토해야 하네."

"<설문>에 融은 鬲(력)과 虫(충)의 합성일세. 鬲은 의미부고 虫은 聲符(성부)라 했네. 또 鬲은 솥을 상형했고 虫은 벌레, 뱀을 상형했네. 이름 내에 虫이 있으면 모두 北狄(북적), 夫餘와 관련된 것이지."

"무슨 이유가 있습니까?"

"큰 비밀이 내재해 있네. 虫뿐 아니라 火, 風도 늘 따라붙는다네. 이들의 古音(고음)이 모두 [ㅂㄹ]고 그 상대형 [브르]이기 때문이라네. 火의 古音(고음) '브르'는 ㅂ이 ㅡ를 만나 원순모음화하여 '부르'가 되고 '르'는 앞의 'ㅜ'에 유추되어 결국 '부루'가 되었네. 夫餘가 지금은 '부여'로 읽지만 古音(고음)은 'ㅂㄹ'일세."

"風은 最 古音(고음)이 'ㅂㄹ'였다네. 뱀(虫), 바람(風)의 시원어라네. 복희씨가 風을 姓(성)으로 했고 사람 머리에 뱀의 몸이었다는 것은 우연이 아닐 것이네. [ᄇᄅ>블>불(吹)]로 변천했어. '불다'는 뜻의 吹(취)에는 '바람(風)' 뜻도 있다네. 최초 음 'ᄇᄅ'에 명사형 ㅁ(m)이 첨가되어 'ᄇ름'이 되었네. 虫도 본래는 벌레라는 뜻의 'ᄇᄅ'였네. 'ᄇᄅ지>바라지>버러지'에서 '지'는 '기'가 변천한 명사형이고 '버러'는 'ᄇᄅ/브르'에서 온 것일세. 그런데 이 'ᄇᄅ'에도 명사형 m을 택한 것이 'ᄇ름'일세. 'ᄇ름'은 '버러지', '뱀'의 옛말일세. 'ᄇ름>ᄇ람>ᄇ얌/빈암>배암>뱀'으로 변천했다네. 용비어천가에 'ᄇ야미 가칠 므러'가 있는데, 'ᄇ야미'는 'ᄇ얌+이'로 분석되네. 음절 경계에 따라 'ᄇ얌[pə-jam] 혹은 빈암[pəj-am]' 두 음이 되었다네. [ə(ㆍ)]가 [a(ㅏ)]로 변천하면서 'ᄇㅣ암[paj-am]>배암[pæam]>뱀[pæm]'으로 변천했네. 확인하세. 'ᄇ얌[pə-jam]'의 앞선 형태가 뭐겠는가?"

"i-breaking 현상. 반모음 j가 r이었던 거네요."

"그렇지. 'ᄇ람[pəram]'의 ㄹ이 반모음 j로 변천하면 [pəjam(ᄇ얌)]이 되는 것이네."

"그렇다면 伏羲氏(복희씨)가 전설이 아니라 실존 인물이라는 것 아닙니까!"

"그렇지. 언어의 변천 법칙은 거짓이 없으니까 그게 사실일세. 복희씨는 최초로 風을 姓으로 한 사람으로 우리 조상일세. 사람 머리에 뱀의 몸을 하고 있는 것이 이러한 내막이 있기 때문일세."

"火의 '불'과 風, 虫의 '바람'이 현재의 음은 다르지만 상고에는 'ᄇᄅ/브르'로 같았으니까 火, 風, 虫이 따라다니는군요."

"그렇다네. 다 같은 [ㅂᄅ > ㅂ름]일세."

"그러마 교수님예, 火, 風, 虫은 뜻이 아니라 음에 따라 같다는 거 아입니꺼?"

"일부는 맞는 말이네. 한자는 모두 뜻글자라고 하는데, 사실 상고로 올라가면 음에 따른 것들이 많다네. 역사학자들은 이 한자를 뜻으로 풀 수밖에 없으니 오류가 생길 수밖에. 요 앞에 '갈석산' 문제를 보지 않았는가? 그렇다고 火, 風, 虫이 음으로만 되었다는 얘기는 아닐세. 앞에서 말한 대로 火는 北狄(북적)이 발명한 것이고 北狄(북적)의 대표 적인 姓이 風일세. 金의 발명도 그랬듯이 그 중대한 발명을 족속의 姓 으로 명명하지 않았겠나. 虫이 '뱀'의 뜻으로 人頭蛇身(인두사신)인 것, 姓을 風으로 가진 것, 火를 가져다 준 것, 이 셋이 모두 [ㅂᄅ]였다는 것은 伏羲氏의 특성과 관련지을 수 있겠네. 이 종족이 '뱀' 토템을 지 녔다 할 수 있네. 또 龍의 갑골음이 ᄀᄉᄅ(gəsərə), ㅂᄅ(bərə) 두 가 지 음이었음을 앞에서 확인했네. 'ㅂᄅ'는 '뱀', '용'이고 'ᄀᄉᄅ'는 '桓(환)', '濊(예)'의 갑골음과 일치한다네. 동시에 흉노의 王姓(왕성) 阿 史那의 갑골음이 [gəsərə(ᄀᄉᄅ)]였음도 우연이 아닐 것이네. 천제 帝俊의 갑골음이 [gəsərə(ᄀᄉᄅ)]라네."

"火, 風, 虫은 우리말 음과 의미에 다 따랐다고 봐야겠군요."

"이것 말고도 복희씨를 증명할 수 있는 게 또 있네. 東夷(동이)에 해 당하는 요건이 있는데, 오행은 木이고 오방은 東이고 오색은 靑이고 오계로는 春일세. 이 요건들을 갖추어야 東夷(동이)가 되는 것이네. 앞에서 표를 보지 않았는가? <楚辭>의 [王逸·九思·疾世]의 <註>에서 太昊(伏羲)를 '東쪽의 靑帝(청제)'라 한 것과 '木德(목덕)'이라 한 것과 '봄(春)의 神'이라 한 것은 東夷(동이)의 요건을 완전히 충족시켜주는 것일세. 매우 의미심장한 일이네. 이 넷이 우연으로 일치했다고 보기는 어렵네. 여기서 靑은 동방의 色(색)이면서 그 갑골음이 濊(예)와 같은 [gəsər]일세. 중국 지도에 靑과 결합한 지명은 우리 민족의 근거지가 될 가능성이 충분하다네. 또 遂人氏(수인씨)가 처음 불을 일으켰다고 되어 있으나 伏羲氏(복희씨)나 염제 神農氏(신농씨)도 불을 일으켰다고 되어 있으니 삼황은 모두 北狄(북적)임에는 틀림없을 것이네."

"교수님, 전설이라면 저렇게 꽉 짜이기가 불가능하지 않겠습니까?"

"그렇지. 그래도 안 믿는 사람들을 위해 갑골음 이전의 음으로 증명할 수 있네."

"네? 제가 알기로 구석기 중반 시대인 줄 아는데 그 음의 증명 가능합니까?"

"그렇다네. 언어란 법칙에 의해 변하는 법이고 1, 2만 년 동안 고형태를 그대로 유지하기도 한다네. 문자가 없던 음성언어 시기의 언어까지 복원이 가능하네. 특히 고유명사는 더욱 그러하다네."

"그라마 교수님예, 한자 最古音(고음)로 올라가면 우리에게 익숙한 이름이 나오겠네예?"

"명칭이 바뀌지 않았다면 그렇지. 우선 [大皞 복희, 太昊 복희]에서 묘한 일이 있다네. 大皞(대호) 혹은 太昊(태호) 복희라 하고, 昊는 <설

문해자주>에서 '大白'이라 했는데 大白의 갑골음은 'ᄃᆞᆯᄇᆞᆯ>ᄃᆞᆯ 붉'
으로, '크게 밝다'는 뜻일세. 그런데 皞, 昊의 갑골음은 [ᄀᆞᆯ]일세. 大
皞, 太昊의 갑골음은 'ᄃᆞᆯᄀᆞᆯ>ᄃᆞᆯᄀᆞᆯ'일세. 앞에서 [ᄀᆞᆯ], [사라]
의 뜻이 '빛나다'는 것을 이미 보았네. 大皞, 太昊는 '크나크게 밝다'는
뜻이 되네. '붉'과 'ᄀᆞᆯ'가 유의어 관계에 있었다는 것을 알 수 있네."

▶ 감숙성 천수 복희묘 내 팔괘를 들고
있는 복희상

"그런데 '皞(호)' 字(자)가 참 재
미있다네. <설문해자주>에 皞는
昊(호)와 음이 같다고 했네. 묘한 것
은 皞와 聲符(성부)가 같은 嘷(호)
는 <설문>에 咆(포)라 했는데 갑골
음이 'bərg(붉)'이고 伏의 갑골음과
일치하네. 여기서도 皞가 뜻이 아니
라 '붉'의 음으로 나타내고 있다네.
뜻은 '고함지르다'는 뜻일세. 그런
데 <廣韻>에서 이 咆를 '熊虎聲'이
라 한 게 더욱 묘하다네. '으르릉거
릴 咆'가 하고 많은 동물 중에 왜
'곰과 호랑이 소리'라고 했겠는가? 단군신화에 등장하는 웅족과 호족의
다툼이 있었던 것을 암시하고 있지 않은가?"

"필시 그것과 관계있는 것으로 보입니다."

"게다가 伏羲(복희)와 그 이칭 宓犧(복희), 包犧(포희), 虙犧(복희)의 갑골음과 그 변천이 모두 'ᄇᆞᆰᄀᆞᆯ>ᄇᆞᆯᄀᆞᆯ>ᄇᆞᆰᄀᆞᆯ'라네. 자네들이 상고음 사전으로 이 음들을 구해낼 수 있을 걸세. 아, 지금 해 보세. 각자 사전 펴게. 犧가 다 같으니 먼저 보세."

● 犧(희)

高本汉	xia	Ⅰ/35部	李方桂	hŋjiar	歌
王力	xiai	歌	白一平	hŋrjaj	歌部
郑张尚芳	hŋral	歌1部	潘悟云	ŋ̊hral	

"x는 q의 마찰음화 형태 k로 소급되네. hŋ는 복성모로 실현되었네만, 실상은 g 하나의 음에서 발현된 것이라네. 그 증거를 李, 白, 郑, 潘의 ŋ에서 볼 수 있네. ŋ는 g가 약화된 음일세. g의 무성음화 결과로 k가 실현되고, k의 마찰음 결과로 h가 실현되었네. 따라서 성모는 g일세. 白, 郑, 潘의 r은 李에서는 j화했으니 r이 앞선 음이네. 그래서 앞선 성모는 gr이 되네. 핵모는 ə로 모두 일치되고 운미 l은 r로 대표되네. 歌部(가부)로 되어 있는데 歌와 운모가 같다는 것일세. 歌의 갑골음은 [kar]니까 운모는 ər이 되는 걸세. 성모 gr, 핵모 ə, 운미 r을 모두 합치면 [grər]이 되고 g와 r 사이에 생략된 ə를 복원하면 갑골음은 [gərər]이 되지. 운미 r은 앞선 r에 의해 생략되어 [gərə]가 현실음이었을 것이네."

"犧가 [ᄀᆞᆯ]로 읽혔다면 일단 우리 종족이라 볼 수 있겠군요."

"첫 字(자)들을 모두 복원한 후에 결론을 내리세."

● 伏(복)

高本汉	b'iᵊg	XXI/19部	李方桂	bjəgh	之
王力	biək	職	白一平	bjəks	職部
郑张尚芳	bjəks	代部	潘悟云	bɯgs	

"潘悟云의 [bɯgs]가 '나, [붉]이야!' 하며 숨어 있는 것 같습니다."

"허허, 어디 보세. 성모는 b로 집약되고 개음 i̯, i, j는 갑골음 시기에 없었네. 핵모는 기저 [ə(ㆍ)]란 것을 상대형 [ɯ(ㅡ)]가 뒷받침 하네. 운미는 k보다 앞선 g이고 白의 어말 s는 r의 존재를 말하네. gh는 아음 계열이 중첩된 것이고, k의 앞선 음은 g일세. 이를 조합하면 [bərg]가 되네. 이에 앞선 음 [bərə(ㅂㄹ)]가 입성화하면서 [bərəg(ㅂ륵)]이 되고 첫번째 ə가 생략되면 [brəg(ㅂ륵)]인데 r이 j화하면 李, 白의 재구음 [bjəgh], [bjəks]가 되네. 두 번째 ə가 생략되면서 [bərk(붉)]가 되었어. 이 음이 반갑지 않은가? 郑, 潘의 [bɯgs]의 ɯ(ㅡ)는 ə(ㆍ)의 상대형일세. 어말 s는 r의 존재를 말하니까 [bɯrg]가 되는데 이 상대형이 [bərg(붉)]이라네. 이 [bɯrg(붉)]는 훗날 원순모음화하여 [burg(붉)]으로 변천했다네. 인류 초기임을 감안하면 당시의 음은 '붉'의 고음 'ㅂ륵'였을 것이네. 그 과정은 아래와 같네."

bərə(ㅂㄹ) > bərəg(ㅂ륵) > brəg/bərg > bjəg/bjəks/bjəks

/ bɯrg(붉) > burg(붉)

> bɯrɯ(브르) > buru(부루)

"다음 보세."

● 宓(복)

高本汉	mi̯e̯t	X/5	李方桂	mjit	質
王力	met	質	白一平	mrjit	質部
郑张尚芳	mrig	質2部	潘悟云	mbrig	質2部

"성모는 m이고 핵모는 e와 i를 아우르는 기저음 ə일세. 潘의 성모 m/b는 복성모가 아니라 동일 계열의 교체 관계이니 여기서는 중첩된 것일세. 개음절어에서 m/b 교체는 일반적인 현상이네. 우리말 '마당/바당, 마리/바리, 몽오리/봉오리, 멎나무/벗나무'와 같은 m/b 교체는 우리말이 개음절어 당시에 교체했던 흔적들일세. 따라서 어두 성모 m은 b의 교체였음을 潘에서 알 수 있지. 따라서 m이 나타날 때는 b가 나타나지 못하고, b가 나타날 때는 m이 나타나지 못하네. 이를 전문 용어로 "상보적 배치'라고 하네. 하나의 음, b로 조합하면 伏과 동일한 [bərg(붉)]으로 복원되네. 그 이전 음도 伏과 같았네."

● 包(포)

高本汉	pŏg	XXⅢ/28部	李方桂	prəgw	幽
王力	peu	幽	白一平	pru	幽部
郑张尚芳	pruu	幽1部	潘悟云	pruu	

"여기서 가장 앞선 음은 李의 [prəgw]일세. gw는 g의 변형이니까 g로 귀착되네. 그러면 [prəg]가 되고 늘 그랬듯이 r이 g 앞에 배치되니까 [pərg]으로 재구되네. 어두 p는 b의 무성음화이기 때문에 이에 앞

선 음은 [bərg(붉)]였네. 이에 앞선 음도 伏과 같네.”

● 虙(복)

高本汉	b'i_ək	XXI/19部	李方桂	bjək	之
王力	biək	職	白一平	bjək	職部
郑张尚芳	blɯg	覺1部	潘悟云	blɯg	

“여기서 最 古音(고음)은 郑, 潘의 [blɯg]이고, [l]은 [r]로 대표되네. 李, 白의 j가 r에서 변천한 것임을 보여주고 있네. 그러면 [brək], [brɯg]가 되는데 r은 g/k 앞으로 배치되고 [ə(ㆍ)], [ɯ(ㅡ)]는 상대형으로 기저음 ə를 상정하면 [bərg(붉)]이 되네. 이에 앞선 음도 伏과 같네. 伏羲(복희)의 伏은 사람(人) 앞에 개(犬)처럼 배를 땅에 대고 땅바닥에 완전히 엎드리는 복종을 말하네. 이 音이 뱀(虫)의 최초 음인 [ㅂ륵]이고 뱀의 모습처럼 길게 뻗어 예를 올리는 일일세. 羲는 ‘羊(양)을 戈(칼)로 해마다(禾) 숨을 끊어(丂) 제사를 지내는 것’일세. 犠로도 쓰는데 소(牛)가 추가되었을 뿐 뜻은 같다네. 정리하자면, 伏羲의 姓 風은 凡과 虫의 합성으로 凡은 几과 같은 뜻으로 ‘제사를 지낼 때 쓰는 그릇’을 말하네. 여기에 虫은 ‘ㅂ륵 > ㅂ름 > ㅂ람 > ㅂ얌 > 비암 > 배암 > 뱀’으로 변천했는데, 風은 곧 ‘뱀神에게 제사를 지내는 제사장을 말하는 것일세.”

“伏羲와 그 다른 이름 宓犠, 包犠, 虙犠은 모두 [bərə gərə(ㅂ륵 ㄱ륵)]였군요.”

“그렇다네. 초창기 音을 감안하면 [bərə gərə(ㅂ륵 ㄱ륵)]가 되지.

따라서 伏羲는 우리민족 北狄(북적)임에 틀림없어. 그런데 우리는 중대한 사건을 목격할 수 있네. 伏羲는 姓이 風(ㅂㄹ>브르>부루)임을 감안하면 北狄(북적)의 부루족임이 틀림없네. 姓은 모계이고 氏는 부계일세. 다시 말해서 伏羲氏는 부계가 '붉가라'족임을 말하는 것일세. 특히 복희씨는 손에 컴퍼스와 곡자를 들고 있는데 이는 법률로 다스렸음을 상징하는 것으로 볼 수 있네. 복희씨가 죽은 뒤 그 후손들은 淮河 북쪽에서 황하 하류 쪽으로 가 제수(濟水) 유역 일대에 터를 잡았다 하는데, 淮의 갑골음이 [ㄱㄹ]고 濟의 갑골음이 [gəsər(ㄱ술)]이네. 생각 나는 게 없는가?"

"[gəsər]은 桓(환), 濊(예)의 갑골음 아임미꺼?"

"맞았네. 정착지를 자신의 종족명으로 쓴 것일세."

"교수님, 복희씨의 어머니가 華胥(화서)라면 華(화)는 華族(화족)을 말하는 게 아닙니까?"

"대개는 그러하네. 그런데 여기선 문제가 달라. 華의 갑골음도 [ㄱㄹ]인데 뜻도 우리처럼 '빛나다'는 뜻일세. 漢族이 선망의 대상으로 여겼던 韓族을 따라 부른 것과 같은 것일세. 앞에서 일본의 양심적 학자 오향청언이 말했잖은가.

"한나라의 漢이라는 국호 자체도 옛날 삼한 조선의 韓이라는 글자를 그대로 빌려간 것에 불과하다."

"韓과 漢도 갑골음이 [ㄱㄹ]일세. 이러한 정황의 증거가 胥(서)에 있는데, 고음은 [sər]로 '스ㄹ'의 축약형일세. 즉, 華胥(화서)는 [ㄱㄹ스ㄹ]를 말하는 것인데, 읽기는 [ㄱㅅㄹ(gəsərə)]로 읽었을 것이네. 濊(예)의 갑골음 [gəsər(ㄱ술)]은 [ㄱㄹ스ㄹ]>[ㄱㅅㄹ]의 축약이기 때문이네. 복희씨의 어머니 華胥는 濊족임을 알 수 있네. 그런데 더 중대한 문제가 있어. 夷(이)의 갑골문을 다시 보세."

"夷(이)의 갑골문은 大와 人의 합성이라 했네. 華胥가 '대인(大人)의 발자국을 밟고 나서 복희를 낳았다'는 것은 복희의 아버지는 夷족이라는 것이고 風氏라고 했으니 부루족임에 틀림없네. 周의 姓은 姬일세. <論衡>의 (奇怪)에 周의 시조 后稷(후직)에 대한 기록이 있는데,

▶ 夷의 갑골문

'후직의 어머니가 大人의 발자국을 밟아 따라 가 후직을 낳았기 때문에 周의 姓을 姬라 한다'고 되어 있네."

"大人의 발자국을 따라가 후직을 낳은 것과 姓을 姬라 한 것이 무슨 인과관계가 있습니까?"

"姬의 갑골음이 [ㄱㄹ]라네. 周의 백성은 화족이지만 왕족은 동이족일세."

"아! 그렇군요."

"大人은 夷(이)를 말하고 [ㄱㄹ]족임을 뜻하네. 실제 大人의 유골이 세계 곳곳에서 발견되는 것과 관련 있는지도 모르겠네."

▶ 세계 곳곳에서 발견되는 大人의 유골

<山海經>

동해 밖에 [대언(大言)]이라는 산이 있어 해와 달이 뜨는 곳이다. 그곳에 대인
(大人)의 나라가 있고, 대인의 도시가 있는데, 이름하여 이르되 대인(大人)의
집이라. 대인이 하나 있는데, 준(踆)이 그 임금이다.

삼족오를 금오(金烏) 또는 준오(踆烏)라고도 한다.

▶ 쌍영총의 삼족오

"<산해경>은 夏나라 禹王, 혹은 백익伯益의 저작물이라고도 하고 BC 400년 이후에 저작되었다는 설도 있네. 중국 최고의 지리서라 하지만 이건 우리말로 기록된 것일세. 그러니 우리 민족의 작품이지. 여기서도 大人이 등장하고 그 대인이 踆(준)이라 했네. 金의 갑골음은 [ㄱ슬]이라고 했네. 그런데 [스클]이라고도 했네. 이것은 [ㄱ릭]와 [스릭]의 합성으로 순서상의 문제로 둘 다 桓(환), 濊(예)의 음으로 썼던 걸세. 金이 [스ㄱ리]이고 후에 [스릭], [ㄱ릭]로 분리 변천하였네. 그런데 烏가 [ㄱ릭]일세. 그러면 金烏를 어떻게 읽었겠나?"

　"[스ㄱ릭]로 읽었을 것입니다."

　"그렇다네. 金烏를 [스ㄱ릭]로 읽었다는 증거가 踆烏(준오)일세."

● 踆(준)

高本汉	ts'i̯wən	IX/4部	李方桂	tshjən	文
王力	tshiun	文	白一平	tshjun	文部
郑张尚芳	shlun	文2部	潘悟云	skhlun	文2部

　"아, 郑, 潘의 재구음이 [스ㄱ릭] 맞네요."

　"그렇다네. 성모는 skl, 핵모는 기저음 ə일세. 운미 n은 r과의 교첼세. l을 r로 대표하면 skrər이 되네. 복성모 사이에 본래 있었던 모음 ə를 복원하면 갑골음은 [səkərər(스ㄱ를)]이 되네. 운미 r은 앞선 r로 인해 생략되었네. 따라서 金烏(금오)와 踆烏(준오)는 표기만 달랐을 뿐, 발음이 같았던 게지. 둘 다 [səkərər(스ㄱ릭)]였네. 여기서 우리가 지적할 것은 '삼족오'를 [səkərər(스ㄱ릭)]라 했으니 '삼족오' 자체가

桓(환), 濊(예)의 갑골음이라는 것일세."

"<山海經>의 또 다른 대목에 '대인이라 부르는 사람이 있는데 대인의 나라가 있다. 姓은 釐(이)이고 기장을 먹고 살았다'고 했네. 釐(이)의 갑골음도 [ㄱ ㄹ]일세. 解夫婁의 解, 高句麗의 高 역시 [ㄱ ㄹ]로 읽혔으니 그 혈통이 아니겠나?"

"또 <論語, 國語>에서 '周는 長狄이라 불렀고, 지금은 大人이라 한다'고 했고 長狄이라 함은 키 큰 北狄(북적)을 말하는데 大人의 무리를 長夷라 했네. 周의 왕족은 夷(이)였음을 말하는 것일세. <사기>의 (禹定九州)에 東長鳥夷라는 말이 나오는데, <史記索隱>에서는 東長鳥夷를 '長夷이며 鳥夷이다. <大載禮>가 이르기를 長夷, 즉 長是夷라 했다'고 했네. '長이 곧 夷'라는 것이네. <설문>에 夷는 곧 大라 했으니 長은 大와도 같다는 것일세. 그런데 東, 長, 鳥, 夷(이)는 공교롭게도 모두 古音(고음)이 '돍'이었네. <사기>의 (禹定九州)에 東長鳥夷는 음이 같고 어떤 의미적 배경이 같다는 것일세."

"의미뿐 아니라 음도 같았군요."

"그렇다네. <說文解字>에 '오직 동이(東夷)만이 대(大)를 따르는 대인(大人)들이다'고 했는데, 이로써 보면 大人은 곧 東夷(동이)를 말하며 夷(이)의 甲骨文(갑골문)이 大와 人의 합성자라는 것은 매우 중대한 의미를 가지는 것일세. 大가 人의 머리 위에 손을 얹고 있기 때문일세. 성경 속의 구약에 나오는 히브리인의 관습에 손을 상대의 머리 위에 올리는 행위는 상대를 '죽이다'는 뜻이라네. 이것은 곧 심판자, 신

의 대리자를 말하는 것일세. 일설에 갑골문은 사라진 단 지파의 작품
이라고 하는데, 단군이 바로 단 지파의 長이라는 것이네. 공교롭게도
단군조선 강역인 평양 대동강 유역에서 발견된 와당에 히브리어가 해
각되어 있었네. 기막힐 노릇이지. 이것은 현재 국립중앙박물관에 소장
되어 있네. 좀 이따 나올 것이네."

"너무 멀리 왔네만, 결론적으로 말하자면 伏羲(복희), 燧人(수인), 神
農(신농)은 누가 앞섰는지는 몰라도, 이들이 새, 불과 관련된 종족, 北
翟, 北狄(북적)임에는 틀림없는 것 같네. 문제는 狄을 두고 불을 다룬
종족이라고 한 것이 설득력이 약할 수 있다는 걸세. 종족의 이름이 종
족의 특성을 드러내는 字(자) 하나로 무리가 있다는 걸세. 그래서 能과
熊이 같은 뜻이면서도 熊의 灬(火)가 종족의 특성이 분명함을 볼 때,
北狄(북적)과 관련짓는 데 무리는 없었네. 게다가 역사에서 사라진 虎
족이 함께 있었음을 통해 단군신화의 웅족과 호족이 北狄(북적) 내에
서 경쟁 관계에 있었음을 짐작할 수 있었네. 伏羲의 姓이 風인 것은
北狄(북적)의 부루족을 말했으며 伏羲의 갑골음도 [ㅂㄹ(<붉)ㄱㄹ]였
고, 그 어머니 華胥(화서)도 갑골음은 [ㄱㄹㅅㄹ(>ㄱㅅㄹ)]로 濊(예)
의 갑골음, 흉노의 王姓 [ㄱㅅㄹ]와 일치했네. 伏羲의 어머니와 周의
시조 후직의 어머니는 모두 대인의 발자국을 따라가서 아이를 낳게 되
었으므로 갑골문의 대인이 곧 夷(이)라는 사실을 확인할 수 있었네. 伏
羲의 후손이 주거한 淮의 갑골음은 [ㄱㄹ]였고 濟는 [ㄱ슬]로 濊(예)의
갑골음과 같았네. 이제 融(융), 戎(융)을 밝혀 보세."

"앞에서도 虎족은 北狄(북적) 내의 熊족과 공존하였다고 했는데, 融(戎) 또한 北狄(북적)의 일원이었다네. 웅족과 호족의 대립에서 밀려난 호족의 행방을 사학계는 추적할 수가 없었네. 역사는 강자의 편이라 호족에 대한 기록은 보이지 않았기 때문일세. 그런데 西戎(서융)이 바로 北狄(북적)에서 분파된 虎족이었다는 것을 여기서 증명하려고 하네."

▶ 새와 호랑이

"이 그림은 '彩漆虎座鳥架懸鼓(彩繪描漆虎座雙鳥鼓)'라고 하는데, 湖北省 荊州市 望山1號墓에서 출토된 복원품일세."(출처: http://www.manyart.com)

"이 유물이 '새'와 '호랑이'로 나타냈다는 데서, 北翟의 '새', 西戎(서융)의 '호랑이'를 말하는 것이라네. 이 작품의 작자는 北狄(북적)에서 분파된 서융족임을 추단할 수 있는 것일세. 출토된 고분의 지역은 荊州인데, 가라족의 근거지였네. 荊州의 갑골음은 [ㄱㄹ돌]일세."

"西戎(서융)이 北狄(북적)에서 분파된 虎족이었다는 또 다른 증거로 融을 보세. 融은 '녹이다'는 뜻이고 <강희자전>에 祝融(축융)은 火神(화신)이라 했고 전욱씨의 아들 犂(려)라고 했네. 犂의 갑골음이 'ㅂㄹ/브르'일세. 후에 '부루'로 변천하여 夫餘의 古音(고음)이 되네."

"그라마 融은 흙으로 만든 용광로 아이겠심미꺼?"

"그렇다네. 融의 음을 보세."

⚫ 融(융)

高本汉	di̯ʊŋ	XXⅡ/29部	李方桂	rəŋw	中
王力	ʎiuŋ	侵	白一平	ljuŋ	冬部
郑张尚芳	luŋ	終部	潘悟云	luŋ	

"<설문>에 鬲(력)은 의미부이고 虫은 성부로 되어 있네. 高의 성모 d가 가장 앞선 음인데, 개모를 제거하면 ə(ㆍ)가 기저음이 되고 ŋ는 g의 약화이니 앞선 음은 [dəg]가 되네. g/k 앞 r를 복원하면 古音(고음)은 [dərg(둙)]가 되네. 이 음은 北翟(북적)의 翟, 北狄(북적)의 狄의 古音(고음)과 일치한다는 데서 본래 하나의 공동체였음을 말해주네. 그 변천 과정은 'ᄃᆞᄅᆞ > ᄃᆞᆯ > 둙 > 돌/둑'일세. 문자의 제자 원리상, 融의 虫는 뱀 토템의 부루족을 나타내며 이들이 흙솥(鬲)을 만들었다는 것일세. 또 虫이 聲符(성부)라 했으니 虫의 재구음은 融과 같아야 하네."

⚫ 虫(충/훼)

高本汉	d'i̯ʊŋ	XXⅡ/29部	李方桂	drjəŋw	中
王力	diuəm	侵	白一平	drjuŋ	冬部
郑张尚芳	l'uŋ	終部	潘悟云	rluŋ	

"融과 비슷하지 않은가? 누가 古音(고음)을 재구해 보게. 오랜만에 한 군이 해 보게."

"네, 여기서는 가장 앞선 음이 李인 것 같습니다. j는 갑골음이 시기에 없었기 때문에 삭제하고 ŋw는 g의 약화이고 r을 g 앞에 배치하면 [dərg(듥)]가 됩니다."

"잘했네. 그런데 우리는 앞에서 虫, 火, 風, 모두 'ㅂ ㄹ/브르'라 했는데 靑도 우리말에 'ㅍ ㄹ(>파라)'로 남아 있네. 물론 당시는 유기음 ㅍ이 없었기 때문에 'ㅂ ㄹ'일세. 화면을 보게."

虫	ㅂ ㄹ > ㅂ 룸 > ㅂ 람 > ㅂ 얌 > 빈암 > 배암 > 뱀	[dərg(듥)]
火	ㅂ ㄹ/브르 > 블 > 불	(bgərg) > [m(b)hərg] > bərg/gərg > > bər/gər
風	ㅂ ㄹ > ㅂ 룸 > ㅂ 람 > 바람	[pərəm] (bgərg)
靑	ㅂ ㄹ > ㅍ ㄹ > 파라	[kəsər] > kər/sər

"이들 가운데 火는 복성모 mh의 m이 b와 교체함으로써, [mhərg]는 [bhərg]가 되고 h는 k의 마찰음화이고 k는 g의 무성음화일세. 따라서 h의 기저는 g였으므로 [bgərg]가 되네. 이것은 bərg(볽)/gərg(귥) > bər(블)/gər(글)로 변천하여 '밝음/빛남'을 뜻하는 우리말이었네. 風은 명사형 m이 첨가되기 전의 'ㅂ ㄹ'가 最 古音(고음)이었고 우리말이었네. 그런데 虫은 [dərg(듥)], 靑은 [kəsər]인데, 'ㅂ ㄹ'와 거리가 멀다는 것이네. 虫은 벌레, 뱀을 뜻하는데, 기저음 'ㅂ ㄹ'가 '바라'로 변천했고 그 상대형 '버러'로 변천하여 현재 '버러지'로 남아 있네. '지'는 명사형 어밀세. 또 기저음 'ㅂ ㄹ'에 명사형 m(ㅁ)이 첨가되어 'ㅂ ㄹ > ㅂ 룸 > ㅂ 람 > ㅂ 얌/빈암 > 배암'으로 변천하여 '뱀'의 뜻이 되었네. 靑

은 4c까지만 해도 유기음 ㅍ이 없었기 때문에 'ᄇᆞᆯ'였고 이것이 오늘날 '파라'로 변천한 것인데, 어째서 한자 고음에서는 蚩은 [dərg(둙)], 靑은 [kəsər]일까 하는 것일세. 이 [dərg(둙)]은 北翟의 '翟'과 일치하며 '새(鳥)'를 뜻하는 우리말이고 [kəsər]은 濊족을 말하면서 분리된 [ᄀᆞᆯ], [사라]는 '빛남'을 뜻하는 우리말일세. 둘 다 우리말인데 왜 蚩, 靑은 'ᄇᆞᆯ'로도 쓰였을까?"

"이런 경우가 많이 있습니까?"

"종종 있는 전주된 경우라네. 전주는 알다시피 이미 있는 字(자)의 뜻을 확대하여 비슷한 뜻으로 쓰면서 음을 바꾸는 경우라네. 字(자)가 생기기 전에는 음성언어 또한 그러했을 것이네. 그래서 蚩[충]은 현재, [dərg(둙)] > dəg > djiug > dziug > tsiuŋ > tsʰiuŋ > tsʰuŋ(충)으로 변천하였지만 蚩[훼]는 gərər > gərər? > grərg > hrwər > hjwəj로 변천하였네."

"靑은 어째서 그렇습니까?"

"동이족의 오행 요건 중 하나가 오색의 靑일세. 동이족의 색은 청색이라는 것일세. 청색이 동이족의 색이 된 데는 연유가 있다네. 그것은 文에 있어. 文의 상고음은 [mɯn(믄)]인데, 당시에는 '글'이 아니라 '문양'이었네. 이 [mɯn(믄)]에 음성 명사형 [늬]가 붙어 [믄+의] > [므늬]가 되네. ㅁ과 —(ɯ)가 만나면 원순모음화로 —는 ㅜ로 변천하니까 [무늬]가 되었네. 또 운미 n은 r과 교체 관계니까 [mɯr(를)]과 호용하였네. 이 또한 원순모음화하여 [mur(물)]이 되었네. 이것은 色의 우리말일세. '물이 들다'는 것은 '色이 들다'는 말이네. '물감'은 '색감'을 말하지. 文은 후에 '글'이란 뜻으로 전용되었지만 본래는 '무늬'를 말했다네. 文의 갑골문을 보세."

▶文의 갑골문

"文의 갑골문은 전문과 거의 비슷하네. 이 文은 사람이 정면에서 서 있는 모습인데, 본 字(자)에는 가슴 부분에 V, X, Ɐ, Ж와 같은 문신을 넣었다네. <禮記> 왕제(王制) 제5편에 **'동방을 이르건대 夷(이)라 하는데 머리털을 풀고 몸에 문신을 한다(東方曰夷 被髮文身)'**고 했네. 東夷(동이)가 오색 가운데 靑인 것은 문신을 하는 종족이었고, 이 문신의 色이 靑이었기 때문이네. 우리는 지금 靑의 의미를 blue의 의미로 알고 있지만, 당시는 'ㅂ ㄹ/브르', 즉 부루족을 나타내는 징표였다는 것일세. 다시 말해서 火, 風은 문자가 있기 전부터 'ㅂ ㄹ >브르> 부루>…>붉'였기 때문에 글자가 생기면서 음을 글자에 실었고, 虫과 靑도 본래 음이 'ㅂ ㄹ >붉/브르>부루'였지만, 새를 숭상하는 종족 ([dərg(돍)]), 문신을 한 종족이 濊족(kəsər)임을 나타내기 위해 전주된 음 [dərg(돍)], [kəsər]을 따로 두지 않았나 보네."

"融이 狄과 동일한 음 [dərg(돍)]을 가졌고 뱀을 숭상하는 虫을 가지고 있기 때문에, 融의 뿌리는 北狄(북적)이라는 것이군요."

"그렇지. 融을 보세."

● 融(융)

高本汉	di̯ŭŋ	XXII/29部	李方桂	rəŋw	中
王力	ʎiuŋʸ	侵	白一平	ljuŋ	冬部
郑张尚芳	luŋ	終部	潘悟云	luŋ	

● 戎(융)

高本汉	n̯i̯ŭŋ	XXII/29部	李方桂	njəŋw	中
王力	n̯iuəm	侵	白一平	njuŋ	冬部
郑张尚芳	njuŋ	終部	潘悟云	njuŋ	

"앞의 融 字(자)에 王力이 재구한 y를 뒤집어 놓은 부호는 어떤 발음입니까?"

"허! 이 사람들, 얼마 전에 했을 텐데 또 잊었구만. l 음이 i나 j 앞에서 나는 소릴세. l을 발음하되 입이 찢어진 [l], 구개화된 [l]이지. '물략'이라 할 때 '략'의 ㄹ 발음일세. 이건 [l]의 변이음에다 l/r의 교체를 감안하면 r로 잡으면 되네."

"돼지꼬리 달린 n은요?"

"구개화된 n이네. 역시 입이 찢어진 n일세. na 할 때 n과 ni 할 때 n은 다른 음이지. 그러나 n으로 써도 되니 무시하게. 홍 군이 戎의 갑골음을 재구해 보겠나?"

"네, 교수님. 거의 모든 게 같은데 融의 성모 d, r이 n으로 변천한 것 같습니다. 가장 앞선 음은 성모가 d니까 融과 같은 [dərg(듥)]입니다.”

“맞았네. d, r, n은 수의적으로 교체한다네. 나중에는 이 n마저 소실되어 [융]이 되잖는가. 가장 높다는 뜻의 ‘맏이’는 형제 중에 첫째를 말하네. 산이 제일 높은 곳을 박 군 뭐라고 하는가?”

“‘산**말**랭이, 산**만**댕이’라고 합니다.”

“그 보게. ‘맏, 말, 만’이 다 교체하지 않는가? 지금은 ‘맏(mat)’이지만, 과거에는 ‘맏(mad)’였다네. 앞에서도 文은 ‘문+의’가 ‘무늬’가 되었고 ‘물’이 색을 말하지 않았던가. ‘묻’도 마찬가질세.”

“‘묻’은 뭣입니까?”

“이 봐라! 송 선생, 뭐가 ‘묻었다’ 할 때 ‘묻다’ 아이가!”

“교수님, 저 친구 말이 맞습니까?”

“허허! 박 군 말이 맞네. ‘묻었다’는 것은 다른 ‘색’이 들었다는 것이네. 표준어지만 대개는 이들 교체가 방언에서 나온다네. 방언을 많이 알면 국어 어원, 국어 음운학뿐 아니라 한자 음운학을 하는 데 큰 도움이 된다네. 자, 그럼 虎족을 추적해 보세.”

“北狄(북적) 가운데 곰족이 불(火)을 발명했다면 단군신화에 등장하는 호랑이족도 의당 나타나야 할 것인데 밀려난 호족은 어디에도 보이지 않는다네. 사료에 없다면 문자에서 그 실마리를 추적할 수 있네. 항간에는 한자를 어렵다고 홀대하네만, 갑골문은 문자의 기본 요건인 음과 뜻과 형을 모두 갖춘 훌륭한 문잘세. 이 글자가 아니었다면 사료에 없는 역사는 도저히 밝힐 수가 없다네.”

"北狄(북적)이 발명한 불(火)은 당시로서는 혁명과 같은 사건이었네. 의식주 생활이 달라졌을 것은 물론, 새로운 문명의 씨앗을 싹틔웠을 것이네. 그중 하나가 불(火)로 쇠(金)를 녹이는 일이었다고 보네. 이것은 신석기시대를 마감하고 청동기시대의 서막을 열게 됨을 의미한다네. 西戎(서융)족의 戎에서 창(戈)과 갑옷(十=甲)이 드러나는데, 문자로 보면, 이 종족은 北狄(북적)의 불(火) 문명을 받아 처음으로 창과 갑옷 만들었음을 뜻하는 것이네. 창과 갑옷을 만들려면 쇳물을 녹일 솥이 있어야 하는데, 흙으로 만들었을 것은 당연한 일일세. 그것이 상형문자 솥 鬲(력)일세. 그 음과 실물과 금문을 화면에서 보세."

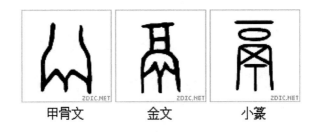

甲骨文   金文   小篆

"鬲(력)은 솥을 상형한 글자라네. 불이 있었다는 게지. 이때는 당연히 흙솥이었네. 이 글자의 모습이 그대로 유지된 토기가 출토되었어. 그런데 이 흙솥을 어느 종족이 만들었느냐가 관건이 아니겠나? 戎에서 창(戈)과 갑옷(甲)이 있는 것으로 보아 西戎族(서융족)이 흙솥을 만들고 쇳물을 녹였을 것이라 짐작되나 이것이 시초라고 단정할 근거는 없다네. 그러나 戎族이 처음 흙솥을 만들었다는 증거를 문자에서 찾을 수 있네."

솥 력(鬲)

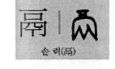
솥 력(鬲)

▶ 출토물　　　　　　▶ 금문　　　　　　▶ 갑골문

　"위 그림은 쇠를 녹이는 흙솥일세. 北狄(북적)은 처음에는 새를 숭상하는 종족으로 北翟을 쓰다가 쇠를 발명한 이후부터 北狄(북적)을 쓰게 된 것이라 했네. 마찬가지로 西戎(서융)도 처음에는 흙솥(鬲)을 만들고 뱀(虫)을 숭상하는 融을 쓰다가 후에 창과 갑옷을 만들면서 戎을 썼을 걸세. 融은 '녹이다'는 뜻이고 흙솥(鬲)이 있음을 보아 融族이 쇠를 녹이는 흙솥을 만들었음에는 틀림없네. 세 개의 발은 모두 속이 비어 있어서 쇳물이 이를 통해 고이면서 나오도록 했네. 그런데 매우 놀랄 만한 글자 하나가 있네. 이 한 글자로 말미암아 커다란 역사를 밝힐 수 있는 것이네."

　"솥 권(鬳) 字(자)에는 흙솥 鬲(력)에 범 호(虍)가 올려져 있네. 한자의 제작 원리로 보면, 이것은 虎족이 흙솥을 처음 만들었다는 증좌이고 戎에서 병장기, 즉 창(戈)과 갑옷(甲)을 만들었음을 알 수 있다는 것이네. 다시 말해서 戎족 가운데 虎족이 있었던 것일세. 즉, 虎족은 熊족에 밀려 西戎(서융)을 형성했던 것으로 보이네. 솥 鬳, 戎 字(자)는 아래와 같네."

虜 = 虍(범 호) + 鬲(흙솥 력)

금문 虜

戎 = 戈(창 과) + 甲(갑옷 갑)

금문 戎

"자, 그럼 파자된 하나하나의 갑골음을 재구하고 합성 자의 갑골음을 재구해 보세. 화면을 보게."

● 虍(호)

高本汉	xo	Ⅱ/33部	李方桂	hag	魚
王力	xa	魚	白一平	xa	魚部
郑张尚芳	qhaa	魚部	潘悟云	qhlaa	

"억! 교수님, 潘에 바로 [ㄱㄹ]가 보임미데이."

"qh는 k의 변이음이니 klaa가 되고 aa는 a로, kl 사이에 모음 a를 복원하면 kala, l/r 교체로 [kara]가 됩니다."

"그렇다네. 그러니 虍는 가라족을 말하는 것이라네. 다음 鬲을 보세."

● 鬲(력)

高本汉	ke˘k	XIX/23部	李方桂	krik	佳
王力	kek	錫	白一平	krek	錫部
郑张尚芳	kreeg	錫部	潘悟云	kreeg	

"핵모가 e(어)니까 그 상대형은 a(아)일세. 게다가 李의 핵모 [i]가 보이니 기저음은 ə(ㆍ)일세. 운미는 k보다 g가 앞서므로 [krəg]가 되네. g 앞에 r를 복원하고 kr 사이에 탈락된 ə를 복원하면 古音(고음)은 [kərərg]가 되네. 운미 rg를 나누면 하나는 [kərər], 다른 하나는 [kərəg]이 되네. 이 음도 최초에는 [kərə(ㄱㄹ)]였으니 종족의 이름을 이 글자에 올려놓았네. 그나저나 나뉜 [kərəg], [kərər]을 보게. ə(ㆍ)의 상대형은 ɯ(ㅡ)니까, [kɯrɯg], [kɯrɯr]이 되네. 기억나는가?"

"그륵! 아, 그 [kɯrɯg]이네예!"

"맞았네. 그럼 [kɯrɯr]은 뭐였나?"

"아! ㄹ, ㅅ 교체였습니다. '그릇'이었습니다!"

"지금은 흙솥 鬲(력)이라 하지만 그 당시는 '그릇, 그륵'이라 발음했다네. 그 음이 지금까지 전해오고 있지. 경상도 사람들은 '거럭'이라고도 하지. 이것은 'ㄱㄹ'에서 변천한 음일세. 우리, 앞에서 봤었지? 그릇 盧(로)에서. 같은 음이지 않은가. 용광로를 말하는 爐(로)의 古音(고음)도 이와 같네."

"교수님, 이렇게 재미있는 걸 혼자 몰래 하셨습니까?"

"그렇다네. 매일 참깨 서 말을 볶는다네. 허허! 이번엔 戈를 보세."

● 戈(과)

高本汉	kwɑ	Ⅰ/35部	李方桂	kuar	歌
王力	kuai	歌	白一平	koj	歌部
郑张尚芳	kool	歌3部	潘悟云	kool	

　"개모 w는 후에 발생된 것이니까 앞선 음은 개음 w를 제거하면 [kar(갈)]인데 [kara]의 축약형이네. 세종 시기만 해도 '갈(刀)'이었네. '칼'은 후에 거센소리화된 것이네. 창 과(戈)라 하지만 처음엔 칼이었다네."

　"만약 高처럼 아예 탈락된 음들이 모두 나와 있으면 어찌 해야 합니까?"

　"오, 이제 제법 수준 있는 질문을 하는구만. 그때는 가장 먼저 사전의 운부를 봐야 하네. 여기서는 歌部 아닌가. 지금 찾아보게."

　"네, 네, [kar]입니다."

　"그렇지, 운모는 -ar일세. 그러나 운모도 변천된 것일 수 있으니 같은 성부 字(자)를 또 찾아 확인해야 하네."

　"결국, 이것도 [ᄀᆞᆯ]군요."

　"이 [ᄀᆞᆯ]는 처음엔 종족명이었다가 후에 어말 모음이 탈락되면서 일반명사의 의미로 발전해 [갈(刀)]이 되었을 것이네. 이것이 지금은 창(槍)이지만 발명의 초창기에는 [갈(刀)]이었네. 자기 종족이 발명한 신문명은 대단한 자부심이었을 게야. 그러니 자기 종족의 이름을 올리고 싶지 않았겠나? 鐵(철)의 옛 글자가 銕이었으니 夷(이)가 발명했다는 것이지. 그래서 鐵에 자기 종족의 음을 얹은 것일세. 金을 발명한 濊(예) 역시 金에 濊(예)의 갑골음 [ᄀ슬]을 얹었었네. 나중에 다루게 될 걸세. 甲을 보세."

● 甲(갑)

高本汉	kap	XⅢ/13部	李方桂	krap	葉
王力	keap	葉	白一平	krap	盍部
郑张尚芳	kraab	盍1部	潘悟云	kraab	

"누가 해 보겠나? 송 군 해 보게."

"네, 가장 古音(고음)은 李의 [krap]고 kr 사이에 a를 복원하면 [karap]가 됩니다."

"잘했네. 그러나 p보다 b가 더 고음이고 aa는 장음을 말하므로 krab 가 가장 오래된 음이네. 복성모 kr 사이에 있었던 a를 복원하면 [karab]가 되네. 그런데 운미 b, p는 후에 생성된 것이네. 그래서 갑옷 의 처음 음도 [가라(kara)]였던 것일세. [karab]의 첫째 a가 동음생략 되면 [krab]가 되고, 둘째 a가 동음생략되면 [karb]가 되네. 운미 rb가 하나씩 나뉘면 kar/kap으로 변천하네."

"그라마 교수님, 모두 [ᄀ릭]면 도대체 이 물건 저 물건을 어떻게 구분함미꺼?"

"현재 한자음처럼 성조가 있었을 것이네. 성조가 4성이고 유성, 무성 두 계열, 평음, 유기 계열을 대입하면 동일한 음을 16개까지 의미가 다르게 표현할 수 있다는 계산이 나오네. 언어 초창기에는 어휘 수가 매우 제한적이기 때문에 가급적이면 같은 음을 성조와 유, 무성음으로 해결하려고 했을 것이네. 後漢 AD 121년만 하더라도 허신은 <설문해자>를 편찬하면서 9,353字(자)로 일만 字(자)를 넘지 않는다네. 아마도 당시의 주요 어휘는 망라했지 않았겠는가?"

"결국, 西戎(서융)족은 虎(범)족이었고 흙솥을 만들어 쇠를 녹인 融(융)족이었으며 뱀(虫)을 숭배하는 종족이며 北狄(북적)의 불을 전수받은 北狄(북적)의 일파였음을 추단할 수 있네. 오행에서 東쪽의 東夷(동이)를 靑龍이라 하고, 西쪽의 西戎(서융)을 白虎라 한 것도 여기에 기인하는 것으로 보네. 중간의 黃夷(黃色)를 중심으로 좌청룡(靑色), 우백호(白色), 남주작(赤色) 북현무(黑色)는 오방신이었고, 이것은 음양오행에서 나온 것일세. 음양오행이 우리 민족에 의해 창안되었음이 증명되는 것이네."

"나무, 석기로 무기를 만들었던 당시에 불(火)로 금속 무기를 만들었으니 지금의 핵무기와도 같았을 것이네. 그러니 전장에 가는 곳마다 승리했으리라는 것은 짐작하고도 남는 일일세. 우리 민족이 桓國(환국)의 이름으로 아시아 땅 전체를 재패한 것은 결코 신화나 상상이 아닐 것이네. 나중에 桓國의 실재를 증명할 것이네."

"桓國의 실재가 증명되면 역사학계가 뒤집히겠군요."

"그렇다고 봐야지. 식민사학자들은 단군조선조차도 인정하지 않는데 桓雄, 桓因은 소설로 생각한다네."

❖ 동이(東夷)의 출현

　"北狄(북적)의 불의 발명이 인류에게 빛(밝음)을 가져다주었고, 여기에 西戎(서융)은 쇠를 발명하면서 다시 혁명이 일어났네. <說文解字>에서 夷(이)는 東쪽 사람이며 大와 弓의 합성이라 했네. 앞에서 보았다시피 夷(이)의 갑골문은 '大와 人'의 합성일세.. 그러나 후에 큰 활을 만들어 쓰는 종족이라는 데서 大와 弓의 결합이라 했던 것 같네. 큰 활을 다루었다는 것은 신장이 컸다는 것이고, 일반 옥편에서 夷(이)를 大也로 풀이하고 東夷族을 長夷라고도 한 것은 추상적인 의미 외에 구체적인 의미도 함께 내포되어 있다고 해야 할 것이네. 실제로 檀弓은 통나무 활이었다는 점에서 다른 활과는 구별되었다네. 夷(이)의 상고음을 다시 보세."

● 夷(이)

高本汉	di₊ær	XI/7部	李方桂	rid	脂
王力	ʎiei	脂	白一平	lji	脂部
郑张尚芳	lil	脂1部	潘悟云	[b]li	

　"高의 [di₊ær]가 가장 고음일세. 요음 [i̥]가 발생하기 전에는 [æ]는 [a]였으니 이에 앞선 음은 [dar(달)]이 되네. 게다가 [i]가 있다는 것은 앞선 음이 [ə(ㆍ)]였다는 것일세. 夷(이)의 聲符(성부)가 大이고 大의 갑골음은 [dər(들)]라는 데서도 확인되네. i - breaking 현상으로 r이 j화하면 [dəj(ᄃᆡ)]로 변천하고, [ㆍ]가 [오]로 변하여 [되]가 되었네. <훈몽자회>에서 '되 夷'로 풀이하는 것은 바로 이 때문일세. '되'는 훈이 아니라 본래 음이었다네. '되'가 뭔지 알겠는가?"

"뙤놈의 '뙤' 아닙니까?"

"맞았네. 우리가 중국인을 그렇게 부르기도 했네. 사실은 우리 夷 (이)의 고음이야."

"銕(철)은 鐵(철)의 古字라 했네. 銕의 聲符(성부)가 夷[dər(들)]이고 [ㆍ]는 [ㅏ] 방향으로 변천하여 [dar]이 됐네. 그 상대형이 [der(델)]인데 여기에 요음 j가 개입되어 [djer(델)]로 변천하였네. 그 과정은 [djer(델)] 의 어두 d가 무성음화하여 [tjer(델)], 이것이 격음화하여 [tʰjer(털)], 이 것이 구개음화하여 [tsʰjer(철)], 이것이 단모음화하여 [tsʰer(철)]로 변천 하게 된 것일세. 한자의 제작 원리로 보면 夷족이 鐵을 만든 것이 틀림없 네. 후에 상세히 할 기회가 있을 것이네. 蠻이 재미있다네."

❖ 남만(南蠻)의 출현

"蠻(만)은 벌레 虫, 糸, 言의 합성일세. 虫을 보면 역시 뱀(비얌<ㅂ얌 <ㅂ름)이 있어 西戎(서융), 北狄(북적)의 일파라는 것을 알 수 있네. 西戎 (서융)족은 北狄(북적)의 일파이고 東夷(동이)족은 또 北狄(북적)의 일파 이니 四夷가 모두 하나의 종족에서 분파된 것일세. 蠻 字(자)의 뜻을 보면 <오랑캐 만> 외에도 <새소리 만>이 있는데 이 字(자)의 어디에도 새(鳥)의 흔적을 찾을 수 없네. 그럼에도 새가 등장하는 것은 바람(虫)만 으로 새(隹)를 대신했고 言으로 소리를 대신했던 것일세. 蠻족은 역시 새를 숭상하는 종족이네. 濊(예)의 갑골음 [gəsər(ᄀ술)]은 예리한 '햇

살', '빛'을 뜻하는 것이었네. 이 'ᄀ술'의 음절말 ㄹ이 i - breaking 현상
으로 'ᄀ싀'가 되고 중세국어에 와서는 'ᄀ싀'가 되었다네. 이것이 지금
의 예리한 '가시'가 된 것일세. 이 '가시'라는 의미가 벌써부터 쓰였다는
것은 荊夷(형이)를 보면 알 것이네. 荊은 날카로운 '가시'를 말하네. 荊夷
를 荊蠻(형만)이라고도 한 것은 蠻(만)이 夷(이)였음을 말한다네. 이 모두
하나의 종족에서 나온 것일세. 蠻 字(자)를 보세."

● 蠻(만)

高本汉	mwan	IV/1部	李方桂	mruan	元
王力	moan	寒	白一平	mron	元部
郑张尚芳	mroon	元3部	潘悟云	mroon	

"정 군, 해 보게."

"네, 성모는 mr - 이 되겠습니다. w는 후대에에 생겨났으니 삭제하
면 핵모는 o, a가 되는데 저모음인 a가 기저가 되겠습니다. 운미는 n입
니다. [mran]입니다."

"잘했네만, 핵모가 a, o로 실현되었다는 것은 기저음이 ə였음을 알
수 있네. [mrən]으로 수정하세. 다음을 보세."

● 彎(만)

高本汉	ʔwan	IV/1部	李方桂	ʔruan	元
王力	oan	寒	白一平	ʔron	元部
郑张尚芳	qroon	元3部	潘悟云	qroon	

"홍 군, 해 보게."

"네, 교수님. 성모 ?, q는 k의 변형이니까 k로 모아집니다. 개모와 핵모, 운미는 앞과 같습니다. 그러니 성모는 kr이 되어 [krən]이 됩니다."

"맞았네. 앞의 mrən과 합치면 [kmrən]이 되네."

● 戀(련)

高本汉	li_wan	IV/1部	李方桂	ljuanh	元
王力	liuan	寒	白一平	b‑rjons	元部
郑张尚芳	b·rons	元3部	潘悟云	[b]rons	

"배 군이 해 보게."

"네, 어두가 b, l로 나타납니다. 복성모 br이 있는 것으로 보아 l은 r과 교체관계로 보입니다. 운미는 n입니다."

"잘했네. 운미 s는 r이 있다는 뜻일세. 운미 n이 r과의 교체 관계에 있다는 것일세. 앞에서 [kmrən]이라 했는데, 성모가 br이니 이들을 겹쳐야 하네. b는 m과 교체 관계니까 하나로 축약되고 r은 동일하니 흡수되네. 결국, [kmrən] 그대로네. 다만, m은 b와, 운미 n은 r과의 교체 관계에 있음을 염두에 두세."

● 變(련)

高本汉	li_wan	IV/1部	李方桂	ljuanx	元
王力	liuan	寒	白一平	b‑rjon	元部
郑张尚芳	b·ron?	元3部	潘悟云	[b]ron?	

"정 군 해 보게"

"옙, 이건… 앞에서 한 건데… 다른 게 운미 ?뿐입니다. 이건 k의 변이음이니 그 앞에 r을 둬야 합니다. 아, n을 r로 교체하면 되겠습니다. 그러면 최종적으로 [kmrərk]가 됩니까?"

"맞았네."

● 巒(산)

高本汉	ʂwan	Ⅳ/1部	李方桂	sruanh	元
王力	ʃoan	寒	白一平	srons	元部
郑张尚芳	smroons	元3部	潘悟云	smroons	元3部

"하나 남았네. 한 군이 할 텐가, 박 군이 할 텐가?"

"제가 하겠습니다. 성모는 smr이고 운미 s는 그 앞의 n이 r임을 말합니다. 앞의 것과 합치면 결론적으로 [skmrərk]가 됩니다."

"그렇다네. 복성모 사이에 탈락된 ə를 복원하면 [səkəmərərk]가 되고 중복된 ər은 생략되어 [səkəmərk]가 되네. 여기서 우리가 고민해야 할 것은 복성모의 순서라네."

"박 군, 순발력하면 자네 아닌가. 어쩌면 좋겠나?"

"南蠻(남만)이 西戎(서융), 北狄(북적)에서 갈라져 나온 기라카마 일단 濊(예)의 갑골음에 부응해서 kəsə - 의 순서를 잡는 기이 좋겠심더."

"mərk는 어쩌겠나?"

"'맑'… b와 교체관계라면… 濊(예)가 kəsər… 아, [kəsəbərk], '濊붉'이 어떻심니꺼?"

"자네들은 어떻게 생각하는가?"

"박 중사가 지금까지 살아오면서 가장 잘한 대답입니다."

"나도 동의하네. m/b 교체로 bərk는 mərk가 되고 운미 rk가 하나씩 나뉘면 mər, mək이 되네. ə는 a로 변해 mək은 mak으로 되었네. mak의 운미 k가 마찰음화하면 무엇이 되는가?"

"mah… 아, [마ㅎ]! '남쪽'의 고유어가 여기서 나왔군요!"

"허허! 그렇다네. 종성체언이네. [마ㅎ바람]의 ㅎ+ㅂ은 ㅍ이니 남풍을 [마파람]이라 하는 걸세."

7

桓因(환인)·桓雄(환웅)·檀君王儉(단군왕검)의 실존을 증명하다

"**자,** 이제 모두가 소설이라고 하는 桓因(환인), 桓雄(환웅), 檀君(단군)의 존재를 밝혀 보세."

"벌써 긴장이 됩니다. 역사적인 순간이네요."

"사실일세."

❖ 桓(환)의 갑골음

"<설문>에 桓(환)은, 木이 의미부이고 亘(궁)은 聲符(성부)라 했네. 木이 의미부라는 것은 오행의 東夷(동이)에 해당하는 덕목일세. 亘의 本字는 亙(궁)인데, 求回也라 하여 무엇을 구하여 빙빙 돈다는 뜻이라네. 二는 '구하는 곳'이라 하고 그 사이에 있는 日은 갑골문, 금문, 소전에서 나선형을 그린 것일세. 또 '古文回'라 하였네. 이 回 또한 지금의 작은 입구(口)와 큰 입구(囗)의 합성이 아니라, 연결된 하나의 나선형이라는 데 주목할 필요가 있다는 말일세. 二를 上, 下라 하고 '구하는 곳'이라 했는데, [하늘과 땅 사이(二)]에 나선형으로 도는 것은 은하계밖에 더 있겠나? 화면을 보게나."

▶은하수　　　　　　▶亘　　　　　　▶回

　"교수님, 상고 시기 당시의 사람들이 은하계의 나선형 모습을 어떻게 보았겠습니까?"

　"그러니 환장할 노릇이지. 桓(환)이 천상의 존재라야 가능하니 말일세. 우선 桓(환)의 갑골음과 동일 聲符(성부) 字(자)를 보세."

　"上下를 꼭 우주, 하늘과 땅으로 해석해야 함미꺼?"

　"박 군, 자네 좋은 머리로 생각해 보게. 그 말고 또 있는가. 태풍의 소용돌이도 하늘에서 보지 않으면 가능하지 않다네. 게다가 亘과 같은 字(자)인 瓦을 보세."

▶갑골문　　　　▶금문

　"二의 중간이 무엇과 같은가?"

"우주와 관련짓는다면 달(月)로 보여야 되잖겠습니까?"

"그렇다네. <正字通>에서 '月弦也'라 했네. '달의 현'이라는 거지. <文選·張衡·南都賦>에서는 '亙望無涯'이라 했는데 '亙은 넓고 멀고 끝이 없어 눈을 가리는 것이 없다'는 말일세. 우주의 모습이잖은가? 현재 자전에 남아 있는 뜻을 정리하면 다음과 같네.

● 亙(긍)

1. 뻗치다

2. 연접하다(連接 - - : 서로 잇닿다)

3. 다하다

4. 극진하다(極盡 - -)

5. 가로지르다

6. 건너다

7. 이끌다

8. 두루

9. 널리

10. 넓이

11. 길이

12. 베풀다(선)

13. 선포하다(宣布 - -) (선)

14. 구하다(救 - -) (선)

▶ 설문의 亘

<설문>에서 二 사이에 舟(주)를 넣었다는 것은 위 5, 6의 뜻으로 '넓고 먼 은하수를 건너는 것'이 아니겠는가? 우주를 건너 항해하는 것이지. 앞에서 船(선)을 공부할 때도 舟는 '건너다'는 뜻이었네. 게다가 갑골문, 금문에서는 二 사이에 月이 있음을 보았는데, <설문>에서 朝의 聲符(성부) 月을 舟聲이라 한 것과 같네. 間과 開도 같은 字(자)였네. 日月의 음이 각각 두 음 [ㄱㄹ], [ㄷㄹ]였다가 이 둘을 구분하기 위해 月을 'ㄷㄹ > 들 > 달'에 한정하였던 것일세. 桓(환)이 하늘의 존재라면 망망대해 우주에서 **은하수를 건너(5)** 생명의 터전을 **구하여(14)** 생명 창조를 **선포하고(13)** 인간을 **이끌어(7)** 은혜를 극**진히(4), 두루(8), 널리(9) 베푸는 것(12)** 아닐까? 게다가 기본 뜻으로 '時間或空間延續不斷'이라 했는데, '시간 혹은 공간이 끊이지 않아 계속되는 것'이라는 말일세. 이건 '우주 시공의 영원성'을 말하는 것일세. 이것도 항구여일한 亙, 亘이 지닌 우주적 요소가 아니겠는가 말일세."

● 桓(환)

高本汉	g'wan	Ⅳ/1部	李方桂	gwan	元
王力	ɣuan	寒	白一平	wan	元部
郑张尚芳	gʷaan	元1部	潘悟云	gʷaan	

● 亘(긍)

高本汉	kəŋ	ⅩⅩ/21部	李方桂	kəŋh	蒸
王力	kəŋ	蒸	白一平	kəŋs	蒸部
郑张尚芳	kɯɯŋs	蒸部	潘悟云	kɯɯŋs	

● 垣(원)

高本汉	gi̯wă̆n	IV/1部	李方桂	gwjan	元
王力	ɣiuan	寒	白一平	wjan	元部
郑张尚芳	ɢʷan	元1部	潘悟云	ɢon	

● 宣(선)

高本汉	si̯wan	IV/1部	李方桂	skjuan	元
王力	siuan	寒	白一平	swjan	元部
郑张尚芳	sqhon	元3部	潘悟云	sqhon	

"위 字(자)들은 모두 亘을 같은 聲符(성부)로 가진 字(자)들일세. 누가 복원해 보게."

"지가 해보겠심더. 성모는 gs -, 핵모는 ə, 운미는 r이 되겠심더. 이것이 운미 rg로 변하겠심더."

"잘했네. 자, 설명을 해 보게."

"亘은 [긍/선] 두 음으로 나타나고 宣에서도 [선]으로 나타나이께 성모 gs의 존재는 분명함미더. 그래서 복성모 gs가 됐고예. 갑골음 시기에 i̯w, iu, wj, ju, w는 없었으이께 핵모 a, o, ə, ɯ의 기저음은 ə가 되겠심더. 운미에 s가 보이는 것은 r이 있다는 얘기고 g앞에 배치되겠심더. 운미 n과 s는 r의 교체니까 이빨이 꽉 물려 맞아떨어짐미더. [gsərg]가 되겠심더."

"와우! 교수님, 저 정도면 하산시켜야 되잖습니까?"

"박 군, 자넨 다음 주부터 안 나와도 되겠네. 'Search for data in

Chinese Characters'에서 亘을 聲符(성부)로 가진 宣(선)을 다음과 같이 밝히고 있네."

Character: 宣
a. Modern (Beijing) reading: xuān
b. **Preclassic Old Chinese: swhar**
c. Classic Old Chinese: swan
d. Western Han Chinese: swan
e. Eastern Han Chinese: sjwan

"b를 보세. 성모가 swh라는 것은 갑골음 시기에 없었던 w를 삭제하고 h는 k의 마찰음화니까 sk였다는 것을 말하네. 그러나 亘을 聲符(성부)로 하는 다른 字(자)에서 어두 g가 나타났으므로 k의 이전 음인 g가 되어 성모는 gs 혹은 sg가 되네. 핵모와 운미는 박 군의 설명과 같네."

"자, 다시 보세. 만약, 이 나선문양이 은하수 혹은 우주의 모습을 상징했다면 하늘의 존재를 글자 속에 넣는 데 더할 나위 없지 않겠는가. 聲符(성부)가 같은 亘(긍), 宣(선), 狟(훤), 桓(환), 恒(항), 垣(원)은 모두 亘聲(긍성)으로 되어 있네. 이들은 적어도 <說文解字> 시기에는 하나의 音이었다는 것일세. 어떤 音이었을까."

"첫째로, 앞에서 보았듯이 諸家(제가)들이 재구한 音은 제각기 미묘한 차이가 있네. 이것은 諸家들의 오류로 인한 차이가 아니라고 했네. 상고음 시기 내 1000년 내외 사이에서 諸家들이 각각 어느 시점의 音을 따른 것인지, 어느 지역의 방언 音을 따른 것인지에 따라 재구음이 각기 다를 수 있기 때문이네. 그렇기 때문에 각 재구음들을 분석, 종합해 시간을 거슬러 올라가보면 갑골음 하나에 수렴된다네."

"聲母가 s, k로 나타난다는 것은 sk 혹은 ks 복성모임을 뜻하네. 聲母 s계는 변동이 없으므로 일단 성모의 자격을 가지네. k계의 qh는 k의 변이음이니까 k가 기저음이 되는 걸세. 그러나 ɣ는 g의 마찰음화 결과이고 k는 g의 무성음화의 결과일세. 자연음운론 입장에서 어두에서 g가 ɣ, k로 변할 수는 있어도 ɣ, k가 g로 변할 수는 없네. 따라서 여기서의 복성모 아음 계열 最古 형태는 g가 되네. 결국 聲母는 sg-, 혹은 gs-가 되네."

"둘째로, 핵모를 보면 개모 i, j는 殷 시기만 해도 없었고 w는 후대에에 생겨난 것이니까 삭제하지만 이때 개모가 성모나 핵모에 영향을 끼쳤는지 고려해야 하네. 만약 영향이 있다면 그 요소까지 복원시켜야 하네. 그렇다면 남은 핵모는 a(ㅏ), ə(ㆍ), o(ㅗ), ɯ(ㅡ)가 되는데, ə(ㆍ)는 모음 체계의 견인력에 의해 [ㅏ, ㅓ, ㅗ, ㅜ, ㅡ, ㅣ]로 변천하므로 a(ㅏ)보다 앞서 존재한 것이고, ɯ(ㅡ)는 ə(ㆍ)의 상대형으로 나타났기 때문에 기저 핵모가 ə(ㆍ)였음을 말하네."

"셋째로, 운미 ŋs, ŋ, n 가운데 부분적으로 공통된 요소는 ŋ이네. 그런데 ŋ는 g의 약화로 비음화된 것이므로 ŋ의 앞선 형태는 g가 되네.

운미 s는 r과 교체된 것으로서 복운미와 관련된 것이라네. 따라서 성모는 gs - 혹은 sg - 가 되고 핵모는 ə(﹒)가 되고 운미는 g가 되므로 이들을 조합하면 [gsəg]가 되네. 그러나 여기서 끝나는 것은 아닐세. 운미 ŋs의 s는 r과의 교체에서 나타난 것으로서 r이 존재했음을 말하고 있네. 따라서 운미는 -rg가 되네. 그러나 桓[hwan], 宣[sen]의 운미 n은 운미 r과의 교체에서 생겨났으므로 본래의 기저 운미는 r을 가졌던 것일세. 그 증거로 아래를 보세."

Character: 烜
Modern (Beijing) reading: xuǎn

a. Preclassic Old Chinese: swarʔ
b. Classic Old Chinese: wán
c. Western Han Chinese: wán
d. Eastern Han Chinese: hjwán

"烜의 聲符(성부)는 亘일세. 권위 있는 database의 음인데 a.에서 성모는 s, 운미는 rʔ로 나타나네. ʔ는 g/k의 변천이니 앞서 말한 대로 운미는 rg일세. 하나씩 나뉘면 [swar], [swag]가 되네. 결국, 운미 r이 있었다는 증걸세. 같은 字(자)의 다른 재구음들을 보세."

● 烜(훤)

高本汉	xwia	Ⅰ/35部	李方桂	hjiarx	歌
王力	xiuai	歌	白一平	xwjan?	歌部
郑张尚芳	qhrol?	歌3部	潘悟云	qhrol?	

　"李의 운미 rx의 x는 q의 마찰음화인데 g/k 계열일세. 앞에서 운미 ŋ이 있었기 때문에 g에서 온 것이네. 따라서 운미는 rg로 복원되네. 이는 王의 운미 i는 i-beraking 현상으로 r가 변천한 것이고 郑, 潘의 운미 l?도 l은 r로, ?는 k로와 복원되네. 무엇보다 운모가 歌部로 되어 있네. 이 말은 烜, 즉 성부인 亘의 운모가 歌의 운모가 같다는 것일세. 아래서 歌部를 보세."

● 歌(가)

高本汉	kɑ	Ⅰ/35部	李方桂	kar	歌
王力	kai	歌	白一平	kaj	歌部
郑张尚芳	kaal	歌1部	潘悟云	kaal	

　"李에서 운모는 ar이 나오고 郑, 潘의 l은 r의 교첼세. 白의 j는 r의 변천일세. 결론적으로 桓(환)의 갑골음은 최소한 운미가 r이었음을 증명하고 있네. 이와 같은 字(자)는 상고음 사전에서 n/r 교체를 보이는데, 圻[g'jər/ŋjən], 个[kar/kan], 寅[djər/djən], 敦[twər/d'wən], 賁[pjar/b'jwən] 등과 같은 字(자)가 여기에 해당되네."

　"결국, 운미는 -r(n) > -rg > - r/g > - j/ŋ로 변천해 간 것이네. 위의 亘(긍), 宣(선), 桓(환), 恒(항)은 적어도 <說文解字> 시기에는 동일한

音으로 읽혔지만, 亘(긍), 恒[항]은 -ŋ 시기에 형성된 운미였고, 桓[환], 宣[선]은 -r(n) 시기에 형성된 운미였던 것이네. 이 가운데 最古 형태인 r은 桓因(환인) 시대가 아득한 옛 시기라는 점을 뒷받침하네. 이 rg 운미가 오늘날 우리말 'ㄹ 받침'이 아닌가 생각되네."

"현재까지 성모 gs-, 운모 ə(ㆍ), 운미 -rg가 되어 [gsərg]로 재구되었네. 복성모 gs-와 sg-는 순서상의 문젠데, 당시대에서는 둘 다가 쓰였고 이것은 후에도 유지되었던 것이네. [gsərg]에서 마지막 단계인 갑골음을 재구해 보세."

"알다시피 복성모 gs-는 그 사이에 이미 존재했던 모음이 탈락된 형태고 그 모음은 바로 이어진 ə(ㆍ)일세. 당시 언어가 모음조화를 철저히 지켰기 때문이네. 후에 모음조화가 조금씩 허물어지면서 드물게 [a], [o]가 오기도 했다네. 우리말 중세국어에서도 어두 자음군을 지닌 어휘가 이런 상황이었네. <鷄林類事>에 女兒日寶妲은 '여아를 이르건대 보달이라 한다'는 두 음절 寶妲[보들]이었네만 15세기에는 어두 자음군을 가지면서 한 음절 [뜰]로 축약되면서 (ㄴ)가 생략된 것일세."

"결론적으로, [gsərg]보다 앞선 音은 복성모 gs-사이에서 생략되었던 ə를 복원하여 [gəsərg]였고, 이보다 앞선 음은 운미 g가 발생하기 전이므로 [gəsər]일세. r의 입성화로 g가 발생한 것일세. 최종적으로 桓(환)의 갑골음 [gəsər]가 되네. 우리가 앞서 재구한 濊(예)의 갑골음 [gəsər]과 비교하면, 이 둘은 완전히 일치하는 것이라네. 桓(환)의 音 [gəsər]은 후대에 어두가 무성음화하여 k로 변천하였기 때문일세.

그것이 바로 갑골음 이후의 瀶[kəsər]가 되는 게지. 그 후 어두 모음이 동음생략되어 [ksər]이 되고 복성모 k - 와 s - 가 각각 운모 ər과 결합하면서 두 부류 [ᄀᆞᆯ kər(ə)]와 [ᄉᆞᆯ sər(ə)]로 분리 변천하게 된 것이라네. 이는 가라族과 사라族을 의미하네."

❖ 因(인)의 갑골음

"<說文解字>에 因(인)은 '就也'라 하여 '나아간다'는 뜻이라 하고, 口와 大는 모두 의미 부분이라 했네. 모두가 의미부라는 것은 모두가 聲符(성부)라는 말과 같은 얘길세. 먼저, 因의 상고음을 보세."

● 因(인)

高本汉	ʔiˬeˇn	Ⅶ/9部	李方桂	ʔjin	真
王力	ien	真	白一平	ʔjin	真部
郑张尚芳	qin	真1部	潘悟云	qin	真1部

"위 諸家(제가)의 재구음들은 상고음 시기 내의 여러 시점의 音들이라 할 것이네. 성모는 ʔ, q이며 王의 재구음은 개음에 의해 성모가 이미 소멸된 경울세. ʔ, q는 k에서 발생한 변이음이므로 성모는 k가 되네. 그러나 iˬ나 j 앞에서 소멸될 수 있는 성모는 g, d, b에 한정된다네. 따라서 기저 성모는 g였음을 알 수 있네."

"핵모 e는 본래 a 音이었던 것인데, 개음 iˬ, j에 의해 높은 모음 자질로 이동된 결괄세. 이 a 또한 그 기저가 [ə(ㆍ)]인 부류가 있네. 예컨

대, 金의 日音은 [きん(kin)]이지만 훈독으로 [かな(kana)]로 읽는데, 이 훈독은 古韓音(고한음)이 건너간 것이라네. 金의 韓音과 日音의 운미는 n/m으로 차이가 있지만, 이보다 앞선 고대시기에 韓音의 운미는 r이었네. 이것이 n과 교체되었고 n은 또 후대에 m과 교체된 것이네. 중국은 '간쑤성(甘肅省)'이라 하는데 우리는 '감숙성'이라 하네. 韓音의 핵모가 日音에서 [a(ㅏ)], [i(ㅣ)]처럼 현격히 차이나는 음운 둘로 음독되었다는 것은, 金의 古韓音의 기저 음운이 [ə(ㆍ)]였다는 것을 말하는 것이네. 古韓音 [ə(ㆍ)]는 日音에서 음성자질이 유사한 [a(ㅏ)]로 반사될 수 있었고, 古韓音 [ə(ㆍ)]의 상대형 ɯ(ㅡ)가 같은 높이의 모음 i [이]로 반사될 수 있었던 걸세. 고대 일본어 모음에 ə(ㆍ), ɯ(ㅡ)가 없었기 때문이네."

"다시 말해서 因의 상고음의 핵모 [e(어)]는 이전 시기에는 [a(아)]였으나 ji, i까지 나타났다는 것은 因의 갑골음 핵모는 [a]와 [i]로 변천하기 이전에 [ə(ㆍ)]였다는 것일세. 다시 말해서 기저 음운 [ə(ㆍ)]는 [a(ㅏ)]로 변천했고 [ə(ㆍ)]의 상대형 [ɯ(ㅡ)]는 i[이]로 변천한 것이라네. 因의 갑골음 핵모는 [ə(ㆍ)]로 읽혔고 그 상대형 [ɯ(ㅡ)]로도 읽혀야만 이와 같은 변천이 가능한 걸세. 因의 기저 음운이 [ə(ㆍ)]로 읽혔고 그 상대형 [ɯ(ㅡ)]로도 읽힌 증거는 因을 聲符(성부)로 하는 다른 어휘에서 확인할 수 있네."

● 恩(은)

高本汉	ʔən	IX/4部	李方桂	ʔən	文
王力	yən	文	白一平	ʔən	文部
郑张尚芳	qɯɯn	文1部	潘悟云	qɯɯn	文1部

"恩은 <說文解字>에 因聲으로 되어 있네. 諸家의 상고음 핵모는 [ə(ㆍ)]와 [ɯ(ㅡ)]일세. 앞서 지적한 대로 핵모의 기저음은 [ə(ㆍ)]이고, ʔ/q는 k에서 변천한 음들이어서 성모의 기저음은 [k]일세. y는 g의 약화에서 왔으니 g가 기저음이 된다네. 결론적으로 因의 성모는 [g]이고 핵모는 [ə(ㆍ)]이고 운미는 [n]일세. 因의 갑골음은 [gən(ㄱ)]으로 복원되네."

"지금까지의 논의를 간추리면, 桓(환)의 갑골음은 [gəsər(ㄱ슬)]이고, 因의 갑골음은 [gən(ㄱ)]이니까 桓因의 갑골음은 [gəsər gən(ㄱ슬 ㄱ)]이 되네. [ə(ㆍ)]는 후에 [a(ㅏ)]로 변천하였으므로 [gasar kan(가사 간)]이 되고, a(ㅏ)의 상대형 e(ㅓ)로 讀音(독음)될 경우에는 [geser kan(거서 간)]이 되네. 이는 朴赫居世(박혁거세) 왕의 위호 居西干(거서간)도 당시 음이 [gəsər gən(ㄱ스 ㄱ)]이었으나 후대에 [gasar kan (가사 간)]으로 변천했고, 그 상대형인 [geser kan(거서 간)]이 되었던 것과 일치한다네."

"교수님예. 桓因과 居西干의 음이 모두 [gəsər gən(ㄱ스 ㄱ)]이라면 桓因의 존재가 분명하다는 거 아임미꺼?"

"그렇다마다. 아득한 옛날 桓因의 음이 [gəsər gən(ㄱ스 ㄱ)]이었기

때문에 후대 사람이 이와 같은 이름인 居西干[gəsər gən]이란 칭호를
유전해 쓴 것일세. 桓因은 개인의 이름이 아니라 지도자의 명칭일세.
桓雄도 마찬가지라네. 'ㄱ술 ~ 가사ㄹ'는 누차 말했지만 桓(환), 濊(예),
金, 靑의 갑골음일세."

❖ 雄(웅)의 갑골음

　"<설문>에 雄(웅)은 厷(굉)과 隹(추)의 합성이라 했고, '새의 아비
(鳥父)'라 한 것은 北狄(북적)의 鳥夷(조이)와 관련된 것으로 보이네.
그 이유는 새(隹)를 구성 요소로 할 뿐 아니라, 厷(굉)이 聲符(성부)고
의미는 '臂上也'라 하여 '팔뚝'을 말하고 있지만 활(弓)을 의미하기도
하기 때문이네. 여기서 厷은 弓의 의미로 쓰인 것이 분명하네. 이름에
새(隹)가 들어간 것은 北狄(북적)과의 혼인 관계를 말하고 활(厷)은 자
신이 東夷(동이)족임을 나타내는 것으로 보이네. 熊女가 北狄(북적)이
니 새(隹)는 이와의 관계를 뜻하는 것으로 생각되네. 東夷(동이)족을
대표하는 특성은 활(厷=弓)이 첫째가 될 것이고, 이것이 종족의 절대
권자의 이름에도 나타나는 것은 자연스러운 일일 것이네. 또 앞에서
桓因이 [gəsər kən(ㄱ스 근)]이었던 것처럼 桓雄도 지도자의 명칭이
었을 것이네. 諸家가 재구한 厷을 聲符(성부)로 하는 字(자)의 상고음
을 보세."

● 宏(굉)

高本汉	gʻwæŋ	ХХ/21部	李方桂	gwrəŋ	蒸
王力	ɣoəŋ	蒸	白一平	gʷrəŋ	蒸部
郑张尚芳	gʷruɯŋ	蒸部	潘悟云	gʷruɯŋ	蒸部

● 紘(굉)

高本汉	gʻwæŋ	ХХ/21部	李方桂	gwrəŋ	蒸
王力	ɣoəŋ	蒸	白一平	gʷrəŋ	蒸部
郑张尚芳	gʷruɯŋ	蒸部	潘悟云	gʷruɯŋ	蒸部

● 翃(굉)

高本汉	gʻwæŋ	ХХ/21部	李方桂	gwrəŋ	蒸
王力	ɣoəŋ	蒸	白一平	gʷrəŋ	蒸部
郑张尚芳	gʷruɯŋ	蒸部	潘悟云	gʷruɯŋ	蒸部

● 鈜(횡)

高本汉	gʻwæŋ	ХХ/21部	李方桂	gwrəŋ	蒸
王力	ɣoəŋ	蒸	白一平	gʷrəŋ	蒸部
郑张尚芳	gʷruɯŋ	蒸部	潘悟云	gʷruɯŋ	蒸部

"諸家는 각 字(자)를 저마다 동일한 音으로 재구하고 있지만, 각 字(자)에 대한 諸家들의 재구음은 다르네. 이것은 누차 얘기했지만 諸家들이 선택한 상고음 시기 내에서 선택한 시간 차와 방언 차의 문제라 할 것이네. 그러나 우리가 주목하고 있는 雄(웅)의 상고음과 현재음이 熊의 상고음, 현재음과 같다는 것일세."

"그런데 교수님, 성부가 玄(굉)인데, 이 聲符(성부) 字(자)에서 운미 [m]을 찾지 못했습니다."

"그렇다네. 雄의 운미 [ŋ]이 [g]에서 변천한 것인지, 아니면 이른 시기에 [m]이 [ŋ]으로 변천했는지 현재의 자료로는 알 수가 없다네. 어떻게 하면 이를 추적할 수 있겠나?"

"玄과 弓이 모두 '활'이니까 발음도 같지 않았겠습니까?"

"바로 그걸세. 聲符(성부) 字(자)를 추적해도 증거를 잡지 못할 경우에는 같은 음과 의미의 한자를 살펴보는 것이라네. 특히 현재 동일한 음의 한자는 과거부터 동일한 변천을 겪었을 가능성이 있네. 우선 동일 의미를 지닌 弓을 살펴보세."

● 弓(궁)

高本汉	ki̯uŋ	ⅩⅩ/21部	李方桂	kwjən	蒸
王力	kiuəŋ	蒸	白一平	kʷjəŋ	蒸部
郑张尚芳	kʷɯŋ	蒸部	潘悟云	kʷɯŋ	蒸部

"弓에서도 운미 [ŋ]이 [m]에서 변천했다는 단서를 찾지 못하네. 그러나 같은 성부자에서 그 흔적을 볼 수 있다네."

"弓의 핵모 [ə(ㆍ)]가 [u(ㅜ)]로 변천하여 [gum]이 된 것은 日本 訓音(훈음) ゆみ[jumi(유미)]에서 볼 수 있네. 日 訓音은 우리말 古音(고음) [gum]이 건너가 gumi > gjumi > jumi로 변천했기 때문일세. k, t, p는 i, j 앞에서 탈락되지 않지만 g, d, b는 i, j 앞에서 탈락된다네. 日本 訓音 ゆみ[jumi(유미)]를 보면 앞선 형태가 [kum]이 아니라 [gum]

306 | 갑골음으로 잡는 식민사학, 동북공정

이었음을 알 수 있네."

"앞에서 말했듯이 熊族은 北狄(북적) 가운데 한 종족이고 東夷(동이)는 北狄(북적)의 일파였다네. 北狄(북적)의 대표성은 불(火)이고 東夷(동이)의 대표성은 활(弓, 玄)인데 과연 東夷(동이)가 北狄(북적)에서 분파된 뒤에 활을 만들었을까 하는 의문이라네. 熊과 弓의 갑골음이 같다면 北狄(북적)의 熊族이 활을 만들었고 그 후에 北狄(북적)에서 분파하여 활을 더욱 발전시킨 종족이 東夷(동이)라는 생각일세. 그래서 熊의 古音(고음)라고 했던 [gom(곰)]보다 앞선 시기, 즉 문자가 없었던 시기에는 [gəm(금)]이었을 것이네. <설문>에 熊은 炎省聲(염생성)으로 되어 있네. 炎의 상고음을 칼그렌은 [gi̯am]으로 재구하고 있고 갑골음 시기에는 [i̯]가 없었기 때문에 [gam]이 되겠네만, 이 [a]는 [ə(、)]의 변천임을 알 수 있네."

Character: 熊

Modern (Beijing) reading: xióng
Preclassic Old Chinese: **whəm**
Classic Old Chinese: **whəm**
Western Han Chinese: **whəm**
Eastern Han Chinese: whəm
Early Postclassic Chinese: **whim**
Middle Postclassic Chinese: **whim**
Late Postclassic Chinese: **whim**
Middle Chinese: **ɦiʉŋ**

"이 데이터베이스에 의하면 熊의 音은 허신이 <설문>을 저술한 後漢시대(東漢)만 해도 [whəm]이었고 핵모가 [ə(ㆍ)]음임을 알 수 있네. 성모 wh는 g/k에서 변천한 것일세. <설문>에 熊은 羽弓切(우궁절)이라 되어 있는데 후한 음을 모르는 대부분의 사람들은 이것을 [우궁]으로 읽어 音이 [웅]이라 한다네."

"저희들도 그래왔는데요?"

"하! 이 친구들아, 羽弓(우궁)을 <설문> 당시의 음으로 읽어야 할 꺼 아이가!"

"박 군 말이 맞네. 허신이 <설문>을 저술할 때 쓴 반절은 그 당시 음으로 했기 때문일세. 羽의 상고음 성모를 각자 찾아보게."

● 羽(우)

高本汉	gi̯wo	Ⅱ/33部	李方桂	gwjagx	魚
王力	ɣiua	魚	白一平	wjaʔ	魚部
郑张尚芳	ɢʷaʔ	魚部	潘悟云	ɢʷaʔ	魚部

"성모가 g로 귀착됩니다."

"弓의 운모가 앞에서 [əm(음)]이었으니 여기다 성모 g를 조합하면 羽弓切은 [gəm(금)]이 된다네. 즉, 熊의 後漢음은 [gəm(금)]이고 弓과 같은 음이었던 것일세. [gom/gum]이 아닌 걸 보면 最古音(최고음) [gəm(금)]이 <설문>의 저자인 許愼의 방언에 유지되고 있었다는 것일세. 이것을 직접 보여주는 자료가 있네. 이 데이터베이스의 방언 파트일세."

● 熊

Proto - Sino - Tibetan: *ʔʷə́m

Sino - Caucasian etymology

Proto - Sino - Caucasian: *ʕwámħV

Meaning: a k. of predator

North Caucasian: *ʕwamħV

Sino - Tibetan: *ʔʷə́m

Burushaski: *ja[m]

Chinese: 雄 *whəm bear.

Tibetan: dom, the brown bear.

Burmese: wam bear, LB *[ɣw]am.

Lushai: vom, KC *t - Xwom.

Kiranti: *wə̌m

Kanauri: hom(<kom<gom)

Thebor: hom(<kom<gom)

"티베트 방언 [ʔʷə́m]은 [gəm]의 변천일세. 더욱 놀라운 것은 雄을 제시하면서 '곰(bear)'이라 했고 音이 [whəm]이라 했네. whəm는 당연히 [gəm(곰)]에서 변천한 것일세. 이 음은 앞에서 본 後漢 음(Eastern Han Chinese: whəm)과 일치하네. 게다가 <설문>에서 雄과 熊의 반절이 羽弓切로 동일하다고 되어 있고, 弓과 熊의 갑골음이 [gəm]이었다면 熊과 반절 字(자)가 동일한 雄의 갑골음도 [gəm]이었다는 것이네. <설문해자주>에서도 弓과 厷은 古音(고음)이 같다고 했네. 弓의 고음이

[gəm(굼)]이라 했으니 厷을 성부로 하는 雄도 [gəm(굼)]이어야 한다는 결론이지. 弓이 [gəm(굼)]이라는 증거가 또 있네. <삼국사기>에 今彌達(금미달)을 弓忽(궁홀)이라 했는데, 今彌는 [ᄀ미]로 재구되는 개음절식 발음이네. 이것이 弓과 같다고 했네. 한 때, 今彌達은 儉瀆(검독)과 음이 같았다네. 儉瀆의 고음도 [kama dar]일세.”

“꼼짝없는 사실이군요.”

“[gəm(굼)]이 [gom(곰)/gum(굼)]으로 변천했는데, 우리말에서 [gom(곰)]은 熊의 뜻으로 남아 있지만 [gum(굼)]은 厷의 뜻으로 남아 있다네. 우리가 ‘팔꿈치’라고 할 때 ㅍ은 우리 삼국시대만 해도 없었다네. ‘팔’은 ‘ᄇᆞᆯ’이었네. ‘꿈’은 ‘굼’이었네. 우리가 길이를 잴 때 ‘한 발, 두 발’ 하는 것은 양팔을 뻗어 잰 길이를 ‘한 발’이라고 하기 때문이네. 이 {굼}에 접미어 {치}가 붙어 厷이 ‘팔뚝’의 의미로 파생된 것으로 보이네.”

“지는 그런 말을 듣고 컷심더.”

“교수님, 박 중사는 음운학 하기에 정말 유리합니다.”

“내 말하지 않았던가! 박 군은 이미 두 가지 언어를 하고 있다고 봐야 하네. 언어학에서 방언은 독립된 하나의 언어로 취급하네. 각기 음소체계가 다르기 때문이지. 누가 팔꿈치를 형태소 분석해 보겠나?”

“네, {팔(臂) + 꿈(厷) +치}가 됩니다. ‘치’는 접미어이고 ‘꿈’은 ‘굼(gum)입니다.”

“바로 맞았네. 결론적으로, 桓雄은 [gəsər gəm(ᄀᆞ슬 굼)]이었다는 것, ‘굼’은 熊의 전신이니 ‘ᄀᆞ슬 곰’이라는 것이고 ‘ᄀᆞ슬’ 濊(예)를 말하니 '예곰'을 말하는 것이었네."

"우리는 앞에서 桓因(환인), 桓雄(환웅)의 갑골음을 언어과학적 방법에 의지해 [gəsər kən(ᄀ슬 근)], [gəsər kəm(ᄀ슬 금)]으로 복원하였네. 지금 우리가 읽고 있는 [hwan in], [hwan uŋ]과는 전혀 다른 음일세. 게다가 그 뜻이 무엇인지도 지금까지 정확히 알려진 바가 없었네. 우리는 앞에서 濊(예)의 갑골음을 [gəsər(ᄀ슬)]로 재구하였으니 桓因[gəsər gən(ᄀ슬 근)]은 '濊王'이며 '빛의 왕'이란 뜻이네. 또 桓雄은 '濊곰'이라 했네. 그런데 못내 찜찜하고 아쉬운 점이 하나 있다네."

"교수님, 말씀만 하시이소. 지가 시언하이 풀어드리겠심더."

"박 군 자네라면 풀 수 있을지도 모르겠네."

"교수님, 혹시 桓因, 桓雄이 동일한 음이었을 가능성을 말씀하시는 것 아니십니까?"

"홍 군, 자넨 어찌 내 마음을 그리 꿰뚫어 보는가!"

"사랑하니까요. 호호호."

"내 가설은 이렇다네. 桓因의 갑골음은 [gəsər kən(ᄀ슬 근)]으로 居西干(거서간)의 음과 일치해야 한다네. 桓因이 개인의 성명이 아니라 직책명이라는 것이지. 그렇다면 桓雄도 그러할 것이고 雄이 [근]이 되어주면 좋겠다는 말일세. '금'이 '근'과 호용했다는 것일세."

"[ᄀ스 근]으로 음이 같다면 그대로 桓因을 계속 쓸 것이지 굳이 桓雄으로 바꿔 쓸 이유가 있겠습니까?"

"어허! 이 친구 보게나! 因의 음이 변해가꼬 [근]을 나타내지 못하마

[ㄴ] 음을 딴 데서 갖고 와야제!"

"박 군 말이 맞네. 그래서 雄은 [gəm(곰)], [gən(근)] 둘로 읽혔던 게 아닌가 하네. 음절말 n/m 교체는 한자에서 흔히 있는 현상이라네. 우리는 감숙성(甘肅省)의 甘을 '감'이라 하지만 중국에서는 '간'이라 하네. 居西干과 居瑟邯은 같은 음을 다른 글자로 표기한 것이네. 干(간)과 邯(감) 두 음이 같았다는 것일세. 즉, n/m 교체로 邯(감)을 [간]으로 읽은 것이 분명하기 때문일세. 우리 음 '금(金, kim)'은 일본음에서 '긴(金, kin)'일세. 이런 한자음은 숫하게 많다네. 실제로 우리가 앞서 본 데이터베이스에서 熊[곰]의 음절말 m이 n으로 교체된 경우를 볼 수 있네."

Character: 熊

MC description: 通合三平東云
ZIHUI: 3574 2719
Beijing: śyŋ 12
Jinan: śyŋ 12
Xi'an: śyŋ 12
Taiyuan: śyŋ 1
Hankou: śioŋ 12
Chengdu: śyoŋ 12
Yangzhou: śiɔuŋ 12

Suzhou: ioŋ 12

Wenzhou: ɦyoŋ 12

Changsha: śioŋ 11

Shuangfeng: ɣin 12

Nanchang: śiuŋ 31

Meixian: hiuŋ 12

Guangzhou: huŋ 12

Xiamen: hiɔŋ 11 (lit.); him 12

Chaozhou: him 12

Fuzhou: xyŋ 12

Shanghai: ioŋ 32

Zhongyuan yinyun: xiuŋ 12

Character: 雄

MC description: 通合三平東云

ZIHUI: 7160 2721

Beijing: śyŋ 12

Jinan: śyŋ 12

Xi'an: śyŋ 12

Taiyuan: śyŋ 1

Hankou: śioŋ 12

Chengdu: śyoŋ 12

Yangzhou: śiɔuŋ 12

Suzhou: ioŋ 12

Wenzhou: ɦyoŋ 12

Changsha: śioŋ 12

Shuangfeng: ɣin 12

Nanchang: śiuŋ 31

Meixian: hiuŋ 12

Guangzhou: huŋ 12

Xiamen: hiɔŋ 12

Chaozhou: hioŋ 12

Fuzhou: xyŋ 12

Shanghai: ioŋ 32

Zhongyuan yinyun: xiuŋ 12

"이 데이터베이스는 각 字(자)의 시기별 음과 각 지역 방언음을 총 망라했는데, 이건 적어도 국가적 규모의 연구 결과가 아닌가 싶네. 결코 몇몇 학자들이 할 수 있는 일이 아닐세. 매우 신뢰할 수 있는 데이터로 보이는 것일세. 또, 내가 직접 시험가동을 해봤는데, 매우 일목요연하였네."

"여기서 雄과 熊의 각 지역 방언이 완전히 일치하는 모습을 볼 수 있네. 이것은 <설문>에서 이 둘의 음이 같다는 데서도 일치하는 것일세. 그런데 슈앙펑 방언에서는 둘 다 [ɣin]으로 되어 있네. ɣ는 g에서 변천했음은 두말할 것도 없네. [gən(근)]이 [gin>ɣin]으로 변천했다는 증걸세. 이로써 보면 고대 시기에 雄은 [gəm(곰)], [gən(근)] 둘로 교체하여 읽혔음을 알 수 있다네. 여기서 桓雄[gəsər gən(ᄀ술 ᄀ)]의 [ᄀ(雄)]은 王의 의미로 쓰인 것인데, 실제로 雄의 뜻에는 당시 王의 속성 - 수컷, 두목, 일인자, 용감함, 승리함, 영웅, 뛰어남, 웅장함 - 을 모두 지니고 있다네. 짐작컨대, 因(ᄀ)의 음이 변하자 雄(ᄀ)을 가져오는 동시에 熊족과의 관계를 나타내기 위함이 아니었나 싶네. 檀君(단군)이 [gəsər gən(ᄀ술 ᄀ)]으로 읽혔다면 어쩔 텐가?"

"예에? 이건 대박이죠! 雄도 당연 'ᄀ'이겠구요."

❖ 檀(단)의 갑골음

"이러한 사정은 檀君王儉(단군왕검)에서도 마찬가질세. 檀君王儉이 하나의 이름인지, 둘의 이름이 복합된 것인지도 여태 그 근거가 정확하지 않네. 당시의 音이 이러한 문제들을 해명할 수 있을 것이네."

"<설문>에 檀은 '나무의 이름'이라 되어 있고 木은 의미부라 하고 亶(단)이 音部라 했네. 亶을 보면 '많은 곡식'이라 하며 靣(름)은 의미부라 했고 旦은 音部라 했네. 결국 檀의 聲符(성부)는 旦이 되는데, 諸家의 상고음은 다음과 같네."

● 亶(단)

高本汉	tɑn	Ⅳ/1部	李方桂	tanh	元
王力	tan	寒	白一平	tans	元部
郑张尚芳	taans	元1部	潘悟云	taans	元1部

"諸家의 재구음은 鄭, 潘의 중복된 aa가 장음 [a:]임을 제외한다면 [tan]이 공통적이네. 다만, 李의 운미 h와 白, 鄭, 潘의 운미 s와 차이가 있네. 운미 h는 k의 마찰음화니까 기저음은 k로 확정되어 [tank]가 되네. g, k 앞 r을 복원하면 이들에 앞선 音은 [tanrk]가 되는데, 운미 자음 -nrk는 상고음에서 확인할 수 없는 音일세. 게다가 n/r은 교체가 가능한 '음양대전'의 관계에 있으니까 둘 중 한쪽은 다른 한쪽을 이미 내포하고 있는 것일세. 즉, 이 n은 r과의 교체를 의미하는 운미로서 n/r 둘 중 하나만 나타나야 한다는 것일세. 이것을 전문용어로 '상보적 배치'라고 하는데, 이 환경에서는 n이 나타날 때 r이 나타날 수 없고, 반대로 r이 나타날 때 n이 나타날 수 없다는 원칙일세. 어말음 s는 r과의 교체관계니까 r의 존재를 더욱 확고히 보여주고 있네. 실제로 旦聲의 字(자)들은 [tan(단)], [tar(달)]과 같이 n/r이 교체되어 音讀(음독)되는 字(자)가 많다네. 狚, 疸, 靻 등은 [tan(단)]으로 읽고 呾, 炟, 疸 등은 [tar(달)]로 읽고 있네. 특히 怛은 [tan(단)], [tar(달)] 두 音을 넘나들며 音讀되네. 이러한 상황은 고대에 旦은 [달], [단] 둘로 읽혔다는 것을 알 수 있네."

"이처럼 운미 -rk는 [ta -]에 나뉘어 붙어 하나는 [tar]가 되어 [tan]과 교체하였고, 다른 하나는 [tak]이 되었네. 이 [tak]에 해당되는 모양 字(자)가 특(득)으로 변천했는데 旦과 寸의 합성일세. 諸家는 그 상고음을 [tək(득)] 혹은 [tɯg(득)] 둘 중 하나로 재구하고 있네. 이 音들이 의미하는 것은 旦의 핵모, 즉 亶, 檀의 핵모가 [a]가 아니라 그 이전 단계인 [ə]였다는 것이고, [ə(ˋ)]의 상대형 [ɯ(—)]의 존재가 이를 대변하고 있는 것일세. 또, [tanh]의 운미 h는 그 기저음이 k라고 하였으나 [tɯɯg]의 g가 k보다 古音(고음)이므로 g가 기저음임을 알 수 있네. 따라서 旦 音은 [tərg]로 재구되며 이는 夷, 尸, 大, 人, 東, 主, 翟의 [dərg(둙)]와 같은 음상이네. d가 t로 무성음화했기 때문일세. r로 인해 생성된 g를 제거하면 [tərg]보다 古形태인 갑골음은 [tərə]가 되네. 이 [tərə]의 ə가 탈락되면 tər가 되고 r이 n과 교체되어 [tən]으로도 읽혔네. 그 이후 r의 입성화의 결과로 [tərg]로 변천하게 되었네. 운미 -rg는 하나씩 나뉘어 [tər], [təg]로 변천하고 이 시기에 와서 튜(득) 부류의 音이 발생하게 된 것이네. 결론적으로, 우리가 목표로 한 檀의 갑골음은 [tərə]로 읽혔고 어말 모음 ə가 탈락하면서 [tər]와 그 교체형 [tən]로 읽혔던 것일세."

❖ 君(군)의 갑골음

"<설문>에 君은 尹과 口의 합성으로 손에 방망이(尹)를 들고 호령하는(口) 모습으로 '다스리다'라는 뜻이라 했네. 諸家들이 재구한 상고음은 아래와 같네."

● 君(군)

高本汉	ki‿wən	IX/4部	李方桂	kjən	文
王力	kiuən	文	白一平	kjun	文部
郑张尚芳	klun	文2部	潘悟云	klun	文2部

"갑골음 시기에 없었던 개음 iʌ, j, iu를 제거하면 핵모는 [ə], [u]를 얻을 수 있네. 갑골음 시기의 이른 音은 [ə]이고 후에 개모의 영향으로 [u]로 변천했음을 알 수 있네. 문제가 되는 것은 郑, 潘의 [l(r)]음인데, 이것은 앞선 음 [klən]에서 변천한 음일세. 복성모 사이에 있었던 ə를 복원하면 [kələn]이 되네. 여기서 첫째 ə가 동음생략되면 [klən]이 되고 둘째 ə가 동음생략되면 [kəln]이 되네. 운미 ln은 하나씩 나뉘어 [kəl], [kən]으로 변천하게 된 것일세. 따라서 君의 고음은 [kən(근)], [kəl(글)] 두 음이 도출되네. 후에 핵모 ə가 u로 변천하여 [kun], [kul]로 변천하였네. 요컨대, 君의 고음은 [kən(근)], [kəl(글)]이었고 핵모의 변천으로 [kun(군)], [kul]이 되었네. 지금도 '단군'을 '당굴'이라고 하는 것은 이 때문일세. 갑골음은 개음절형 [kənə(ㄱㄴ)], [kələ(ㄱㄹ)]였다네."

❖ 王(왕)의 갑골음

"王에 대한 諸家의 상고음을 보세."

● 王(왕)

高本汉	giˌwaŋ	XⅥ/16部	李方桂	gwjaŋ	陽
王力	ɣiuaŋ	陽	白一平	wjaŋ	陽部
郑张尚芳	Gʷaŋ	陽部	潘悟云	Gʷaŋ	陽部

"聲母 ɣ, Gʷ는 그 기저음이 g이고, 개모 iʌw, iu, ʷ는 갑골음 시기에

는 없었으므로, 제거하면 핵모는 [a]가 되네. 운미 ŋ는 모양字(자) 玉 (옥)이 있음을 보아 g에서 변천한 것이네. g 앞에 배치되는 r은 기저음 이 되며 r의 입성화로 말미암아 g가 생성된 것일세. 따라서 갑골음은 [gar]이나, 그 이후의 音이 [garg]일세. [garg]의 운미 -rg는 어두 ga - 에 하나씩 붙어 [gar], [gag]로 나뉘었네."

"[gag]는 후에 w가 생성되면서 [gwag(곽)], [gwaŋ(광)]으로 변천했 을 것이네. 그 증거로 王과 聲符(성부)가 같은 狂은 [광], [곽] 두 음으 로 音讀되고 있네. [gar]의 운미 r는 n과 교체하였으니까 [gar], [gan] 두 음으로 音讀되었던 것이네. 앞선 시기 [gən(근)]의 핵모 [ə]가 후대 에 와서 [a]로 변천하여 [gan]이 되었음을 볼 수 있네. 운미 g는 이른 시기에 약화되어 ŋ으로 변천한 것으로 보이네. 그래서 운미 n의 흔적 을 찾기가 힘들었던 게지. 다행히 앞서 인용한 데이터베이스에서 그 흔적을 발견할 수 있었네."

Character: 王

Modern (Beijing) reading: wáng wàng [wǎng] [yù]
Preclassic Old Chinese: whaŋ whaŋs
Classic Old Chinese: whaŋ
Western Han Chinese: whaŋ
Eastern Han Chinese: whaŋ
Early Postclassic Chinese: whaŋ
Middle Postclassic Chinese: whaŋ

"위 밑줄 상고음은 [whaŋ], [whaŋs] 두 음인데, 어두 wh는 성모 g
가 무성음화와 마찰음화 과정을 거친 것이고 운미 ŋ는 g의 약화에서
온 것이니까 [gag]에서 변천한 음이 되네. 운미 s는 r과 교체 관계니까
이전 음은 [gar]였음을 알 수 있고 이에 앞선 갑골음은 [gara]일세. 어
말 a의 탈락으로 [gar]이 되면 r의 입성화로 [garg]가 되네. 그 변천과
정은 gara > gar(n) > garg > gar/gag가 되네. 결국, 王의 고음은 gan,
gar 두 음이었던 것일세. 핵모 a는 ə에서 변천했을 것이네. 따라서 갑
골음은 [gərə, ᄀ릭(> 굴)], 그 교체형 [gənə, ᄀ늑(> 근)]이 되네."

❖ 儉(검)의 갑골음

"<說文解字>에 儉(검)은 '검소하다'는 뜻이며 人은 의미부이고 僉
은 音部라 했네. 僉에 대한 諸家의 상고음을 보세."

● 僉(첨)

高本汉	ts'i̯am	ⅩⅡ/12部	李方桂	skhjam	談
王力	tshia	談	白一平	tshjam	談部
郑张尚芳	skhlam	談1部	潘悟云	skhom	談3部

"파찰음계의 성모 ts, tsh는 sk - 에서 변천한 것인데, ts(ㅈ)은 s(ㅅ)에
서, h는 k의 무성음화에서 왔기 때문일세. kh와 같은 유기음도 갑골음
시기에는 없었기 때문에 k로 수렴되네. 또 郑에서 어두 [l] 字(자) 殮(렴)
계가 보이므로 [sk -]계에 [l]계를 첨가하면 복성모 [skl -]이 기저음이

되네. 개모 i, j는 갑골음 시기에 없었으므로 삭제하면 핵모는 a, o가 되는데 기저 핵모는 이 둘을 아우르는 [ə]가 되네. 그래서 앞선 음은 sklэm이 되네. 복성모 skl은 순서상의 문제로 ksl로도 읽혔을 걸세. l은 r로 대치되니 [skrəm], [ksrəm]이 되네. 이보다 앞선 음은 복성모 사이에 있었던 ə를 복원하면 səkərəm, kəsərəm이 되네. 낯익지 않은가?"

"아! 흉노의 王姓 [ㄱㅅ료(kəsərə)]!"

"그렇다네. 儉은 단군 시대에 [səkərə], [kəsərə] 둘로 읽혔네. 접미어 m은 후대에 첨가된 것일세. 海, 江, 川의 갑골음은 [ㄱ료]였네. 후대에 江에는 이 m이 첨가되면서 [ㄱ룜]이 되어 중세국어 시기에도 쓰였네. 지금도 川의 방언은 [걸]이라 해서 m이 없다네. [ㄱ료>가라/거러>갈/걸]로 변천한 것일세. [kəsərə]는 어두 g가 k로 변천한 흉노의 姓 阿史那(gəsərə)였네. 어말 ə의 탈락 [gəsər]은 桓(환), 濊(예)의 갑골음과 일치하네. 갑골음 [səgərə]는 동음 ə가 a로 변천하고 m이 첨가되면서 sakaram이 되었고 후대에 동음 a가 생략되면서 sgram이 된 것일세. sakaram 시기에 와서 접미어 m을 각각 공유하게 되는데, s계는 sam(삼), k계는 kam(감), l계는 lam(람)이 되었고, a의 상대형 e [어] 방향으로는 sem(섬), kem(검), lem(럼)이 되었네. 다만, lem(럼)은 후대에 구개음화하면서 [li,em(렴)]으로 변천했네."

- s계: 險(삼, sam) 譣(섬, sem)
- k계: 厰(감, kam) 瞼(검, kem)

• l계: 險(암, lam) 斂(렴, ljem)

"실제로 이 음들이 斂聲에서 모두 실현되고 있다는 것은 이들에 앞선 음이 sakaram이었음을 증명하는 것이라네. 따라서 접미어 m이 첨가되기 전 儉의 갑골음은 [gəsərə]였음도 증명되는 것일세."

"이제 지금까지 재구했던 檀君王儉의 갑골음을 총괄해 보세. 앞에서 檀의 갑골음은 [tərə(ᄃᄅ)]라 했고 그 교체형은 [tənə(ᄃᄂ)]였네. 君의 갑골음은 [kərə(ᄀᄅ)]였고 교체형은 [kənə(ᄀᄂ)]였네. 王의 갑골음은 [gərə(ᄀᄅ)]였고 교체형은 gənə(ᄀᄂ)였네. 儉의 갑골음은 [gəsərə]였네. 결국, [檀,ᄃᄅ(>들)/ᄃᄂ(>든)], [君,ᄀᄅ(>굴)/ᄀᄂ(>근)], [王,ᄀᄅ(>굴)/ᄀᄂ(>근)], [儉(ᄀᄉᄅ)]로 읽혔는데 이 네 부류 音의 조합은 매우 복잡한 양상일세."

"일단, 檀君王儉은 桓因, 桓雄의 두 음절 명칭으로 보아 檀君과 王儉으로 분리하여 논의해야 할 것으로 보이네. 王儉은 [ᄀᄂ ᄀᄉᄅ]로 '王濊'의 갑골음과 일치하며 '예족의 왕'이란 뜻이 되네. 그러나 檀君은 [檀,ᄃᄅ(>들)/ᄃᄂ(>든)]과 [君,ᄀᄅ(>굴)/ᄀᄂ(>근)]의 각 字(자)는 여러 방면으로 音을 조합 해봐도 桓因과 桓雄의 갑골음 [gəsər kən(ᄀᄉ ᄀ)]과의 관련성을 찾아보기 어렵네. 그러나 檀君의 君이 因, 雄의 갑골음과 일치하는 [ᄀ]이므로 檀이 [ᄀᄉ]로 읽힐 수는 없을까? 만약, 그렇다면 桓因, 桓雄, 檀君은 모두 [ᄀᄉ ᄀ]이 되는 것일세."

"만약 그렇다면 桓因, 桓雄, 檀君의 존재는 확실하지 않겠습니까?"

"그렇지! 신라를 건국한 居西干의 당시 음도 [ᄀᆞᆼ슬 군]이었으니 'ᄀᆞᆼ슬 군'이라는 명칭이 桓因 代부터 전해내려 온 것이 되는 걸세."

"그 실마리는 우리 古音(고음)을 유지하는 日音에서 구하는 것이 하나의 방법이 될 것일세. 일본지명 연구에 권위 있는 이병선(1996)에서 かしはら[橿原]를 볼 수 있네. 橿(かし, 가시) / 原(はら, 하라)은 현재 일본 나라현에 있는 도시인데 '일본 왕의 시조가 강림한 곳'이라 하네. 原의 はら는 ぱら[para(바라)]에서 변천한 것으로 우리말 [버르/벌]의 상대형 [바라/발]이 건너간 말일세. 동부여 도읍지 迦葉原(가섭원)도 迦(ka)葉(sap)原[버르/벌]로 읽혔네. 葉(삽)의 어말 ㅂ이 原(버르)의 어두 ㅂ과 겹쳐 동음생략됨으로써 '가사(ㅂ)버르(벌)'로 읽었던 것이네. '濊벌'이란 뜻이네. '버르(벌)'에 해당하는 韓音으로는 徐羅伐(서라벌), 達句伐(달구벌)과 같이 伐로 읽는데, '너른 벌판, 도시'를 의미하네."

"우리가 주목하고 있는 것은 橿(かし, 가시)일세. 橿의 韓音은 [강]이고 日 訓音은 かし(가시)라네. 日 訓音은 대개 우리 古音(고음)이 건너간 것인데, 어째서 橿(강)이 かし(가시)가 되었는지 의문일세. 橿(강)의 갑골음을 재구하면 그 실마리를 풀 수 있네."

▶ 일본 왕의 시조가 강림했다는 가시하라 신궁

🌑 橿(강)

高本汉	ki̯aŋ	ⅩⅥ/16部	李方桂	kjaŋ	陽
王力	kiaŋ	陽	白一平	kjaŋ	陽部
郑张尚芳	kaŋ	陽部	潘悟云	kaŋ	陽部

"<설문>에서 橿은 木과 畺(강)의 합성이라 하고 畺을 聲符(성부)라 했네. 어미 ŋ는 g에서 왔으므로 古형태는 [kag]가 되고 g, k 앞에 예외 없이 배치되는 r를 복원하면 더 앞선 음은 [karg]가 되네. 이것은 더 앞선 음 [karag]의 첫째 a가 동음생략되면서 [krag]가 되었고, 둘째 a

가 생략되면서 [karg]가 된 것이네. [karag]에 앞선 음은 운미 g가 발
생하기 전이니까 [kara]가 되네. 갑골음 시기의 a는 ə였을 것이네. 결
국, kərə > kar(a) > karag > karg/krag > kar/kag의 변천일세. 아래와
같이 橿(강)과 동일한 聲符(성부) 字(자)에서도 r/s의 존재를 확인할
수 있네. s가 있다는 것은 곧 r이 있다는 것일세.”

● 麠(경)

高本汉	ki̯aˇŋ	ⅩⅥ/16部	李方桂	kjiaŋ	陽
王力	kyaŋ	陽	白一平	krjaŋ	陽部
郑张尚芳	kaŋ	陽部	潘悟云	kaŋ	陽部

● 彊(강)

高本汉	ki̯aŋ	ⅩⅥ/16部	李方桂	kjaŋh	陽
王力	kiaŋ	陽	白一平	kjaŋs	陽部
郑张尚芳	kaŋs	陽部	潘悟云	kaŋs	陽部

“[kjiaŋ]의 개음은 i이고 j는 r가 i - breaking 현상으로 변천한 것이
네. 그 앞선 형으로서 r이 유지된 것이 白의 [krjaŋ]일세. 운미 s는 r의
교체로서 ‘상보적 배치’라네. s가 나타날 때는 r이 나타날 수 없고, r이
나타날 때는 s가 나타날 수 없네.”

“橿에 r/s 운미가 있었다는 또 다른 증거를 畺과 같은 字(자)로 쓴
畕(강)에서 찾을 수 있는데, <계전>, <구두>에서는 이 字(자) 다음에
‘闕(궐)’ 字(자)가 한 자 더 있다네. <설문해자주>를 저술한 인류의 귀
재 단옥재는 이걸 ‘비어 있다/빠뜨리다’는 뜻으로 해석하여 ‘발음을 알

수 없다는 뜻'이라 하였지만 그게 아닐세. 단옥재는 亶과 畐의 古音(고음)이 [gar]였음을 몰랐기 때문에 闕(궐)의 古音(고음)이 亶과 畐의 古音(고음)과 같았다는 것을 더욱 몰랐던 것이네. <설문해자주>에서 단옥재는 此謂其音讀闕也라 해서 '畐 음은 闕로 읽는다'고 했는데. 단옥재는 闕의 古音(고음)이 [gar]였음을 몰랐기 때문에 '음독을 알 수 없다'는 의미로 해석했던 걸세."

● 闕(궐)

高本汉	k'i̯waˇt	V/2部	李方桂	khjuat	祭
王力	khiua	月	白一平	khjot	月部
郑张尚芳	khod	月3部	潘悟云	khod	月3部

"모든 d/t 운미는 그 이전 음이 r이라 했네. 앞선 시기에 없었던 i̯w, ju, iu, j를 제거하면 kat, kad, kod로 수렴되네. 이 가운데 가장 앞선 음은 [kad]고 핵모는 a, o를 아우르는 ə일세. 운미 d의 앞선 음은 r이니 [kəd]는 [kər]이 되네. 따라서 闕은 [kər]로 읽혔네. 此謂其音讀闕也라 했으니 櫃이 闕로 읽혔다는 것일세. 아마도 어두 k는 g였을 것이네. 또 다른 증거가 있는데, 聲符(성부)가 같은 薑(강)을 <계전>, <구두>에서 보면 禦(어), 御(어)로 읽었다고 했네. 그 상고음은 다음과 같네."

● 禦=御(어)

高本汉	ŋi̯o	Ⅱ/33部	李方桂	ŋjagx	魚
王力	ŋia	魚	白一平	ŋjaʔ	魚部
郑张尚芳	ŋaʔ	魚部	潘悟云	ŋaʔ	魚部

"ŋ의 앞선 음은 g이고, 운미 ʔ는 k보다 앞선 g였다는 것을 李에서 알 수 있네. 핵모 a와 o는 이전 음이 ə였음을 의미하네. 조합하면 [gəg]가 되네. [gərəg]의 첫째 ə가 동음생략되면 [grəg]가 되고, 둘째 a가 동음생략되면 [gərg]가 되네. 운미 rg를 나누면 모두 [gər], [gəg]로 변천하네. 데이터베이스에서 [gər]였음을 보여주는 증거가 또 있네."

Character: 禦

Modern (Beijing) reading: yù
Preclassic Old Chinese: ŋ(h)(r)aʔ
Classic Old Chinese: ŋ(h)(r)á
Western Han Chinese: ŋ(h)(r)á
Eastern Han Chinese: ŋ(h)(r)á

"ŋ, g, h, k, ʔ는 아음 계열이니까 Preclassic Old Chinese의 [ŋ(h)(r)aʔ]을 간략화하면 ŋ(h)는 g 하나로 압축되니까 [grag]이 되네. 이 음은 [garag]의 첫째 a가 동음생략된 결과네. [garag]의 둘째 a가 동음생략되면 [garg]가 되네. 운미 rg는 하나씩 나뉘어 [gar], [gag]로 변천하였네. 東漢까지만 해도 [ŋ(h)(r)a]로 읽혔음을 알 수 있다네. 이건 [gra]에서 변천한 음일세. 이에 앞선 음은 gr 사이에 있었던 모음을 복원하면 [gara]로 재구되네. 더욱 직접적인 증거를 봄세."

御, 午, 魚, 御 ŋas (출처: http://www.zdic.net/z/19/yy/5FA1.htm)

"놀랍게도 禦와 聲符(성부)가 같은 御는 또 다른 권위 있는 데이터베이스에서는 [ŋas]로 재구하고 있네. s는 r이고 서로 '상보적 배치'일세. 이들 음이 모두 薑, 橿와 같았다는 것일세. [gar]와 [gas]로 읽혔다는 증걸세. 즉, 畾, 薑, 闕, 橿이 모두 [gar], [gas]로 읽혔다는 말이 되네. 이것은 우리가 복원한 음이 모두 옳다는 것을 증명하네."

"요컨대 橿의 古音(고음)이 [gər], [gəs]인데, 이에 앞선 갑골음은 [gərə], [gəsə]였음을 알 수 있네. 이 [gəsə]는 [gəsər]의 생략형임에 틀림없네. 橿이 [gəsər(ᄀᆞ슬)]로 읽혔다는 증거가 '가시' 이전의 우리말은 [gəsər(ᄀᆞ슬)]이었네. 그 흔적이 'ᄀᆞ스라기(ᄀᆞ슬+아기)', '가싀'일세. 이 'ᄀᆞ슬'의 '슬'은 '슬'로 변해 'ᄀᆞ슬>가슬'로 변하고 음절말 ㄹ 받침이 i-breaking 현상으로 반모음 [ㅣ]가 되어 '가싀'가 되었고, 이것이 단모음화하여 '가시'가 된 것일세. 荊夷의 荊이 '가시'임을 이미 앞에서 보았네. 이것은 桓(환)의 갑골음 [gəsər(ᄀᆞ슬)]과 濊(예)의 갑골음 [gəsər]와 일치하기 때문일세. 거꾸로 말해서 [gəsər(ᄀᆞ슬)]이라야 그 다음 단계인 'ᄀᆞ싀>가시'가 될 수 있기 때문일세. 'ㆍ'는 'ㅡ'로, 'ㄹ'은 반모음 'ㅣ'로 변하기 때문이네. 청대 학자들은 g/k, d/t, b/p를 '대전'이라 하여 같이 취급하였네. 이것이 일본으로 건너가 [gəsər] > [gasi] > [kasi(かし/가시)]가 된 것일세. [gəsər]는 橿의 古音(고음)이었다는 말일세."

"고대 일본어에는 [ə(ﾍ)]와 [ɯ(ㅡ)]가 없었기 때문에 [a]와 [i]로 반사했네. 예컨대, 金의 古音(고음) [ㄱㄹ~ㄱㄴ(gənə)]가 일본에 건너가 日 訓音(훈음) [가나(かな,kana)]로 반사되었고 日音 [긴(きん,kin)]으로 반사되었네. 즉, a, i에 앞선 시기의 ə(ﾍ)음 [gəsə]가 건너가 [gasi]>[kasi]로 변천한 것을 보여주네. 결국, 檀은 gəsər>gəsərg>gərg>gər/gəg>gəŋ으로 변천한 것일세."

"그런데 이 檀이 檀과 同字로 쓰인 것과 두 개가 모두 '박달나무'라는 데 경악을 금치 못하는 것이네. 다시 말하면 檀을 檀과 같은 음 [gəsər]로 읽었다는 것일세. 君은 앞에서 재구했듯이 [kənə(ㄱㄴ)/kən(근)], [kələ(ㄱㄹ)/kəl(글)]이었으니 檀君은 桓因, 桓雄의 갑골음 [gəsər gən]과 동일한 음으로 읽었다는 것일세. 결국, 桓因, 桓雄, 檀君은 [gəsər gən(ㄱ슬 근)]으로 읽혔던 것이네. 檀君이 [gəsər gən(ㄱ슬 근)]으로 읽혔던 또 다른 증거로 桓因[gəsər gən(ㄱ슬 근)]을 檀因이라고도 했음을 볼 수 있다네. 桓이 [gəsər]였으니 檀 또한 [gəsər]였던 걸세. 檀의 본음은[gəsər]이고 전주음으로 [dan] 음을 가졌던 거지."

"그런데 桓(환) 음이 너무 변해 버려 檀의 본음이 [gəsər] 이었는데 왜 [dan] 음까지 필요했을까? 놀랍게도 히브리어로 [dan]의 뜻이 '심판자'였네."

"세상에 이럴 수가! 夷가 심판자였고 야곱이 단을 심판자라 축복했잖습니까!"

"왜 아니겠나. 檀은 두 의미를 동시에 나타내야 했기 때문에 阿斯達

[gəsər dər]은 따로 표기해야 했던 걸세."

"교수님, 차말로 대박임미데이."

"덧붙여 말해서 かしぱら[橿原]은 곧 檀原이며 [gəsər bara(ᄀ술바라)]에서 변천한 것일세. 여기서 [bara(바라)]는 '버러/벌'의 상대형 '바라/발'이네. '벌판'으로 도읍지를 말하는 게지. 日 王家가 韓의 후예라는 說은 이미 널리 알려진 사실이네. '가시바라 かしぱ(>は)ら [橿原]'가 '일왕의 시조가 강림한 곳'이라는 것은 日王家가 桓(환)[gəsər(ᄀ술)], 濊[gəsər(ᄀ술)], 檀[gəsər(ᄀ술)]의 후예임을 말해 주는 것일세."

"교수님, 항간에서도 성경의 '단 지파'를 단군과 연결 짓고 있습니다."

"그런 주장은 함부로 해서는 안 되네만, 앞에서 主와 관련하여 구약과 갑골문의 관련성이 있음은 틀림없네. 가능성은 열어 놓되 확실한 근거를 내놓기 전에는 절대 주장해서는 안 되네. 이것이 학문하는 태돌세. 그러나 그 근거들이 하나씩 발견되어 쌓인다면 문제는 달라지네. 우리는 고조선 시대의 기와에서 그 근거가 될 만한 자료를 발견할 수 있네. 아래 문양들이 히브리어가 맞고 그 해석이 공인된 것이라면 이 와당은 예사 물건이 아닌 것이 되네. 나도 맞는다는 쪽에 마음이 기울게 될 걸세."

< 고대 히브리어가 새겨진 와당 >

- 시대 : 고조선
- 출토 지역 : 평양 대동강 유역
- 전시실 : 국립 중앙박물관
- 유물번호 : 정내 211번 (구 186번)

히브리어 해석 풀이

שׁפּ† - 고대 히브리어

שׁפּח - 현대 히브리어

- 뜻 : '도착했다'
- 해석자 : 고 신시훈 박사(전 서울대학교 종교학과 교수, 히브리어 전문가)

- 시대 : 고조선
- 출토 지역 : 평양 대동강 유역 (현 평남 대동군 임원면 상오리)
- 전시실 : 국립 중앙박물관
- 유물번호 : 정내 124번 (구 226번)
- 고대 히브리어 문양의 뜻 :
  와당 왼쪽 히브리어 - 잠언을 지휘하는 사사가 통치한다.
  와당 오른쪽 히브리어 - 성도가 모여 기도함으로 (하나님의 나라)가 회복된다.
- 해석자 : 고 신사훈 박사(전 서울대학교 종교학과 교수, 히브리어 전문

히브리어 해석 풀이

< left side of the tile>　　　<right side of the tile>

잠언을 지휘하는 사사가통치한다　　성도가 모여 기도함으로 (하나님의 나라)가 회복된다

- 시대 : 고조선
- 출토 지역 : 평양 대동강 유역
- 전시실 : 국립 광주박물관
- 유물번호 : 본 8464 (구 215번)

히브리어 해석 풀이

(1) 다섯 잎이 달린 꽃(오엽화)　　　　✳

(2) 단결, 협력하다　　　　　　　　קשר

(3) 신의 나라(왕국)　　　　　　　　ממכה

(4) 들어가다, 한가운데 안으로 가다　　בראש

- 뜻 : '오엽화와 단결하여 신의 나라에 들어가라'
- 해석자 : 고 신사훈 박사
　　　　　(전 서울대학교 종교학과 교수, 히브리어 전문가)

8

阿斯達（아사달）은 오류였다

"앞에서 잠시 언급했지만 우리들은 여태껏 阿斯達(아사달)에 대해 속고 있었네."

"맞습니다. [가사달]입니다."

"1989년 가을 어느 날, 유창균 은사님께서 이 문제를 얘기해 주신 적이 있었네. 말씀이 '최 군, 아사달은 가사달이었네' 그 한마디셨어. 나는 '아니, 선생님! 그 중대한 문제를 왜 논문으로 쓰시지 않으셨습니까?' 했더니 은사님 답변이 '그 미미한 데 손을 대면 한평생 줄기는커녕 가지도 잡지 못하고 죽게 되네. 줄기를 잡으면 가지와 잎은 절로 따라 온다네. 세계 학문을 상대로 하게.' 하셨지. 그 한마디가 나에게 얼마나 큰 교훈이었는지 모르네. 그 뒤로 나도 줄기를 상대했다네. 결국 阿斯達은 그대로 묻혀 있다가 1999년 은사님의 저서 <문자에 숨겨진 민족의 연원>에서 잠깐 언급됐네. 대개의 학자라면 큰 걸 발견했다고 세상 떠들고 난리가 났겠지."

● 阿(아)

高本汉	ʔɑ	Ⅰ/35部	李方桂	ʔar	歌
王力	ai	歌	白一平	ʔaj	歌部
郑张尚芳	qaal	歌1部	潘悟云	qaal	歌1部

"<설문>에 阿는 阜(부)와 可의 합성이라 했고 可聲이라 했네. 可로 소리 났다는 것일세. 성모 ʔ는 g/k 계열이고 핵모는 a일세. 운미 i, j는 r이 변천한 음일세. 게다가 韻이 歌라 했는데, 상고음에서 ar, ai, aj로 나타나는 것은 운모가 ar이었다는 것이네. 따라서 阿의 고음은 [gar(a)]가 되네. 허신이 <설문해자>를 완성한 해는 서기 121년인데, 이 시기만 해도 [gar]로 읽혔다는 것일세. 그런데 단군조선 시기는 이 보다 훨씬 앞선 시기 아닌가. 더더욱 [gar(a)]로 읽어야지. 상고음 성모 가 k로 나타났지만 그 이전은 g였네. 어두가 k였다면 어두가 탈락하지 않고 아직 '가사달'이었을 걸세. 王力의 재구는 어두 g가 탈락한 중고 음, 즉 수·당대의 음에 속하는 것일세. 성모 [ʔ], [q]는 [k]의 변이음이 고 핵모는 [a]가 공통일세. 운미 i, j는 r의 i-breaking 현상이니 기저음 은 [r]일세. 歌部는 모두 운미 r이 있어야 하네. 阿의 갑골음은 [gar]에 앞선 [gər]였을 것이네. 斯를 보세."

● 斯(사)

高本汉	si‿e˘g	XIX/24部	李方桂	sjig	佳
王力	sie	支	白一平	sje	支部
郑张尚芳	se	支部	潘悟云	sle	佳部

"성모는 s로 통일되고 j는 r의 변천일세. 핵모 e는 상대형 [a(아)]이 고 여기다 핵모 i가 보인다는 것은 기저음이 [ə(ˋ)]였다는 것일세. 후 에 a로 변천했던 것이네. 高, 李의 운미 g로 보아 그 앞에 r을 복원하여 조합하면 [sərg > sarg]가 되네. 운미 rg는 하나씩 나뉘어 [sər > sar]과

[səg > sag]로 변천했네."

"阿斯를 조합하면 [gər sər]가 되네. [gər sər]는 우리말 읽기 방식에서 [gəsər(ᄀ술)]로 읽는다네. '다섯여섯'을 '다여섯 > 대여섯'으로 읽는 동음생략이라 했네. 이것은 앞선 시기의 桓(환), 濊(예)의 [ᄀ술(gəsər)]와 檀(단)의 [ᄀ술(gəsər)]와 阿斯(아사)의 [gəsər]는 모두 '햇빛'을 뜻하는 우리말이네. 후에 阿斯達은 [가사돌]로 읽혀 濊山, 즉 濊(예)의 근거지를 말하는 것일세. '빛의 땅'이란 것이네. 뒤에 朝鮮(조선)의 어원 편에서 말하겠지만 [ᄀ술(gəsər)]는 [gər sər]의 축약인데, 이 둘은 '해'와 '빛'을 뜻하네. 가라족, 사라족이 모두 햇빛 종족이라는 것일세."

"교수님, 지금까지의 수많은 阿斯達 논문이 순식간에 물거품이 되는 게 너무 허무합니다. 좀 더 연장해 주시지요. 제가 '아사달'을 주장한 건 아니지만 지난 세월과 수많은 논문이 너무 억울합니다."

"허허, 그러세. 하지만 언어과학의 세계는 냉정하다네. 어쨌거나 檀이 橿과 同字로서 [ᄀ술(gəsər)]로 읽어 후기 음 [가술(阿斯,kasar)]가 된 것은 모두 '햇빛'을 뜻하는 동일한 의미였네. 그러면 다른 얘기를 해 보세. 지금 神市를 찾아보세. [한국학중앙연구원]에서 발간한 <한국민족문화대백과>의 해설을 보게. [한국학중앙연구원]이라면 한국의 인문학을 대표하는 국가기관일세. 여기서 펴낸 <민족문화대백과>에는 오류투성이라네."

"교수님 같은 분을 홀대하니 나라가 우째 이 모양임미꺼."

"세상이 그런 걸세. 진정한 고수는 언더그라운드에 있다네. 지위의 양극화 때문이지. 그들이 날 오라 할 리도 없지만 내가 거기 가면 오류를 수정하는 데 한평생을 바쳐도 어려울 걸세."

"神市(신시)는 今彌達(금미달)이라고도 하고 阿斯達(아사달), 弓忽(궁홀), 白岳(백악), 甑山(증산), 三危(삼위), 西鎭(서진)과 같은 다른 이름들이 많네. [한국학중앙연구원]에 소속된 그 많은 학자들 중에는 이들 간의 관계를 풀 줄 아는 이가 없는가 보네. 우리가 한번 해 보세."

『삼국유사』 권1 고조선조에 인용된 『고기(古記)』에 의하면, 환인(桓因)의 아들 환웅(桓雄)이 천부인(天符印) 세 개와 무리 3,000명을 거느리고 태백산(太伯山) 꼭대기 신단수(神壇樹) 아래로 내려왔는데, 이곳을 '신시'라고 하였다고 한다.

신시는, 그 뒤 환웅이 웅녀(熊女)와 혼인하여 단군(檀君)을 낳고, 단군이 평양을 도읍지로 하여 고조선을 건국할 때까지 고조선 종족의 중심지였던 것으로 짐작된다. 신시에 대해서는 크게 두 가지 해석이 있다.

첫째, 신시는 신정시대에 도읍 주위에 있던 별읍(別邑)으로서 삼한의 소도와 성격이 같은 신읍이었다는 해석과, 둘째, 신시는 지명이 아니라 인명으로서 환웅을 가리키며, 그것은 조선 고대의 국가들에서 왕을 뜻하는 '신지(臣智)'가 존칭화된 것이라는 해석이다.

- 신시 [神市] (한국민족문화대백과, 한국학중앙연구원)

"神市는 저들이 말하는 소도와 같은 신읍도 아니고 환웅을 가리키는 것도 아닐세. 臣智(신지)가 존칭화한 것은 더욱 아닐세. 백성들이 살았던 읍락이었을 뿐이네. 국내 내로라하는 학자들이 모여 만든 <민족대백과>에서 저렇게 엉뚱한 소리를 하는 이유는 神市를 당시 음으로 읽을 줄 모르기 때문이네. 우리는 앞에서 熊의 後漢 음이 [gəm(굼)]이었음을 보았네. 이것은 우리말 '곰'을 말하는 것일세. 그런데 '곰'을 토템으로 하는 종족에게는 곰이 神이 되는 것일세. 그래서 우리는 神을 [gəm(굼)]이라 했고 점집에서는 '대감'이라 한다네. 이것이 일본으로 건너가 神의 훈독으로 [kami(かみ)]로 쓰이고 있네. 市를 보세."

● 市(시)

高本汉	ḍi̯_əg	XXI/20部	李方桂	djəgx	之
王力	ziə	之	白一平	djə?	之部
郑张尚芳	djɯ?	之部	潘悟云	gjɯ?	之部

"오랜만에 배 군이 재구해 보게."

"네, 교수님. 성모는 dg 복성모이고 개음을 제거하면 핵모는 ə(丶)가 됩니다. 운미 [?]는 李의 g가 있는 것으로 보아 g가 기저음이 됩니다. g 앞에 r을 복원하여 조합하면 [dgərg]가 됩니다."

"잘했네. 潘의 성모 g는 다른 이유, 즉 전주가 있으니 복성모에서 빼두세. 그러면 [dərg(둙)]가 되네. 운미 rg를 하나씩 나누면 [dər(둘)], [dəg(득)]이 되네. 이 둘은 모두 높다는 뜻이 기저 의미가 되네. 당시에는 홍수를 피해 마을이 모두 고원지대 있었기 때문에 주거지, 마을, 읍락의 뜻으로도 쓰였네. 市는 州의 음과 동일하네."

"결국, 神市는 [ᄀ미돌]로 읽혔다네. 이것이 곧 今彌達일세. 즉, 市의 갑골음과 達은 같은 음이라는 것일세. [dəg]에도 높다는 뜻이 우리말에 있는데, [deg(덕)]으로 변천해 '언덕'의 '덕'이라네. 이게 厂(언덕 엄) 字(자)인데, '경사 부분'을 '언'이라 하여 우리말 '높이 없다'는 '언'에 'ㅈ'이 첨가된 것이네. '수평 부분'은 '덕'이라 하는데, '높은 평원'을 말하는 것이네."

"神은 熊[gəm(곰)]의 개음절형으로 훈석되어 [ᄀ미(gəmi)]가 되고, 市는 음이 [돌(dər)]이네. 그런데 今의 古音(고음)도 [gəm(곰)]이고 개음절형은 [ᄀ미(gəmi)]일세. 그래서 神 - 市는 今彌[ᄀ미(gəmi)] - 達 [돌(dər)]이 되는 것이네."

"아! 교수님, 세상에 처음 밝혀지는 것을 받아먹으니 정말 맛있습니다."

"그렇지? 그러나 언더그라운드에 나와 같은 또 다른 학자가 있을 것이네. 그러나 [한국학중앙연구원]에는 없는 것 같네."

"이 今彌達(금미달)을 궁홀(弓忽)이라고도 했는데 자네들이 할 수 있을 걸세. 해 보게."

"아이구! 교수님예, [한국학중앙연구원] 학자들이 못 하는 걸 지들이 그걸 할 줄 알마 학자 다 댔구로예."

"그래, 박 군 자네가 해 보게."

"하… 이거… 弓이… 곰[gəm]이었제…. 오! 하나 풀었네! 맞지예, 교수님."

"또 해 보게."

"忽을 사전에 짝 찾아보면…."

● 忽(홀)

高本汉	xət	X/5部	李方桂	hmət	微
王力	xyət	物	白一平	hnət	物部
郑张尚芳	hmɯɯd	物1部	潘悟云	m̥hɯɯd	物1部

"성모가 복성모…. m은 모리겠고… x는 기저 k에다가 핵모 기저 ə (ㆍ)…, 상대형은 ɯ(ㅡ), 운미는 d… r… [ㄹㄹ]? [금 ㄹㄹ(gəm kərə)]! 맞지예!"

"정확하네. 박수 한번 주세. 당시 언어 상황을 고려해서 [ㄱㅁ ㄹㄹ]로 하세."

"와! 교수님예, 지가 눈물이 다 날라 캄미더! 하니까 되네예!"

"그렇다네. 모두 할 수 있는 걸세. 얼마나 재미있는가!"

"이거 지가 학자가 된 기분입니다."

"기분만 그런 게 아니라 자네들은 이미 학잘세. [한국학중앙연구원]에 이거 아는 학자가 없기에 아직 그 해설이지"

"그러면 [ㄱㅁ ㄹㄹ(gəmə kərə)]가 무슨 뜻입니까?"

"今彌達을 弓忽이라고 했으니 今彌達[ㄱㅁ들(gəmi dər)]과 弓忽[ㄱㅁ ㄹㄹ(gəmə kərə)]를 대조하면 今彌=弓, 達=忽이 되네. 今彌와 弓은 같은 음이고 弓과 熊도 같은 음이라 했네. 神의 훈독이 今彌[ㄱㅁ]였고 곰 토템 종족에게는 熊이 神이었던 게지. 達과 忽은 높은 산, 읍락을 말하는 것으로 의미가 같다네. <삼국사기 37>에 達乙斬은 高木根과 같다고 되어 있네. 達乙은 '다라'로 읽혀 '높다'는 뜻이네. 그래서 '높을 高'와 대응되고 있네. 斬은 '베-'라는 뜻인데, 古語는 '버리'였기 때문에 ㄹ이 i-breaking 현상으로 반모음 [ㅣ]가 되면서 [버리>버이>베]가 된 걸세. 이 '버리'에 대응된 '木根'은 '나무 목(木), 뿌리 근(根)' 아닌가. 지금은 '뿌리'지만 당시는 ㅃ이 없었고 원순모음화가 안 되었기 때문에 '브리~버리'였다네. 결국, 達乙은 高와 같은 뜻이었다네. <사기 35>에는 達忽을 高城이라 하니 마찬가질세."

"<승람 49>에서 加支達을 菁山, 文山이라 했는데, 여기서는 達이 山과 같다는 걸 알 수 있네. <삼국사기 35>에서는 童子忽을 幢山, 童城이라 했으니 山과 忽이 같다네. 그러니 達과 忽이 의미가 같다는 결론일세."

"그라마 弓忽[ㄱㅁ ㄱ륵(gəmə kərə)]는 '곰산', '熊山'이 되겠네 예?"

"그렇지! 神山이기도 하고. [ㄱ륵>굴>갈]로 변천했는데, 경남 방언에 '갈'은 '山'이네. '경남 합천군 청덕면 가현리 앞산'을 '갈미'라 하네. '갈뫼'의 변형인데, 山이 중첩된 것이네. 재미있는 것은 그 산을 '큰 가시'라 하고 뒷산을 '작은 가시'라 한다네."

"'갈'의 ㄹ, ㅅ 교체 '갓'이 아닙니까?"

"그렇다네. 결론적으로 弓忽[ㄱㅁ ㄱ륵(gəmə kərə)]는 박 군 말대로 '곰뫼', '熊山'을 뜻하네. 곰족이 사는 읍락을 말하지. 今彌達을 구문

화현(舊文化縣)이라 했으니 이건 홍 군이 풀어 보게."

"네, 교수님."

● 舊(구)

高本汉	g'i̯ug	XXI/20部	李方桂	gwjəgh	之
王力	giuə	之	白一平	gʷjəs	之部
郑张尚芳	gʷɯ	之部	潘悟云	gʷɯ	之部

● 文(문)

高本汉	mi̯wən	IX/4部	李方桂	mjən	文
王力	miən	文	白一平	mjən	文部
郑张尚芳	mun	文1部	潘悟云	mun	

● 化(화)

高本汉	xwa	I/35部	李方桂	hŋwrarh	歌
王力	xoai	歌	白一平	hŋʷrajs	歌部
郑张尚芳	hŋʷraals	歌1部	潘悟云	ŋ̊ʷraals	

"舊는 [ㄱ륵]⋯ [ㄱ], 文은 [믄]⋯, 化는 [가랄]⋯, [ㄱ믄 가랄]? [ㄱ
ㅁ 가라]? 어머! 弓忽 아녜요, 교수님?"

"잘했네! 당시 고구려어는 개음절어였는데 받침 발음을 무시한 표기
가 많다네. 文의 음절말 n과 化의 음절말 ㄹ이 생략되었네. [ㄱㅁ 가
라]가 맞네. 弓兀(궁올)이라고도 했으니 한 군이 해 보게."

"네, 弓은 곰[gəm]이었고⋯."

● 兀(올)

高本汉	ŋwət	X/5部	李方桂	ŋwət	微
王力	ŋuət	物	白一平	ŋut	物部
郑张尚芳	ŋuud	物2部	潘悟云	ŋuud	物2部

"兀(올)은… [gər]. [ㄱㅁ ㄱ륵]가 됩니다."

"잘했네. 궐구(闕口)라고도 했으니 정 군이 해 보게."

"네, 闕口라…."

● 闕(궐)

高本汉	kʼi̯wă̌t	V/2部	李方桂	khjuat	祭
王力	khiua	月	白一平	khjot	月部
郑张尚芳	khod	月3部	潘悟云	khod	月3部

● 口(구)

高本汉	kʼu	Ⅲ/34部	李方桂	khugx	侯
王力	kho	侯	白一平	kho?	侯部
郑张尚芳	khoo?	侯部	潘悟云	khoo?	

"[kat]… [kara]… [koro]… [ku]… [ko]… [kuru]… [koro]… [가라고로]… [가라구루]… 둘 중 하나가 되겠습니다."

"잘했네. 둘 다 맞네. 당시는 개음절어니까 [고로]는 [골]을 말하는 것이네. '밤골', '깊은골'이라 하지 않는가. '골(谷)'이면서 '달(達)'과 같은 뜻으로 쓰였다네. <삼국사기 37>에서 大谷을 多知忽이라 했네. 大

는 '달'이었는데 ㄹ이 반모음 [ㅣ]가 되면서 '대'가 되었다네. 여기에 대응된 것은 多知인데 당시 음으로 '다디'였던 것이 모음 사이의 'ㄷ'이 'ㄹ'로 유음화되어 '다리'로 읽혔네. '달'의 개음절식 발음일세. 谷은 忽과 같은 뜻으로 '산', '마을', '취락'을 말하네. 따라서 闕口 '가라 고로'는 '가라산/가라마을'을 말하는 것이지. [구루]도 [골]과 함께 쓰였네. 이 당시 國은 거의 대부분이 [구루], [ᄀᆞᄅᆞ]로 읽혔네. 증산(甑山)이라고도 했으니 송 군이 해 보게."

"네, 교수님. 山은 [달]이겠고… 甑이라…."

● 甑(증)

高本汉	tsi‿əŋ	XX/21部	李方桂	tsjəŋh	蒸
王力	tsiəŋ	蒸	白一平	tsjəŋs	蒸部
郑张尚芳	ʔsɯŋs	蒸部	潘悟云	sɯŋs	蒸部

"성모 ts, ks, s… 핵모 ə, ɯ… 기저 ə… 운미… g… s… r… 즐… ᄌᆞᄅᆞ. ᄀᆞ술… ᄀᆞᄉᆞᄅᆞ… 술… ᄉᆞᄅᆞ…. 제 생각에는… 郑张尚芳의 ʔsɯŋs이 [ᄀᆞ술]로 될 것 같습니다. 이걸로 찍겠습니다. [ᄀᆞ술 돌]! 㶚山을 말합니다!"

"弓, 熊의 갑골음이 같았고 이들은 가라족이며 㶚족이라는 것일세. 이 가운데 最 古音(고음)은 郑의 재구음이고 나머지는 모두 여기서 변천한 음들일세. 자, 마지막으로 배 군이 해 보게. 今彌達을 서진(西鎭)이라고도 했네. 왜 그런가?"

"네, 교수님."

● 西(서)

高本汉	siər	XI/7部	李方桂	siəd	微
王力	syən	微	白一平	səj	微部
郑张尚芳	suɯl	微1部	潘悟云	sluɯl	微1部

● 鎭(진)

高本汉	ti̯e˘n	VII/9部	李方桂	trjin	真
王力	tien	真	白一平	trjin	真部
郑张尚芳	tin	真1部	潘悟云	k‑lin	真1部

"성모는 s… 핵모 ə… 운미… r [sər]? [스ㄹ]? [tən]? [tər]! [스ㄹ 들]입니까?"

"잘했네. 그런데 여기서는 西를 훈으로 읽어 [ㄱㄹ]가 되네. 지금도 바닷가 사람들은 西風을 '갈풍'이라 하네. 'ㄱㄹ>가라>갈'의 변천이 지. 박 군, 여기서 鎭의 핵모가 왜 ə(ㆍ)인가?"

"개모를 삭제하면 e인데 상대형은 a 아임미꺼. 거기다가 i가 있다는 것은 a에 앞선 ə(ㆍ)가 있었다는 증겁미더. 인자 고 정도는 초보에 해 당댐미더."

"잘했네. 이 밖에도 白岳이라고도 했는데, 白은 잘 알다시피 '붉'이 고 岳은 山과 같다네. '붉 들'을 말하는 것이지. 또 今彌達은 九月山의 옛 이름일세. 九의 갑골음은 [ㄱㄹ]이고 月의 갑골음도 [ㄱㄹ]일세. 月 은 九를 [ㄱㄹ]로 읽어달라는 안내 字(자)일세. [ㄱㄹ 들]로 읽혔네. 金 이 [ㄱㄹ]인데 海를 붙인 것도 金을 海로 읽어달라는 안내 字(자)일세.

이두에서는 이런 방식이 아주 많다네. 그런데 학계에서 이걸 모르고들 있으니 참 답답한 노릇일세."

▶ 구월산 전경

"아직 학계에 밝혀지지 않은 이두 읽기법을 소개하겠네. 보세."

"이두 읽기가 아직 미완입니까?"

"알다시피 고대 시기에 우리는 한자 의사소통을 이두로 했네. 역대의 기라성 같은 학자들이 그때의 표기법을 알아냈는데도, 아직 밝혀내지 못한 자료들이 반 이상일세. 해독을 제대로 못 하고 있는 실정이지."

"A, B 두 그룹의 字(자)가 있을 때, B는 A를 안내하는 구실을 한다

네. 예컨대, <문헌비고 17>에 경북 漆谷(칠곡)의 옛 지명을 北恥長里
(북치장리)라 했고 八居里, 仁里라 했네. 현재까지 아무도 그 내막을 풀
지 못한 지명일세. 지명의 대부분이 이러한 실정일세. 漆谷군청 홈페이
지에 보면 七谷(칠곡)이라고도 해서 일곱 개 봉우리가 어쩌구저쩌구
터무니없는 소릴 하고 있네. 전국 각 지자체 홈페이지에 들어가 보면
거의 이 모양이야. 95% 이상이 엉터리로 되어 있어.”

“우째 된 김미꺼. 빨리 함 보입시더.”

“여기서 恥는 北을 안내하고 있다네. 北의 殷 시대 갑골음은 [ㅂ ㄹ]
인데, [pərk(붉)]로 변천했네. 운미 rk는 하나씩 나뉘어 [pər(블)],
[pək(븍)] 두 음으로 파생되었어. [pər(블)]의 [ə(ㆍ)]는 [ㅏ]로 변천하
여 [발]이 되었고 [pək(븍)]의 [ə(ㆍ)]는 [ㅜ]로 변천하여 [북]이 되었
는데, [발]의 어말 [ㄹ]은 i - breaking 현상으로 반모음 [ㅣ]로 바뀌어
[바ㅣ>배]가 되었네. 그래서 北은 [배], [북] 두 가지 음을 가지게 된
것이네.”

“長里는 이두에서 [길이/거리]로 읽혔고 北恥長里 恥는 北을 [북]으
로 읽지 말고 北의 또 다른 음 [발(<블)]로 읽어달라는 것이네. 그러니
까 안내 字(자)를 빼면 [발거리]가 되지. 그 당시는 ㅊ, ㅋ, ㅌ, ㅍ과 같
은 유기음이 없었기 때문에 八(팔)은 [발(<블)]이 되어 八居里는 [발거
리]가 되네. 仁은 ‘밝다’는 뜻으로 쓰였네. 그래서 仁里라고도 한 걸세.
漆谷은 ‘옻골’이라 하는데 八居里와 무슨 관계일까?”

“전에 언뜻 들었는데 ‘빨거리’하다는 말 아이겠심미꺼?”

"허허, 그렇다네. 耻가 그 증걸세. '부끄러워할 耻(치)'니까, 부끄러우면 얼굴이 '발거리'하잖는가. '부끄럽다'는 말도 '불그리'에서 ㄹ, ㅅ 교체로 '붓그리'가 되었고 음절 경계 이동으로 중세국어 '부쯔리'가 되었네. 후에 합용병서는 모두 된소리로 바뀌었으니 '부끄리'가 되었지. 漆谷을 '옻골'이라 한 것은 그 지역에 옻나무가 지천이었던 걸세. 지금도 칠곡 '옻골' 동네는 그러하네. 우리나라에 자생하는 나무들 가운데 가장 붉게 물드는 나무가 옻나물세. 가을이 되면 불에 타지. 옻골이 그런 마을이었고 그 특성이 구전되어 온 것일세. 다시 말해서 경덕왕 이전에는 '옻골'이었는데 경덕왕이 모두 한자화하면서 옻 漆(칠), 골 谷(곡)을 쓴 것일세."

"향토 이름은 곧 정체성인데 우리 민족은 정체성을 잃고 사는군요."

"그렇지. 국가의 정체성 '韓'도 모르고 살고 있잖은가. 朴赫居世도 마찬가질세. 朴은 '박/복/부'로 읽히니 赫은 '붉다'는 '붉'으로 읽어달라는 안내자일세. 그런데 朴을 姓으로 알고 '赫居世' 왕이라 하니 기가 막힐 일 아닌가? 후에 姓을 다룰 때 상세히 얘기할 걸세."

▶물든 옻나무(출처: naver.com)

"乙支文德 같은 경우는 더 기가 막히다네. 乙支의 古音(고음)이 '가라덕'이고 文德도 이두로 '가라덕'으로 읽혔네."

"그러면 [가라덕가라덕]이 되잖습니까?"

"중첩된다고 하지 않았나. 文德은 乙支를 [을지]로 읽지 말고 [가라(文)덕(德)]으로 읽어 달라고 안내했던 것이네. 당시 支는 [teg(덕)]으로 읽혔네. 支는 성모가 t계, k계 둘이 있다네. <신증동국여지승람 29>에서 <경북 문경>의 옛 지명을 高思葛伊라 하고 冠文이라 했네. 葛伊는 文과 대응되므로, 文은 [글>가리/글]로 훈석되었네. [덕(德)]은 당시 우리말로 [높다]는 뜻이네. 즉, 文德 또한 [가라덕]이 되네. 乙支文德을 다 읽으면 자네 말대로 [가라덕가라덕]으로 반복되네. 따라서 당시는 [을지문덕] 장군이 아니라 [가라덕(乙支)] 장군이라 해야 하네. 이름으로 보면 武將이라기보다 德將일 게야."

"천 년 동안 세상에 밝혀지지 않은 이 이두 읽기법 하나를 칠팔십이 넘거나 작고한 국어학자, 양주동, 이숭녕, 허웅 같은 학자가 보았다면 무릎을 치며 놀랐을 테지만 요즘 교수들이야 '이런 게 있구나' 하고 고개만 끄덕이고 말겠지. 그 중요성을 모르니까. 내가 이 중요한 것을 학계 논문으로 발표하지 않는 이유가 여기에 있네. 이걸 모르는 하수인 그들에게, 아는 고수인 내가 그들에게 논문 심사를 맡기는 것은 굴욕이라네. 진정한 학자는 수준 낮은 현 학술지에 논문을 내지 않을 것이네. 그러니 현 학술지에 논문다운 논문이 희귀한 걸세. 한국의 인문학은 이렇게 망해 가는 거야."

姓氏(성씨)와 地名(지명)에 얽힌 사연

"오늘은 자네들 姓과 지명에 관련된 얘기를 해 보세. 자네들 성을 보니 홍 군 말고는 모두 지명과 관련지을 수 있겠네."

"아이구! 어데 가마 姓에 대한 유래를 물어싸서 난처했는데 오늘 뿌리를 뽑아 주시이소."

"박 군 자네는 시조가 누구신가?"

"박혁거세 아이겠심미꺼."

"글쎄. 당시는 보았다시피 朴이 '붉'으로 읽혔기 때문에 姓이 아니었네. 후에 사람들이 姓으로 만든 것이지. 그 증거가 신라 박씨라네. 모든 성은 지명을 따르지 국호를 따르지 않네. 그래서 시조는 대개 姓이 된 후의 후대 사람으로 세우게 되는 것일세. 朴부터 해 보세."

❖ 朴赫居世(박혁거세)

● 朴(박)

高本汉	p'uˇk	XXVI/30部	李方桂	phruk	侯
王力	pheok	侯	白一平	phrok	屋部
郑张尚芳	phroog	屋部	潘悟云	phroog	屋部

"성모 ph는 갑골음 시기나 전 삼국시대에는 없었기 때문에 p가 되네. r은 k 앞으로 배치되고 핵모는 o/u가 되네. [pork/purk]으로 재구되네. 그러나 현재 음 [pak]이 나타난다는 것은 매우 이른 시기에는 a(ㅏ) 음으로 읽었다는 얘기고, 이 음들을 다 아우르는 음은 ə(ㆍ)라네. [pərg(ᄫᆰ)]로 복원되네. 北도 지금은 핵모가 [u]지만 古音(고음)은 ㅂㄹ＞pork(ᄫᆰ)이었네. 다시 말하자면 a(ㅏ), ə(ㆍ)가 후에 원순모음화를 겪었다는 말일세."

"본음을 추적할 수 있는 방법은 없심미꺼?"

"聲符(성부) 字(자)를 모두 살펴보고 그래도 없으면 쓰인 용례를 해석해야 하네. 聲符(성부) 字(자)에 없다고 가정하고 용례를 살펴보세. 우선 朴赫居世의 이두를 읽을 줄 알아야 하네. 赫은 朴을 안내한 字(자)인데 '밝다'는 뜻일세. 朴은 [박, 복, 부] 음이 있으니 朴을 赫의 의미, 즉 '밝다'는 의미로 읽어달라는 요청일세. 赤은 '붉다'는 뜻이지만 이 둘이 겹친 것은 '밝다', '빛나다'는 뜻일세."

"赫이 朴을 안내하고 있다면 赫의 뜻에 따라야 합니까?"

"물론이네. 때로는 음을 따르는 경우도 있네. 金海는 海가 안내 字(자)인데 음인 [ᄀ ᄅ]를 따르는 것일세. 여기서 赫은 의미를 따라 [ᄫᆰ]으로 해야 하네."

"그러면 朴赫居世는 'ᄫᆰ'으로 읽는 순간 朴赫까지 읽은 것이 되네요?"

"그렇지."

"그럼 弗矩內로 읽으면 안 되잖습니까!"

"당연하지. 삼국사기에는 赫居世로 기록했고, 삼국유사는 赫居世, 赫世, 弗矩內로 기록하고 있네. 김부식, 일연은 朴을 姓으로 생각하고 赫居世를 이름으로 생각한 것 일세. 그런데 이들은 朴은 姓이 아니라 '붉'을 뜻하는 것이고 뒤따르는 赫이 이를 안내하고 있다는 사실을 몰랐던 걸세. 한마디로 이 두 읽기법을 몰랐다는 거야. 만약 당시 朴이 姓이었다면 최초의 朴을 쓴 시조는 당연히 朴赫居世가 되어야 하네만, 어느 朴씨도 朴赫居世를 시조로 두는 朴씨는 없다네."

"어? 그라마 이 박빙국이는 뭘미꺼?"

"신라 朴氏는 후대의 누군가 새로 만든 것이라네. 국호를 써서 본을 쓰는 경우는 없기 때문일세. 이것은 朴이 처음에는 姓이 아니었음을 증명하네. 朴은 처음에 '붉'의 의미로 썼다가 후에 姓으로 둔갑된 것일세."

"朴을 다른 의미로 읽지 말고 赫의 의미로 읽어달라고 朴赫이라 했다면 居世는 다른 의미가 있을 것 아니겠습니까?"

"그렇다마다. 居世의 갑골음을 재구해 보면 알 것이네."

● 居(거)

高本汉	ki̯əg	XXI/20部	李方桂	kjəg	之
王力	kiə	之	白一平	kjə	之部
郑张尚芳	kɯ	之部	潘悟云	kɯ	之部

世(세)	상고음				
高本汉	ɕi̯ad	V/3部	李方桂	hrjabh	祭
王力	ɕiap	葉	白一平	hljeps	盍部
郑张尚芳	hljebs	蓋2部	潘悟云	qhljebs	蓋2部

世(세)	중고음				
高本漢	ɕiɛi	王力	ɕĭɛi	李榮	ɕiɛi
邵榮芬	ɕjæi	鄭張尚芳	ɕiɐi	潘悟	ɕiɛi
蒲立本	ɕiaj				

"居는 앞에서도 [kər(ㄱㄹ)]로 재구했지만 世는 매우 복잡한 양상을 보이고 있네. 어두 hl만으로도 kr 복성모를 상정해야 하는데 ɕ까지 겹쳐 있네. ɕ 발음은 i̯ 앞에서 s가 구개화된 음일세. 이 s는 어두 h가 구개화된 것일세. 현재의 우리 음 [세]는 [설]의 ㄹ이 반모음 [ㅣ]가 되면서 [세]가 된 것이네. 高本汉의 [ɕi̯ad]에서 개음 i̯가 생기기 전에는 [sad]였음을 알 수 있고 이에 앞선 음은 [sar]가 되네. a(ㅏ)의 상대형 e(ㅓ)로 [ser]이 된 것이네. 이 운미 r은 i-breaking 현상으로 i, j가 된 것일세. 그 증거를 [sar], [ser] 다음 시기의 음에서 찾을 수 있네. 상고음 운미 r이 중고음에서는 i, j로 변천되어 있네."

"결국 世는 [살(sar)], [설(ser)]로 읽혔군요."

"그렇다네. 지금도 世聲 字(자)를 [설(ser)]로 읽는 자가 많다네. 이 [설]의 ㄹ이 반모음 [ㅣ]가 되어 [세]가 된 것일세."

- 偰 사치할 설
- 拽 끌 설
- 紲 고삐 설

"특히 泄은 물이 '새다'는 뜻인데, 이 '새 -'는 泄의 갑골음 [살(sar)]에서 온 것일세. [살(sar)]의 어말 자음 r이 반모음 [ㅣ]로 변천하면서 '새'가 된 것이네. 이처럼 世가 [sar]로 읽혔고 居가 이 시기 [kar]였으니 居世는 [kar sar]가 되고 생략형은 [kasar(가살)]이 되네. 더 앞선 음은 [gəsər(ㄱ술)]이었을 것이네."

"濊(예), 桓(환)의 갑골음 [gəsər]에서 변천한 것이군요."

"그렇지. 시간이 흐르면 g가 k로 무성음화하고 ə(ㆍ)가 a(ㅏ)로 변천하게 되니까 그렇다네."

"그러니까 朴赫居世는 [붉濊]를 뜻하네. 국호로 [붉濊]를 뜻하는 나라가 있다네. 어디겠는가? 이거 맞히면 오늘 내가 쏘겠네. 2분 내에 못하면 자네들이 사야 하네."

"에이! 교수님예, 그건 포기하라는 말과 같심더."

"1분 안에도 할 수 있네. 시간 많이 준 걸세."

"…"

"야들아, 빨리 모이바라…. 갑골음이 '붉'과 '가사, 거서'인 걸 찾아야 될 거 아이가. 야! 한영수, 홍정희, 우리가 배았던 거 있나 기억해 바라."

"붉의 앞선 음은 [ㅂ릭/블]이라 하셨어."

"맞다! 일단 첫 자는 白이다. 이 古音(고음)이 '붉'이다."

"그럼 답 나왔네, 뭐. 백제 아닌가?"

"백제는 일백 百 아닌가?"

"흰 白이나 일백 百이나 음이 같다 이 등신들아! 빨리 濟 상고음 사전 피이라."

● 濟(제)

高本汉	tsiər	XI/7部	李方桂	tsidx	脂
王力	tsyei	脂	白一平	tsəjʔ	脂部
郑张尚芳	ʔsliilʔ	脂1部	潘悟云	siilʔ	脂1部

"밋 초 남았노? 빨리 재구해 바라."

"니가 해야지!"

"아이구! 이 화상들아! 보자 보자…."

"郑张尚芳 ʔsliilʔ 이기다! 교수님예, 百濟!"

"맞았네!"

"와! 짝짝짝."

"교수님예, 지 혼자 소 앞다리 하남미데이!"

"알겠네. 수업 끝나고 푸짐하게 한잔하세!"

"성모 ts보다 앞선 음은 ʔsl - 일세. 핵모에 i, e, ə가 있다는 것은 ə가 기저음임을 말하네. ʔ는 g, k에서 변천한 것이고 앞에서 g로 재구했으니 기저를 g로 잡는다면 [gsləlg]가 되네. l/r은 수의적으로 교체하니까 [gsrərg]가 되고 복성모 gsr 사이에 있었던 ə를 복원하면 [gəsərərg]가 되네. 운미 g는 운미 r의 입성화에서 생긴 것이니까 이에 앞선 음은 [gəsərər]이 되네. <周書>에 突厥(돌궐)의 성을 阿史那 氏라 했는데, 이는 흉노의 왕성이네. 那의 갑골음은 [rar]이었으니 [阿史

那(gəsərər)]이 정확히 맞아떨어지네. 후에 동음생략으로 [gəsərə]로 읽었겠지. 나중에 얘기하겠지만 匈奴(흉노), 突厥(돌궐)은 틀림없는 우리의 桓(환), 濊족일세. 후에 那는 어미 r을 탈락시켜 [ra]가 되고 어두 r도 n과 교체하여 [na]가 된 것이네. 徐那伐이 명명될 때 那는 [ra] 음이었네. 후에 [na]로 변천하자 羅[ra] 음을 새로 가져와 徐羅伐이라 한 것일세. [gəsərər]은 후에 중첩된 어말 ər이 동음생략되어 [gəsər]과 함께 쓰였네. 桓(환), 濊(예)의 갑골음과 완전히 일치하네. 百濟는 'ᄇᆞᆰ 濊'를 의미하는 것이네."

"자, 박 군의 성은 'ᄇᆞᄅᆞ > ᄇᆞᆯ > ᄇᆞᆰ > 불/박'으로 변천한 것이네."

❖ 冶爐(야로)와 冶爐 宋氏(야로 송씨)

"합천군 야로면에 송 군과 관련된 재미있는 사연이 있네. 冶爐의 갑골음부터 복원해 보세. 台를 聲符(성부)로 하는 字(자)는 다음과 같네."

● 冶(야)

高本汉	di_ɔ	II/33部	李方桂	ragx	魚
王力	ʎya	魚	白一平	ljʌʔ	魚部
郑张尚芳	laaʔ	魚部	潘悟云	laʔ	魚部

● 珆(이)

高本汉	di_æ̯r	XI/7部	李方桂	rid	脂
王力	ʎiei	脂	白一平	ljij	脂部
郑张尚芳	li	脂2部	潘悟云	li	脂2部

● 駘(태)

高本汉	d'əg	XXI/20部	李方桂	dəg	之
王力	də	之	白一平	lə	之部
郑张尚芳	l'ɯɯ	之部	潘悟云	lɯɯ	之部

"송 군이 재구해 보게."

"네, 어두에서 d, r, l 가운데 가장 앞선 음은 d입니다. 핵모는 a와 그 상대형 e가 보이는 환경에서 i가 있으니 ə(丶)가 기저음이 됩니다. 상대형 ɯ(一)가 이를 증명합니다. 운미는 g, gx에서 g가 대표음이고 d, r 가운데는 g 앞에 r이 배치되므로 [dərg(듥)]이 됩니다. 운미 rg를 하나씩 나누면 [dər(들)], [dəg(득)]이 됩니다."

"잘했네. 어말에선 d, r, l 가운데 r이 가장 오래된 음이지만 어두에서는 d가 가장 앞서네. 이 [dər(들)], [dəg]이 무슨 뜻인지 알아보세. 힌트로 冶爐(야로)는 고대 철 생산지였네."

"풀무 冶(야), 불릴 冶(야)니까 '달구다'의 '달'이 아니겠습니까?"

"맞았네. '달 - 구 - 다'로 형태소를 분석하면 어간 '달'과 사동접사 '구', 어미 '다'가 되니까 기본형은 '달

▶ 가야의 철 생산　　(출처: naver.com)

다'가 맞네. '솥이 달았다', '단내가 난다'에서 어근 '달'을 찾을 수 있네.

물론, 앞선 형태는 冶의 古音(고음) '둘'이었네."

"그래서 '달달' 볶는다고 하는군요."

"홍 군 말이 맞네. 바로 그 말일세. '득(닥)'은 무슨 뜻인가?"

"'닭'에서 분지되었으니 '득(닥)'도 같은 뜻이 아니겠습니까?"

"그렇다네. 우리말에 남아 있네. 뭔가?"

"달닥… 닥달…. 혹시 '닦달하다' 아임미꺼? 경상도에서는 사람을 볶아댈 때 '닥달 고마해라' 캅미더."

"박 군이 경상도 말 덕을 톡톡히 보는구만. 지금은 '닦달하다'가 되어 다른 의미로도 쓰네만 冶爐가 경상도니까 경상도 말뜻의 원조는 박 군 말대로 '상대를 달달 볶는다'는 뜻의 '닥달하다'가 되어야 하네. 표준어는 '닦달하다'가 되네."

"冶가 [둘], [득]이라면 爐(로)의 갑골음을 보세. 다음 字(자)들은 <설문>에 聲符(성부)가 모두 虍聲인 것으로 나와 있네. 虍로 읽어달라는 것일세."

● 虍(호)

高本汉	xo	Ⅱ/33部	李方桂	hag	魚
王力	xa	魚	白一平	xa	魚部
郑张尚芳	qhaa	魚部	潘悟云	qhlaa	魚部

"h는 k의 마찰음화고 x는 q의 마찰음활세. q, qh는 모두 k를 기저음으로 하니까 성모는 k로 귀착되네. 핵모가 대부분 a인데 高에서는 虍聲을 모두 ɔ, o로 재구하고 있기 때문에 ə(ㆍ)를 상정해야 하네. ə(ㆍ)

에서 a, ɔ, o로 변천해 갔을 걸세. 운미 g를 보면 그 앞에 r/l이 상정되는데. 潘에서 l을 볼 수 있네. 일단, 古音(고음)은 [kərg]로 복원되네."

● 盧(로)

高本汉	lo	Ⅱ/33部	李方桂	lag	魚
王力	la	魚	白一平	c‑ra	魚部
郑张尚芳	braa	魚部	潘悟云	raa	魚部

"盧는 '밥그릇'을 뜻하네. 虍聲인데도 재구음들이 많이 다르지? 이미 성모가 탈락의 길을 걸은 것일세. 여기서 c는 k에서 변천한 것이고, 특이하게도 郑에서 [braa]로 재구하고 있네. 그 이전 음은 [bara]가 되네. 아마도 전주자로 쓴 것 같네. 지금 사찰에서 승려들의 밥그릇을 '바루'라고 하는 걸 보면 이해가 갈 걸세."

● 爐(로)

高本汉	l	Ⅱ/33部	李方桂	lag	魚
王力	la	魚	白一平	c‑ra	魚部
郑张尚芳	raa	魚部	潘悟云	raa	魚部

"이 爐는 盧와 같은 그릇을 뜻하지만 火가 덧붙어 '불 그릇', 즉 '쇳물 그릇'을 말하네. 요즘 말로 '용광로'일세. 爐와 盧는 虍聲에서 너무 멀어져 갑골음을 재구하기가 어렵네. 그래서 동일 聲符(성부) 字(자)를 살피는 걸세."

● 虎(호)

高本汉	x	Ⅱ/33部	李方桂	hagx	魚
王力	xa	魚	白一平	xaʔ	魚部
郑张尚芳	qhlaaʔ	魚部	潘悟云	qhlaaʔ	魚部

"여기서는 虍 음이 더 구체화되고 있네. 앞선 시기의 음을 유지하고 있다는 것일세. 앞서 재구한 [kərg]에서 더 진전된 것은 없네."

● 唬(호)

高本汉	xɔ	Ⅱ/33部	李方桂	hragh	魚
王力	xea	魚	白一平	xras	魚部
郑张尚芳	qhraas	魚部	潘悟云	qhraas	魚部

"여기서 중대한 갑골음의 단서를 잡을 수 있네. 郑과 潘에서 어말 s가 있고 어두 r이 있다는 것은 [krar]로 소급된다는 것이고 여기에 운미 gh가 있으니 g로 귀속시켜야 하네. 그래서 앞선 음은 [krarg]가 되고 성모 kr 사이에 있었던 a를 복원하면 더 앞선 음은 [kararg]가 되네."

● 琥(호)

高本汉	xo	Ⅱ/33部	李方桂	hagx	魚
王力	xa	魚	白一平	xaʔ	魚部
郑张尚芳	qhlaaʔ	魚部	潘悟云	qhlaaʔ	魚部

"郑, 潘에서 qh는 k가 기저음이고 운미 ʔ는 g/k 계열일세. l을 r로 교체하면 앞서 재구한 [krarg]과 일치하고, kr 사이에 있었던 a를 복원하면 [kararg]가 되네. 앞서 재구한 음과 일치하네. 앞에서 虍聲을 재

구할 때 핵모는 ə(丶)로 상정했으니 爐의 고음은 [kərərg]가 되네. ə(丶)의 상대형은 ɯ(ㅡ)라고 했네. [kɯrɯrg]로도 썼다는 얘길세. 운미 rg를 하나씩 나누어 보게. 앞에서 했던 것 기억나나?"

"그를[kɯrɯr], 그륵[kɯrɯg]…. 아, 우리 갱상도 말로 밥 담는 '그륵'임미더!"

"하나는 맞혔네. '그를[kɯrɯr]'은 뭔가?"

"ㄹ, ㅅ 교체로 '그릇'이었습니다."

"그렇다네. '그릇'을 말한 것이네. 아득한 그때의 음이 ㄹ, ㅅ만 교체 되었을 뿐 지금도 그대롤세. 이처럼 필수 기초어는 보수성이 매우 강 하다네."

"한자가 우리말이라는 걸 늘 생각하고 있지만 실제를 보면 신기하기 짝이 없습니다."

"그럴 테지. 이미 수천 년이 지나면서 많이 멀어진 것은 느낌이 덜하 지만 보수성이 강한 것들은 우리말 그대롤세."

"자, 그렇다면 冶爐의 古音(고음)은 [dər(돌)], [dəg(득)], [kɯrɯr (그를<그릇)], [kɯrɯg(그륵)]이니 조합을 해보세. 당시에 [dər kɯrɯr(돌 그를)], [dər kɯrɯs(돌 그릇)], [dər kɯrɯg(돌 그륵)]은 시차나 지역에 상관없이 모두 읽혔던 음이라네. 어느 것으로 읽었든 간에 冶爐는 뜨겁게 '달구는 그릇', 즉 용광로를 말하는 것일세."

"자, 이제 宋氏와 연결해 보세. <설문>에 宋은 居라 했고, 木이 있 는 것은 집을 이루어 사람을 살게 하는 것이라 했네.(居也。从宀从

木。讀若送。蘇統切〔注〕臣鉉等曰：木者所以成室以居人也。）

● 宋(송)

高本汉	soŋ	XXII/29部	李方桂	səŋwh	中
王力	suəm	侵	白一平	suŋs	冬部
郑张尚芳	sluuŋs	終部	潘悟云	sluuŋs	終部

● 俢(삼)

高本汉	səm	XIV/14部	李方桂	səmh	侵
王力	səm	侵	白一平	sums	侵部
郑张尚芳	sluums	侵3部	潘悟云	sluums	侵3部

● 㴱(람)

高本汉	ləm	XIV/14部	李方桂	ləmx	侵
王力	ləm	侵	白一平	c - rum?	侵部
郑张尚芳	ruum?	侵3部	潘悟云	ruum?	侵3部

"宋을 聲符(성부)로 하는 字(자)들을 보면 성모가 s, r(l)일세. 핵모는 ə인데 운미는 m일세. 이상하지 않은가? 운미에 g/k 계열 x, ?, ŋ가 있으니 말일세. 또 어말 s가 있다는 것은 운미 r을 설정해야 하네. 누가 총괄해서 운미를 복원해 보게. 한 군이 해 보겠나?"

"네, 교수님. 운미 g/k 계열 x, ?, ŋ은 모두 m에서 온 것입니다. 핵모 [u]에 이어지는 m은 ŋ이 된다고 하셨습니다. 이 ŋ이 무성음화하면서 x, ?로 변천한 것입니다. 그런데 어말 s는 그 교체형 r을 상정해야 한다고 하셨으니 운미는 mr입니다."

"한 군이 내가 설명한 것보다 더 깔끔하게 했네. 우리는 앞에서 熊(uŋ)의 어말 ŋ은 o/u에 이어 나온 m이 변천한 것임을 보았네. 한 군의 정확성과 기억력은 옛날 그대롤세. 대단하네. 그러면 복성모 sr, 핵모 ə, 운미 mr이니 [srəmr]이 되네. 자, 여기서 재미있는 일이 벌어지네. 힌트를 주겠네. 자네들이 찾아보게. <설문>에 宋을 居也라 했네."

"에이구, 그기 답미꺼?"

"그렇네. 더 줄 게 없네. 있다면 조금 전에 말했던 木者所以成室以居人也가 전부일세. 아, 하나 더 있다면 운미는 순서를 바꿔 rm으로 하게. 이번엔 다음 주 한판을 걸겠네. 3분 주겠네. 못 하면 당연히 자네들이 사야 하네."

"너그는 머 떠오르는 기 엄나?"

"우선, 재구음부터 분석해 보자."

"복성모 sr부터 하나씩 나눠 보자. [sərm], [rərm]. 여기서 복운미 하나씩 나누면 [sər], [səm]?"

"복성모 sr 사이에 ə를 복원해 보자. [sərəmr] 이제? [ᄉᄅ므ᄅ]?"

"아니, 이걸 복운미 하나씩으로 나눠야지. [sərəm], [sərər]?"

"아! 맞다. 스름! 첫 힌트가 '살 居'라 했응께 '살다'의 어간인 기라. '사람'은 '살다' 어간 '살'에 명사형 '음'이 붙은 기라."

"일단, 경우의 수를 한곳에 모두 모아 보자."

[srərm(ᄉᆖᆱ)][srər(ᄉᆖᆯ)][srəm(ᄉᆖᆷ)]/

[sərm(숢)][sər(슬)][səm(슴)]/

[rərm(뢺)][rər(뢸)][rəm(름)]/

[sərər(소롤)][sərəm(소름)]/

"[sərm(숢)]이 '삶'으로, [sərəm(소름)]이 '사람'으로, [sər(슬 -)]이 '살(生) - '로 변천한 것, [səm(슴)], [rəm(름)]은 한자음 [삼], [람]으로 발달한 것으로 정리하자."

"교수님예, 어떻심미꺼?"

"하하하, 맞았네! 대단허이! 자네들은 다음 주까지 확보했네."

"와! 짝짝짝."

"그런데 사람은 '소롤'에 명사형 ㅁ(m)이 첨가된 것이라네. [삼], [람]은 한자음의 같은 聲符(성부) 字(자)에서 예외 없이 발견되네. [삼], [람], [사람], [삶(<숢)], [살 -]이 宋의 갑골음에서 나왔다는 것은 믿지 못할 사실일세. [살다]와 같은 기초어는 보수성이 매우 강하기 때문에 잘 변하지 않는다네. 홍 군이 정리한 그 밖의 음들도 아마 다 쓰였던 말들이었을 걸세. 死語가 되어 지금은 사라진 것이지."

"死語들을 찾아낼 방법은 없습니까?"

"이미 말이 쓰이지 않기 때문에 찾을 길이 없네만 다른 영역에서 간접적으로 확인할 수는 있다네. 문법적 기재로 복원할 수 있네. 가령, 고대 우리말에는 어말 n/l(r) 명사형도 있었다네. 홍 군이 조금 전에 정리한 말들 가운데 어말 어미 m뿐 아니라 어말 어미 n/l(r)도 명사형으로 쓰였다는 말일세. 그래서 그 밖의 음들도 다 쓰였던 것이라 했다네. 야로 송씨는 殷 탕이 세운 氏일세. 姓은 子인데 微에 봉해져 微子 혹은 宋微子라 했네. 殷의 마지막 왕인 주왕의 이복형일세. 지금은 성과 씨를 같이 쓰네만, 고대 시기의 姓은 모계를 따르고 氏는 부계를 따른 것이라네. 송 군은 자부심을 가지게. 殷 왕족의 후옐세. 箕씨, 韓씨, 鮮于씨, 宋씨는 모두 殷 왕조의 후옐세."

"그런데 참 흥미로운 것은 箕, 韓은 갑골음이 [ᄀᆞᆯ]고, 앞에서 보았듯이 宋에 [ᄉᆞᆯ(ㄹ)]음이 있었고 鮮의 갑골음이 [ᄉᆞᆯ], 于의 갑골음은 [ᄀᆞᆯ]였네. 鮮于(선우)는 [ᄉᆞᆯᄀᆞᆯ]였는데 [ᄅ]의 1차 동음생략으로 [ᄉᆞᄀᆞᆯ(səgərə)]가 되었다가 시간이 흐르면서 어두 [ᆞ]의 2차 동음생략으로 [ᄼᆞᆯ(sgərə)]가 되었고 [ᆞ]의 3차 동음생략으로 [ᄼᆯ(sgər)]가 되었던 걸세. 성모 sg - 의 순서는 바꾸어 쓰기도 했으니 성모 gs - 가 되면 [ᄀᆞᆯᄉᆞᆯ]>[ᄀᆞᄉᆞᆯ]>[ᄀᆞᄼᆯ]이 되어 우리가 앞서 재구한 濊(예), 桓(환)의 갑골음이 되네. 朝의 갑골음도 [ᄀᆞᆯ]였고 鮮의 갑골음은 [ᄉᆞᆯ]였으니 朝鮮은 [ᄀᆞᆯᄉᆞᆯ]였다네. [ᄀᆞᆯᄉᆞᆯ]의 첫 번째 [ᄅ]가 1차 동음생략으로 [ᄀᆞᄉᆞᆯ]가 되었다가 어말 [ᆞ]의 2차 동음생략으로 [ᄀᆞᄼᆯ]이 되었고 시간이 흐르면서 어두 [ᆞ]의 3차 동음생략으로 [ᄀᄼᆯ]이 되었던 걸세. 朝鮮, 鮮于, 韓, 箕, 靑에 대해서는 朝鮮의 유래를 밝힐 때 상세히 할 것이네."

"朝鮮이 [ᄀᆞᄼᆯ]이니 학계가 뒤집어질 일이군요."

"그렇지. 글자를 적어 놓고 당시의 음으로 읽은 게 당연한 일인데 지금까지 그 음을 몰랐던 것일 뿐이네. 그런데 그 증명을 해 줘도 제 고

집을 꺾지 않는 무지한 자들이 있으니 참 답답한 노릇일세."

"무시해도 되잖습니까?"

"문제는 그들이 역사 교육의 권력을 쥐고 있으니 어떻게 되겠는가?"

"아! 그 문제가 있네요!"

"그런데 宋의 본관이 冶爐였던 것은 宋의 고음이 [스리]였기 때문인데 [스리]는 金의 고음이기도 했네. 곧 얘기하겠지만 金의 고음은 [ᄀ리스리], 즉 [ᄀ리]와 [스리]의 합성일세. 앞에서 본 [ᄀ리스리]의 1차 동음생략으로 [ᄀ스리]가 되었고, 후에 [ㆍ]의 2차 동음생략으로 [ᄀ슬] 되었다가 [ㆍ]의 3차 동음생략으로 [ᄀ스리]가 되어 朝鮮과 같은 변천의 길을 걸었다네. 宋의 [스리]는 후한 시기만 해도 居(스리 > 슬 > 살-)의 뜻이었는데 후에 이 뜻을 상실하고 '송나라/성씨/나라이름' 뜻만 남았네. 그러나 삼국시대 冶爐라는 지명을 지을 당시 宋의 갑골음 [스리]가 유지되었던 모양일세. 宋은 쇠붙이의 뜻과는 전혀 상관없이 '살다(居)'는 뜻인데 宋의 음이 金의 음과 같은 [스리]였기 때문일세. 다시 말해서 宋의 당시 음이 [스리]였고 金의 음과 같았기 때문에 제철소인 冶爐를 본으로 삼게 된 것으로 생각되네. 다음 시간에 金에 대해 공부하겠네. 金의 古音(고음) [ᄀ리스리]가 [ᄀ리], [스리]로 분리되면서 [ᄀ리]계는 [ᄀ리 > ᄀ름 > ᄀ름 > 금 > 금/김]으로 변천했고, [스리]계는 [스리 > 스ㄹ > 소리 > 솔 > 소ㅣ > 쇠]로 변천했네."

"배 군, 자네 본관은 어딘가?"

"달성입니다."

"경주 배씨나 달성 배씨 할 것 없이 배씨는 모두 한 혈족일세. 신라

유리왕 때 성을 하사했는데, 당시 6촌장 중에 하나였네. 그런데 배씨는 金山 加利村 촌장이었네. 앞에서 金의 고음 加利를 말한 바 있네. 벌써 쇳내가 물씬 나지 않는가? 아마도 배씨는 국가에 쇠를 공급하는 역할을 했을 것이네. 고대 시기에 쇠는 전쟁 무기를 생산하는 재료로서 생명과도 같은 것일세. 이 부분을 맡았다는 것은 왕의 대단한 신뢰를 받아야 했을 걸세."

● 裵(배)

高本汉	b'ər	XI/7部	李方桂	bəd	微
王力	byə	微	白一平	bəj	微部
郑张尚芳	buul	微1部	潘悟云	buɯul	微1部

"배 군, 자네 성이니 복원해 보게."

"네. [bər(블)]입니다."

"허허, 이제 바로 나오는구만. 맞았네. 이에 앞선 음은 [bərə(ㅂ르)]였네."

"머슨 뜻인데예?"

"나도 잘 모르겠네만, 金山 加利村 촌장이었다는 것 자체가 쇠와 관련되었을 테고 [ㅂ르(bərə)]의 상대형 [브르(buɯ)]가 있는 것으로 보아 [블>불]로 변천한 것으로 보이네. 郑의 재구음에서 buul(=bur)이 있으니 틀림없는 것 같네. 아마 裵는 火의 의미일 것 같네. 유리왕으로부터 이 성을 하사받았다는 것은 金山, 加利村의 쇠를 녹이는 불가마를 담당한 것으로 보는 걸세. 또 裵는 '옷치렁치렁할 裵(배)'일세. 이게 무슨 소리냐 하면 보통 옷과 다른 제사장의 옷을 말하는 게야. 아마 상고대부터 '야로 裵氏'는 쇳물 가마를 가동하기 전에 제사나 고사를 지내는 제사장이었던 것 같네. 여기에 '야로 宋氏'는 실제 가마를 운용하는 사람으로 보이네. 확실한 근거는 없지만 둘 다 본이 쇠가마인 冶爐라는 것과 모두 金(쇠)과 관련되어 있고 宋의 음이 스릭(金)이고 裵의 옷이 무당 옷이기 때문일세. 현재 '경남 합천군 야로면 정대리'에는 야로 배씨들의 집성촌이 있다네."

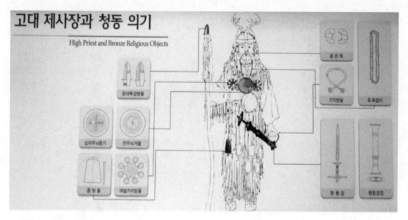

▶ 당시의 제사장

(출처: naver.com)

"韓氏는 箕子의 후손일세. 기자조선의 마지막 왕 준왕(準王)의 아들 삼 형제가 箕, 鮮于, 韓을 나누어 가졌다고 하네. 이 설이 사실인지는 음을 재구해 보면 알 걸세. 韓과 鮮于는 나중에 상세히 나올 것이니 음만 보면, 韓은 [ㄱ릭]로 읽혔고 箕도 [ㄱ릭]로 읽혔네. 鮮于는 桓(환), 濊(예)의 음으로 [스ㄱ릭]였네. 箕씨는 행주, 韓씨는 청주, 鮮于씨는 태원을 본으로 하는데, 이들은 모두 중국 산동성 태원에 그 기반을 두고 있었네. 여기가 바로 殷의 본산일세. 東夷(동이)의 색은 靑이라 했으니 이들에게는 靑과 함께 한다네. '합천군 가야면 가야산', 이 이름들도 모두 기자조선이 망하자 후손들이 살길을 찾아 은둔한 장소인데 그들의 집성촌은 '가야면 靑里'일세. 가야산을 '갈산', '개산'이라고도 하는 것은 [ᄀᆞ르>가라>갈>개]로 변천했기 때문일세. 충청도 靑州에도 '가야산(<ᄀᆞ르돌)'이 있는 것도 이 때문이지. 靑의 갑골음은 [ᄀᆞ스르]일세."

"저희 할아버지께서 가야면 靑里에서 나셨답니다."

"그래? 아마도 그 윗대 대대로 거기서 사셨을 거네. 나중에 나올 것이네."

10

金(금)을 발명한 종족은?

" **金**이 처음 나왔을 때, 이는 구리, 청동을 말했네. 인류 가운데 어느 종족이 최초로 쇠를 만들어 신석기 시대를 마감했는지 그 설들은 추측에 일관할 뿐이네. 그러나 우리는 과학적으로 이를 증명해 보려 하네. 우선, 한 지점에서 쇠를 발명하여 전파된 경우와, 또 여러 지점에서 다발적으로 발명한 경우를 상정할 수 있네. 현재로서는 앞에서 보았던 흙솥이 최초이며, 이 흙솥의 음은 앞에서 논의한 바와 같이 우리말 [그륵], [그를], [그릇] 세 가지 음을 지니기 때문에 우리 민족이 만든 작품임에 틀림없다는 것이네. 그 증거가 문자 金에 남아 있네."

"그게 문자에서 드러나는군요."

"그렇지. 쇠를 처음 발명했을 때, 새로운 문명에 대한 이름을 어떻게 지었겠는가?"

"종족의 긍지니까 종족명을 붙였지 않았나 생각합니다."

"나도 그렇게 생각하네. 결론부터 말하자면 金의 갑골음은 桓(환), 濊(예)의 갑골음과 동일하다네. 北狄(북적) 종족이 불을 발견하였고, 이 불로 西戎(서융)이 쇠를 처음 만들었다면 석기시대를 마감하고 청동시대로 들어가는 당시의 상황에서 이보다 더한 종족의 자랑거리가 어디 있겠는가. 아마 긍지를 대대로 물려받아 후에 그 긍지를 문자에 남겼을 것이네. 이를 감안하면 그들의 자랑거리인 신문물의 이름을 종족명으로 명명하기에 충분했을 것이네."

"金은 <說文解字>에서 今聲이라 되어 있네. 후한 시기만 해도 今으로 소리 났다는 것일세."

● 今(금)

高本汉	ki̯əm	ⅩⅣ/14部	李方桂	kjiəm	侵
王力	kiəm	侵	白一平	krjəm	侵部
郑张尚芳	kruɯm	侵1部	潘悟云	kruɯm	侵1部

"성모가 k, kr로 나타나는데, [krjəm]의 앞선 음은 [krəm]이고, 이보다 앞선 음은 복성모 사이에 있었던 모음을 복원하여 [kərəm]이 되네. 이보다 앞선 고음은 접미어 m이 첨가되기 전이므로 [kərə]가 되네. [kərəm] 시기에 와서 첫째 ə가 동음생략되면 [krəm]이 되고 둘째 ə가 동음생략되면 [kərm]이 되네. 운미 rm은 하나씩 나뉘어 [kər], [kəm]이 되었네. [금/김]은 [kəm(금)]에서 변천한 것일세."

"교수님, [kəm(금)]은 그 상대형 [kuɯm(금)]으로 나타납니다만 [kər]은 현재 음에 보이지 않습니다."

"그렇다네. 국어 음운학계에서는 상고음 이전의 古音(고음)을 訓으로 오해하고 있다네. 金海는 金을 海로 읽어달라고 안내한 것이라네. 즉, 金海로 적고 [김해]로 읽고 [ㄱ ㄹ]로 읽기도 했던 것일세. 다음을 보세."

- 金山 : 加利村 <사기 1>
- 金海 : 金州 : 伽耶 <사기 34>

　"金山과 加利村의 대응에서 보면 金이 加利라는 말이고 山이 村이라는 말일세. 또 金海는 앞서 말한 대로 [김해/ᄀᆞᆯ]로 읽혔는데, 伽耶가 곧 [ᄀᆞᆯ]였다는 것일세. 耶는 상고음만 하더라도 [ra/la(라)]로 읽혔네. 이에 앞선 음은 [rə]였을 것이네. 후에 耶가 [ja(야)]로 변천하자 [羅(라)]를 가져온 것이라네. 한자음이 변천한다고 [ᄀᆞᆯ]였던 국호를 '가야'로 할 수 없었던 게지."

　"'가야'라는 국호는 없었다고 하셨잖습니까?"

　"그렇지. 伽羅가 있음에도 후대 사람이 변천한 [가야]를 많이 읽다 보니 국호가 [가야]로 바뀌게 된 걸세."

　"金이 [ᄀᆞᆯ]로 읽혔던 게 틀림없군요."

　"그렇다네. 金의 古音(고음)이 [kərə]였음을 아는 학자가 없으니 [kərə > kərəm > krəm/kərm > kər/kəm], 이 과정을 알 수가 없는 걸세. 그래서 [kəm]은 후에 그 상대형 [kɯm(금)]으로만 읽고 [kər]는 金의 訓이라고 단정해 버린 것이네. 이러한 사정은 일본에서도 마찬가질세. 중국, 일본에도 갑골음 경지에 들어간 학자가 없는 모양이야."

　"그런데 우리말에서 金을 '쇠'라고 하지 않습니까? 이건 訓이 되지 않겠습니까?"

"아닐세. 그것도 한자음이지 訓이 아니라네."

"교수님예, 그건 믿기가 좀 어렵심더. 金에는 어말 ㅁ이 있지만 '쇠'는 없잖심미꺼?"

"이 사람아, [kər] 어말에 r이 반모음 [ㅣ]로 변하는 걸 못 봤는가?"

"그기야 어두가 k고 '쇠'는 어두가 s 아입미꺼? 그랄라카마 [sər]가 있어야지예."

"그러니까 앞에서 金의 고음이 [스ᄅ]였지! 이 사람들이 복습을 안 하는구먼."

金橋(금교) : 松橋(송교) <유사 3>

"金은 松과 대응되어 있네. '금교'를 '송교'라 하지만 사실 이 松은 古音(고음)이 '솔'로 읽혔음을 보지 않았나. 松이 우리말 고유어로 '솔'이라면서 학자들은 이것이야말로 訓이라고 한다네. 이 '솔'의 ㄹ이 반모음 [ㅣ]가 되니 [soj(쇠)]가 되지 않는가? 그러나 이 '솔'도 松의 訓이 아니라 한자 古音(고음)일세. 내가 이렇게 말하면 모든 학자들은 날 보고 '사쿠라'라고 손가락질할지 모르네. 그 옛날 내 스승께서 당했던 것처럼."

"교수님, '솔나무'의 '솔'은 우리 고유어잖습니까?"

"누가 고유어 아니랬나? 殷 시대 갑골문, 古音(고음) 고유어란 말일

세. 앞에서 宋(송)을 보았지만 [슬] 음이 있었잖은가. 松(송)도 [슬(>
솔)] 음이었던 적이 있었다네."

● 松(송)

高本汉	suŋ	XXV/32部	李方桂	skuŋh	東
王力	soŋ	東	白一平	skoŋs	東部
郑张尚芳	sqhlooŋs	東部	潘悟云	sqlooŋs	東部

"松의 最古 상고음을 보면 복성모 skl와 어말 ŋs가 있네. 운미에 s가
있다는 것은 r와 같다는 것이고 ŋ는 g의 변천일세. 따라서 어말 ŋs는
rg였다는 얘길세. 핵모는 o가 기저가 되네. 이들을 조합하면 [sklorg]
가 되었네. 이것이 바로 郑과 潘의 재구음일세. 여기서 복성모 skl 가
운데 l계가 이탈한 것이 白의 [skorg(=skoŋs)]라네. 복성모 sk가 운모
org에 하나씩 나뉘면 [sorg]와 [korg]가 되네. [sorg]계의 운미 rg를
하나씩 나누면 [sor]과 [sog]가 되네. [sog]는 g가 약화되면서 ŋ이 되
어 高, 王의 재구음 [soŋ]이 되었고 [sor]은 우리말 松의 고음이었던
것일세."

"金橋와 松橋가 같다고 했으니 金도 '솔(sor)'이었겠군요."

"그렇다네. <산청군 호적부>에 가축 '노새'를 '老金'이라 기록하고
있네. 金이 [새(saj)]로 음독되었다는 증걸세. [ᄉᆞᆯ>솔>식>사ᅵ>
새]로 변천한 것이네. 결국 金의 古音(고음)은 [ᄀᆞᆯ]뿐 아니라 [ᄉᆞᆯ]
음도 있었던 것일세. [솔] 음은 [슬] 단계에서 [丶]가 [오]로 변천했기
때문일세."

"결국, 金은 [gər], [sər]가 다 있군요. 상고음에서 金의 성모에 sg가 있는 字(자)가 있다면 말끔하겠는데요."

"그렇다네. 다행히 古音(고음)을 유지하고 있는 字(자)가 있었네."

● 祹(잠)

高本汉	dẓʼi̯_əm	ⅩⅣ/14部	李方桂	dzrjəm	侵
王力	dʒiəm	侵	白一平	dzrjəm	侵部
郑张尚芳	sgrɯm	侵1部	潘悟云	sgrɯm	侵1部

"아! 교수님. [gər], [sər]가 다 있군요!"

"그렇다네. 祹(잠)은 今聲이고 金도 今聲일세. 祹과 金은 聲符(성부)가 같은 字(자)일세. 후한 시기만 해도 祹은 金과 발음이 같았다는 말일세. 郑과 潘에 복성모 sg가 보이네. 한 군 자네 말대로 [gər], [sər]가 다 있네. 갑골음을 재구해 보겠나?"

"이런 기회를 주셔서 감사합니다. 교수님 말고는 제가 처음 아니겠습니까?"

"아마 그럴 것이네."

"성모는 sg, 핵모는 기저음 ə, r은 m 앞에 배치하면 [sgərm]이 됩니다. 운미를 하나씩 나누면 [sgər], [sgəm]이 되고 sg 사이에 있었던 [ə]를 복원하면 갑골음은 [səgər], [səgəm]이 됩니다. [səgər]에서 [[sər(스리)], [gər(ㄱ리)]가 분리됩니다."

"잘했네. 성모 sg는 바꾸어 gs로도 썼으니 郑, 潘의 재구음 [sgrɯm]은 복성모 순서상의 문제로 [gsrɯm]으로도 썼네. 핵모 ɯ는 기저모음

ə의 상대형일세. 따라서 [gsrəm]이 되고, 이에 앞선 음은 복성모 사이에 있었던 ə를 복원하면 [gəsərəm]이 되네. 앞에서도 말했지만 접미어 m은 후대에 명사형으로 발생한 것이므로 갑골음은 [gəsərə(ㄱㅅ ㄹ)]가 되네. 흉노의 姓 阿史那의 갑골음과 일치하고 어말 ə가 탈락된 gəsər은 桓(환), 濊(예)의 음과 일치한다네. 결론적으로 金은 우리 민족의 발명품이 틀림없네."

"gəsər가 gər, sər로 분지된 것이군요."

"그렇다네. 그동안 諸家들은 金의 음을 [kɯm(금)]이라 하고 [ㄱㄹ], [ㅅㄹ]는 金의 훈으로 알아왔던 것이네. 이러한 오해가 있었던 것은 갑골음에 대한 지식이 전무했기 때문일세."

"결국, 金의 갑골음이 濊(예)의 갑골음과 같다는 것은, 北狄(북적)이 불을 발명하고 西戎(서융)이 쇠를 녹이는 흙솥(鬲)을 만들었다는 사실을 감안했을 때, 우리 민족이 金(쇠)로 된 병장기를 처음 발명하였음이 분명하네. 西戎(서융)의 戎이 방패(十)와 창(戈)으로 종족의 특성을 나타내고 있는 것일세. 쇠로 만든 병장기로 가는 곳마다 목기와 석기 무기를 무용지물로 만들었으리라는 것은 어렵지 않은 추릴세. 우리 민족이 쇠로된 무기를 만들고 아시아를 재패했다는 가설은 한자 갑골음으로 능히 사실로 추론할 수 있는 것이네. 그동안 논란이 많았던 흉노와 돌궐, 말갈, 선비도 우리 민족이었다네. 나중에 밝힐 것이네."

11

鐵(철)을 발명한 종족은?

"**앞**에서 쇠(金)를 만든 것은 구리와 그 합금인 청동이였네.
<신증동국여지승람 18>에 仇知, 金池, 金地가 모두 같다고 했네. 당시 知, 池는 구개음화되기 전이라 [디]로 읽혔고 모음 사이의 'ㄷ'은 'ㄹ'로 유음화하네. 그래서 仇知[구디]는 [구리]로 읽혔다네. 金池도 본음은 [곤디]지만 'ㄷ' 동음생략으로 'ㄱ디'가 되고 모음 사이의 'ㄷ'이 유음화되면 [ㄱ리>가리]가 되네. <삼국사기 1>에 金山을 加利村이라 했네. [ㄱㄹ>굴>곤>곤디>ㄱ디/가리>구디/구리>]로 변천하면서 음독되었던 것이네. 이것이 곧 銅일세. 순수 銅은 물러서 무기로 쓸 수 없으나 청동은 매우 단단하네. 구리에 주석과 아연을 일정 비율로 섞어 銅을 단단하게 만드는 야금술은 당시로서는 첨단의 기술이었을 걸세. 이 기술과 함께 우리 민족은 청동보다 더욱 단단한 鐵을 발명하게 된 것일세. 다시 말해서 청동기시대, 철기시대를 연 민족이 바로 우리 민족이었단 말일세."

"대단한 게 밝혀지는군요. 그럼 鐵도 문자에서 증명됩니까?"

"그렇다마다. 鐵의 古字는 銕일세. 金과 夷(이)의 합성일세. 夷(이)가 聲符(성부)인데, 앞에서 夷(이)의 갑골음을 [ㄷㄹ>들]로 재구했었네."

● 夷(이)

高本汉	di̯ær	XI/7部	李方桂	rid	脂
王力	ʎiei	脂	白一平	lji	脂部
郑张尚芳	lil	脂1部	潘悟云	[b]li	脂1部

● 銕(철)

高本汉	d'i̯ær	XI/7部	李方桂	djid	脂
王力	diei	脂	白一平	lji	脂部
郑张尚芳	l'iil	脂1部	潘悟云	b‑li	脂1部

● 鐵(철)

高本汉	t'iet	XI/7部	李方桂	thit	質
王力	thyet	質	白一平	hlit	質部
郑张尚芳	lhiig	質2部	潘悟云	ʎiig	質2部

"성모는 b, d가 있지만 d의 변천 l, ʎ이 있는 것으로 보아 b는 전주에 의한 것일 수 있으니 d가 기저음이 되네. 핵모 [æ]는 [a]가 [i̯]의 영향으로 변천한 것이니 앞선 음은 [a]가 되네. 이것은 [a]의 상대형 [e]가 나타남을 보아도 알 수 있는 것일세. [a], [e]가 핵모로 나타나면서 [i]가 보인다는 것은 앞선 음이 [ə(ㆍ)e]였음을 말하네. 운미 [d/t]의 앞선 음은 [r]일세. 조합하면 銕의 갑골음은 [dərə(ᄃᆞᄅᆞ)>dər(ᄃᆞᆯ)]이 되네."

"한자의 제작 원리로 본다면 夷(이)가 金을 만든 것이 틀림없네. 이 시기 金의 개념은 鐵일세. 이는 당시의 음이 증명하네. 銕의 갑골음은

[dər]이지만 후에 발생한 鐵은 [d]가 무성음화하여 [tər]이 되었네. 鐵의 운미 g가 보이는 것은 후에 운미 r가 입성화하면서 발생한 것이네. 이것은 華語 쪽으로 들어가고 우리말 쪽은 개략 [ᄃᆞᄅᆞ>들>덜>뎔>털>철>철]로 변천한 것이네. 결국 오늘날 銕, 鐵 音은 夷(이)의 종족명이 변천한 것이었네. 靑銅은 濊(예)의 이름 [gəsər]을, 鐵은 夷(이)의 이름 [dər]을 썼던 것이네."

"그런데 교수님, 靑銅에 靑이 붙은 것은 무슨 이유가 있는 겁니까? 누런 구리는 있어도 푸른 구리는 없잖습니까?"

"청동에 퍼런 녹이 생긴다고 카는 거 아임미꺼?"

"아닐세. 이것도 앞에서 약간 언급한 것 같네. 여기에는 그 연유가 있어. 앞에서 얘기한 것 같은데, 靑의 갑골음을 보면 드러날 것이네."

● 靑(청)

高本汉	ts'ieŋ	XVⅢ/22部	李方桂	tshiŋ	耕
王力	tshye	耕	白一平	sreŋ	耕部
郑张尚芳	shleeŋ	耕部	潘悟云	skheeŋ	耕部

● 淸(청)

高本汉	ts'i̯e̯ŋ	XVⅢ/22部	李方桂	tshjiŋ h	耕
王力	tshie	耕	白一平	tshjeŋs	耕部
郑张尚芳	shleŋs	耕部	潘悟云	skheŋs	耕部

● 菁(청)

高本汉	tsi̯e̯ŋ	ⅩⅧ/22部	李方桂	tsjiŋ	耕
王力	tsieŋ	耕	白一平	tsjeŋ	耕部
郑张尚芳	ʔsleŋ	耕部	潘悟云	skeŋ	耕部

● 蜻(청)

高本汉	tsi̯e̯ŋ	ⅩⅧ/22部	李方桂	tsjiŋ	耕
王力	tsieŋ	耕	白一平	tsjeŋ	耕部
郑张尚芳	ʔsleŋ	耕部	潘悟云	skeŋ	耕部

● 請(청)

高本汉	ts'i̯e̯ŋ	ⅩⅧ/22部	李方桂	tshjiŋ x	耕
王力	tshie	耕	白一平	tshjeŋ?	耕部
郑张尚芳	shleŋ?	耕部	潘悟云	skheŋ?	耕部

● 鯖(청)

高本汉	ṭi̯e̯ŋ	ⅩⅧ/22部	李方桂	tjiŋ	耕
王力	tɕieŋ	耕	白一平	tjeŋ	耕部
郑张尚芳	ʔljeŋ	耕部	潘悟云	kljeŋ	耕部

"靑의 聲符(성부)인 生聲 字(자)를 모았네. 이 가운데 가장 古音(고음)을 유지하고 있는 음은 [ʔsleŋ]이네. 어두 ʔs는 ks로 소급하고 sk와 혼용한다고 했네. 그래서 郑은 성모를 菁, 蜻에서 [ʔs], 즉 [ks]로 재구하기도 하고 請에서는 [sh], 즉 [sk]로 재구하고 있네. 淸에서 郑이 재구한 음을 보면 운미 s가 있네. 이것은 r이 운미에 있다는 증거니까

[ʔsleŋ]의 ŋ 앞에 배치되어야 하네. [ŋ]는 [g]로 소급되고 [ʔ] 역시 [k]를 거쳐 [g]로 소급되네. 핵모는 [e]와 [i]가 나타나므로 [ə]가 되네. 그러면 [gsərərg]로 귀착하네. 복성모에 있었던 ə를 복원하면 [gəsərərg]가 되고 운미 g는 후대에 발생한 것이니 삭제하면 갑골음은 [gəsərər]이 되네. 阿斯那의 갑골음일세. 후에 동음 ər이 생략되면 [gəsər]이 된다네."

"桓(환), 濊(예), 金(금)의 갑골음과 같군요."

"그냥 銅이라 하면 될 것을 왜 靑을 수식어로 붙였겠나? 무른 銅은 자연에서 얻어지는 것이지만 단단한 銅, 즉 靑銅은 아연과 주석을 일정 비율로 배합해서 만들기 때문에 고도의 기술이 필요한 것이네. 그 기술의 주인공이 靑[gəsər]이라는 것일세. 靑은 東夷(동이)의 색이니 靑銅은 '동이족이 발명한 銅'이란 걸세. 지금 중국 지명에 靑州는 우리 민족이 살던 터전일세. 그 밖에 靑을 지명으로 하는 곳은 다 검토할 가치가 있네. <설문>과 <오행>에 靑은 동방의 색이라 했으니 말일세."

12

朝鮮(조선)의 어원에 숨겨진
기막힌 사연

"**朝**鮮은 阿斯達보다 더 많은 설들이 있다네."

"朝鮮의 어원을 틈틈이 봤는데예, 쥬신, 숙신을 비롯해서 대가들의 견해가 엄청나기 많심미더."

"그렇다네. 뛰어난 상상력으로 나름 애를 썼지만 정확한 근거는 없다네. 朝鮮을 세우면서 글자의 음을 무시했겠는가? 당시의 음으로 읽으면 간단히 해결될 일 아닌가? 지금까지 그 많은 설들이 있는 것은 당시 음을 몰랐기 때문일세. 당시 음을 보세."

● 朝(조)

高本汉	ti‿og	XXIV/26部	李方桂	trjagw	宵
王力	tio	宵	白一平	trjew	宵部
郑张尚芳	ʔrew	宵2部	潘悟云	plew	宵2部

"朝의 상고음만 보아도 성모가 t, ʔr, pl이 나타나네. 참 난감한 일일세. 이 字(자)는 필시 역사의 과정에서 음이 바뀐 것임에 틀림없네. 일단 <설문>에서 실마리를 찾아보세. <설문>에 朝는 旦也라 하여 '아침'을 뜻한다고 했네. 이 '아침'과 '아사'가 묘하게 만나는 바람에 지금까지 '아침'의 뜻을 정설로 하고 있는 것 같네. 그런데 천만의 말씀일세. <설

문>에서 从倝(간) 舟聲이라 했네. 倝을 의미로 하고 舟로 읽어달라는 것인데, 倝의 오른쪽 人은 후대에 없어졌네. <설문>은 후한 시기라 朝의 음이 이미 변하여 舟聲이 되었던 것 뿐일세. 일단 舟를 보세."

● 舟(주)

高本汉	ṱi̯og	XXⅢ/28部	李方桂	tjəgw	幽
王力	tɕiu	幽	白一平	tjiw	幽部
郑张尚芳	tjɯw	幽2部	潘悟云	tjɯw	幽2部

"홍 군이 재구해 보겠나?"

"네, 교수님. 성모는 [t]이고 핵모는 기저음 [ə]인데, 이를 증거하는 그 상대형 [ɯ]가 있습니다. 운미는 u, w, g인데, g가 있음을 보아 u, w는 g에서 변천한 것입니다. 앞선 음은 [təg]인데, g 앞에 r을 복원하면 앞선 음은 [tərg]가 됩니다. [g]는 갑골음 시기에 발생하지 않았으니 [tər(들)]이 됩니다. 성모 [t]의 앞선 음은 [d]가 될 가능성이 있습니다."

"내 설명이 필요 없을 정도로 말끔하고 정확했네. 이 朝의 음이 舟聲이라 했으니 앞서 본 朝의 상고음 가운데 高 [ṱi̯og], 李 [trjagw], 王 [tiô], 白 [trjew]는 해결되었네. 모두 [tər(들)], [tərg(듥)]에서 변천한 것들이기 때문이네. 그런데 郑의 [ʔrew]는 그 출처가 오리무중이네. 갑골음은 [gər]일세. 여기에 [ㄱㄹ]음이 나오니 머리가 쭈뼛 서지 않는가?"

"왜 [ㄱㄹ]라 했으까예?"

"혹 다른 비밀이 여기에 내재해 있는지도 모르네. 이럴 땐 박 군, 어떻게 해야겠나?"

"왜 배(舟)가 거기 있는지… 이걸 함 보마 어떻겠심미꺼?"

"좋은 생각이네. 일단 朝의 갑골문과 楷書, 전문을 보세."

▶甲骨文　　　　▶楷書

"갑골문을 보면 <설문>과 字(자) 해석이 다르네. <설문>에서는 从
倝(간) 舟聲이라 했지만 어디에도 舟의 흔적조차 찾기 힘드네. 오히려
해서의 해석대로 오른쪽 **D**은 '달'을 상형한 것이고, 왼쪽의 **⚓**는 태
양에서 빛이 찬란하게 비치는 모습을 상형한 것이네. 그래서 倝은 '빛
쏘일 간'일세. 그러니 갑골문의 日月은 낮에는 해, 밤에는 달이 온 세상
을 밝게 한다는 뜻이라네. 학계의 정설로는 '해와 달이 풀숲 사이에 동
시에 있는 형태'라고 하지만 '새 발자국 모양'은 풀이 아니라 '찬란한
햇살'을 상형한 것이라 보네. 태양 위아래, 주변에 풀이 있다는 것은
朝의 '해와 달의 밝음'과도 어울리지가 않네. 사방 풀이 빛을 모두 가
릴 것 아닌가? 다음 다른 갑골문을 봐도 그렇다네."

▶朝 1　　　▶朝 2　　　▶莫, 暮

"①은 빛이 비치는 형상이고, 달이 있는 자리에 풀이 있어야 할 이유가 없네. 달 대신 빛나기만 하고 있지 않은가? ②는 태양이고 오른쪽 ③은 달이 빛나고 있는 형상이네. 朝 1, 朝 2의 갑골문과 莫, 暮의 갑골문은 日의 위치만 다를 뿐 동일하다네. 또 갑골문에서는 이 석 자를 同字로 취급하고 있네. 왜 그럴까?"

"이것은 東에도 마찬가지라네. 東도 지금까지 알아왔던 것처럼 '나무 안에 태양이 있다'는 것이라 하는데 오행에서 東이 木이란 데 집착한 것으로 보이네. 혹은 '동여매인 짐 꾸러미'라 하는데 이는 전혀 다르다네. 짐 꾸러미는 東의 의미와도 맞지 않네. 아래 금문 5를 보면 금방 알 수 있네. 위, 아래의 ∨, ∧는 풀이나 짐 꾸러미가 아니라 빛이 비치는 모습을 상형한 것일세. 중간은 당연히 태양일세."

▶ 東의 갑골문

"그런데 朝의 갑골문 다음에 나온 금문을 보면 月이 들어갈 자리에 모두 川이 들어가 있네. 전문을 보면 月이 들어갈 자리에 비로소 舟가 들어가 있다네. 이것은 전문부터 月 음에서 舟 음으로 바뀌었다는 것을 의미하네. 月 대신에 川이 들어간 것과 月 음에서 舟 음으로 바뀐 문제에 대해 고대로부터 지금까지 수수께끼였다네."

"그럼 교수님께서 그걸 푸셨습니까?"

"그러니까 내가 이 문제를 언급하지 않을 거라면 나도 슬그머니 꼬리를 빼고 거론 자체를 말아야 할 것 아닌가?"

"정말, 정말, 우리 교수님 대단하십니다. 세상 역사가 못한 걸 비로소 교수님께서 밝히시는군요. 그걸 듣는 저희들은 얼마나 영광인지 모릅니다."

"호들갑 떨지 말게. 지금까지 이야기가 다 그렇지만 대단한 것도 아닐세."

"그건 아이지예. 수천 년 동안 못 푼 숙제를 교수님께서 해결하신다카마 대단한 일이지예."

"자네들한테는 그렇겠지."

金文 1	2	3	4	5
𣏟	𣏟	𣏟	𣏟	𣏟

篆文 1	篆文 2
翰	朝

"보다시피 금문에는 月 대신에 내 천(川)이 들어가 있네. <설문>에서 朝는 倝(간)과 舟의 합성이라 했을 때 舟聲이라 했네. 전문에서 오른쪽에 해당하는 부분일세. 그렇다면 갑골문에서는 倝(간)과 月의 합성이니 오른쪽에 있었던 月이 聲符(성부)가 될 것이네. 왼쪽 倝이라도 상관없네. 月과 음이 같았으니까. 月의 갑골음을 재구해 보세."

● 月(월)

高本汉	ŋi̯wăt	V/2部	李方桂	ŋjuat	祭
王力	ŋiuat	月	白一平	ŋʷjat	月部
郑张尚芳	ŋod	月3部	潘悟云	ŋod	月3部

"갑골음 시기에 없었던 개모 [i̯w], [iu], [ju]를 제거하면 앞선 음은 [ŋat]가 되고 [ŋ]는 [g]로 소급되니까 더 앞선 음은 [gat]가 되네. 모든 운미 d/t의 앞선 음은 [r]이니까 [gar]이 되네. 그런데 여기에 핵모 [o]가 나타난다는 것은 기저 핵모는 [ə]였다는 것이네. 따라서 갑골음은 [gər]가 되네. 개음절형은 [gərə(ㄱ ㄹ)]가 되네."

"海, 江, 川의 고음이 모두 [ㄱ ㄹ] 아임미꺼!"

"맞았네! 月과 川이 모두 [ㄱ ㄹ]기 때문에 月 대신 川을 쓴 것일세. 이 문제는 박 군이 푼 것으로 하겠네. 수천 년의 미스터리를 박 군이 풀었네. 박 군, 축하하네. 박수 한번 주세."

"와! 짝짝짝! 박빙국! 박빙국!"

"그건 아이지예. 교수님께서 川이 가라라 카는 걸 가르쳐 주셨으이께 가능했지예."

"박 군은 경상 방언을 하기 때문에 내(川)가 'ᄀᆞᄅᆞ/가라, 거러/걸'인 걸 금방 알았을 것이네. 강(江)의 古語인 'ᄀᆞ름'도 고음 'ᄀᆞᄅᆞ'에 명사형 [ㅁ]이 합성된 것일세. 그런데 앞에서 [ᄀᆞᄅᆞ]와 [ᄉᆞᄅᆞ]의 뜻은 '밝음', '빛'이라고 했던 기억이 날 걸세. 의미로나 음으로나 '밝은 빛'에 합당한 갑골문의 月(ᄀᆞᄅᆞ)을 버리고 왜 川(ᄀᆞᄅᆞ)로 대신했을까?"

"전에 말씀하신 것처럼 月의 음이 너무 변했기 때문에 [ᄀᆞᄅᆞ] 음에 해당하는 다른 字(자)를 가져오느라 그랬던 것 아닐까요?"

"그렇기도 하네만, 이 사안은 月의 음 때문만이 아니라 日의 음 때문이기도 하네. 日 음도 [ᄀᆞᄅᆞ]였기 때문이네. 옛 원시인들은 '빛나는 구체'를 모두 'ᄀᆞᄅᆞ'라고 한 것 같네. 후에 이 둘을 구별할 필요가 있었던 게지."

"日은 성모가 n이라 [ᄀᆞᄅᆞ]의 성모 g/k와 차이가 너무 큰데요?"

"그렇다네. 日의 古音(고음) 성모가 g/k라고 하면 세상이 웃을 일일세. 이걸 밝힌다면 이게 진짜 대단한 걸세. 인간이 언어를 시작할 때의 발음을 밝혀내는 일일세. 그러나 다른 학자들의 재구음과는 너무 다른, 가차처럼 보이는 특별한 재구음을 우리가 간혹 보지 않던가. 우리는 앞에서도 이 특별한 음은 가차로 여겨 제외시킨 적이 있었네. 日도 그러한 유가 되거나, 아니면 너무 오래전에 음이 변해서 그 흔적을 찾기 어려운 경우일세. 아마, 日은 인류 시작 단계의 초창기 단어라 할 것일세."

"어두 n이 g/k가 될 수 있다는 게 참 궁금합니다."

"그 실마리는 역시 日에서부터 출발해야 하네. <설문>의 징검다리가 없었다면 이를 밝히기란 불가능하네. <설문>에 日은 實也로 되어 있네. 이 경우, 實은 표제어인 日의 의미를 풀이하는 구실을 하네만 음까지 표제어와 동일한 경우가 많다네. 東을 動也라 설명한 것과 같다네. 日과 實의 음과 뜻이 같다는 것일세. 日과 實의 상고음을 보세."

● 日(일)

高本汉	n̡ĭe̯t	X/5部	李方桂	njit	質
王力	n̡iet	質	白一平	njit	質部
郑张尚芳	njig	質2部	潘悟云	nljig	質2部

● 實(실)

高本汉	dʑĭe̯t	X/5部	李方桂	djit	質
王力	dziet	質	白一平	Ljit	質部
郑张尚芳	ɦlig	質2部	潘悟云	ɢljig	質2部

"먼저, n/d 교체가 눈에 띄네. 또 日의 성모는 n, nr(l)이고 갑골음 시기에 없었던 개모 ĭ, j를 제거하면 핵모 e가 보이는데 a의 상대형일세. 여기서 다른 재구음 핵모 i가 있다는 것은 앞선 음이 [ㅣ]였음을 말해주네. 그런데 운미에서 t, g라는 현격한 차이를 보이고 있네. 운미 t의 앞선 음은 예외 없이 r이고, 이 r은 郑, 潘의 운미 g 앞에 복원되는 것일세. 그래서 潘의 성모 l(r)은 g 앞에 배치되어야 하는 걸세. 복성모에 r, l이 있고 운미가 단독 g/k일 때, 이 r, l은 운미 g/k 앞으로 배치됨을 여태 보았네. 이것은 [nərəg]의 첫째 ə가 생략되면 [nrəg]이고 둘째 a가 생략되면 [nərg]가 됨과 같은 과정이 있었기 때문일세. 결론

적으로 앞선 음은 [nərg]가 되고 운미 g는 갑골음 시기에 발생되지 않았으니 갑골음은 [nər(늘)]이 된다네."

"어머, 교수님! 日이 하루를 말하는 우리말 '날'이 되는군요."

"그렇다네. 우리가 '날 日'이라 하지만 사실은 訓이라 했던 [늘(> 날)]이 日의 갑골음이었어. 보수성을 가진 기초어는 이렇게 오래된 음이 고스란히 남는다네. 일본어에서도 대부분의 訓은 古 韓音일세. 그걸 지금 日 학자들도 모르고 있다네. 상고음에 그쳐 갑골음까지 올라가지 못했기 때문이지."

"그런데 實에는 어두에 d와 g가 있군요."

"여기에 비밀이 깃들어 있다네. 實의 성모를 제외하면 개모, 핵모, 운미가 日의 상고음과 완전히 일치하지 않은가?"

"네! 운모도 같은 質部네요."

"日의 성모는 n, 實의 성모는 d라는 차이일 뿐, 나머지는 모두 같다는 뜻일세. 日의 갑골음이 [nər]이니 實의 갑골음은 [dər]이 되네."

"그런데 왜 日을 實이라 했을까요?"

"개음절어에서는 n/d가 흔히 교체를 하기 때문일세. 지금도 개음절어인 일본어에서는 n/d 교체가 보편적 음운현상으로 기술되고 있네. 우리말에서도 '넝쿨/덩굴'과 같은 말은 고대 시기 n/d가 교체한 말이 남아 있는 것일세. 삼국시대만 하더라도 大道署(대도서)를 內道監(내도감)이라 해서 署, 監이 관청을 말하니 실제 [대(大) : 내(內)]는 n/d 교체가 일어나고 있다네. 전 삼국시대 언어가 개음절어였기 때문일세."

"日의 갑골음은 [늘/들(<날/달)]이었군요."

"그렇지. 그러니 日(늘)과 實(들)을 같다고 한 것일세. 그런데 여기서 그치는 것이 아닐세. 의미까지 日과 實은 같다네. 그래서 <설문>에서 日을 '實也'라 했네."

"…? 태양과 열매? 완전히 다른데요?"

"박 군, 이 둘이 같은 점을 말해 보게."

"… 열매, 둥근 공 모양, 구체가 아이겠심미꺼?"

"역시, 박 군일세! 박 군의 순발력은 정말 대단하네. 둘 다 공 모양일세. 공 모양이 바로 [들]이고 태양이 [ᄀᄅ]일세. 그래서 實에는 [들]과 [ᄀᄅ]가 함께 있는 것이라네. '씨앗', '열매'가 둥글다는 것일세. 또 남성의 고환을 [달(들)]이라 한 것은 여기서 파생된 것으로 보이네. 고환의 구체와 '아기씨'와 같은 말이 되네. 심마니말로 '씨앗'을 [달]이라 하고 여성의 성기를 [달]이라 하지만, 실상은 남성의 성기를 상형한 凸의 갑골음이 [들]이라네. 그런데 凸은 자전에 群玉이라 해서 '구슬(卵)의 무리'라 했네.21) 포도송이 같은 올챙이 알이 연상되지 않는가? 이것이 암컷의 알(卵)을 파생하기도 한 것일세. 알(卵)도 'ㄱ' 탈락 전에는 '갈'이었고 '가라<ᄀᄅ'에서 변천한 것일세. 또 음절말 n/r 교체도 개음절어에서 흔히 일어나는데, 우리말과 동계인 터키어와 일본어에서는 '씨', '종자'를 [다네(たね: tane=種)]라 한다네. 결국 '들'은 공 모양의

---

21) 凸을 지사문자라 하고 있으나 <龍龕手鏡>에 남성의 성기를 상형한 상형문자로 되어 있다. 필자의 논문 '기초어 凸의 음운어형변화'.《언어과학》 19권 1호 참고.

구체를 말했네."

"참으로 기가 막히네요."

"더 기가 막히는 것은 [ᄀᆞᆯ]가 구체, 공 모양을 말한다는 것이네. 받침 자음을 허용하지 못하는 개음절어 [ᄀᆞᆯ]가 받침 발음을 허용하는 유일한 방법은 어말 모음을 탈락시키는 것일세. 어말 모음 [ᆞ]가 탈락되니 [ᄀᆞᆯ]가 [ᄀᆞᆯ]로 변천하는 것이지. 이 [ᄀᆞᆯ]은 어두 [ㄱ]이 탈락되어 [올 > 알]이 되네. 어두 ㄱ 탈락은 세계 모든 언어에서 공통적으로 나타나는 일반적 현상이네. 우리말에도 '달이 기울다'는 '달이 이울다'고 하고 나무에 박힌 '공이'는 '옹이'라 하네. 모두 고대어의 흔적들일세. 앞에서 阿斯達이 본래 '가사들'인데 어두 ㄱ이 탈락되어 '아사달'이 된 것도 마찬가질세."

"[ᄀᆞᆯ > ᄀᆞᆯ > 올 > 알]의 변천인데, 앞에서 본 것처럼 日의 음 [ᄂᆞᆯ]은 ㄴ/ㄷ 교체가 되어 공 모양을 뜻하는 [ᄂᆞᆯ/ᄃᆞᆯ]이 됐고, 日과 같다고 한 實의 갑골음 [ᄃᆞᆯ]이 이를 증명하였네. 그런데 實의 갑골음에는 [ᄀᆞᆯ]까지 있지 않은가. 日과 實이 같다고 했으니 日도 [ᄀᆞᆯ]라 했던 것일세. 그 증거가 [하루(日)]일세. 이 [ᄀᆞᆯ]가 앞에서와 같이 어두 ㄱ(k) 탈락의 길을 걷지 않고 마찰화하면 ㅎ(h)가 되어 [ᄒᆞᆯ]가 되네."

ᄒᆞᆯ 몃 里를 녀시 나니잇고(석六23)

"이것은 중세국어에서 '하루'를 말하네. 이 [ᄒᆞᆯ]가 어말 모음 [ㆍ]를 탈락한 [ᄒᆞᆯ] 또한 '하루'의 의미로 쓰였네."

ᄒᆞᄅᆞᆫ 조심 아니ᄒᆞ야(석十一26)

"어말 ㄹ은 자네들 알다시피 i-breaking 현상으로 반모음 [ㅣ]가 되어 [ᄒᆞᆯ]은 [ᄒᆞㅣ]가 되었잖은가. [ㆍ]는 [ㅏ/ㅓ/ㅗ/ㅜ/ㅡ/ㅣ] 가운데 하나로 변천하는데 주로 [ㅏ]로 변천하니 [하ㅣ]가 되었고 이것이 단모음화해서 [해(日)]가 되었던 걸세. 日이 [ᄀᆞᆯ]로 읽혔던 증거로 實의 음에서 [ᄀᆞᆯ]를 확인할 수 있었고 우리말 [ᄒᆞᆯ], [해]에서도 확인되었네."

"대단하십니다, 교수님! 전설의 강원입니다."

"[ᄀᆞᆯ]가 [ᄀᆞᆯ>갈]로 변천하여 둥근 구체를 뜻하는 말은, 박 군이 앞서 말했지만 우리말 '눈깔(<갈)'에서 확인되네. '눈알'을 '눈깔'이라 하네. 이 'ᄀᆞᆯ/갈'이 대부분 ㄱ을 탈락시키면서 '알'로 변화되어 '갈'의 흔적이 희귀하다네."

"月 음의 갑골음이 [ᄀᆞᆯ]였는데 왜 [달]이라고 하겠는가? 이 [달(<ᄃᆞᆯ)]은 앞서 말한 '구체', '씨앗'과 같았다는 것일세. 결국 [ᄀᆞᆯ]와 [ᄃᆞᆯ]은 둥근 구체를 말했는데, 거기서도 '빛나는 구체'를 의미했네. 언어 초기 원시인들은 태양도 [ᄀᆞᆯ/ᄃᆞᆯ]로 불렀고, 달도 [ᄀᆞᆯ/ᄃᆞᆯ]로 불렀음을 알 수 있었네. 둘 다 '빛나는 구체'였기 때문일세. 아마 언어 초창기에 日, 月을 다 [ᄀᆞᆯ], [ᄃᆞᆯ(<ᄃᆞᆯ)]로 부르다가 후에 이 둘을 구분하기 위해

月을 [돌(<ᄃᆞᆯ)]에 한정한 것이 아닐까 싶고, 日을 [ᄀᆞᆯ]에 한정한 것 같네. 그 시점이 月聲에서 舟聲으로 바뀐 전자체 무렵일세."

"日을 [ᄀᆞᆯ]로 불렀던 증거가 또 있네. 間과 閒은 같은 字(자)일세. 間의 갑골음은 [ᄀᆞᆯ]인데 후에 [ᄀᆞᆯ]으로도 읽혔다네. n/r 교첼세. 두 글자의 차이는 日, 月뿐이네. 그런데 間과 閒은 같은 음 [ᄀᆞᆯ]로 읽혔다는 것일세. 日과 月의 음이 같았다는 얘길세. 결국 <설문>에서 말하는 대로 日을 實이라 해서 實을 살펴보니 갑골음이 'ᄃᆞᆯ/ᄀᆞᆯ'였고 日의 갑골음도 'ᄃᆞᆯ/ᄀᆞᆯ'였음을 확인했네. 그렇다면 <설문>에 實은 무엇으로 기록되어 있는지 궁금하지 않은가?"

"아, 그런 게 있었군요. 제가 찾아보겠습니다."

"엥? 富也로 되어 있는데…… 별 관계가 없는 듯합니다!"

"실망하기는 이르네. 상고음을 보게."

● 富(부)

高本汉	pi‿əg	XXI/19部	李方桂	pjəgh	之
王力	piək	職	白一平	pjəks	職部
郑张尚芳	pɯgs	代部	潘悟云	pɯgs	職部

"성모는 p, 갑골음 시기에 없었던 개모 i‿, j를 삭제하면 핵모는 [ə], 그 상대형 [ɯ]가 핵모 [ə]를 증거하고 운미는 [g]. [s]는 [r]과 교체된 것이므로 r이 g 앞에 배치되어야 하네. 고로 富의 갑골음은 [pərg]일세."

"아니, 이건 '붉' 아닙니까?"

"그렇다네. 'ᄀᆞᆯ'와 'ᄃᆞᆯ'가 '붉다'는 것이므로 [ᄀᆞᆯ/ᄃᆞᆯ]와 음

은 다르나 같은 의미로 쓰였다는 것을 알 수 있네. 아마 앞선 시대의
성모는 b였을 것이네."

"그럼 富도 한번 찾아보면 좋겠습니다."

"좋을 대로 하게."

"어? 이건 備也로 되어 있네?"

● 備(비)

高本汉	b'iˬəg	XXI/20部	李方桂	bjiəgh	之
王力	biək	職	白一平	brjəks	職部
郑张尚芳	bruɡs	代部	潘悟云	bruɡs	職部

"비교해 보면 성모가 b/p 차이고 r/s는 교체 관계네. 결국, 富와 같
은 걸세. [bərg]로 재구되네. 靑代 학자들은 b/p 교체를 '음입대전'이
라 하여 이 둘을 같이 보았네. 역시 '붉'다는 음일세."

"그럼 備도 함 보겠심더."

"그렇게 하게."

"愼也?"

● 愼(신)

高本汉	dˬiˬeˉn	VII/9部	李方桂	djinh	真
王力	zien	真	白一平	djins	真部
郑张尚芳	djins	真1部	潘悟云	gljins	真1部

"성모는 d, 핵모는 e인데 a의 상대형이고, 핵모 i가 있음으로 보아
기저 핵모는 [ə]일세. 운미 h는 g/k에서 변천한 것이고, 운미 s는 r이

므로 g/k 앞에 r을 복원하면 고음은 [dərk]가 되네. 갑골음 시기는 g/k가 발생되기 전이니까 갑골음은 [dərə/dər]가 되네."

"潘의 [gljins]로 복원해 보세. 보면 갑골음 시기에 없었던 개음 j가 삭제되고 핵모는 [ə]이고 s는 r이니 운미는 -nr이 되네. 그런데 n과 r은 교체 관계니까 r 하나로 수렴되네. 결국 [glər]이 되는데, l은 r로 대표되고 복성모 사이에 있었던 ə를 복원하면 갑골음은 [gərər]이 되네."

"郑의 [djins]로 복원하면, 앞과 동일한 과정으로 갑골음은 [dər]가 되네. 여기서도 [ᄀᄅ]와 [ᄃᄅ]가 나타나지 않는가. 그 다음 또 하고 싶은 사람은 집에서 혼자 해 보게. 같은 현상일세."

"그런데 이상한 것은 교수님, 이렇게 꼬리를 물고 캐면 어떤 것은 의미로 '붉'이 나타나고, 어떤 것은 음으로 [ᄃᄅ/ᄀᄅ]가 나타납니다. 예를 들어, 富, 備의 뜻과 '붉'은 관계없어 보이고, 愼의 뜻과 'ᄃᄅ/ᄀ ᄅ'의 뜻과는 관계가 없어 보입니다."

"그건 모를 일일세. 말소리와 뜻은 변화무쌍하기 때문이네. 그러나 언젠가 얘기 한 것 같네만 고대 한자에서는 의미와 관계없이 음만을 나타내기 위함도 있었다는 걸세. 이것은 곧 한자가 부분적인 음소문자였음을 말하네. 그 증거를 訓의 갑골음 [ᄀᄅ]에서 볼 수 있네. 訓의 聲符(성부)는 川인데, 川의 갑골음은 海, 江과 함께 [ᄀᄅ]라 했네. 訓은 'ᄀᄅ치다'의 뜻인데 어간 'ᄀᄅ-'는 川의 뜻이 아니라 음일세. 訓의 뜻과 聲符(성부) 川과는 외형상 의미상 아무 관계가 없다는 말이네. 그러나 말(言)이 내(川)처럼 흘러나오는 것이 'ᄀᄅ치다'는 뜻이 될 수도 있네. 訓의 음이 [훈]이고 갑골음이 [ᄀᆞᆯ]가 되듯이 게르만족을 위협한 '훈족'도 'ᄀᆞᆯ족'에서 변천한 것이었다네. '훈족'은 우리와 같은 흉노족임에 틀림없네. 釧(천)의 聲符(성부) 川도 釧의 뜻이 장신구 '가락지(<ᄀᆞᆰ지)'라는 것과 아무런 관련이 없네. 釧의 聲符(성부)인 川의 고음이 'ᄀᆞᆰ'일 뿐이네. 'ᄀᆞᆯ'였던 川이 釧의 생성 무렵에 운미 g/k가 발생되었기 때문에 'ᄀᆞᆯ'에서 'ᄀᆞᆰ'이 된 것일세. '-지'는 명사형 '-기'의 구개음화였네. 한자가 부분적으로 음소문자였다는 것은 세상이 놀랄 일이네."

"死語는 어떤 의미였는지, 언제 사라졌는지 알 길이 없지만, 현재 글자의 의미가 남아 있는 것은 언어 역사의 모진 세월 속에서 질기게 살아남은 것일 뿐이네. 언젠가 이 의미들도 사라질 날이 또 온다네. 한 글자가 세월을 지내면서 옛 음과 뜻을 잃어버린 게 많다는 것일세. 혹시 아는가? 과거 富(부)에 '밝다'는 의미가 있었는지. 愼(신)은 '두렵다'는 뜻이 있네. 愼의 음인 'ᄀᆞᆯ'와 '들'은 그 의미가 '神'이었기에 인간에게는 곧 '두려움'이었을 걸세. <설문>의 宋(송)에는 어처구니없게도 '살다', '기거하다'는 뜻이 있었잖은가. 지붕(宀)을 나무(木)로 받친 것이 집이니 그런 뜻이 생기지 않았겠나."

"자, 그렇다면 이제 <설문>에서 왜 朝를 倝(간)과 月의 합성이라 하고 舟聲이라 했는지 舟의 갑골음을 다시 보세."

● 舟(주)

高本汉	ȶi̯ǔg	XXIII/28部	李方桂	tjəgw	幽
王力	ȶiu	幽	白一平	tjiw	幽部
郑张尚芳	tjɯw	幽2部	潘悟云	tjɯw	幽2部

"이제 감이 잡히는가?"

"舟의 갑골음이 [ᄃᆞᆯ(<돌)]이잖아예. 기가 참미데이!"

"허허, 이제 암산이 되는구만. 박 군이 설명해 보게."

"성모 t, tɕ는 t로 대표되고 핵모는 기저가 ə(ㆍ)인데 그 상대형 ɯ
(ㅡ)가 이를 증명함미더. 운미는 g 앞에 r를 복원해서 rg가 됨미더. 조
합하마 [tərg(둙)]이 되고 그 앞선 음은 g가 발생하기 전이니까 [tər
(돌)]임미더. 여기에 앞선 갑골음은 [tərə(ᄃᆞᆯ)]가 되겠심더."

"잘했네. 성모 t는 d에서 무성음화했을 가능성도 열어 두세. 일단,
朝의 초창기 음은 [ᄀᆞᆯ]였는데 왜 篆文부터는 舟聲이 되어 [ᄃᆞᆯ/돌]
이라 했을까? 이때도 'ᄀᆞᆯ/굴'과 'ᄃᆞᆯ/돌'이 둥근 구체로 혼용했던
것이네. 日의 갑골음 [nər]가 n/d 교체로 [돌]로 쓰였음을 實에서 확
인하였네. 日의 음과 뜻이 같다고 한 實 또한 갑골음에서 [ᄀᆞᆯ]와
[돌] 두 음으로 읽혔네. 둘 다 '구체'라는 얘기지. 결국 日과 月은 둘
다 [ᄀᆞᆯ/굴]이었고 동시에 [ᄃᆞᆯ/돌]이었네. 모두 구체, 알(卵) 모양
을 뜻하는 말일세."

"朝가 'ᄀᆞᆯ'로 읽히든, '돌'로 읽히든 달과 태양을 말하는 것이었네.
말하자면 朝의 갑골문에서 聲符(성부)인 月 자리를 川으로 교체한 것

은 月과 川이 [ᄀᆞᄅᆞ>ᄀᆞᆯ]로 음이 같았기 때문이고, 月 자리에 舟를 바꿔치기 한 것은 月과 舟가 [ᄃᆞᄅᆞ>ᄃᆞᆯ]로 음이 같았기 때문일세. 결론적으로 朝의 聲符(성부) 月이 관건이었는데 日, 月을 모두 [ᄀᆞᄅᆞ]라 했던 시기에는 朝가 [ᄀᆞᄅᆞ]로 읽혔지만, 후에 日이 [ᄀᆞᄅᆞ]에 한정되어 쓰이고, 月이 [ᄃᆞᄅᆞ/ᄃᆞᆯ]로 구별되면서 朝는 [ᄃᆞᄅᆞ>ᄃᆞᄅ>ᄃᆞᆰ>ᄃᆞᆯ/ᄃᆞᆨ>>됴우>됴>죠>조]로 변천해 쓰인 것이라네. 자, 그럼 鮮을 보세."

● 鮮(선)

高本汉	si‿an	Ⅳ/1部	李方桂	sjan	元
王力	sian	寒	白一平	sjan	元部
郑张尚芳	sen	元2	潘悟云	slen	元2部

● 癬(선)

高本汉	si‿an	Ⅳ/1部	李方桂	sjanx	元
王力	sian	寒	白一平	sjenʔ	元部
郑张尚芳	senʔ	元2部	潘悟云	slenʔ	元2部

"누가 해 보겠나? 배 군이 해 보게."

"<설문>에서는 鱻省聲이라 했는데, 성모는 s, 운미는 n이고, 핵모는 e의 상대형 a가 기저모음입니다. 조합하면 [san]입니다."

"여기서 最 古音(고음) [slenʔ]를 빠뜨렸네. 성모 l은 r로 대표되고 운미 ʔ는 g/k 계열일세. 이 앞에 r을 복원해야 하는데, n이 대신하고 있네. n은 r과 교체 관곌세. 조합하면 [srarg]가 되네. 이에 앞선 음은 [sararg]이고 이보다 앞선 음은 운미 g가 발생하기 전이므로 [sarar]이 되네. ar이 동음생략되면 [sar]가 되네. 갑골음이 개음절어였음을 감안하면 [sara]가 되네."

鮮	元	仙	sen	說文羴省聲
鮮	元	獮	sen?	說文羴省聲
鮮	元	線	sens	

"위 상고음은 중국의 권위 있는 데이터베이스에서 발췌한 것이네. 여기서 봐도 n은 g/k의 변이음인 r, 즉 ? 앞에 오는 r임을 알 수 있네. 운미 s는 r의 존재를 증명함과 동시에 이 둘은 교체 관계에 있네. 또 다른 세계적인 데이터베이스를 보세."

Character: 鮮

Modern (Beijing) reading: xiān

Preclassic Old Chinese: shar

Classic Old Chinese: shan

Western Han Chinese: shan

Eastern Han Chinese: shjan

Early Postclassic Chinese: shjen

Middle Postclassic Chinese: shjen

Proto – Sino – Tibetan: *chăr

Sino – Caucasian etymology: Sino – Caucasian etymology

Meaning: new, fresh

Chinese: 鮮 *shar fresh (fish, meat), good, freshly bright.

"이 데이터에서 보면 鮮의 초창기 음은 운미 n이 아니라 r임을 알수 있네. 그 이후 n으로 변천한 것일세. 또 티베트 초기 음에서도 운미 r을 볼 수 있다네. 현재 재구된 핵모는 [a]로 되어 있는데, 더 앞선 시기에는 [ə]였음이 틀림없네. 왜냐하면 朝의 핵모가 [ə]였기 때문에 철저히 모음조화를 지켰던 갑골음 당시의 언어를 감안하면 鮮의 핵모도 [ə]가 되어야만 하기 때문일세. 결론적으로 鮮의 갑골음은 [sər(ə)](스ᄅ)]가 되네. 그렇다면 鮮[sərə]가 무슨 뜻일까? 자전의 뜻을 모두 모아 보세."

⬤ 與犀同(여서동)

1. 곱다
2. **빛나다**
3. 선명하다(鮮明 - -)
4. 깨끗하다

5. 새롭다

6. 싱싱하다

7. 좋다

8. 적다

9. 드물다

10. 생선(生鮮: 가공하지 않은 물에서 잡아낸 그대로의 물고기)

11. 날것(익히지 않은 것)

12. 물고기의 이름

<네이버 사전>

"<설문>에 鮮을 魚名이라 했는데, 朝의 '태양'과는 어울리지 않네. 아마도 <설문> 이전 조선을 국호로 명명할 당시에는 다른 뜻으로 쓰였음이 틀림없을 걸세. 위 의미들 가운데 태양과 가장 잘 어울리는 뜻은 '빛나다'는 뜻일 것이네. 그런데 그냥 '빛'이 아니라 與犀同, 즉 '犀(서)와 더불어 같다'고 하면서 '날카롭다(犀)'고 했네. '찌를 듯이 날카로운, 눈부신 빛'을 말하는 것일세."

"이 '스로'의 본 뜻은 '예리하고 날카롭고 길다'는 뜻일세. [스로 > 슬]로 변천했는데, [ㆍ]는 [ㅏ, ㅓ, ㅗ, ㅜ, ㅡ, ㅣ]로 변천하니 [슬]은 [살, 설, 솔, 술, 슬, 실]로 변천하네. 만약 [스로 > 슬]이 '예리하고 길다'는 뜻이었다면, 死語는 도리가 없으나 그 변천인 우리말 [살, 설, 솔, 술, 슬, 실]도 그 뜻을 가지고 있어야 하네. [살]은 부챗살, 문살, 화살에서 길고 예리함이 보이고 [솔]은 나뭇잎이 길고 예리한 [솔나무]에서 길고 예리함이 보이네. [술]은 장롱에 다는 장식, 수술, 암술 등에서 길고 예리함이 보이고 [슬]은 찌르는 '창'의 옛말일세. 예리하고 길다는 뜻일세. [실]은 바늘과 함께 길고 예리한 뜻이 있네. 앞에서도 했던 기억이 있네."

"왜, [설]은 빼먹습니꺼예?"

"[설]은 [ᄉᆞᆰ > 술]의 본연의 뜻을 가지고 있네. 음력 그믐밤은 달도 없네. 일 년 중 가장 어두운 밤일세. 그 밤을 지난 새벽에 떠오르는 '햇빛'은 상대적으로 더 찬란할 걸세. 이 '햇빛', 즉 눈부시게 길게 [햇살]을 뻗치며 해가 떠오르는 날, 이 날이 바로 [설]일세. 우리가 '해 歲(세)'라고 하지만 '歲'의 앞선 음은 [설]일세. [설]의 ㄹ이 i-breaking 현상으로 반모음 [ㅣ]가 되어 [설>서ㅣ>세]로 변천한 것일세. [설]은 [ᄉᆞᆰ]에서 변천했네. 이처럼 [ᄉᆞᆰ > 술 > 설]의 본 의미는 햇살을 말하는 [ᄉᆞᆰ]라는 것일세. 濊(예)가 바로 이 歲와 관련된 것일세."

"말하자면 [ᄀᆞᆯ], [돌]이 '해(日)'니까 [ᄉᆞᆰ]는 '빛살'이 되는 것이네. 눈을 찌르는 예리한 '빛살', 이게 [ᄉᆞᆰ]의 본뜻이란 말일세. 朝는 倝(간)과 月의 합성이라 했네. <설문>에 倝(간)은 의미부, 月은 聲符(성부)라 했네. 倝(간)의 뜻은 '해가 뜰 때 햇빛이 빛나는 모양'이라는 뜻이네. 이러한 倝의 갑골음 또한 [ᄀᆞᆯ]이니 倝은 둥근 구체만을 의미하기보다는 '빛나는 구체', 즉 태양을 말하는 것일세. [ᄉᆞᆰ]는 여기에 덧붙여 빛나는 구체인 태양이 찬란하게 빛을 뻗는 모습을 형용한 것일세."

"그렇다면 朝鮮은 어떻게 읽히며 무슨 뜻인가?"

"[gərsər]이고 '햇빛'입니다."

"그렇지! 그러나 당시 읽기는 동음생략으로 [gəsər]로 읽혔을 것이네. 우리는 본능적으로 우리말을 줄여 읽는 법을 안다네. 앞에서 儉의 음이 [삼], [람]이 있는 걸 보았네. 이 둘을 합친 음은 어떻게 읽을 건가?"

"[사람]?"

"그렇다네. [사람], 혹은 [쌈]이라네."

"朝鮮의 음 [gəsər]은 桓(환), 檀(단), 濊(예), 金(금), 靑(청)의 갑골음과 일치하네."

"朝鮮은 결국 桓(환), 濊(예)의 또 다른 표기가 되는군요."

"그렇다네. 桓(환), 濊(예)의 갑골음 [gəsər]을 표기한 것이네."

"그라마 단군 할배가 桓(환) 한 글자로 간단하이 [gəsər]로 쓰마 될 거로 와 복잡하이 두 글자 朝鮮을 갖고 와가지고 [gəsər]이라 캤으까예?"

"야, 이 사람아! 여태 헛공부했구만! 桓(환)의 음이 변하지 않고 그대로 있었다면 그리했을 테지! 桓(환), 濊(예)의 음이 더 이상 [gəsər] 음을 내지 못하니까 그 음에 해당하는 글자를 가져온 게야! 이 사람이 혈압 올리는 기술이 있네?"

"암시롱 하문 캐봤심더. 하하."

13

상·고대의 국호와 그 의미는 모두 한 종족

"**상**·고대의 국명, 종족명, 지명, 인명, 관직명은 역사를 밝히는 중요한 수단이 될 수 있네. 이름을 지을 때는 글자에 반드시 그 특성을 담았기 때문이고 이를 복원할 수 있기 때문일세. 특히 국명은 지명, 종족명과 姓, 氏와 밀접하고, 관직명은 그 나라의 문화와 관계가 깊다네. 이 논의는 국가 혹은 종족 간의 관계를 규명하는 데도 절실한 것일세. 상고시대 때는 한자의 훈이 없고 음만 있었으니까 한자음에 대한 깊이 있는 연구가 필요하네. 이번에는 상고음과 그 이전의 갑골음을 토대로 국호의 일부와 종족 간의 관계를 밝혀 보고자 하네."

"당연히 세상이 잘못 알고 있거나 알려지지 않은 것이겠지예?"

"그렇다네. 앞에서 桓(환), 檀(단), 濊(예), 朝鮮(조선)의 갑골음에서 분파된 [ᄀᆞᆯ], [ᄉᆞᆯ]는 伽耶와 新羅임을 확인할 수 있네. 伽耶는 [gərə(ᄀᆞᆯ)]였으며 新羅는 [sərə(ᄉᆞᆯ)]였다네. 그 의미 또한 [밝음], [빛]이었고 濊(예)의 의미와 동일했네.[22] 伽耶와 新羅는 [gəsər], 즉 朝鮮에서 분파된 朝[ᄀᆞᆯ]와 鮮[ᄉᆞᆯ]였다네."

---

22) 최춘태(2013), '국호 신라에 대한 연구 언어과학연구' 64집.

❖ 伽耶(가야)

"앞에서 보아왔지만, 伽耶의 본뜻을 아는 사람은 아마 나와 자네들 뿐일 걸세. 新羅 또한 마찬가질세. 이뿐 아닐세. 馬韓(마한), 突厥(돌 궐), 靺鞨(말갈) 할 것 없이 갑골음으로 들어가면 모두 그 본뜻을 알 수 있다는 것일세."

"탐험가가 처녀지를 밟는 그 기분을 알 듯합니다. 지식 탐험도 마찬 가지가 아닐까요?"

"홍 군 말이 맞네. 세상에는 사이비 학자들도 많지만 진솔한 학자들 은 사회적인 소명이나 명예보다는 연구를 통한 발견의 기쁨, 희열 때 문에 학문을 한다네. 이미 자네들도 이 맛을 들이지 않았는가. 학문은 일종의 마약일세. 영혼을 맑게 하는 마약 말일세. 시작해 보세."

"[ᄀ륵]를 표기한 것이 伽耶라면 이 글자들의 의미가 [ᄀ륵]의 본뜻 에 기여합니까?"

"기여하는 것과 못하는 것이 있다네. 漢字의 뜻과는 상관없이 음으 로만 표기한 것들이 있기 때문일세. 伽耶도 여기에 속하네."

"왜 그렇게 되었을까요?"

"글자의 음과 의미의 변천 때문일세. 桓(환)의 [gəsər]은 당시의 원 초적인 음과 뜻을 그대로 나타낸 것일세. 木은 오행에서 東을 말하며 亘은 나선형 우주를 상형한 것일세. 나선 우주는 [gər]에 해당되고 東 은 [sər]에 해당되네. 그러나 지금 桓(환)에는 그러한 의미는 전혀 남아 있지 않고 옛 음도 남아 있지 않다네. <설문> 시기만 해도 桓(환)을

亭郵表, 즉 요즘 말로 '우체국 푯말'이라 했으니 말이 되겠는가? 국호 제정 당시만 해도 朝鮮은 '해(朝) - 빛(鮮)'을 나타낸 [gər - sər]였네. 음에 충실했지만 의미에서 朝에는 '빛나는 구체'가 녹아 있고, 鮮에는 '빛나다'는 의미가 있었네. 그러나 <설문>에 鮮은 魚名이라 해서 한낱 '고기 이름'이라 했네. 음은 [ㄱㄱ(>고기)]로 변천하였네. 이보다 앞선 음이 '굵(gərg)'였는데 운미 rg가 하나씩 분리된 것일세. 여기에 '빛살'이라는 의미가 있었다가 후에 소실됐을 뿐이네. 魚와 羊을 합친 의미에서 '빛살'이란 걸 유추하기란 어려울 것 같네만 魚와 羊은 예수 그리스도의 상징일세. 구약에서는 기원전에 이미 예수의 존재를 예견하고 있다네. 그분이 '빛'이라는 것일세. 필시 甲骨文은 기독교와 밀접한 관계가 있을 것이네. 고조선 와당에 찍힌 히브리어와 그 의미는 이 점에서 더 설득력이 있는 것일세."

"당시의 朝鮮은 따로 떼어놓으면 본연의 뜻인 '태양빛', '햇빛'의 의미를 상실해 버리는 것일세. 그러나 나중에 분리되면서 朝는 가라족, 鮮은 사라족이 되었던 걸세. 바로 그 '가라' 음이 伽耶이고 '사라' 음이 新羅일세."

● 伽(가)

高本汉	g'i̯o	II/33部	李方桂	gjag	魚
王力	gia	魚	白一平	gja	魚部
郑张尚芳	ga	鱼部	潘悟云	ga	魚部

● 加(가)

高本汉	ka	I /35部	李方桂	krar	歌
王力	keai	歌	白一平	kraj	歌部
郑张尚芳	kraal	歌1部	潘悟云	kraal	歌1部

"伽는 加聲이니 처음에는 加와 같은 음이었네. 그런데 세월이 흐르면서 자기의 길을 걸으며 서로 미묘한 차이를 내고 있네. 그러나 우리는 갑골음 재구법을 알기 때문에 이 두 字(자)의 음이 하나로 귀착됨을 볼 수 있네. 한 군이 재구해 보게"

"네, 伽에서 보면 성모가 [g]이고 핵모는 [a]입니다. 운미는 g인데 g/k 앞 r을 보충하면 [rg]가 됩니다. 조합하면 [garg]가 되는데, 운미 [g]는 [r]의 입성화 결과 후에 생긴 것이므로 앞선 音은 [gar]가 됩니다. 이보다 앞선 갑골음은 [gar(a)]가 됩니다."

"또 다른 사람 해 볼까?"

"加를 보겠습니다. 성모는 [kr], 핵모는 [a]입니다. 운미는 r입니다. 조합하면 [krar]이 됩니다. 복성모 kr 사이에 있었던 a를 복원하면 갑골음은 [karar]이 됩니다. 加의 성모 k보다 g가 앞서기 때문에 [garar]이 됩니다. 운미 r은 동음생략되어 갑골음은 [gar(a)]가 됩니다."

"군더더기 하나 없이 깔끔하게 잘해 줬네. 耶는 박 군이 해 보게."

"예."

● 耶(야)

高本汉	di_ɔ	Ⅱ/33部	李方桂	riag	魚
王力	ʎya	魚	白一平	ljʌ	魚部
郑张尚芳	laa	魚部	潘悟云	la	魚部

"[der]입니더."

"그렇다네."

"그럼 당시에 伽耶는 [가달]로 읽혔다는 말입니까?"

"아닐세. [ㄱ럳]로 읽었네. 삼국시대의 한자음은 매우 복잡한 양상을 지니고 있다네. 삼국시대의 한자음은 갑골음, 상고음, 중고음이 공존하고 있어. 이 때문에 경덕왕이 字音을 통일하는 결단을 내리게 된 걸세. 그것이 인명, 지명, 관직명으로 표준음화하게 된 게야. 그러나 이 정책은 소기의 목적은 달성했으나 완전히 해결하지 못했네. 그 이유는 갑골음, 상고음, 중고음 가운데 하나를 기준으로 표준음화한 게 아니라이 음들을 섞어서 표준음화했기 때문일세. 그래서 후세들이 골치 아프게 되었네. 일일이 어느 음인지를 살펴야 하는 걸세. 여기서 加耶는 갑골음으로 읽어서는 안 되네. 상고음 가운데 加[ka] 耶[ra]로 읽어야 하네. [kara]가 당시 현실음이네."

"그것을 어떻게 구분해서 읽습니까?"

"우리는 갑골음과 古音(고음)을 재구하고 있지만 상고음, 중고음이 우리 한자음에 반사된 것을 알면 금방 구분이 된다네."

"저희들은 그게 안 되잖습니까!"

"그렇지 않네. 삼국시대 음은 현재 우리가 읽는 음으로 읽으면 어느 정도 해결된다네. 안 풀리는 것만 따로 갑골음, 古音(고음)으로 올라가면 될 걸세. 伽耶의 경우를 보면 伽는 갑골음보다 상고음 [가]로 읽는 게 맞고, 耶는 상고음 [ra]로 읽는 게 맞는다는 것일세. 어쨌거나 삼국시대 한자는 갑골음을 일단 재구하고 그 변천들을 꿰고 있으면 어떻게 읽느냐가 나오는 걸세. 伽耶를 [가달], [ㄱ ㄹ], [가야] 어느 것으로 읽을 것인가 하는 문제는 삼국사기, 삼국유사에 기록되어 있지만 이표기들로도 금방 알 수 있네. 伽羅라는 이표기 말일세."

❖ 新羅(신라)

"여기에 대해선 내가 논문을 써 둔 게 있네. 참고할 사람들은 찾아보게."[23]

● 新(신)

高本汉	si‿eˇn	Ⅶ/9部	李方桂	sjin	真
王力	sien	真	白一平	sjin	真部
郑张尚芳	siŋ	真2部	潘悟云	sliŋ	真2部

---

23) 필자의 논문 '국호 신라에 대한 연구' 《언어과학연구》 64집 참조

● 羅(라)

高本汉	lɑ	Ⅰ/35部	李方桂	lar	歌
王力	lai	歌	白一平	c‐raj	歌部
郑张尚芳	raal	歌1部	潘悟云	[g]raal	歌1部

"누가 해 보겠나? 송 군 해 보게."

"네, 新의 성모는 [sr], 핵모는 e와 i를 아우르는 [ə]입니다. 운미 [ŋ]는 [g]가 기저음이고 [l]은 [r]과 교체로 [g] 앞에 배치됩니다. 이 字(자)는 n/r이 교체하고 있습니다. 그래서 앞선 음은 [sərg]인데, g는 r 입성화에서 나중에 생긴 것이니까 갑골음은 [sər]입니다."

"그렇다네. 이 [sər]의 [ə(丶)]가 후에 [a]로 변천하여 [sar(살)]이 되었네. 운미 [r]가 i-breaking 현상으로 반모음 [ㅣ(j)]가 되면 [saj(사ㅣ)]가 되고 [saj(사ㅣ)]가 단모음화하면서 [sæ(새)]가 되었다네. 新의 訓이 뭔가?"

"아, 맞네예! 새 新! 이 訓이 [사라]였네예."

"그렇다네. 이런 게 많다네. 훈몽자회에는 [디 夷]라 하는데 [디]의 [ㅣ]가 앞선 시기에는 [r]이었잖은가. [들]이란 걸세. 夷(이)의 고음이 [들] 아닌가. [고기 魚]의 고음은 [ᄀ그]일세. 갑골음이 우리말이었기 때문에 이런 현상이 생기는 거지."

"[스ᄅ>슬>살>사ㅣ>새], 이렇게 변해오는 시간이 최소한 4천 년은 넘었네. 이 [새]는 결국 [스ᄅ]에서 변천했으니 예리한 '햇살' 아닌가? 그러니 날이 東에서 '새'는 것일세. 東의 옛 訓은 '새'였네. [새 東,

하늬 西, 마ㅎ 南, 높 北]이었네. 북동풍을 '높새 바람'이라 하는 이유가 여기 있잖은가. [동녘 동]이라 하는 것은 우리 고유어를 잃어버렸기 때문일세."

"羅의 갑골음은 [rər]이지만 상고음은 [ra]일세. 갑골음으로 읽어도 운미 r은 생략된다네. 결론적으로 新羅 [사라]가 되네. [스ᄅ]의 [ə(ㆍ)]가 [a(ㅏ)]로 변천한 것일세. 당시 新은 [사]로 읽혔네. [sar]의 어말 [r]이 뒤 음절 [ra]의 어두와 중첩되어 동음생략된 것이라네. 斯羅, 斯盧, 徐羅와 같은 이 표기는 모두 당시 음, [사라]를 표기한 것이네."

"의미는 그냥 '빛'입니까?

"아닐세. 여기서 羅는 '땅', '영역', '나라'를 말하네. 新이 [사라]가 변천한 '새'이니 '빛'이고, 羅는 '땅'이니 '빛의 땅'이란 뜻일세."

"명쾌합니다, 교수님."

❖ 百濟(백제)

"자네들이 전에 복원했네만, 백제에 대해서도 이견이 많았다네. 百의 訓이 '온'이라 해서 '온조'를 가리킨다고도 하고 十濟를 보고 터키어 十이 '온'이라 해서 '온조'라고도 주장한다네. 나는 과거 이것을 [붉잣]이라 해석한 적이 있는데 그것이 아니었네. 보세."

● 百(백)

高本汉	paˇk	ⅩⅦ/17部	李方桂	prak	魚
王力	peak	鐸	白一平	prak	鐸部
郑张尚芳	praag	鐸部	潘悟云	praag	鐸部

● 濟(제)

高本汉	tsiər	ⅩⅠ/7部	李方桂	tsiədx	脂
王力	tsyei	脂	白一平	tsəj?	脂部
郑张尚芳	?sliil?	脂1部	潘悟云	siil?	脂1部

● 躋(제)

高本汉	tsiər	ⅩⅠ/7部	李方桂	tsid	脂
王力	tsyei	脂	白一平	tsəj	脂部
郑张尚芳	?sliil	脂1部	潘悟云	siil	脂1部

"百은 白과 음이 같네. 어두 r은 g 앞으로 배치시키면 간단하네. [pərə > pərəg > pərg/prəg]로 변천했기 때문일세. 百의 핵모는 [a]로 되어 있지만 갑골음은 ə였고 성모는 b였을 것이네."

"처음에 갑골음을 모르던 시절, 나는 高本汉의 음을 따랐네. [tsiər] 의 개모 i를 제거하면 [tsər]이었고 r은 s와 교체하고 ə는 a로 변천한 것으로 보고 [tsas(잣)]으로 재구를 했었다네. 그런데 이보다 더 古音 (고음)인 郑의 [?sliil?]이 있다는 걸 몰랐었네. 성모 [l]은 운미 [l]과 중 첩된 것이고 핵모는 기저음 [ə]가 있네. 운미 ? 앞에 r을 복원하면 [ksərk]가 되네. k는 r 입성화 과정에서 후에 생긴 것인데, 躋의 상고 음이 이 사실을 증거하고 있네. 여기에는 운미 ?가 생기기 전일세. 따라서 앞선 음은 [ksər]이 되고 복성모 ks 사이에 있었던 ə를 복원하면 갑골음은 [kəsər]이 되네. 성모 k는 g였을 가능성이 있네. 결국, 桓(환), 濊(예)의 갑골음과 같네. 결론하면 百濟는 [ㅂㄹㄱ술＞붉ㄱ술]로 읽혀 '붉濊'란 뜻이 되네."

❖ 高句麗(고구려)

"고구려의 최초 국호는 高麗로 나타나네.

● 高(고)

高本汉	kog	XXIV/26部	李方桂	kagw	宵
王力	ko	宵	白一平	kaw	宵部
郑张尚芳	kaaw	宵1部	潘悟云	kaaw	宵1部

● 喬(교)

高本汉	ki_og	XXIV/26部	李方桂	kjagw	宵
王力	kiô	宵	白一平	krjaw	宵部
郑张尚芳	krew	宵2部	潘悟云	krew	宵2部

● 麗(려)

高本汉	liar	I /35部	李方桂	liarh	歌
王力	lyai	歌	白一平	c - rejs	歌部
郑张尚芳	reels	歌2部	潘悟云	reels	歌2部

● 醾(시)

高本汉	ṣia	I /35部	李方桂	srjar	歌
王力	ʃiai	歌	白一平	cCrjej	歌部
郑张尚芳	srel	歌2部	潘悟云	srel	歌2部

"누가 해 보게."

"高의 성모는 k, 핵모는 a, o로 보아 앞선 [ə(ヽ)]가 되고, 운미 g 앞에 r 복원, 갑골음은 [kər]가 되겠심더."

"이제, 짤막하게 해 버리는구만. 같은 聲符(성부) 喬의 [krew]에 앞선 음은 [kreg]이고 이보다 앞선 음은 [kereg]이네. 핵모가 [ə(ヽ)]이니 [kərəg]이 되고 g가 발생하기 전의 갑골음은 [kərə]가 되네. 후에 高本汉의 [kog]으로 변천했을 때는 '높다'는 뜻의 '꼭대기', '꼭지'의 '꼭'으로도 썼을 것이네. ㄲ 음은 당시 없었으니 '곡'이었지. 내친 김에 麗도 해 보게."

"성모는… l, r, c, sr…. 머시 이래 복잡합미꺼? 모할 거 같은데예."

"복잡해 보이지만 차근차근하면 어려울 것 없네. 성모 l/r은 sr의 r과 겹치는 음이네. 麗에서 가장 앞서는 음은 [crejs]이네. 성모 c는 s/k에서 온 것일세. 운미 j는 r의 변형이고 s는 앞의 r과 중첩되어 있는 '상보적 배치'일세. 핵모는 a일세. 앞선 音은 [srar]로 재구되네. 그런데 같은 聲符(성부) 字(자)인 醾도 [srar]로 재구되네. 복성모 sr 사이에 있었던 a를 복원하면 [sarar]이 되네. 앞선 음은 [sərər]이었을 것이네. 운미 r이 생략되면 [sərə]가 되고 高[kərə]와 합치면 [kərəsərə]가 되고 동음 rə가 생략되어 [kəsərə(ᄀᄉᄅ)]로 읽혔네. 이는 '돌궐'의 시원 姓은 阿史那[ɡəsərə] 氏라 했네. 어말 ə가 탈락하면 [ɡəsər]이 되는데 桓(환), 濊(예)의 [ɡəsər]일세. 다시 말해서 高麗는 桓(환), 濊(예)[ɡəsər]의 후예였던 것일세. 이로써 보면 고구려, 백제, 신라는 모두 흉노의 일파임이 분명한 것일세. 고구려가 멸망한 후, 고문간(高文簡)은 유민 집단의 추장이 되어 몽고고원의 돌궐로 이주해 갔네. 그의 부인이 阿史那[ɡəsərə]였네. 나라가 망하자 고문간(高文簡)은 돌궐의 처가 쪽으로 간 것일세. [ɡəsərə(ᄀᄉᄅ)]의 어말 a가 앞의 동음생략으로 줄어들면 [ɡəsər(ᄀᄉ)]이 되네. 桓(환), 檀(단), 濊(예)의 갑골음일세."

"高句麗는 무슨 뜻입니까?"

"濊(예)[ɡəsərə]를 표기했던 高麗를 음이 변천하자 高句麗로 국호를 고쳤네. 句는 [kə(ᄀ)]로 읽혔고 麗는 [rər(ᄅ)]이었네. 句麗만으로 [kərə(r)]를 나타낼 수 있는데 왜 高를 덧붙였을까? 실제로 高句麗를 句麗로 썼다네. 高句麗의 준말로 句麗를 쓴다는 것은 종족의 특성을 句麗만으로 나타낼 수 있었기 때문일세. 그렇다면 高는 뜻을 덧보태는 구실을 했을 걸세. 高의 갑골음이 [ᄀᄅ]고 훈독음이 높다는 뜻의 [ᄃᆯ]인데, 이 둘 중 어느 쪽인지 모르겠네. 음으로 했다면 高句麗는 [ᄀᄅ ᄀᄅ]로 읽혔을 것이고, 훈으로 읽혔다면 [ᄃᆯ ᄀᄅ]로 읽혔을 것이네. 아마도 후자가 아닌가 생각되네. 어느 쪽으로 읽든 '높은 ᄀᄅ'라는 뜻이라네."

"그런데 'ᄀᄅ'가 둥근 구체였는데, 여기서는 '높다'는 의미로 쓰였군요."

"그렇다네. 'ᄀᄅ'는 '높다'는 의미도 함께 있네. 高를 [둘]로 읽은 증거가 있네. 突厥(돌궐)의 이표기는 高車(고차), 丁零(정령), 鐵勒(철륵)이라 했네. 車, 零, 勒의 갑골음은 모두 [gərə ~ kərə/ᄀᄅ]라네. 丁과 鐵의 갑골음은 [둘]일세. 그러니 高는 丁, 鐵과 같이 [둘]로 읽혔다는 게야. 또, <삼국사기 37>에 達乙斬(달을참)은 高木根(고목근)과 같다고 되어 있네. 개음절식 표기 達乙은 '다라'로 읽혀 '높다'는 뜻이네. 그래서 '높을 高'와 대응되고 있네. 斬(참)은 '베-'라는 뜻인데, 古語는 '버리'였기 때문에 ㄹ이 i-breaking 현상으로 반모음 [ㅣ]가 되면서 [버리>버이>베]가 된 걸세. 이 '버리'에 대응된 '木根'은 '나무뿌리' 아닌가. 지금은 '뿌리'지만 당시는 ㅃ이 없었고 원순모음화가 안 되었기 때문에 '브리~버리'였다네. 결국, 達乙은 高와 같은 뜻이었다네. <사기 35>에는 達忽(달홀)을 高城(고성)이라 하니 마찬가질세. 忽은 城과 같기 때문일세."

"태양과 달이 'ᄀᄅ'와 '둘'이었고 이들은 높이 떠 있네. 앞에서도 말했지만 어말 모음이 탈락되어 받침 발음을 허용하게 되었을 때 '갈'이 되었는데 山의 뜻이네. ㄹ, ㅅ 교체로 '갓'으로도 썼네. 현재 경남 합천 방언에 '큰 산'을 '큰 가시'라고 한다네. '갈매', '갈미'라는 말은 '갈(山)+뫼(山)'의 경상도식 발음일세."

"앞에서 말한 'ᄃᄅ', '둘'도 둥근 구체의 의미 말고도 높다는 뜻으로 쓰였네. 그것은 阿斯達의 達이 고원지대를 말하는 것일세. 지금도 '달동네'는 빈민들이 사는 높은 마을을 말하고 '다락방'은 높은 방일세. 日月을 뜻하는 'ᄀᆞᆯ'와 '돌'이 '높다'는 의미로 파생된 것은 아마도 이들이 '빛을 내는 구체'이면서 높이 떠 있다는 것 때문이라 추측하네.”

❖ 馬韓(마한)

“우선 馬의 상고음부터 보세.”

🔵 馬(마)

高本汉	mɔ	Ⅱ/33部	李方桂	mragx	魚
王力	mea	魚	白一平	mraʔ	魚部
郑张尚芳	mraaʔ	魚部	潘悟云	mraaʔ	魚部

“오, [mər(믈)]이 바로 나오는데요?”

“그렇다네. 성모는 mr, 핵모 a, e가 나타나고 ɔ가 있다는 것은 기저 핵모가 [ə]임을 말하네. 운미는 k. 조합하면 [mrək]이 되네. mr 사이에 있었던 ə를 복원하면 [mərək]이 되고 후대에 첨가된 k를 소거하면 갑골음은 [mərə]가 되네. 여기서 어말 ə가 탈락하면 古音(고음)은 [mər(믈)]이 되네.”

“古音(고음) [믈(mər)]은 중세국어 '믈(馬)'과 일치하네. <삼국사기 37>에 臂城(비성)은 馬忽(마홀)로 적고 있네. 臂:馬, 城:忽이 대응되네. 臂는 신체의 '팔'이라는 뜻이 훈차되었지만 당시는 유기음 ㅍ이 없었기 때문에 'ㅂ'을 음사한 [블(bər)]일세. 여기에 대응된 [믈(mər)]은 어두의 b, m이 교체된 것이네. 고대 국어 당시는 개음절어였기 때문에 m/b, d/n, g/ŋ의 교체는 흔히 일어나는 현상이었네. <삼국유사 1>에 基臨尼叱今(기림니사금)을 基立王(기립왕)이라 한 것도 臨의 어말 [ㅁ]과 立의 어말 [ㅂ]이 교체된 데에 기인한 것일세. 우리말에서도 바당/마당, 방울/망울, 봉오리/몽오리, 바수다/마수다, 북/묵이 나타나는데, 이들은 우리말이 개음절어였던 시기에 교체되었던 것들이네. 현재 방언으로 남아 있네. 결국, 馬의 古音(고음)은 [mər(믈)]이었다네."

"한자의 갑골음이 우리말이라면 馬韓의 古音(고음) [馬(믈)]은 우리말의 음과 뜻으로 해석되어야만 하네. 어른이 다 큰 처녀를 꾸짖을 때, "말(馬)만 한 계집애가…" 하는 말(語)을 해. 고대 국어에서 馬(말)는 '크다'는 뜻으로 통했다네. '말벌', '말모기'도 그 가운데 가장 큰 벌, 큰 모기의 종류를 말하는 것이라네. 이 '가장 큰'의 뜻은 馬의 갑골음 [믈]에서 기원하여 [믈(mər) > 맏(mad) > 만(man)]으로 변천한 것일세. '맏아들'은 장자를 말하네. 이 '맏/말'의 앞선 음은 [믈]인 것이네. '산마루'나 방언 '산말랭이'에서도 馬(믈)의 '크'고 '높'다는 뜻이 들어 있네. '만댕이'도 마찬가질세."

● 韓(한)

高本汉	g'ɑn	IV/1部	李方桂	gan	元
王力	ɣan	寒	白一平	gan	元部
郑张尚芳	gaan	元1部	潘悟云	gaan	元1部

"韓은 朝와 더불어 중요한 字(자)일세. 우리 민족을 이르는 데 대표되는 字(자)이기 때문일세. <설문>에 韓은 倝과 韋의 합성인데 倝이 聲符(성부)라 했네. 倝의 갑골음이 곧 韓의 음일세. 倝을 보세."

● 倝(간)

高本汉	kɑn	Ⅳ/1部	李方桂	kanh	元
王力	kan	寒	白一平	kans	元部
郑张尚芳	kaans	元1部	潘悟云	kaans	元1部

"성모는 k, 핵모는 a, 운미는 n/s인데 s는 r과의 교체로써 r의 존재를 말하고 있네. 또 n/r은 교체 관계고 s와는 상보적 분포라네. s가 나타날 때 n이 나타날 수 없다는 것일세. 李의 [kanh]는 [kark]의 변천일세. 이보다 앞선 음은 [kar]이고 같은 聲符(성부) 字(자)인 '翰(한)'의 성모가 g이니 이보다 앞선 고음은 [gar]일세. 이러한 사실은 권위 있는 데이터베이스에서도 알 수 있네."

Character: 韓

Modern (Beijing) reading: hán
Preclassic Old Chinese: g(h)ār
Classic Old Chinese: g(h)ān
Western Han Chinese: gān (~ ɣ-)
Eastern Han Chinese: gān (~ ɣ-)

Early Postclassic Chinese: gān (~ ɣ-)

Middle Postclassic Chinese: gān (~ ɣ-)

Late Postclassic Chinese: gān (~ ɣ-)

Middle Chinese: ɣân

English meaning: name of a county [L.Zhou]

"이보다 더 이른 음은 [gər]로 추정되네. [gər]>[gəd]>[gən]>
[kan]>[han]으로 변천했네. 倝의 의미가 '처음 솟는 빛', '빛을 쏘다'
는 뜻임을 감안하면 앞서 논의한 濊(예)가 '빛', '밝음'이라는 뜻과도
일치하네. 결론적으로 韓은 갑골음 [ㄱ른]가 [굴]로 음독되었던 것일
세. [굴>갈]로 읽혔다는 또 다른 증거를 倝과 같은 聲符(성부) 字(자)
를 보세."

● 斡(알)

高本汉	ʔwɑt	V/2部	李方桂	ʔwat	祭
王力	uat	月	白一平	ʔʷat	月部
郑张尚芳	qʷaad	月1部	潘悟云	qʷaad	月1部

"<설문>에 斗(두)를 의미부, 倝(간)을 聲符(성부)라 했네. 배 군, 해
보게."

"네, 성모 ʔ, ʔʷ, qʷ는 k로 소급되고, 개모 w를 제거하면 핵모는 a,
운미는 d입니다. 운미 d/t는 모두 r로 복원되니 앞선 음은 [kar]이고
이보다 앞선 갑골음은 [kərə(ㄱ른)]입니다."

"잘했네. 어두 k는 g였다네. 斡은 현재 우리 음으로 [ar(알)]인데 어두 g가 탈락된 것일세. k는 탈락되지 않는다네. 또 馱의 음이 어말 r을 가졌다는 증거가 되네."

"그라마 馬韓은 아래아 '믈ᄀ륵'가 되네예?"

"그렇다네. 馬韓이 [ᄆ륵ᄀ륵], 혹은 [믈ᄀ륵]로 음독된 증거를 보세. 온조가 馬韓을 멸하고 이름을 金馬(금마)라 했어. 앞에서 金을 [ᄀ륵]로 재구했었네. 그렇다면 金馬는 [ᄀ륵믈]이 되네. 대개는 정복지의 지명을 그대로 쓰는 것이 상례였으나 정복자의 만용이 정복지명을 거꾸로 바꾸어 [ᄀ륵]인 韓 대신에 같은 음인 金 字(자)로 바꿔치기하고 순서까지 바꾸었네. 즉, [馬韓(믈ᄀ륵)]를 [金馬(ᄀ륵믈)]로 변경한 것일세. 金은 당시 [ᄀ륵]로 음독되었기 때문이네."

"金의 갑골음이 [kəsər]이지만 [kərə(ᄀ륵)], [sərə(ᄉ륵)] 두 음으로 분지되었음을 앞에서 보았네. 金은 <설문>에서 '金, 五色金也'라 해서 '오색 빛'을 언급한 것이네. 金이 虎族(호족)인 西戎(서융) [ᄀ륵]족의 발명이기 때문에 金을 [ᄀ륵]로 명명한 것으로 볼 것일세. 西의 우리말이 [ᄀ륵 > 골 > 갈]인 것도 이 시기 西戎(서융) [ᄀ륵]족에서 온 것이 분명하네. 앞서 지적했듯이 西風을 '갈풍'이라 하네. <說文解字>에서 金(ᄀ륵)을 西方之行(서방지행)이라 한 것도 이와 관련한 것일세. 그러나 金의 갑골음은 [kəsər]로서 濊(예)의 갑골음이므로 濊족이 金을 발명했던 게 분명하네."

"金을 [ᄀᆞᆯ]로 읽은 예는 고대 지명 표기에 자주 나타나네. 앞서 언급했네만 <삼국유사 1>에 金山을 加利村이라 하여 金을 [가리(<ᄀᆞ리)]로 읽었고, <삼국사기 36>에서 仇智只山(구지기산)을 金溝(금구)라 했는데 唐山(당산)이라고도 했네. 仇智 : 金 : 唐이 모두 [ᄀᆞᆯ]로 읽혔다는 셈이네. 仇智의 상고음 [gjəgw ti‿e˘g]가 古音(고음) [gər tər]로 재구되네. 唐山에 대해 북한 학자 류렬(1983) 교수는 '원래의 이름과는 상관없는 사대주의적인 이름이다'고 했네. 그러나 그게 아닐세. 무슨 이유인지는 몰라도 唐은 상고음에 daŋ, glaŋ 둘로 음독되고 있네. glaŋ의 갑골음은 [gələ(ᄀᆞᆯ)]일세. 唐은 일본어 훈독에서도 から [kara(가라)]로 읽고 있네. 唐山은 [gər tər]로 읽혔네."

"북한의 최고 학자도 오류가 있군요."

"갑골음을 몰랐기 때문이지. 馬韓을 [ᄆᆞᆯᄀᆞᆯ>말가라]로 읽었다는 또 다른 증거를 보세. 온조가 馬韓을 金馬로 바꾸자, 멸망한 馬韓의 백성들은 조국 이름 馬韓을 쓸 수 없었지만 <삼국사기 8>에 기록된 바, 馬韓을 大文이라 했네. 大는 '크다'는 뜻으로 훈독되어 馬(ᄆᆞᆯ)과 일치하고, 文은 [ᄀᆞᆯ]로 읽었네. 文의 훈독은 [ᄀᆞᆯ>ᄀᆞᆯ>글]로 변천했는데, <승람 29>에서 高思/曷伊를 冠/文이라 하여, 高思는 冠(갓 관)에 대응되어 [고사]로 읽었고 文(글 문)은 曷伊에 대응되어 [가리]로 읽었다네. <세종실록지리지>에 梁骨(양골)은 梁文(양문)이라 하였는데 骨의 갑골음은 [ᄀᆞᆯ]로서 文의 훈독 [ᄀᆞᆯ]와 일치하네. <삼국사기 35>에 加支達(가리들)은 菁山, 文山이라 했네. 菁의 갑골음은 [ᄀᆞᆯ]인

데 후에 [ᄀᄅ], [ᄉᄅ]가 분리되면서 [ᄀᄅ]로 음독되었네. 文은 [ᄀ
ᄅ > 글 > 글]로 훈독되었음을 말하네. 이 밖에 文이 [ᄀᄅ] ~ [가라 >
갈]로 훈독된 예는 고대 지명에 흔히 나타나네."

"결국, 망국의 백성들은 옛 조국의 이름을 쓰지 못하고 大文으로 써
두고 훈독하여 옛 조국의 이름 [몰(大)ᄀᄅ(文)]로 읽었던 것일세. 이
것은 馬韓을 [몰ᄀᄅ]로 읽었다는 또 다른 증거일세."

"馬韓은 처음에 [ᄆᄅᄀᄅ~몰ᄀᄅ]로 읽혔다가 음절말 자음을 허용
한 시기부터는 [몰굴 > 말갈]로 읽힌 것일세. 그 의미는 '맏ᄀᄅ', 즉
[ᄀᄅ]족 가운데 '가장 큰' 말이라는 것일세. 그렇다면 靺鞨과 음이 같
은 점에 주목할 일이네. 이들의 관계와 그 의미는 무엇일까?"

❖ **靺鞨(말갈)**

"靺鞨(말갈)은 우리와 거리가 먼 변방의 오랑캐로 알고 있는 사람들
이 많다네. 그러나 진실은 문자 속에 남아 있네. 보세."

● 靺(말)

高本汉	mat	V/2部	李方桂	mat	祭
王力	mat	月	白一平	mat	月部
郑张尚芳	maad	月1部	潘悟云	maad	月1部

"성모는 m, 핵모는 a, 운미 t/d의 앞선 음은 r일세. 갑골음은 [mər]
이네. 馬의 갑골음[mər]이 [mar]로 변천한 것이네. [mər] > [mar] >

[mad] > [mat]의 과정으로 변천했네."

● 鞨(갈)

高本汉	g'at	V/2部	李方桂	gat	祭
王力	ɣat	月	白一平	gat	月部
郑张尚芳	gaad	月1部	潘悟云	gaad	月1部

"성모 g의 마찰음화가 ɣ이니까 기저음은 g가 되네. 핵모는 [a], 운미 d/t에 앞선 음은 r일세. 갑골음은 [gər]였네. [gər] > [gar] > [gad] > [gat]로 변천했네. 이처럼 馬韓(마한)과 靺鞨(말갈)이 음상이 같다는 것은 동일 종족임을 말하네. 당 시대 사람들은 종족의 이름을 자신들의 정체성이라 생각하였기 때문에 집단의 이름을 바꾸는 것은 불가능한 일이었을 것이네. 게다가 같은 종족이 다른 이름을 쓸 수도 없고 다른 종족이 같은 이름을 쓸 수도 없었을 것이네. 항간에는 음상만 비슷하면 그냥 갖다 붙이는데, 이건 위험한 발상일세. 종족의 음이 변천하여 다른 종족과 얼마든지 비슷한 음을 가질 수가 있기 때문이네. 지금처럼 음이 완전히 일치해도 이것 하나만으로는 동족이라는 증거로서 부족할 판일세. 그래서 추가적인 검증을 문자의 形을 기준으로 하려 하네. 왜냐하면 해당 문자를 만들 때는 반드시 그 저변에 종족의 특징이 있기 마련이기 때문일세."

"韓의 의미부인 韋(위)와 靺鞨의 의미부인 革(혁)은 둘 다 '가죽'을 의미하네. 이 두 종족은 '가죽'에 민족의 특성을 지니고 있다는 뜻일세. 필시 가죽을 잘 다루는 기술을 가진 동일 종족이었을 걸세. 지금으로 말하자면 첨단의 가죽을 제조하는 기술이 있었을 것일세."

"가죽에 무슨 첨단 기술이 필요할까요?"

"천만에. 당시로서는 화살을 막는 가죽옷은 생명과 바로 직결되네. 첨단 무기만큼 중요했다네. 韋는 삶은 가죽을 말하고 革은 생가죽을 말하네. 이로써 보면 기술적인 측면에서 馬韓이 靺鞨을 앞선다 할 것이네. 무엇보다 이 두 종족이 종족명을 같이 쓰고 가죽을 다루는 종족의 특징을 공유한다는 것은 동일 종족임을 확인하는 것이라 생각되네."

"일단 韓과 鞨이 의미면에서 모두 가죽을 다루는 종족임과, 음독면에서 모두 '빛'을 뜻하는 가라族인 이상, 韓과 鞨은 [ㄱ른<(가라)]족을 말했던 것이네. 결론적으로 馬韓과 靺鞨의 [말]은 높다, 크다는 뜻이니까 가라族 가운데 [장자격인 ㄱ른]를 말하는 걸세. 靺鞨과 馬韓은 동일 종족인 것은 突厥과의 관계에서도 분명하다 할 것이네."

❖ 突厥(돌궐)

● 突(돌)

高本汉	t'wət	X/5部	李方桂	thət	微
王力	thuət	物	白一平	thut	物部
郑张尚芳	thuud	物2部	潘悟云	thuud	物2部

● 堗(돌)

高本汉	d'wət	X/5部	李方桂	dət	微
王力	duət	物	白一平	dut	物部
郑张尚芳	duud	物2部	潘悟云	duud	物2部

"성모는 t, 핵모는 기저모음 ə일세. 운미 d/t의 앞선 음은 r이니 [tər(돌)]이 되네. 같은 聲符(성부) 字(자)인 堗의 성모가 d니까 갑골음은 [dər]로 재구되네. 突의 의미는 凸에서 파생된 字(자)일세.24) 凸의 상고음은 [diət]으로 재구되며 이 음이 [twət]으로 파생·변천한 것일세. 凸의 갑골음과 突의 갑골음은 [dər]로 일치하네. 突은 '튀어나오다', '두드러지다(突)', '높다(高)', '길다(長)', '예리하다(銳), 알(卵)' 등의 의미로서 남성의 성기를 상형한 凸에서 파생되었네. 여기서는 '높다(高)'는 의미로 쓰였다네."

● 厥(궐)

高本汉	ki‿waˇt	V/2部	李方桂	kjuat	祭
王力	kiuat	月	白一平	kjot	月部
郑张尚芳	kod	月3部	潘悟云	kod	月3部

"성모는 k, 핵모는 a인데 o가 있다는 것은 기저음이 ə라는 것일세. 운미 d/t의 앞선 음은 r이네. 조합하면 갑골음은 [kər]가 되네. 변천의

---

24) 최춘태(2013), '기초어 凸의 음운·어형 변화(2012)'《언어과학》 19권 1호 239~240 참조.

방향을 감안하면 이는 韓, 鞨의 음상과 같다네. 厥의 字源(자원)은 '이 지러진(欠) 둥근 바위(厂)를 뒤로 당겨 놓다(屰)'는 것으로 전투 장비 '투석기'에 돌을 장전한 모습일세. <설문>에도 厥은 **'돌(石)을 발사한다'**는 의미라 했네. 아마도 이 종족이 전쟁 시에 쓰는 '투석기'를 발명한 것으로 보면, 이것은 전쟁과 관련된 그들의 민족적 특성을 나타낸다 할 것이네. 당시로서는 대단한 발명이었을 걸세. 이러한 발명품에 자신의 종족명 [ᄀᄅ>가라]를 명명했을 것으로 짐작되네. 기원전 그리스가 사용한 투석기 이름이 [kata(가다)] > [kara(가라)][25]인 것은 우연의 일치가 아닐 것이네."

▶ 투석기

(출처 : naver.com)

"突厥(돌궐)이 중국 사료에 翟(적), 狄(적), 戎狄(융적)이라 기록되었다는 것은 北狄(북적)에서 분파된 戎族의 후예라 할 것일세. 이로 보면 韓과 鞨은 동족임을 시사하네. 또 이들이 건국한 鮮虞(선우)는 鮮의 갑골음이 [ᄉᄅ]라, 虞의 갑골음이 [ᄀᄅ]라는 점이 바로 濊(예)의 갑골음에서 분파된 두 종족과 일치하는 것일세. 朝鮮도 이와 동일한 형상이네. 특히, 虞는 舜

---

25) [kata]가 모음 사이에서 [kara]로 혼용하는 것은 모든 언어에서 일어나는 일반적인 언어 현상이다.

(순)임금의 姓이자 나라 이름이네. 虞 字(자)의 부수 虍는 虎族을 뜻하며 熊族에게 밀려나면서 北狄(북적)에서 분파된 종족임을 시사하네. 이로 보면 舜도 [ㄱ ㄹ]족임이 분명할 것이네. 또, 鮮虞는 기원전 6세기까지 쓰인 명칭이네. 그리고 이것이 靑州 韓氏의 뿌리가 되고 있다는 것은 韓이 [ㄱ ㄹ]로 음독되었던 데서 확인할 수 있네. 또, 鮮于氏가 마한 9대 원왕(元王)이었다는 것은 鮮于氏, 韓氏 세보에서 서로 부합됨을 볼 수 있고, 이것은 이들이 '가라'族이었음을 증명한다 할 것일세."

"교수님예, 韓 선생 조상이 왕족 맞네예."

"그렇다네. 기자의 후예라네. 말하지 않았던가. 箕, 韓, 虞의 갑골음이 [gər~kər]일세. 기자조선이 증명되는 셈이지."

"그란데예 鮮于는 그때 어떻게 읽었슴미꺼?"

"鮮은 앞서 sər(ə)라 했고 于는 kər(ə)라 했네. 줄여 읽으면 [səkər(스ㄱㄹ)]일세. 濊(예)의 음과 일치하네."

● 旗(기)

高本汉	gʻiˍəg	XXI/20部	李方桂	gjəg	之
王力	giə	之	白一平	gjə	之部
郑张尚芳	g	之部	潘悟云	gɯ	之部

"箕(기)와 聲符(성부)가 같은 旗를 보세. 성모는 g, 핵모는 기저모음 ə, 그 상대형 ɯ도 보이네. 운미 g 앞에 r을 복원하고, g는 r의 입성화 과정에서 후에 생겨났으니 갑골음은 [gərə]가 되네."

● 虞(우)

高本汉	ŋi̯wo	Ⅱ/33部	李方桂	ŋwjag	魚
王力	ŋiua	魚	白一平	ŋʷja	魚部
郑张尚芳	ŋʷa	魚部	潘悟云	ŋʷa	魚部

● 于(우)

高本汉	gi̯wo	Ⅱ/33部	李方桂	gwjag	魚
王力	ɣiua	魚	白一平	wja	魚部
郑张尚芳	ɢʷa	魚部	潘悟云	ɢʷa	魚部

"虞와 于는 현재 한자음이 같다네. 현재 음이 같으면 갑골음도 같을 가능성이 높네. 이 둘을 보면 성모가 ŋ, g로 차이가 날 뿐 모두 일치하네. ŋ은 g의 약화와 비음화로 변천하였으니 기저음은 g일세. 갑골음 시기 없었던 개모를 삭제하면 핵모는 a, o인데 이는 기저모음이 ə였음을 말해 주네. 운미 g 앞에 r을 복원하면 [gərg]가 되고 g는 r의 입성화로 발생한 것이므로 삭제하면 [gar]이 되네. 이보다 앞선 갑골음은 [gərə]일세."

"<설문>에 于를 설명하기를 於也, 古文烏也라 했네. 于(우)는 於(어)이고 고문에서 烏(오)와 같다고 하네. 같은지 보세."

● 烏(오)

高本汉	ʔo	Ⅱ/33部	李方桂	ʔag	魚
王力	a	魚	白一平	ʔa	魚
郑张尚芳	qaa	魚部	潘悟云	qaa	魚部

● 於(어)

高本汉	ʔo	Ⅱ/33部	李方桂	ʔag	魚
王力	a	魚	白一平	ʔa	魚部
郑张尚芳	qaa	魚部	潘悟云	qaa	魚部

"烏의 갑골음도 [gərə]일세. 於 역시 '古文烏'라 기록하고 있고 갑골음은 [gərə]임을 알 수 있네. <삼국유사 3>에 大烏羅尼野를 天磨之野라 했네. 大와 天이 같고, 尼野와 之野가 같고, 烏羅와 磨가 같다는 것일세. 烏의 古音(고음) [gər]에 羅가 받쳐 적은 표기인데 ə가 a로 변천한 [ㄱㄹ]를 나타내고, 磨는 '연마하다', '갈다'는 뜻의 고어 [ㄱㄹ]로 훈독된 것일세. 古文에서 于를 烏라 했고, 烏를 [ㄱㄹ]라 했으니 于는 [ㄱㄹ]로 음독되었음을 말하는 것이네. <삼국사기 34>에 烏山을 孤山이라 한 것도 孤의 갑골음이 [ㄱㄹ]이기 때문일세. 앞에서 우리는 孤竹國의 孤竹은 [ㄱㄹ들]임을 보았네. 樂浪, 盧龍도 모두 [ㄱㄹ]로 읽혔네. 앞에서 낙랑의 위치를 애기할 때 언급했을 것이네."

"于가 [ㄱㄹ]였다는 것은 일본어에서도 증명되네. 于는 어조사로서 '~에서'라는 뜻이라네. 일본어에서 '~에서'라는 뜻의 음이 '~から(가라)'라는 사실이 매우 흥미롭네. 어조사 于의 음을 그대로 빌려와 썼던 것일세. 突厥(돌궐)의 수장을 鮮于(선우)라 한 것은 흉노의 單于(선우)와 직결된다 할 것이네. 이들의 갑골음은 [səgərə], 즉 [gəsərə]인데 어말음 ə가 동음생략되면 桓(환), 濊(예)의 음과 일치하네. 鮮于(선우), 單于(선우)는 개인의 이름이 아니라 족장의 명칭이었네."

"<說文解字>에 于를 烏[ᄀᆞᆯ]라 한 것은 烏의 어원이 口에서 온 것임을 알 수 있네. 口의 갑골음은 'ᄀᆞᆯ'일세. 口는 '소리 내다', '말하다'는 뜻이 있는데, 우리말 '가로다(日)', '한글갈' 등은 口에서 나온 말이네. 일본어에서도 烏를 カラス(가라수)로 읽고 있네. 이는 烏가 소리에 특징적인 동물이고, 어원 口에서 파생된 '소리'에서 명명된 [ᄀᆞᆯ]였음을 확인하는 것이 되네. 또, <說文解字>에 烏는 '呂爲烏呼'라 하여 呂는 '까마귀 우는 소리'라 했네. 음률 呂(려)의 갑골음은 [ᄀᆞᆯ]일세. 음률의 '가락'은 어말 ㄱ(g)이 후에 발생된 것이네. 더욱 주목할 것은 '烏則不'이라 한 것일세. 不의 갑골음은 [pərg]이기 때문이네. 이것은 貃族의 [붉(pərg)]과 일치하네. 'ᄀᆞᆯ'族은 곧 貃族이라는 것일세. 烏桓族도 이와 관련된다 할 것이네. 요컨대, 鮮虞, 鮮于의 虞, 于는 [ᄀᆞᆯ]를 음사한 것이었고, 갑골음이 모두 [ᄀᆞᆯ]였던 於, 烏, 呂와 대비되는 것일세."

"결론적으로 突厥은 [ᄀᆞᆯ]族의 일파였던 것이네. 突의 갑골음은 [돌(dər)]이며 높다(高)는 뜻으로 우리말 고어의 [돌 > 달(dər)]이고, 厥은 [ᄀᆞᆯ]로 재구되네. 馬韓, 靺鞨은 가라족 가운데 자신이 서로 '맏이'라 칭하고 突厥은 가라족 가운데 '높은 ᄀᆞᆯ'로 칭하면서 각각이 자기 종족에 대한 긍지와 자부를 나타낸 이름이라 할 것일세. 이러한 긍지와 자부가 종족명과 함께 유전되었을 것이네."

"<周書>에   [突厥者 , 蓋匈奴之別種 , 姓阿史那氏。別爲部落]이라 하였네. 여기서 중대한 사실은 突厥이 '흉노의 별종'이라 한 것과, 姓이 '阿史那氏'라고 한 것일세. 阿史那는 갑골음으로 [ᄀᆞᄉᆞᆯ]로 재구되네.

濊(예)의 갑골음 [kəsər(ᄀ슬)]의 개음절형이니 같은 음이 되네. 阿는 <說文解字>에 可[ka]聲이라 했네. 그래서 阿斯達도 [가사들]로 읽어야 하네. [아]로 읽는 것은 隋·唐代에 비로소 변천한 음일세. 또 那의 갑골음은 [rar~ra]로 음독되었던 것일세. 徐那伐은 [ᄉᄅ벌]로 읽혔으나 후에 那가 [na]로 변하자 徐羅伐로 대체했던 것과 같은 경울세. 姓을 濊(예)의 갑골음 阿史那[gəsərə]로 했다는 것은 濊(예)의 적통임을 의미한다네. 突厥의 딴 이름인 丁零(정령), 高車(고차), 鉄勒(철륵)도 모두 [들ᄀᄅ]를 나타낸 이표기들인 것이라네. 이들이 현재 터키, 위구르를 형성하고 있네."

"<上太師侍中狀>은 최치원이 중국 관리에게 여러 편의를 제공해 달라는 요청을 적은 장지인데. 그 가운데 아래 기록을 볼 수 있네."

伏聞東海之外有三國, 其名馬韓卞韓辰韓. 馬韓則高勾麗, 卞韓則百濟, 辰韓則新羅也.
(복문동해지외유삼국 기명마한변한지한 마한즉고구려 변한즉백제 진한즉신라야.)
엎드려 듣자온대, 동해 밖 세 나라가 있어 그 이름을 마한, 변한, 진한이라 합니다. 마한은 곧 고구려이고, 변한은 곧 백제이고 진한은 곧 신라입니다.

"마한, 변한, 진한과 고구려, 백제, 신라의 관계를 말한 것으로 학계에서는 논란이 많은 것일세. 이 주장을 인정하지 않고 있는 상황이네.

그러나 당시의 중국 고위 관리 太師侍中이라면 이 관계를 잘 알고 있었을 텐데, 최치원이 거짓 관계를 말했을 리도 만무하지 않은가. 이를 갑골음으로 보면 사실로 드러난다네. 馬韓이 高句麗라 한 것은 앞서 논의한 대로 馬韓은 [ᄆᆞᆯ ᄀᆞᆯ]이며 '높은 가라'란 뜻일세. 高句麗의 공식 국호는 高麗였네. 이것을 諸家들이 高句麗를 줄인 것이라 하는데, 이는 사실과 다르다네. 高[gərə]는 馬(ᄆᆞᆯ)에 해당되고 麗는 그 갑골음이 [sərə(ᄉᆞᆯ)]이니 高麗[gərə sərə]의 동음생략인 [gəsərə]만으로 '濊(예)'를 말했던 것일세. 결국 高麗는 濊(예)의 갑골음 [gəsərə]였고, 高句麗는 [ᄃᆞᆯ(高) ᄀᆞᆯ(句麗)], 즉 '높은 ᄀᆞᆯ'라는 뜻일세. 突厥과 같은 종족일세. 馬韓의 [ᄆᆞᆯ ᄀᆞᆯ] 역시 '높은 ᄀᆞᆯ'이니 이 둘은 같은 뜻일세. 그래서 馬韓을 高句麗라 한 것이라네."

"百濟가 卞韓과 같다는 것은 卞의 갑골음은 [bər(ᄇᆞᆯ)]이고 이는 후에 [붉]으로 변천했기 때문일세. 韓은 'ᄀᆞᆯ'였으니 '붉ᄀᆞᆯ'가 되네. 濟의 갑골음은 [kəsər]로 濊(예)의 갑골음과 일치하는 걸 보면 百濟는 [부루濊, 붉濊]를 말하는 것일세. 卞韓의 '붉ᄀᆞᆯ'와 같은 뜻일세."

"辰韓이 新羅와 같은 것은 辰의 갑골음이 [dər]이니 辰韓은 [ᄃᆞᆯ ᄀᆞᆯ]인 것이네. 이는 新羅가 突厥과 관련되어 있음을 시사하네. 현재의 突厥족은 터키를 세우고 있는데 현재도 이 나라는 한국을 형제의 나라라고 역사에서 가르치고 있네. 匈奴의 갑골음이 [ᄀᆞᆯ 나라]임을 보면 이해가 갈 것이네. 최근 경주와 터키가 국제적인 행사를 거행한 것도 이와 관련된 일이라 할 것일세."

14

마
무
리

"지구촌에서 처음 밝힌 갑골음과 文字學, 우리말 古語, 이들에 대한 연구가 동시에 적용된다면 상고 역사를 새로 밝혀낼 수 있고 기존 諸說들을 철저히 검증할 수도 있네. 현재 정설로 인정되는 연구들도 오류로 드러날 수 있다는 말일세. 예컨대, 낙랑의 위치가 대동강 부근이라고 한 것은 식민사관을 그대로 따른 것에 불과하다는 것을 앞에서 증명했네."

"그러나 지금까지 논의한 것들은 바닷가 모래알 정도일세. 이제 일반인도 한자의 갑골음 복원법을 익혀 상고사를 밝힐 수 있을 뿐 아니라, 역사학자들의 거짓을 밝혀낼 수도 있으니 역사학이 학자들만의 전유물이 아니게 된 걸세. 무엇보다 시급한 것은 이 방법을 많은 연구자, 일반인들에게 보급하는 일이네. 중국, 중앙아시아, 동남아, 한반도 전역의 수많은 베일을 벗기려면 수천 명의 연구자가 필요하네. 이로써 얻을 수 있는 성과는 소실되고 왜곡되고 빼앗긴 우리 역사를 회복할 수 있을 뿐 아니라, 묻혀 있던 상고사를 새로 밝힐 수 있고, 한자의 갑골음이 바로 우리말이며 중국이 한민족의 언어를 쓰고 있음을 세계에 알려야 하네. 역사를 아무리 왜곡해도 언어를 빌려 쓰는 것만 못하네.

언어로 종속된 국가는 언어 종주국에 정신적 속국이 되기 때문이네. 중국이 아무리 역사를 왜곡해도 소용없다는 얘길세. 우리가 태고로부터 중원의 주인이었음을 밝히면 일본의 식민사학자들은 햇볕 쬔 바퀴벌레처럼 구멍을 찾아 도망갈 것이네. 자네들이 이 갑골음을 세상에 널리 알려야 이런 날이 오게 될 게야."

"명심하겠습니다, 교수님."

"이제 이 정도로 기초를 닦았으니 제각각 연구 단계로 들어가겠네. 이제부터는 자네들이 직접 역사를 밝혀내는 단계일세. 다음 주부터 각자 자신이 밝힌 역사를 하나씩 해 오게. 재방송한 것은 인정하지 않겠네."

"교수님, 저희들이 새 인생을 살게 해 주셔서 감사합니다. 이 학문이 이렇게 재미있는지 몰랐고 새 역사를 밝혀내는 것이 이렇게 뿌듯한 줄 몰랐습니다."

"함께 해도 그러한데 자네들 스스로가 밝혀내면 그 희열은 말도 못 할 걸세. 가슴 두근거리는 흥분이 있을 것이네."

"우쨌거나 오늘 일단락 매듭짓는 의식이 있어야 할 거 아임미꺼?"

"그러세. 오늘은 날밤을 새워도 좋네. 하하하."

<끝>

▌참고문헌

- 강길운(1992), 한국어계통론(상), (하), 형설출판사
- 남풍편(1999), 국어사를 위한 口訣研究, 태학사
- 董同龢(1975), 漢語音韻學, 범학도서
- 도수희(2010), 한국지명 新 연구, 제이앤씨
- 도수희(1987), 한국어 음운사 연구. 세영사
- 류 렬(1983), 세 나라 시기의 리두에 대한 연구(영인), 한국문화사
- 류 렬(1994), 조선말 역사, 한국문화사
- 박병채(1986), 古代國語의 研究, 고려대학교출판부
- 변광수(1993), 세계 주요언어, 한국외국어대학교
- 서정범(1982), 音韻의 國語史的 研究, 집문당
- 유창균(1973), 사성통고 Chineses Meterials and Research Aids Service Center
- 유창균(1973), 몽고운략 Chineses Meterials and Research Aids Service Center
- 유창균(1991),삼국시대의 漢字音, 민음사
- 유창균(1994), 鄕歌批解, 형설출판사
- 유창균(1999), 文字에 숨겨진 民族의 淵源, 집문당, 에스.아.스타로스틴 (1996), 알타이어 비교연구, 대일
- 이기문(1987), 國語音韻史 研究, 탑출판사
- 이돈주(1995), 漢字音韻學의 理解, 탑출판사
- 정 광(1988), 司譯院 倭學 研究, 태학사
- Geoffrey Samson(2000),세계의 문자체계, 한국문화사
- 조항범(1994), 국어어원연구 총설(Ⅰ,Ⅱ)

- 진광호(1997), 文字學 槪論, 民族文化
- 최춘태(1996), 古代國語 音節構造와 有聲沮害音에 대한 研究, 계명대학원 박사논문
- 최춘태(2012), 국어음운의 통시적 연구, 쏠티북스
- 최춘태(2011), 중세문헌연구, 정림사
- 최춘태(2011),/p/,/m/ 교체의 허실과 향가 執音乎에 대하여, 우리말글 52집
- 최춘태(2012), 기초어 凸의 음운·어형 변화, 언어과학 19권 1호
- 최춘태(2013), 국호 신라에 대한 연구, 언어과학연구 64집
- 최춘태(2013), 음절말 ㄹ·ㅅ 교체와 그 단어족·어원에 대하여, 언어과학연구 66집

▌ 참고자료

- 설문해자 성부사전, 금하연, 일월산방, 금하연 일월산방 2010
- Chinese Phonology of Wei - Chin Period. Ting Pang - hsin Taipei, Republic of China 1975
- 韓國地名沿革事典, 권상로, 이화문화출판사, 1994
- 漢子古今音彙, 칼그렌, 동동화, 주법고 The Chinese University of Hong Kong, 1973
- 韓中音韻學論叢, 성원경 박사 화갑기념논총 1, 2, 서광학술자료사, 1993
- Compendium of Phonetics in Ancient and Archaic Chinese, B. Karlgren, 1954

▌ 논문

- 古代國語 音節構造와 有聲沮害音에 대한 硏究, 학위논문(박사), 계명대학교 대학원, 1996
- 중세국어 서법소 '- 거/어 -' 연구, 학위논문(석사), 계명대학교대학원, 1991
- 기초어 凸의 음운·어형 변화, 언어과학 제19권 1호 KCI 한국언어과학회, 2012
- 음절말 ㄹ·ㅅ 교체와 그 단어족·어원에 대하여, 언어과학연구 제66집, KCI 언어과학회, 2013
- 국호 신라에 대한 연구, 언어과학연구 제64집, KCI 언어과학회, 2013
- /p/, /m/ 교체의 허실과 향가 執音乎에 대하여, 우리말글 제52집, KCI 우리말 글학회, 2011
- 중세 국어 'ㅣ' 모음 아래의 'ㄱ' 탈락설의 허실, 한국어문연구 제7집, 한국어문연구학회, 1992
- { - 거 -}의 통시적 고찰과 그 문법적 기능, 한국어문연구 6한국어문연구학회, 1991

▌저서

- 『국어음운의 통시적 연구』, 쏠티북스, 2012
- 『중세문헌연구』, 정림사, 2011
- 『대학생을 위한 글쓰기의 실제』, 은행나무, 2011
- 『비문학쫑내기』, 쏠티북스, 2009
- 『단어쫑내기』, 지공신공, 2011
- 『외국어쫑내기』, 지공신공, 2012
- 『독서쫑내기』, 카멜북스, 2013
- 『Verb patterns』, 은행나무, 2011
- 『보카충전(고등)』, 능률교육, 2013
- 『보카충전(중등)』, 능률교육, 2013

▌필자 약력

- 문학박사(국어/한자음운학 전공)
- 계명대 외래교수(1992~2012)
- 언어과학회 국제 이사
- 전국 교육연수원 고교교사 대상 국어특강 교수
- 전국 문화원, 박물관 초빙 강사
- 대구매일 칼럼
- 대구신문 오피니언
- 교육부 동북아역사재단 강연

갑골음 복원법 동영상
강의에 독자 여러분을 초대합니다.

갑골음으로 증명한
낙랑(樂浪)의 위치 "확정"

낙랑(樂浪)은 패수(浿水)가 있는
노룡(盧龍)이었다!!

유튜브 검색어: 식민사학 동북공정 최춘태 박사

갑골음 복원법 동영상 강좌

- 이수과정: 기초과정(3개월) / 연구과정(9개월)
- 수업방식: 강의 영상 전송(질문답은 E-mail에서 1:1 질의응답)
- 동영상 수신료: 50~60분 강의 1개당 1만원(1개씩 주문 권장)

    (기초과정 1~15강 / 연구과정 1~45강)

수강 문의처: cct4986@naver.com

(입금하신 분은 입금자명을 저자의 E-mail cct4986@naver.com으로 원하시는 동영상을 명시(ex: 기초과정 6강/연구과정 2강)해 주시면, 입금 확인 즉시 동영상을 전송해 드립니다)

- 기초과정(3개월) : 음성학, 기초 음운학
- 연구과정(9개월) : 심화 음운학, 갑골음 재구법, 吏讀 해독, 역사 증명
- 입금계좌: 150077-52-115705(농협) 최춘태

※ 본 강의 영상은 저작권법에 따라 무단 복제, 배포할 수 없습니다.

전국 출장 강연

▌각 기관, 단체의 행사에 저자를 초대해 주십시오.

▌강연 주제(선택)

  1. 각 지자체의 지명유래

  2. 갑골음 복원법

  3. 환단의 실제

  4. 기타 강연 신청 제목

강연신청은 저자의 메일로 직접 해 주세요(cct4986@naver.com).

▌필수 기재 사항

  1. 기관, 단체 이름

  2. 강연 장소 주소

  3. 연락처

  4. 강연 일자와 시간

  5. 특별히 남기실 말씀